Innovation im Büro

Schriftenreihe „Humanisierung des Arbeitslebens"
Band 38

Friedrich Weltz, Veronika Lullies
(Sozialwissenschaftliche Projektgruppe München)

Innovation im Büro

Das Beispiel Textverarbeitung

Campus Verlag
Frankfurt/New York

Das Projekt
Untersuchung der Entscheidungsprozesse und Strategien bei der Einführung neuer
Arbeitsverfahren und Technologien in der Verwaltung am Beispiel der organisierten
Textverarbeitung wurde vom Bundesministerium für Forschung und Technologie geför-
dert.
Kennzeichen: 01 HB 158
Verantwortlich für den Inhalt dieses Berichtes sind die Autoren.
Das Bundesministerium für Forschung und Technologie übernimmt keine Gewähr ins-
besondere für die Richtigkeit, die Genauigkeit und Vollständigkeit der Angaben sowie
die Beachtung privater Rechte Dritter.

CIP-Kurztitelaufnahme der Deutschen Bibliothek

Weltz, Friedrich:
Innovation im Büro : d. Beispiel Textverarbeitung /
Friedrich Weltz ; Veronika Lullies (Sozialwiss.
Projektgruppe München). – Frankfurt am Main ;
New York : Campus Verlag, 1983.
    (Schriftenreihe Humanisierung des Arbeitslebens ;
    Bd. 38)
    ISBN 3-593-32724-4

NE: Lullies, Veronika:; GT

Umschlaggestaltung: Eckard Warminski, Frankfurt/Main
Satz: Bernhild Trauner, Wächtersbach
Druck und Bindung: Beltz Offsetdruck, Hemsbach
Printed in Germany

VORWORT

Gesellschaftspolitisches Leitbild der Bundesregierung ist eine Gesellschaft mit menschlichem Gesicht. Für die meisten Mitbürger bedeutet Arbeit - neben dem privaten Bereich - die entscheidend prägende Lebenserfahrung. Aber gerade die Arbeit ist für viele Menschen noch immer mit Belastungen und Gefahren verbunden, die ihre Leistungsfähigkeit, Gesundheit und sogar ihr Leben bedrohen können. Oft hört man die Klage, daß die Arbeit in vielen Fällen nicht genügend Möglichkeiten zur Entfaltung und Entwicklung von Fähigkeiten bietet. Aus dem bisherigen Verlauf der industriellen Entwicklung wissen wir, daß sich diese Probleme auch bei immer schneller fortschreitendem technischen Wandel nicht "von selbst" lösen; alle, die für die Lebensqualität in der Arbeitswelt Mitverantwortung tragen, sind zu ihrer Bewältigung aufgerufen. Deshalb leistet auch die Bundesregierung mit dem Programm "Forschung zur Humanisierung des Arbeitslebens" hierzu einen Beitrag.

Für das seit 1974 gemeinsam mit dem Bundesminister für Arbeit und Sozialordnung durchgeführte Forschungsprogramm "Humanisierung des Arbeitslebens" ist nunmehr eine Form und Zielrichtung gefunden worden, die von allen Fraktionen des Deutschen Bundestages unterstützt wird. Alle Betroffenen - Arbeitnehmer, Betriebs- und Tarifvertragsparteien und Wissenschaftler - arbeiten eng zusammen, um beispielhafte betriebliche Lösungsvorschläge für menschengerechtere Arbeitsbedingungen zu entwickeln.

Die bis Ende 1982 vorliegenden Forschungs- und Entwicklungsergebnisse sind insgesamt ermutigend; sie haben in vielen Bereichen schon zu einer Verbesserung der Arbeitsbedingungen beigetragen und werden inzwischen von den Beteiligten in der Wirtschaft als wertvolle Hilfsmittel betrachtet. Dies gilt insbesondere für die zwei zentralen Programmbereiche:

- Schutz des arbeitenden Menschen vor gesundheitlichen Gefahren und Abbau von Belastungen; z.B. durch Verminderung der Schadstoffe am Arbeitsplatz,
- Entwicklung und Einsatz moderner Technologien zur Entlastung des Menschen von schwerer und gefährdender körperlicher Arbeit bei gleichzeitiger Verbesserung der Arbeitsorganisation.

In einer Reihe von Vorhaben konnte nachgewiesen werden, daß die Arbeitsbedingungen an die Bedürfnisse der Menschen besser angepaßt werden können und doch dem Verlangen nach gleichzeitiger Wirtschaftlichkeit Rechnung getragen werden kann.

Mit dem Forschungsprogramm "Humanisierung des Arbeitslebens" hat die Bundesregierung - vor allem im Programmteil des Bundesministers für Forschung und Technologie - in mancherlei Hinsicht Neuland betreten. Dies war mit Risiken verbunden. Besonders solche Projekte haben sich als problematisch erwiesen, die zum Ziel hatten, daß die Beschäftigten ihre Fähigkeiten besser entfalten und sich damit auch qualifizieren können. Die Projekte gerieten hier in ein besonderes Spannungsfeld der Betriebs- und Tarifvertragsparteien. Vor Schwierigkeiten sah sich auch die wissenschaftliche Begleitforschung gestellt. Beratung, Evaluierung und Grundlagenforschung waren nur sehr mühsam zu vereinbarende Anforderungen.

Die Begleitforschung ist deshalb neu geordnet worden. Von allen Beteiligten erwarten wir, daß sie ihr legitimes interessenbezogenes Engagement mit dem notwendigen Augenmaß für das wirtschaftlich Vertretbare verbinden. Nur so lassen sich schrittweise Lösungen zur Bewältigung des wirtschaftlichen und technischen Wandels im Interesse der Beschäftigten und Unternehmen erzielen.

Trotz beachtenswerter Forschungs- und Entwicklungsergebnisse im einzelnen hängt der Erfolg des Programms "Humanisierung des Arbeitslebens" letztlich von der Umsetzung und Verbreitung der erzielten Ergebnisse in die betriebliche Praxis ab. Die Umsetzung gewinnt daher mit weiterem Fortschreiten des Programms eine immer größere Bedeutung. Die Wirtschafts- und Berufsverbände sind geeignete Einrichtungen für die Umsetzung. Der Staat hat auch hier nur die Funktion, Rahmenbedingungen zu setzen.

Der Vermittlung wissenschaftlicher Ergebnisse in die Praxis dient auch die HdA-Schriftenreihe. In ihr werden jene Forschungs- und Entwicklungsergebnisse veröffentlicht, die von besonderer Bedeutung sind und einen breiten Kreis betrieblicher Praktiker ansprechen sollen.

Der vorliegende Band stellt Ergebnisse zur Entwicklung und Erprobung neuer Arbeitsstrukturen in der Verwaltung dar. Bei Projekten dieser Art gehen die Zielsetzungen über die klassischen Arbeitsschutzziele hinaus. An Arbeitsplätzen, die geprägt sind durch monotone Arbeitsvorgänge ohne nennenswerte Entfaltungsmöglichkeiten der Beschäftigten, sollen Arbeitsinhalte so gestaltet werden, daß umfassendere Arbeitsvollzüge und Qualifizierungsmöglichkeiten entstehen.

Ich hoffe, daß auch dieser Bericht zur Entwicklung einer menschengerechten Arbeitswelt beiträgt.

Dr. Heinz Riesenhuber
Bundesminister für Forschung und Technologie

INHALT

7

8

Unser Dank gilt all jenen, die uns mit Geduld und
Offenheit unsere Arbeit nicht nur erleichterten,
sondern überhaupt möglich gemacht haben, unseren
Gesprächspartnern in den Betrieben.

Unser Dank gilt Akeley Fischer und Heinz Thunecke,
die unser Projekt vom Projektträger 'Humanisierung
des Arbeitslebens' betreuten.

VORBEMERKUNG

Der stärkste Eindruck, den wir aus unserer Untersuchung über
die Arbeitsgestaltung in der Textverarbeitung (1) mitgenommen
hatten, waren das Maß an Arbeitsleid, das wir in manchen Schreibdiensten vorfanden, und die offenkundige - und wie uns schien,
vielfach unnötige - Unvernunft der Regelungen, die dafür verantwortlich waren. Diese Erfahrungen waren der eigentliche Anstoß
zur vorliegenden Untersuchung; sie führten zur Ausgangsfrage-
stellung: Waren diese Belastungen wirklich notwendige Folgen des
'technischen Fortschritts', des Rationalisierungsprozesses in
der Verwaltung und damit unvermeidbar? Wir begannen früh zu
zweifeln. Wir fanden Arbeitsplätze, an denen ebenfalls geschrieben wurde, an denen offensichtlich effizient gearbeitet wurde, an
denen das Maß an Arbeitsleid aber deutlich, ja meßbar geringer
war. (2)

Worauf waren diese Unterschiede zurückzuführen? Waren es
die Vorgesetzten? War es die schlechtere oder bessere materielle Ausstattung? War es das größere oder geringere Arbeitsvolumen, das bewältigt werden mußte? War es der inhaltliche Gehalt der Arbeit? Die Antwort fiel von Schreibdienst zu Schreibdienst unterschiedlich aus, zusammengenommen ergab sich aber
ein Satz von Bedingungen, die erfüllt sein mußten, um menschengerechte Arbeitsgestaltung in der Textverarbeitung sicherzustellen. (3)

Es blieb die Frage, wie es zu unterschiedlichen Lösungen mit
so unterschiedlichen Folgen für die betroffenen Arbeitskräfte
kommen konnte. Versuche, diese Unterschiede systematisch
abzuleiten, etwa aus den besonderen Zielsetzungen und 'Sachzwängen' des jeweiligen Betriebs, schienen uns zwar intellek-
tuell eindrucksvoll, irgendwie aber doch unbefriedigend und letztlich nicht überzeugend. Statt dessen wurde unser Interesse ge-
weckt durch die Erfahrung, daß zwischen bestimmten Schreibdienstlösungen und dem Prozeß, durch den sie zustandegekommen
waren, offensichtlich ein Zusammenhang bestand. Die praktische
wie theoretische Bedeutung eines derartigen Zusammenhangs

zwischen Entstehungsprozeß und Ergebnis für das Verständnis betrieblicher Innovationsprozesse wie für Ansätze menschengerechter Arbeitsgestaltung war offenkundig.

So entstand der Plan zu einer Untersuchung, in der wir uns näher mit diesem Zusammenhang befassen wollten. Im folgenden Forschungsprozeß zeichneten sich sehr rasch anschauliche und plausible Beziehungen von Entstehungsprozeß und Ergebnis ab. Bald wurden wir aber auch mit der Frage konfrontiert, wodurch denn diese Zusammenhänge im einzelnen bestimmt und wie die beträchtlichen Unterschiede in den Abläufen von Betrieb zu Betrieb zu erklären seien. Es verstärkte sich der Eindruck, daß systematische Erklärungen und Ableitungen aus den allgemeinen Handlungsbedingungen des jeweiligen Betriebs nur begrenzt tragfähig waren. Derartige Analysen schienen uns zwar sehr wohl zu einem Verständnis der allgemeinen Richtung des Rationalisierungsprozesses beizutragen, nicht aber eine Erklärung liefern zu können für die doch so unterschiedlichen betriebsspezifischen Ausprägungen und die stark voneinander abweichenden zeitlichen Abläufe. Statt dessen hatten eher zufällig scheinende Anlässe und persönliche Konstellationen offensichtlich den Ablauf vielfach entscheidend geprägt. Nicht zu übersehen waren oft auch die Folgen schierer Inkompetenz.

Versuche, solche 'Zufälligkeiten' systematisch auf ein Raster allgemeiner betrieblicher Handlungsnotwendigkeiten und Handlungsstrategien zu beziehen, wirkten eher mühsam. Je tiefer wir in die Materie einstiegen, desto deutlicher wurde uns, daß die uns bekannten Erklärungsansätze der Industriesoziologie und der Betriebswirtschaftslehre nicht eigentlich das faßten, was uns wichtig und bemerkenswert erschien. Sie waren eher darauf gerichtet, die Vielfalt betrieblichen Geschehens einzuebnen, denn festzuhalten und zu erklären. Zugleich wurden wir uns bewußt, daß wir in dieser Vielfalt unterzugehen drohten, daß wir in Gefahr liefen, den Wald vor lauter Bäumen nicht zu sehen.

Diese Vielfalt betrieblicher Reaktionen verlor dann den Schein der Beliebigkeit, als wir begannen, sie auf innerbetriebliche Vermittlungsprozesse zu beziehen. Diese waren nur sehr vermittelt aus den allgemeinen übergeordneten betrieblichen Rationalisierungszielen, Handlungsbedingungen und Handlungsstrategien abzuleiten; sie verwiesen vielmehr auf die jeweils spezifische innerbetriebliche Handlungskonstellation, die konstituiert wurde nicht nur durch die formale Kompetenzzuweisung, sondern auch durch die tatsächlichen Einflußmöglichkeiten, die den Inhabern der Positionen offenstanden, und den Interessen, die diese in die jeweils anstehenden betrieblichen Probleme ein-

14

brachten. Aus dieser innerbetrieblichen Konstellation von Partialinteressen und den sich daraus ergebenden Konkurrenzen und Konflikten, aus den Durchsetzung- und Legitimationsnotwendigkeiten bezogen jene innerbetrieblichen Vermittlungsmechanismen ihre eigenständige Dynamik, durch die sie das innerbetriebliche Geschehen prägten.

Entsprechend verstärkte sich unser Interesse an der Analyse innerbetrieblicher Vermittlungszusammenhänge, ihrer Bedingtheiten und Auswirkungen. In welcher Weise haben sie den Prozeß der Einführung von Organisierter Textverarbeitung beeinflußt? In welcher Weise hat der Prozeß der Einführung das konkrete Ergebnis beeinflußt?

Die praktische Relevanz der Beantwortung dieser Fragen liegt auf der Hand. Die Auseinandersetzung mit den Auswirkungen bestimmter Rationalisierungsmaßnahmen für die Beschäftigten hätte dann z. B. nicht mehr nur an den Gestaltungskonzepten anzusetzen, sondern es müßten vor allem auch jene Prozesse durchleuchtet werden, im Rahmen derer das Gestaltungskonzept entwickelt wurde. Bezogen auf die Debatte um die Humanisierung der Arbeitswelt hieße dies, daß es nicht allein darum gehen kann, Konzepte zu entwickeln, um menschengerechte Arbeitsgestaltung sicherzustellen, sondern daß Ansatzpunkte in der organisatorischen Gestaltung des Innovationsprozesses selber herausgearbeitet werden müßten, die gewährleisten, daß derartige Konzepte überhaupt dauerhaft realisiert werden können.

Unser Bericht spiegelt diese Interessenrichtung: Er konzentriert sich darauf, diese innerbetrieblichen Vermittlungszusammenhänge nachzuzeichnen, versucht zu beschreiben, woraus sie ihre Dynamik beziehen und welche Auswirkungen sie letztlich haben. Er vernachlässigt darüber ohne Zweifel die Wirksamkeit übergeordneter allgemeiner Handlungsbedingungen und Einflüsse, wie etwa die Verhältnisse auf dem Arbeits- und Absatzmarkt, Konkurrenzbedingungen, den Stand der technischen Entwicklung, und ihren systematischen Niederschlag im betrieblichen Rationalisierungsprozeß. Er vernachlässigt zweifellos auch bis zu einem gewissen Grad allgemeinen betrieblichen Rationalisierungsstrategien, ihre Ansatzpunkte und Ziele. Diese Vernachlässigung heißt nicht, daß wir die Bedeutung dieses allgemeinen Bedingungsrahmens und allgemeiner betrieblicher Strategien für sekundär hielten; sie ist zunächst einmal schlicht Resultat der Projektökonomie: Die gleichzeitige Analyse allgemeiner Bedingungen und innerbetrieblicher Einflußgrößen und Vermittlungsmechanismen hätte den Rahmen unseres Projekts gesprengt.

Dabei muß betont werden: Das analytische Konzept der innerbetrieblichen Handlungskonstellation war nicht Eingangsgröße, sondern Ergebnis des Untersuchungsprozesses. Wir haben uns gleichsam schrittweise durch das Material zu diesem Konzept vorge-
tastet. Dieser Erkenntnisprozeß ist im Aufbau unseres Berichtes
noch erkennbar. Denn der Darstellung und Interpretation des
empirischen Materials fehlt der konsequente und systematische
Bezug auf das Konzept der Handlungskonstellation; er bleibt weitgehend implizit. Wir haben versucht, diesen Bezug in einem gesonderten Gang abschließend herzustellen, indem wir, ausgehend
von einer kurzen Darstellung des Konzepts der innerbetrieblichen
Handlungskonstellation, dieses sozusagen rückwirkend auf unsere
Befunde anwendeten. Solches Vorgehen schien uns dem tatsächlichen Untersuchungsablauf angemessener als eine nachträgliche
'theoretische' Überhöhung unseres Vorgehens, durch das der An-
schein erweckt werden könnte, wir seien eingangs bereits so
'schlau' gewesen wie am Ende und wären entsprechend gezielt
bei unseren Recherchen vorgegangen.

Unser Bericht gliedert sich in drei Hauptteile. In einem ersten
Teil werden wir, der Chronologie des Einführungsprozesses fol-
gend, typische Abläufe und Funktionszusammenhänge aufzeigen
und versuchen, den Zusammenhang zwischen Entstehungsprozeß
und Ergebnis der Innovation deutlich zu machen. Dabei werden
wir weitgehend deskriptiv vorgehen und auf eine analytische Ver-
tiefung der sich abzeichnenden Vermittlungsmechanismen und
-zusammenhänge verzichten.

In einem zweiten Teil versuchen wir dann die strukturelle Komponente zu umreißen und die Bedeutung der organisatorischen
Einbindung des Einführungsprozesses, der Kompetenzverteilung
und der Rolle verschiedener Beteiligter darzulegen.

In einem dritten Teil schließlich soll in einem stärker analytischen Durchgang das Konzept der innerbetrieblichen Handlungskonstellation erörtert und seine Tragfähigkeit für die Erklärung
der betriebsspezifischen Ausprägungen von Innovationsablauf
und -ergebnis geprüft werden. Diese Auseinandersetzung werden
wir ausdrücklich vor dem Hintergrund des besonderen Stands
der Verwaltungsrationalisierung Mitte bis Ende der 70er-Jahre
führen und diskutieren, welche Bedeutung dem Konzept der innerbetrieblichen Handlungskonstellation im historischen Zusammenhang zukam und zukommen wird.

Einführend werden eben jene historische Ausgangssituation
und die Grundprinzipien der Organisierten Textverarbeitung dargestellt.

Dies ist kein 'ausgewogener' Bericht. Daß dies ein vorwiegend kritischer Bericht geworden ist, hängt einmal ganz einfach mit der Praxis zusammen, die wir antrafen. Es war wesentlich schwerer, anschauliche und überzeugende 'gute' Beispiele zu finden als solche, bei denen wir befürchten mußten, daß sie als übertriebene Parodien aufgefaßt werden können. Wir haben auf die Darstellung von solchen Extremfällen verzichtet. Daß der Tenor dieses Berichts trotzdem überwiegend kritisch ist, hängt aber vor allem damit zusammen, daß wir die Rationalisierungspraxis der Unternehmen an ihrem eigenen Anspruch maßen. Wenn hier 'Theorie' und Praxis nicht selten voneinander abweichen, so kann dies - so meinen wir - unserer Darstellung nicht als Einseitigkeit angelastet werden.

EINLEITUNG

1. Zum Stellenwert der Einführung Organisierter Textverarbeitung für unsere Fragestellung

Der Entschluß, das Thema des Zusammenhangs zwischen der Gestaltung von Einführungsprozessen und ihrem Ergebnis am Beispiel der Organisierten Textverarbeitung zu untersuchen, wurde nicht nur durch unseren persönlichen Erfahrungshintergrund nahegelegt, sondern auch durch die Überzeugung, daß dieser Bereich für den Rationalisierungsprozeß in der Verwaltung von zentraler Bedeutung war und daß gerade hier das Zusammenspiel zwischen Einführungsprozeß und Ergebnis von Innovation eine besondere Rolle spielte. Aus mehreren Gründen erscheint uns der Innovationskomplex 'Organisierte Textverarbeitung' für die Entwicklungstendenzen in der Verwaltung besonders aussagekräftig:

a) Bei der Textverarbeitung als dem Bereich, der sämtliche Sekretariats- und Schreibarbeiten umschließt, handelt es sich allein schon von der Zahl der Beschäftigten her wohl um das größte homogene Einsatzfeld in der Verwaltung, wenn nicht überhaupt im gesamten Beschäftigungssystem. Etwa 2, 5 Millionen Angestellte sind ausschließlich, vorwiegend oder teilweise mit Sekretariats- und Schreibarbeiten befaßt. Hinzu kommt, daß die organisatorische und technische Gestaltung dieses Bereichs auch alle anderen Bereiche der Verwaltung unmittelbar berührt: Praktisch jeder 'Chef' und jeder Sachbearbeiter ist bei der Bewältigung seiner Aufgaben auf die Erledigung von Schreib- und Sekretariatstätigkeiten angewiesen. Gerade weil es sich hier um Dienstleistungen handelt, sind die Auswirkungen von Veränderungen so allgemein. Jede Rationalisierung in der Verwaltung wird diesen Bereich mitbetreffen, wie umgekehrt jede Rationalisierung in der Textverarbeitung auch Auswirkungen auf die Verwaltung insgesamt haben wird.

b) Mit der Einführung der Organisierten Textverarbeitung werden betriebliche Strukturen offenkundig und grundsätzlich verändert.
Wie in der Verwaltung allgemein verlief die Entwicklung im Bereich der Sekretariats- und Schreibdienste vielfach weitgehend 'naturwüchsig'. Eine Veränderung der Organisation ergab sich meist als ad-hoc-Reaktion auf ein bestimmtes Problem, z. B. auf steigendes oder verändertes Arbeitsvolumen; neue Arbeitskräfte wurden eingestellt, die maschinelle Ausrüstung 'modernisiert'. Neue Formen der Arbeitsorganisation ergaben sich dabei häufig fast unmerklich, Schritt für Schritt. Natürlich wurde auch 'organisiert', etwa bei der Einrichtung zentraler Schreibdienste. Die 'gewachsene' Ordnung wurde dabei aber nicht grundsätzlich in Frage gestellt. Demgegenüber bedeutet die Einführung der Organisierten Textverarbeitung - mißt man sie an ihrem eigenen Anspruch - die Einführung einer neuen, ganzheitlichen und systematischen Ordnung. Dieser selbstgestellte Rationalitätsanspruch der Organisierten Textverarbeitung macht sie für unsere Fragestellung interessant, beinhaltet er doch streng genommen den expliziten Ausschluß der Wirksamkeit jeglicher betrieblicher Vermittlungsprozesse.

c) Organisierte Textverarbeitung erscheint kennzeichnend für eine generelle Tendenz der Verwaltungsrationalisierung: die Erhöhung des 'Systemcharakters' der Arbeitsorganisation. Für die Arbeitskräfte sind dabei vor allem zwei Aspekte wichtig:

- die durch organisatorische Regelungen und technische Hilfsmittel eindeutig festgelegte Interdependenz verschiedener Tätigkeiten (dies betrifft sowohl die horizontale als auch die vertikale Kooperationsstruktur);

- der Ausbau der Zugriffsmöglichkeiten des Betriebs auf die Arbeitsleistung der Beschäftigten (Erhöhung der Transparenz, Quantifizierung, Vergleichbarkeit).

d) Organisierte Textverarbeitung läßt sich auch als Teil einer Rationalisierungsstrategie begreifen, die in der Verwaltung im vergangenen Jahrzehnt eine große Rolle gespielt hat: Rationalisierung über Dienstleistungen. Gerade bei Zuarbeiten und Dienstleistungen erscheinen ja die Möglichkeiten der klassischen Rationalisierungsansätze - Routinisierung, Schematisierung, Maschinisierung - besonders leicht zu verwirklichen, handelt es sich doch zum großen Teil um sich wiederholende Tätigkeiten. Zudem ist der Widerstand des betroffenen Personenkreises offenbar leichter zu überwinden als der anderer Beschäftigtengruppen in der Verwaltung. Über die Rückwirkungen auf die vor- und nachgelagerten Tätigkeiten bedeutet aber Rationalisierung der Dienstleistungen über kurz oder lang zwangsläufig auch Rationalisierung der Sachbearbeitung. Organisatorische Konzepte und Einführungsprozesse, die für den Dienstleistungsbereich in der Verwaltung entwikkelt werden, sind damit immer auch relevant für die Verwaltung als ganze.

e) Organisierte Textverarbeitung erscheint uns für die weitere Entwicklung der Verwaltung auch insofern besonders interessant, als sich hier das Problem der Verzahnung von Arbeitsorganisation und eingesetzter Technik sehr deutlich stellt. Der Einsatz neuer Techniken ist in hohem Maße von der Verwirklichung bestimmter organisatorischer Voraussetzungen bestimmt, wie umgekehrt neue Techniken bestimmte organisatorische Strukturen nahelegen oder sogar erst möglich machen.

f) Die Behandlung der Fragestellung am Beispiel der Organisierten Textverarbeitung erweist sich im Hinblick auf die Humanisierung der Arbeit als besonders relevant: Wir haben in unserem Gutachten 'Menschengerechte Arbeitsgestaltung in der Textverarbeitung' gezeigt, wie ambivalent die Bedeutung des Einsatzes der neuen organisatorischen und technologischen Mittel für die Beschäftigten ist. (4) Organisierte Textverarbeitung kann sich durchaus positiv, aber auch zum Nachteil auswirken. Sie stellt das klassische Beispiel einer Innovation dar, deren Bedeutung für die Arbeitskräfte keineswegs vorausbestimmbar ist, sondern wesentlich von der konkreten betrieblichen Ausgestaltung abhängt. Wir haben auf die Notwendigkeit der Erfüllung bestimmter Mindestbedingungen hingewiesen. (5)
Gerade dieser Aspekt macht die Analyse des Zusammenhangs zwischen Einführungsprozeß und Ergebnis besonders wichtig. Denn wenn die in den Verwaltungen jeweils realisierten konkreten Ausgestaltungen der Organisierten Textverarbeitung vermittelt sind durch die jeweilige Form des Einführungsprozesses, dann muß auch die unterschiedliche Bedeutung der Arbeit für die in dem Bereich Beschäftigten an den Einführungsprozeß zurückgebunden werden.

g) Organisierte Textverarbeitung erscheint schließlich deshalb als besonders geeignetes Beispiel für die Analyse des Zusammenhangs zwischen Einführungsprozeß und Ergebnis einer Innovation, weil hier das Problem der Beziehung von 'Innovatoren', 'Change Agents' und Betroffenen deutlich zutage tritt. Allein schon der Tatbestand, daß den wenigen Fällen, bei denen die Betroffenen (im Regelfall Frauen) mit einbezogen waren in den Einführungsprozeß, die vielen Fälle gegenüberstanden, bei denen dies nicht geschehen war, wirft ein bezeichnendes Licht auf die sozialen Begleitumstände des Einführungsprozesses: Männer gestalten die Arbeit von Frauen; qualifizierte Spezialisten mit langfristigen Karriereambitionen gestalten die Arbeit von Arbeitskräften, deren Qualifikationshintergrund und Berufsmotivation sie aus unmittelbarer Erfahrung und Anschauung kaum kennen; vom 'grünen Tisch' aus wird eine Arbeit gestaltet, über deren Bedeutung für diejenigen, die täglich damit zu tun haben, sich kaum Gedanken gemacht wird. Gerade hier werden die Auswirkungen von Vertretungsdefiziten der Betroffenen besonders deutlich, womit dem Mitbestimmungsaspekt ein zentraler Stellenwert zukommt.

Es ist wichtig, die historische Verortung unserer Analyse zu betonen. Schwerpunkt unserer Untersuchung ist das betriebliche Geschehen in der Mitte und der zweiten Hälfte der 70er-Jahre, jene Phase des Rationalisierungsprozesses in der Verwaltung also, die man u. a. als die 'heroische Periode der Textverarbeitung' bezeichnen könnte und die gekennzeichnet war durch einen hohen systematischen konzeptuellen Anspruch einerseits und besondere Durchsetzungsbedingungen andererseits. Die Betonung der Bedeutung des historischen Bezugs unserer Befunde steht nicht in Widerspruch zu unserem Postulat der eigenständigen Wirkung innerbetrieblicher Vermittlungsmechanismen. Diese werden ja wesentlich bestimmt durch die jeweils gegebenen betrieblichen Durchsetzungsbedingungen und damit zugleich auch durch den allgemeinen Stand betrieblicher Rationalisierung. In den letzten Jahren haben sich sowohl der Anspruch als auch die Durchsetzungsbedingungen der Organisierten Textverarbeitung gewandelt. Ohne Zweifel haben sich seither in einigen Unternehmen Entwicklungen vollzogen, durch die sich die Bedingungen für die Durchsetzung von Rationalisierungsprozessen in der Verwaltung im allgemeinen und für die Textverarbeitung im besonderen verändert haben. Unsere Ergebnisse behalten trotzdem, so meinen wir, Aktualität. Denn in vielen - wir glauben sogar in der Mehrzahl - der Unternehmen hat die Zukunft noch nicht begonnen. Die Verhältnisse, unter denen sich die Rationalisierung dort vollzieht, dürften noch weitgehend den von uns beschriebenen ähnlich sein, und dies noch für einige Zeit. Vor allem aber scheint uns für das Verständnis der neueren Durchsetzungsprozesse von Rationalisierung in der Verwaltung auch die Kenntnis der Zusammenhänge, aus denen sie sich entwickelt haben, wichtig.

Bei der Einführung der Organisierten Textverarbeitung handelte es sich meist um eine 'große' Innovation, d.h. um die umfassende Veränderung eines Teilbereichs der Verwaltungsarbeit, die im Unternehmen als abgrenzbare Rationalisierungsmaßnahme ausgewiesen und diskutiert wird. Neben solch 'großen' Innovationen gibt es Prozesse 'schleichender' Rationalisierung, die aus einer Vielzahl von kleineren Maßnahmen bestehen, die jede für sich als nur begrenzter Eingriff in bestehende Arbeitsweisen wirkt und diese allmählich und vielfach unmerklich verändert. Zusammengenommen haben aber derartige schleichende Rationalisierungsmaßnahmen die Verwaltungsarbeit tiefgreifend verändert. Es ist anzunehmen, daß in Zukunft die Bedeutung derartiger schleichender Rationalisierungsprozesse eher noch steigen wird. Bei der Bewertung unserer Ergebnisse muß dies mit berücksichtigt werden. Wir glauben aber - und wir werden dies noch eingehender diskutieren -, daß zumindest ein wesentlicher Teil unserer Befunde auch für das Verständnis dieser schleichenden Rationalisierungsprozesse relevant ist.

2. Textverarbeitung in den 70er-Jahren

Die meisten von uns untersuchten Fälle der Einführung Organisierter Textverarbeitung fielen in die 70er-Jahre. Sie waren Teil jener 'heroischen Phase' der Textverarbeitung, in der diese als grundsätzlich neuer Ansatz der Verwaltungsrationalisierung verstanden wurde. Mit dem folgenden Überblick der Diskussion und der Verbreitung der Textverarbeitung wollen wir den Hintergrund skizzieren, auf dem die betrieblichen Entscheidungen gefällt wurden.

a) Die Diskussion um die Organisierte Textverarbeitung

Versuche, die Schreibarbeit zu rationalisieren, lassen sich recht
weit zurückverfolgen. Schon zu Beginn des Jahrhunderts gab es
in einzelnen Versicherungen zentralisierte Schreibdienste; in Behörden gab es Zentralkanzleien oder den 'zentralen Schreibtisch'.
Auch die große Rationalisierungswelle der 20er-Jahre hat gewisse
Spuren hinterlassen. Grundsätzlich blieben aber solche Rationalisierungsansätze über die Arbeitsorganisation bis in die 60er-Jahre
eher die Ausnahme; sie wurden nicht systematisch und auf breiter Front unternommen. Kennzeichnend war eher ein Bemühen,
das Maschinenschreiben an sich zu beschleunigen. Derartige Versuche waren aber nur begrenzt erfolgreich. Die durchschnittliche
Anschlagsleistung dürfte in den 50er-Jahren kaum wesentlich
höher als in den 20er-Jahren gewesen sein. Auch die Einführung
der elektrischen Schreibmaschine scheint die Schreibgeschwin-
digkeit nicht erheblich erhöht zu haben. (6)
    Ähnlich wie auf arbeitsorganisatorischem Gebiet brachte die
technologische Entwicklung bis Anfang der 70er-Jahre kaum
grundsätzlich Neues, sondern allenfalls eine Verbesserung der
Leistungsfähigkeit, Zuverlässigkeit und Wirtschaftlichkeit bereits entwickelter Maschinentypen. Teilweise konnte man bereits auf recht lange Entwicklungszeiten der Maschinen zurück-
sehen. Das erste Serienmodell einer elektrischen Schreibmaschine, die 'Blickenstorfer Electrik', kam im Jahre 1902 auf
den Markt. Das Problem der Produktion von Serienbriefen wurde bereits 1912 mit Hilfe eines Schreibautomaten gelöst, der
nach dem gleichen Prinzip wie das automatische Piano über Loch-
bänder gesteuert wurde. Auch das Problem der Endlosverarbeitung wurde schon früh erkannt und gelöst, z.B. mit der 'Under-
wood Fanfold' im Jahr 1925. Blieb der Einsatz dieser frühen
Entwicklungen für die Praxis zunächst weitgehend folgenlos, so
arbeiteten doch in den 50er- und 60er-Jahren bereits eine größere Zahl lochstreifengesteuerter Schreibautomaten (z.B. Skribo-
na, Supertyper).
    Sind also die Versuche, Schreibarbeit zu automatisieren, d.h.
auf die Maschine zu überführen, relativ alt, so kann doch eigentlich erst seit dem mit Beginn der 70er-Jahre einsetzenden Ent-
wicklungsschub von einer tragfähigen technologischen Basis gesprochen werden. Gestützt auf die Möglichkeiten der Mikroelektronik wurden Leistungsfähigkeit, Anwendungsbreite und -flexi-
bilität und vor allem auch die Wirtschaftlichkeit des Schreibautomaten erheblich verbessert. Mit der Einführung der Magnet-
kartenmaschinen, der Speicherschreibmaschinen und der Schreib-

24

systeme (zunehmend mit Bildschirm ausgerüstet) wurde das Spektrum der Möglichkeiten, Schreibarbeit auf Maschinen zu übertragen, ständig erweitert und verbessert. In den letzten Jahren wurden dann die Möglichkeiten, die Textübermittlung mit der Textverarbeitung zu integrieren, zunehmend ausgebaut (z. B. Telefax, Teletex). Parallel hierzu lief die Ausweitung der Einsatzmöglichkeiten von Großcomputern für die Textverarbeitung.

Die Geburtsstunde der 'Textverarbeitung' - so liest man im 'ABC der Textverarbeitung' des IBM-Vorstandsmitglieds Ulrich Steinhilper - liege im Jahr 1956. Damals wurde

"von mir der englische Begriff Word-Processing als sinnvolle Ergänzung zur Datenverarbeitung in einem betriebsinternen Vorschlag vorgestellt. Es erschien mir richtig, den sich verbreitenden Anwendungen des Data-Processing eine entsprechende Komponente im sprachlichen Bereich, nämlich das Word-Processing hinzuzufügen."(7)

Steinhilper gibt auch eine Definition dieses Begriffs 'Word-Processing' = 'Textverarbeitung':

"Denken hörbar machen, dann sichtbar und damit zur Verteilung vorbereiten!"(8)

Diese etwas blasse und formale Definition, die sich kaum zur Abgrenzung gegenüber anderen Tätigkeitsbereichen eignet, lieferte zunächst wenig mehr als ein Etikett, durch das die Herstellung und der Einsatz von Schreibmaschinen gegenüber der Datenverarbeitung aufgewertet werden sollte. Steinhilper war schließlich für den Bereich Schreibmaschinen bei der IBM Deutschland zuständig. Der organisatorische Bezug fehlte noch weitgehend; dieser erwuchs dem Begriff 'Textverarbeitung' wohl erst Anfang der 70er-Jahre zu mit dem Begriff der 'Organisierten Textverarbeitung'. Damit verband sich nun ein Konzept der systematischen und umfassenden Rationalisierung des Schreib- und Sekretariatsbereichs.

Gisela Scheloske, Geschäftsführerin des 'Verbandes für Textverarbeitung' (VTV), definierte Organisierte Textverarbeitung als

"das rationelle und ökonomische Erstellen und Verarbeiten von Informationen jeglicher Art. Sie erstreckt sich vom Konzipieren und Texten der Idee über das Formulieren und Dik-

tieren zum Schreiben, Kopieren und Reproduzieren usw. bis
hin zur Registratur und Mikroverfilmung."(9)

Lorenz Straßer, Vorsitzender des VTV, sah 'Organisierte Textverarbeitung' als

"ein ausgezeichnetes Rationalisierungsinstrument, welches
u. a. eine größere Flexibilität im Arbeitsablauf ermöglicht,
zur Entlastung des Einzelnen beiträgt sowie Zeit-/Kostener-
sparnis bringt."(10)

Problem all dieser Definitionen war ihre unklare Abgrenzung zur
'Informationsverarbeitung' im allgemeinen. Durch die Einbeziehung des Konzipierens bzw. der Entwicklung von Texten wurde
implizit ein großer Teil der sachbearbeitenden Tätigkeiten in
diese Definition eingeschlossen. Schwierigkeiten, bisweilen sogar Verwirrung, bereitete auch häufig die Tatsache, daß 'Textverarbeitung' einerseits als allgemeiner, übergreifender Begriff verwendet wurde, zum anderen aber in einem sehr viel en-
geren Sinn als Gegenüberstellung zu Textbearbeitung diente.
Schließlich wurde in der Diskussion Textverarbeitung häufig weitgehend synonym mit maschineller Textverarbeitung gebraucht.
   Will man nun über diese definitorischen Abgrenzungen hinaus
bestimmen, was das Konzept 'Organisierte Textverarbeitung'
beinhaltet, so gelingt dies zunächst wohl am besten in Absetzung
vom alten 'naturwüchsigen' Zustand. Wesentliche Zielsetzung
der Organisierten Textverarbeitung war, so wurde immer wieder betont, die Verbesserung von Schwachstellen herkömmlicher
Büroorganisation. Zentrale Kritikpunkte am konventionellen Zustand waren:

- Die ungleiche Versorgung der Auftraggeber: einer Minderheit
  privilegierter, eher überversorgter 'Chefs' (meist mit Ein-
  zelsekretärin) stehe eine große Zahl unterversorgter Sachbearbeiter gegenüber, die Schwierigkeiten haben, ihre Texte
  geschrieben zu bekommen;

- die ungleiche Auslastung der Schreibkräfte, sowohl im Nebeneinander der Schreibkräfte als auch im Zeitablauf, die aus
  der Unfähigkeit der Organisation herrühre, einen effektiven
  Arbeitsausgleich zwischen den Schreibkräften herzustellen;

- die geringe Effizienz von 'Mischtätigkeiten', d.h. der Verknüpfung von Schreibtätigkeit einerseits mit sekretariellen
  Tätigkeiten andererseits. Vor allem für die Schreibtätigkeit

26

wirkten sich die vielen Störungen, die aus der sekretariellen Tätigkeit notwendigerweise resultierten, nachteilig aus, wie umgekehrt die Durchführung umfangreicherer Schreibarbeiten die sekretarielle Funktion belaste;

- es können keine geeigneten Bedingungen für den wirtschaftlichen Einsatz teurer und hochwertiger Büromaschinen geschaffen werden, die kontinuierliche und spezialisierte Bedienung erforderten.

Die Kritik an dem alten Zustand, aus der die neue Vorgehensweise entwickelt und legitimiert wurde, richtete sich also nicht allein gegen dessen 'Unwirtschaftlichkeit', sondern vor allem auch gegen den Mangel an Transparenz, Steuerbarkeit und Kontrollierbarkeit. Dem stellte die Organisierte Textverarbeitung ein 'rationales' Konzept gegenüber:

- Die Auflösung der personenbezogenen Zuordnung von Chef und Sekretärin bzw. Diktant und Schreibkraft zugunsten einer allgemeinen und abstrakten Zuordnung verschiedener Funktionen: Der Diktant habe grundsätzlich und allgemein ein Anrecht auf bestimmte Dienstleistungen, die sachlich, nicht personenbezogen, definiert sind. Damit sollte die gleichmäßige Versorgung der Diktanten je nach anfallendem Bedarf gewährleistet sein;

- die Zusammenfassung der Schreibkräfte (unter Umständen auch der Sekretärinnen) zu Arbeitsgruppen, in denen die anfallenden Arbeiten gleichmäßig zu verteilen wären. Damit sollte das Problem des Arbeitsausgleichs gelöst werden;

- die 'Entmischung', d. h. die Trennung von schreibenden und sekretariellen Tätigkeiten. Damit sollten Störungen und Beanspruchungen reduziert werden und die Schreibtätigkeiten 'quantifizierbar', d. h. ihrem Volumen nach bestimmbar und kontrollierbar gemacht werden;

- die Ausgliederung der Schreibtätigkeiten (und unter Umständen auch der sekretariellen Funktionen) aus den Fachbereichen und ihre Unterstellung unter eine eigene Leitung. Damit wären nicht nur eine wirksame Steuerung und Kontrolle dieses Bereichs und ein effektiverer Arbeitsausgleich zu gewährleisten, sondern es sollte auch sichergestellt werden, daß die besonderen organisatorischen und personellen Erfordernisse des Schreib- (und Sekretariats-)bereichs auf Dauer Berücksichtigung finden.

Eine wesentliche Voraussetzung der Organisierten Textverarbeitung wurde in der Durchführung einer Ist-Analyse gesehen, durch die die systematische Anwendung der vorhandenen Mittel auf die gegebene Arbeitsaufgabe sichergestellt werden sollte. Ausgehend von einer Durchleuchtung des gewachsenen 'historischen' Arbeitssystems sollte also, quasi ahistorisch, streng nach den Prinzipien: Effizienz, Funktionalität und Minimierung der einzusetzenden Ressourcen ein neues System der Dienstleistungen entwickelt werden.

Das eigentlich Neue am Konzept der Organisierten Textverarbeitung war dabei der <u>systematische</u> Einsatz der zur Verfügung stehenden Mittel. Ein zweiter zentraler Aspekt war die Ausgliederung der Schriftguterzeugung als eigenständiger, gesonderter Schritt in der Informationsverarbeitung. Darin lagen wohl die wesentlichen Unterschiede Organisierter Textverarbeitung gegenüber den traditionellen Formen der Organisation der Textverarbeitung, nicht so sehr in der 'Zentralisierung' oder der 'Entmischung' von schreibenden und anderen sekretariellen Tätigkeiten, die ja, wie bereits erwähnt, schon seit langem als Rationalisierungsinstrument entwickelt und praktiziert worden waren.

Die Ableitung der Notwendigkeit der Organisierten Textverarbeitung folgte weitgehend übereinstimmend folgendem lapidaren Argumentationsschema:

"Das ständig wachsende Informationsbedürfnis löst eine Informationslawine aus, die mit herkömmlichen Mitteln und Methoden nicht mehr bewältigt werden kann. ... Die verhältnismäßig niedrige Produktivitätsentwicklung der Büroarbeit, der Personalmangel - besonders an qualifizierten maschineschreibenden Mitarbeitern - und die unaufhaltsam steigenden Personalkosten zwingen zur 'Rationalisierung der Büroarbeit'. ... Dieser für die gesamte Volkswirtschaft bedrohlichen Entwicklung muß durch vernünftige und gezielte Planung und Organisation der Verwaltungstätigkeiten, unter Berücksichtigung des ökonomischen Prinzips, Einhalt geboten werden. Der Organisierten Textverarbeitung kommt dabei eine besondere Rolle zu."(11)

Auf diesem Hintergrund gewinnt die Organisierte Textverarbeitung wahrhaft existentielle Bedeutung:

"Zwischen 15 % und 20 % unseres Bruttosozialprodukts geben wir allein für die Herstellung von schriftlichen Informationen aus. Durch vernünftige und sinnvolle Anwendung der Textverarbeitungs-Organisation könnte dieser Anteil auf rund 10 % bis 13 % reduziert werden. Es geht bei der Textverarbeitung also nicht nur um Probleme des Unternehmens, der Behörde, sondern um die jedes Einzelnen. Von der Durchsetzung hängt unser aller Zukunft ab. Uns stellt sich die Frage, ob wir die Informationsflut in den Griff bekommen werden."(12)

"Aus den bisher gemachten Ausführungen ergibt sich heute für jedes Unternehmen die zwingende Notwendigkeit, den ständig steigenden Kosten, der wachsenden Informationsflut und dem zunehmenden Kommunikationsbedürfnis durch den Aufbau einer Textverarbeitungs-Organisation Einhalt zu gebieten."(13)

Dabei wurde in dieser Frühphase die Organisierte Textverarbeitung mit dem zentralisierten Schreibdienst gleichgesetzt, so sehr, daß es teilweise überhaupt keiner gesonderten Erwähnung bedurfte. Die wirtschaftliche Überlegenheit des zentralisierten und entmischten Schreibdiensts war unumstritten; aus den für ihn errechneten höheren Anschlagsleistungen wurde umstandslos auf eine entsprechend höhere Produktivität der Textverarbeitung insgesamt geschlossen.

Eine spezifische Variante der Zentralisierung wurde von der IBM entwickelt. Die beiden entmischten Tätigkeitsschwerpunkte Schreiben und Sekretariatstätigkeit wurden jeweils für sich zusammengefaßt.

"Die konsequente Zentralisierung der Schreibarbeiten gilt heute weithin als Schwerpunkt in der Textverarbeitung. Sind in einem Unternehmen 10 bis 100 oder mehr Schreibplätze zu reorganisieren, so kann die Zuordnung mehrerer Abteilungen mit Führungskräften und Sachbearbeitern zu jeweils einem zentralen Verwaltungs- und einem zentralen Textverarbeitungssekretariat die passende Organisationsform sein. Es gibt Vorschläge für Laufbahnstrukturen innerhalb der Sekretariatsdienste, immer von zwei gleichwertigen Zweigen ausgehend, dem des Textverarbeitungs- und dem des Verwaltungssekretariats. Die gemeinsame Leitung beider Zweige ist dafür verantwortlich, daß die Mitarbeiterinnen gefördert und ausgebildet werden und ein Wechsel zwischen beiden Zweigen oder der Übergang in eine andere Tätigkeit möglich wird."(14)

Bemerkenswert war von Anfang an die Diskrepanz zwischen dem
Raffinement der Überlegungen zu Detailfragen und der Oberfläch-
lichkeit, mit der allgemeinere Zusammenhänge und Hintergründe
behandelt wurden. So gab es ausgedehnte und hochentwickelte
Erläuterungen über die Gewichtung von Anschlägen bei der Leistungserfassung, über die "Motivation zum Phonodiktat", über
die "Kriterien für die Auswahl und Anwendung von Textsystemen"
etc.; eine Auseinandersetzung mit den allgemeineren Voraussetzungen und Auswirkungen der Organisierten Textverarbeitung,
ihren funktionalen Bezügen zur Verwaltung als ganzer, fand man
dagegen nur selten.

Der zentralisierte entmischte Schreibdienst wurde so zu einer
Art Dogma erhoben: Er war das verbindliche Modell für die 'richtige' Gestaltung der Textverarbeitung schlechthin. Einwände dagegen richteten sich allenfalls gegen seine Auswirkungen auf den
Menschen.

Gegen Ende der 70er-Jahre wurde das Dogma vom zentralen
Schreibdienst jedoch zunehmend infrage gestellt, vor allem seine
wirtschaftliche Überlegenheit wurde angezweifelt. Nicht zuletzt
die Hersteller, die bislang ja gerade zentralisierte Organisationsformen befürwortet hatten, begannen nun flexiblere Organisationsformen zu vertreten. So verkündete Gerhard Raith, Nachfolger
Steinhilpers als Leiter des Geschäftszweigs Textverarbeitung
der IBM Deutschland, einem überraschten Kongreßpublikum ohne
weitere Erklärung und Begründung die Abkehr von dem bislang
vertretenen arbeitsteiligen Organisationskonzept:

> "Ich bezeichne es als eine einseitige Vorstellung, wenn be-
> hauptet wird, zur Organisierten Textverarbeitung gehöre es
> unabänderlich, daß Sekretariatsarbeiten entmischt werden,
> daß schreibende und verwaltende Tätigkeiten konsequent ge-
> trennt und zentrale Textverarbeitungs- und Verwaltungsse-
> kretariate eingerichtet, oder daß bestehende Arbeitsgruppen
> aufgelöst werden müssen und daß die direkte Zusammenarbeit
> zwischen Chef und Sekretärin sowie zwischen Sachbearbeiter
> und Schreibkraft aufgegeben werden muß. In jedem einzelnen
> Fall gilt es, die individuell abgestimmte organisatorische
> Lösung zu finden."(15)

Auf dem Kongreß für Textverarbeitung 1980 in Köln wurde diese
'Flexibilität' zum neuen Dogma der Textverarbeitung erhoben.
Bezugspunkt dafür waren vor allem die technologischen Entwick-
lungsperspektiven, das 'distributed processing' der dezentralen,
arbeitsplatznahen EDV und die Telekommunikation.

"Textverarbeitung galt in den vergangenen Jahren als eine eigenständige Organisation in der Organisation. Dies war (ist?) solange richtig, als man mit Textverarbeitung die Engpässe bei der Bewältigung des steigenden Schriftgutvolumens beseitigt hat. Entsprechend sind Organisationsformen und Organisationsmittel entstanden, die einzig dem Zweck dienten, Schriftgut so rationell wie möglich abzuwickeln. Wir stehen an der Schwelle zu einer neuen Technologie. Sie wird uns das Zusammenwachsen von Datenverarbeitung, Textverarbeitung und Nachrichtentechnik bringen. ... Im Zuge dieser Entwicklung werden wir es in den nächsten Jahren mit neuen Organisationsstrukturen zu tun haben. Versuche, mit sogenannten dynamischen Arbeitsgruppen laufen bereits an der einen oder anderen Stelle. "(16)

Dezentrale Einsatzformen und Informationsverbund wurden umstandslos aus dem Leistungspotential der neuen Technologie abgeleitet - eine Auseinandersetzung mit den organisatorischen Voraussetzungen für die Verwirklichung dieser technologisch bestimmten Konzepte fehlte weitgehend. Eine der wenigen Ausnahmen stellte lediglich das Referat von Reichwald dar, der einen der Schwerpunkte auf die Diskussion der organisatorischen Alternativen für die Nutzung der neuen Formen der technischen Kommunikation legte.

"Die Vorzüge der Kommunikationstechnik treten nicht in jedem Falle ein. Die positiven Effekte vor allem im qualitativen Bereich einer flexibleren und leistungsfähigeren Organisationsgestaltung hängen weitgehend von der Nutzungskonzeption der Technik ab. Der Organisator darf die Fragen der Technikeinbettung nicht lediglich unter Auslastungsaspekten für isolierte Organisationsteile (z. B. Schreibdienst) entscheiden. Mit der Technikeinbettung muß die Trennung Sachbearbeitung, Schriftgutausführung und Schriftgutversendung aufgehoben werden. Sachbearbeitung, Schriftguterstellung, Schriftgutversendung, Dokumentation und Informationsbeschaffung sind eingeschlossene Aufgabenkomplexe. Dieser Nutzungsansatz der Technik läuft auf eine Reintegration qualifizierter Arbeitsinhalte in Schreib- und Sekretariatsdienste, auf einen dezentralen Einsatz der Kommunikationstechnik und auf eine organisatorische Zusammenführung von Sachbearbeitung und 'Schreibdienst' hinaus. "(17)

Eine derartige 'Reintegration' der Büroarbeit setzt aber auch eine veränderte, breitere Betrachtung der Wirtschaftlichkeit voraus, unter der die rechnerische Überlegenheit des zentralen Schreibdiensts als äußerst fragwürdig erscheinen muß. (18)

Die Diskussion um die Organisierte Textverarbeitung in den vergangenen zehn Jahren kann also gekennzeichnet werden als eine Abfolge von Dogmen, in der jeweils ein anderes Gestaltungsmodell für das allein richtige erklärt wurde. Betrachtet man das Niveau dieser Diskussion und die weitgehend unkritische Rezeption, die die vertretenen Dogmen in der betrieblichen Praxis erfuhren, so ist man versucht, von einer Abfolge von Moden zu sprechen. Erstaunlich an dieser Abfolge der Propagierung so unterschiedlicher Organisationskonzepte ist zweifellos, wie ein Hersteller praktisch kommentarlos eine völlige Umkehr der bislang vertretenen Organisationsphilosophie vollziehen kann. Bezieht man aber die 'Dogmengeschichte' der Organisierten Textverarbeitung auf den jeweiligen maschinellen und organisatorischen Entwicklungsstand, dann wird mancher Kurswechsel recht einleuchtend. Am eindeutigsten läßt sich das an den von Herstellern vertretenen Organisationskonzeptionen und ihrem maschinellen Angebot demonstrieren.

So entsprach das von der IBM seit Beginn der 70er-Jahre vertretene Konzept getrennter Textverarbeitungs- und Verwaltungssekretariate in hohem Maß der damals angebotenen Hardware: Vor allem die Magnetkarten-Schreibautomaten machten eine zentralisierte Verwaltung der Magnetkarten notwendig und ließen daher zentralisierte Schreibgruppen sinnvoll erscheinen. Von Anfang an hatte aber IBM Schwierigkeiten, ihr Konzept, das nicht einmal im eigenen Hause unumstritten war, in der Praxis zu 'verkaufen'. Es gelang nur in einigen wenigen Paradefällen; meist blieb es jedoch bei halbherzigen Lösungen. Ein Abrücken von dem ursprünglichen Textverarbeitungskonzept wurde umso mehr nahegelegt, als andere Hersteller ihre Textsysteme zunehmend mit dem Argument der organisatorischen Flexibilität offensichtlich mit Erfolg verkauften. Mit dem Ausscheiden von Steinhilper, der sich selbst zum Vater der Textverarbeitung hochstilisiert hatte, war der Weg frei zu einer Neuorientierung, die ihrerseits nun auch durch die Ende der 70er-Jahre angebotene Hardware nahegelegt wurde.

Parallel zu dieser Veränderung der grundsätzlichen Konzepte vollzog sich auch eine Verschiebung der arbeitsmarktbezogenen

Argumentationsschwerpunkte. Kennzeichnend für die Frühzeit waren Berechnungen über zu erreichende Personaleinsparungen, durch die vor allem Hersteller den Verkauf ihrer Maschinen zu fördern suchten. Diese großzügig kalkulierten Einsparungen erwiesen sich dann allerdings als Bumerang, da sie in der Öffentlichkeit und vor allem von den Gewerkschaften als bare Münze genommen wurden. Auf den Gesamtarbeitsmarkt hochgerechnet ergaben sich schwindelerregende Zahlen - 100.000, 200.000 oder gar eine Million Arbeitsplätze, die in den nächsten Jahren der Organisierten Textverarbeitung zum Opfer fallen sollten. Nicht zuletzt wohl unter dem Eindruck dieser Negativpublizität wurde man in den letzten Jahren sehr viel vorsichtiger bei der Nennung von Einsparungseffekten; das geht so weit, daß schließlich in Abrede gestellt wird, daß durch Organisierte Textverarbeitung überhaupt Personaleinsparungen zu erreichen sind.

"Es kann mit Recht gesagt werden, daß die Organisierte Textverarbeitung bisher keine negativen Auswirkungen auf den Arbeitsmarkt hatte. ... Durch organisatorische Maßnahmen wurde bisher meist nur der bestehende Mangel beseitigt, dies gilt auch für die Automatisierung und selbst für die computerunterstützte Textverarbeitung. ... Im Gegenteil! Es kann gesagt werden, daß durch die Methoden der Organisierten Textverarbeitung für dieses Arbeitskräftepotential neue Aufgaben geschaffen werden (allgemeine Verwaltungsaufgaben, kontoristische bzw. Hilfsarbeiten), die wiederum den Mangel an qualifizierten Kräften teilweise ausgleichen können."(19)

Die neue Rationalisierungsrhetorik heißt heute: Einsatz von Textsystemen, um auf dem Arbeitsmarkt fehlende Arbeitskräfte zu ersetzen.(20)
Ab Mitte der 70er-Jahre wurde die Textverarbeitung auch Thema von Arbeiten aus dem Wissenschaftsbereich, etwa von Diplom- oder Doktorarbeiten. Eine umfassende Darstellung der Theorie der Textverarbeitung fehlt allerdings bis heute.
In der zweiten Hälfte der 70er-Jahre entdeckten auch die Massenmedien die Textverarbeitung. "Traumjob für Traumfrauen?", "Auch beim Tippen muß man denken", "Düstere Aussichten für Büroangestellte", "Der bedrohte Arbeitsplatz im Büro", "Der Fortschritt kommt auf leisen Sohlen", "Das Diktat der Automaten", "Die Automaten kommen" - das waren Überschriften von Artikeln in Tageszeitungen, Zeitschriften und Wirtschaftsmagazinen, die je nach Standpunkt entweder die Leistungsfähigkeit der neuen Technologie und die Wirtschaftlichkeit oder die über-

wiegend negativen Auswirkungen für die Büroangestellten darstellten. Auch das Fernsehen widmete eine Reihe längerer Sendungen dem Thema Textverarbeitung, die sich zum Teil recht kritisch mit den neuen Entwicklungen auseinandersetzten.

An dieser Rezeption durch die Massenmedien wird deutlich, daß die Textverarbeitung von Beginn an in hohem Maß kontrovers war. Ihren leidenschaftlichen Verfechtern standen ebenso leidenschaftliche Gegner gegenüber.

Zu den Gegnern gehörten vor allem die Gewerkschaften, die sich sehr deutlich gegen die Zentralisierung und Entmischung äußerten,

So hieß es in einem Beschluß des geschäftsführenden Hauptvorstands der ÖTV vom 24.4.1978:

"Technischer Fortschritt darf nicht zu inhumanen Arbeitsbedingungen führen. ... Die Gewerkschaft ÖTV lehnt deshalb zentrale Schreibbüros ab und wendet sich gegen die damit verbundene Arbeitsteilung und Reduzierung auf Anschlagstätigkeit. Sie befürwortet eine Arbeitsorganisation, bei der Schreibarbeiten mit anderen, soweit als möglich auch qualifizierten Büroarbeiten verbunden werden." (21)

Die gewerkschaftliche Kritik richtete sich zum einen gegen Dequalifizierung und Beanspruchungserhöhung, wie sie sich in einer ganzen Reihe errichteter zentralisierter und entmischter Schreibdienste abzeichneten. (22) Vor allem stand hinter der ablehnenden Haltung der Gewerkschaften die Befürchtung des massenhaften Arbeitsplatzverlusts durch die Einführung der Organisierten Textverarbeitung. Dabei stützte man sich nicht zuletzt auf Wirtschaftlichkeitsberechnungen und Zielaussagen, die dem Werbematerial der Hersteller von Büromaschinen entnommen worden waren. So heißt es in einer Anzeige für die "Angestelltenaktion", durch die der DGB 1977 "dem Abbau von Vorurteilen zwischen den einzelnen Arbeitnehmergruppen, der Förderung der Solidarität und der Werbung von Angestellten" dienen wollte und nicht zuletzt Sekretärinnen und Schreibkräfte angesprochen werden sollten:

"In der Bundesrepublik sind ca. 2,5 Millionen weibliche Schreibkräfte beschäftigt. Allein durch den Einsatz von Schreibautomaten werden in den nächsten zehn Jahren mindestens 200.000 Arbeitsplätze eingespart werden. - So ein Schreibautomatenhersteller. Platz in der 'konventionellen' Sekretariatsarbeit gibt es nur noch für einen verschwindend geringen Teil. Die meisten zentralen Schreibdienste werden nach und nach durch teilautomatisierte Korrespondenzanlagen ersetzt, die Schreibkraft wird Bedienerin einer Maschine mit extrem hoher Schreibleistung. ... Schon heute haben die zentralen Schreibdienste Belastungen gebracht, die auf Dauer mörderisch sind."

Die gewerkschaftliche Position wurde durch Schwierigkeiten geschwächt, die mit dafür verantwortlich sein dürften, daß diese in dem Kreis der betroffenen Schreibkräfte und Sekretärinnen relativ wenig Resonanz gefunden hat. (23)

Die Arbeit im zentralen Schreibdienst wurde als weitgehend unqualifizierte, fließbandähnliche mechanische Tätigkeit dargestellt. Diese Einschätzung entsprach genau der vieler betrieblicher Organisatoren, die 'Schreiben' ebenfalls als rein mechanische, ungeistige Tätigkeit einstuften und dementsprechend tayloristische Organisationsformen zu verwirklichen versuchten. (24) Die in derartigen Schreibdiensten beschäftigten Schreibkräfte und Schreibdienstleiterinnen erfahren jedoch täglich, daß sie für die Erledigung ihrer Arbeit - auch im zentralen Schreibdienst - ein zum Teil beträchtliches Maß geistiger Qualifikationen einbringen müssen; sie erfahren allerdings auch, daß sich Streß, Monotonie und Leistungsdruck mit der Errichtung zentraler Schreibdienste teilweise massiv erhöht haben. Statt ihre Kritik nun auf diese drastische Beanspruchungserhöhung abzustellen, verprellten die Gewerkschaften mit ihrer Abqualifizierung der Tätigkeit im Schreibdienst die Schreibkräfte und vor allem die Schreibdienstleiterinnen.

Eine weitere Schwierigkeit resultierte daraus, daß man sich vorwiegend auf die Argumentation der Hersteller und Vertreter der Organisierten Textverarbeitung bezog, d. h. die von diesen unterstellten Rationalisierungsgewinne für bare Münze nahm und das Dogma von der wirtschaftlichen Überlegenheit tayloristischer Organisationsformen weitgehend ungeprüft akzeptierte. Grundsätzlich war dadurch eine defensive Position vorgezeichnet. Unter der Perspektive der massiven Bedrohung der Arbeitsplätze für die betroffenen Schreibkräfte befürwortete man die Beibehaltung von Mischarbeitsplätzen, womit man sich dem Vorwurf der Nichtberücksichtigung von Effizienzgesichtspunkten aussetzte. Unberücksichtigt blieben dabei die negativen Auswirkungen von Einzelarbeitsplätzen für viele Betroffene. (25)

Unberücksichtigt blieb dabei aber auch, daß gerade der Einzelarbeitsplatz für die gewerkschaftliche Position selbst eine Reihe von Schwächen aufweist: Zum einen vollziehen sich hier die Rationalisierungsprozesse meist unmerklich und schleichend, so daß sie nur schwer transparent und als 'Rationalisierung' deutlich zu machen sind; zum anderen hat die Erfahrung gezeigt, daß die an solchen Einzelplätzen beschäftigten Arbeitskräfte nur sehr schwer für eine kollektive Interessenvertretung mobilisierbar sind.

b) Die Verbreitung der Organisierten Textverarbeitung

Die Organisierte Textverarbeitung nahm Anfang der 70er-Jahre rasch den Charakter einer 'Bewegung' an. Sie verstand sich nicht nur als eine Art Berufsverband derer, die im Bereich des Schreib- und Sekretariatsdiensts führend und gestaltend tätig waren, sondern auch als Vehikel zur Verbreitung des Gedankens der Organisierten Textverarbeitung. Dieses messianische Selbstverständnis kommt in der Satzung des Anfang 1974 gegründeten "Verbandes für Textverarbeitung e.V." zum Ausdruck, der sich die Aufgabe stellte,

"die 'Organisierte Textverarbeitung' auf breiter Ebene entwickeln zu helfen. Das soll geschehen durch Zusammenarbeit von Anwendern, Beratern, Herstellern, Fachhandel und Fachhandwerk."(26)

Dieser Verband, von 1976 bis 1980 im 'Ausschuß für wirtschaftliche Verwaltung (AWV)' integriert, hat zweifellos in der zweiten Hälfte der 70er-Jahre zur Verbreitung der Idee der Organisierten Textverarbeitung beigetragen. So werden seit 1976 jährlich etwa 25 Textverarbeitungsseminare durchgeführt, findet seit 1975 der vom Verband organisierte 'Kongreß für Textverarbeitung (KTV)' statt, erscheint seit August 1977 der 'Informationsdienst Textverarbeitung' und seit 1979 der 'VTV-Express'. Bereits 1977, also drei Jahre nach der Gründung, hatte der Verband rund 400 Mitglieder und konnte sich auf 16 regionale Erfahrungsaustauschgruppen stützen. Bis 1981 war die Mitgliederzahl auf 700 gewachsen, die Zahl der Erfahrungsaustauschgruppen stieg auf 20.
1971 wurde der 'BLS' gegründet ('Bundesverband Leitung organisierter Schreib- und Sekretariatsdienste in der Textverarbeitung e.V.'), der bereits zwei bis drei Jahre nach seiner Gründung an die 220 Mitglieder aufwies und seit 1976 'BLS-aktuell' herausgibt (1981 wurde er aufgelöst).

36

Seit 1973 wird in Friedrichshafen die 'Intertext', der 'Europäische Kongreß für Textverarbeitung', veranstaltet.

Nicht unbeträchtlich war auch die Zahl der von Herstellern getragenen Veranstaltungen, bei denen neben der Präsentation der Maschinen auch das Gedankengut der Organisierten Textverarbeitung verbreitet wurde.

Im Bereich der öffentlichen Verwaltung waren es nicht zuletzt die Rechnungshöfe des Bundes und der Länder, die Impulse für die Neuorganisation des Schreibbereichs zu geben suchten. (27) Daneben setzten sich die Bundesstelle für Büroorganisation und Bürotechnik und die Kommunale Gemeinschaftsstelle für Verwaltungsvereinfachungen mit dem Problem der Textverarbeitung in der öffentlichen Verwaltung auseinander.

Umfangreich war das schriftliche Informationsangebot. Die etwa zehn Zeitschriften für Büroorganisation und Bürotechnik widmeten sich in zunehmendem Maß dem Thema Textverarbeitung; auch ausgesprochene Computer-Zeitschriften befaßten sich immer häufiger mit dem Thema, seit 1978 erscheint die 'Textautomation - Zeitschrift für organisierte Textverarbeitung'.

Rasch entwickelte sich auch ein Markt für Beratung. Das 1976 vom VTV herausgegebene 'Informationshandbuch Textverarbeitung' enthält die Anschriften von bereits etwa 40 Schreibdienst- und Textverarbeitungsberatern. Bis 1981 dürfte diese Zahl auf über 100 gestiegen sein. Daneben wurden von einem Teil der Hersteller eigene Beratungsdienste eingerichtet.

Diese Aktivitäten, die ausgedehnte Diskussion um die Organisierte Textverarbeitung, die hitzigen Kontroversen um den zentralen Schreibdienst, um den Schreibautomaten - all dies darf nun allerdings nicht darüber hinwegtäuschen, daß zunächst die Praxis in der überwiegenden Zahl der Büros von den neuen organisatorischen Verfahren und Technologien kaum berührt wurde.

Nach Schätzungen verschiedener Experten gab es 1977 etwa 1.000 herkömmliche Schreibpools und etwa die gleiche Zahl Organisierter Schreibdienste. Geht man von einer Durchschnittszahl von 10 bis 15 Schreibkräften pro Schreibdienst aus, so hätten zu diesem Zeitpunkt nach dieser Schätzung etwa 20.000 bis 30.000 Schreibkräfte in zentralisierten Schreibdiensten gearbeitet.

Nach Schätzungen von Experten beschränkte sich der Einsatz von EDV-Anlagen zur computerunterstützten Textverarbeitung auf 30 bis 50 Systeme, die im wesentlichen in größeren Versicherungsunternehmen, Banken, Versandunternehmen und Behörden eingesetzt waren.

1978 dürften etwa 60.000 Schreibautomaten im Einsatz gewesen sein, wobei hier auch Speicherschreibmaschinen mitgerechnet sind. Von diesen dürfte etwa ein Drittel bis die Hälfte in Kleinbetrieben mit weniger als 20 Beschäftigten eingesetzt gewesen sein.

Die Zahl der Unternehmen, die Organisierte Textverarbeitung konsequent und umfassend eingeführt hatten, dürfte selbst Ende der 70er-Jahre noch außerordentlich gering gewesen sein.

Als Indiz dafür, wie klein der Kreis der eigentlichen 'Insider' war, können die jährlich stattfindenden Kongresse für Textverarbeitung gelten. Der Teilnehmerkreis dieser Veranstaltungen war in den Jahren 1975 bis 1980 weitgehend der gleiche. Er war vorwiegend von Vertretern der Hersteller und bestimmter Großverwaltungen, insbesondere Versicherungen und einiger Behörden, bestimmt. So waren beispielsweise auf dem Kongreß für Textverarbeitung 1977 in Köln nur etwa 150 Anwenderfirmen und Behörden vertreten, knapp ein Drittel davon waren Banken und Versicherungen. Ihnen stand eine fast gleiche Zahl von Teilnehmern aus Herstellerfirmen, Verbänden, Beraterfirmen und Fachjournalen gegenüber. Ein Großteil der Kongreßteilnehmer hatte bereits die vorangegangenen Kongresse besucht. Wenn man davon ausgeht, daß es in der Bundesrepublik immerhin etwa 4.000 Firmen und Behörden mit mehr als 500 Belegschaftsangehörigen gibt, von denen doch angenommen werden kann, daß für sie die Organisierung des Schreibdienstes eine Rolle spielt, wenn man weiterhin bedenkt, daß diese Kongresse gerade in Anbetracht der Neuheit der Thematik eine der zentralen Informationsquellen dargestellt haben, so erscheint die Zahl der vertretenen Firmen und Behörden äußerst gering.

Zusammenfassend kann also gesagt werden, daß die Situation in der Textverarbeitung während der 70er-Jahre charakterisiert wurde durch ein beträchtliches 'Rationalisierungsdefizit', das darin bestand, daß ein entwickeltes und umfangreiches Angebot an organisatorischem und technischem Rationalisierungspotential von den Betrieben nur sehr zögernd aufgegriffen wurde. Diese Lücke zwischen entwickelten Rationalisierungsmitteln und deren tatsächlichem Einsatz bestand vor allem in:

- der Nichtanwendung organisatorischer Verfahren;
- dem Nichteinsatz entwickelter und zum Teil in den Unternehmen bereits installierter Technologien (etwa der Nutzung vorhandener Computerkapazitäten zur computerunterstützten Textverarbeitung);
- der Nichtanwendung des vorhandenen technologischen Know-Hows (etwa der Verwertung von im Bereich der Datenverarbeitung entwickelten Techniken und Verfahren für die Textverarbeitung).

Symptomatisch für dieses 'Rationalisierungsdefizit' dürfte die konstante Diskrepanz zwischen den von Herstellern erwarteten und von Forschungsinstituten prognostizierten Absatzzahlen für Textverarbeitungssysteme und den tatsächlichen Verkaufsziffern sein. Letztere lagen durchweg erheblich unter den Prognosewerten. Der von den Herstellern bereits Mitte der 70er-Jahre erwartete Durchbruch beim Absatz von Textautomaten war selbst 1980 noch immer nicht eingetroffen.

Wir haben uns mit der Entstehung dieser Rationalisierungslücke im Rahmen dieser Untersuchung nicht mehr befassen können, denn unser Gegenstand ist ja gerade der Prozeß der Einführung Organisierter Textverarbeitung. (28) Wir können hier nur die Vermutung äußern, daß eben jene innerbetrieblichen Handlungskonstellationen und Vermittlungsmechanismen, die wir im weiteren herausarbeiten wollen, auch hierbei eine Rolle gespielt haben. In unseren abschließenden Überlegungen werden wir darauf noch zu sprechen kommen.

Fassen wir zusammen: Die Situation der Textverarbeitung in den 70er-Jahren war gekennzeichnet durch den missionarischen Eifer ihrer Vertreter, durch eine hitzige, äußerst kontroverse öffentliche Auseinandersetzung und durch die eher zögernde Umsetzung des angebotenen organisatorischen und technischen Rationalisierungspotentials in den Verwaltungen. Vor diesem Hintergrund müssen die von uns rekonstruierten und untersuchten Umstellungsfälle gesehen werden.

I. TEIL
DIE STUFEN DER EINFÜHRUNG ORGANISIERTER TEXTVER-ARBEITUNG

Der Ablauf der Einführung Organisierter Textverarbeitung wird häufig etwa nach folgendem Muster dargestellt:

Ein Betrieb findet sich mit einer bestimmten Problemlage konfrontiert, die zunächst einen latenten Veränderungsdruck erzeugt. Dieser wird durch einen konkreten Anlaß aktualisiert, durch den ein Auftrag für die Innovation oder zumindest eine Projektstudie herbeigeführt wird. Dieser führt nun über Ist-Analyse und Planung zur Entwicklung des Sollkonzepts, das nach einer endgültigen Entscheidung im Betrieb eingeführt wird. (29)

Die Darstellungen dieses Ablaufs suggerieren Logik und Folgerichtigkeit des Vorgehens. Die verschiedenen Schritte bauen aufeinander auf und führen mehr oder minder geradlinig vom Problem zu seiner Lösung. Der betriebliche Einführungsprozeß ist durch Rationalität bestimmt und stellt Rationalität her.

Die Mehrzahl der von uns untersuchten Veränderungsfälle entsprach auf den ersten Blick diesem Ablaufschema. Genauere Betrachtung jedoch ergab, daß sich hinter oberflächlichen Gemeinsamkeiten sehr unterschiedliche Gehalte verbargen, so daß mit der Beschreibung der Stufen des Einführungsprozesses nur wenig über seine Bedeutung für das spätere Ergebnis ausgesagt war. Die einzelnen Umstellungsfälle unterschieden sich durch sehr spezifische Bedingungskonstellationen, die sich für das Verständnis des Ablaufs des Innovationsprozesses und seiner Konsequenzen auf das Ergebnis als außerordentlich wichtig erwiesen. Vor allem bestanden beträchtliche Überlappungen der einzelnen Phasen: Statt eines klar geordneten Nacheinanders, bei dem ein Schritt auf dem vorangegangenen aufbaut, beobachteten wir ein Nebeneinander, bei dem eine klare Zuordnung der Reihenfolge kaum möglich ist. Wir fanden Fälle, bei denen das Sollkonzept schon sehr früh feststand, ja eigentlich als Auslöser der Maßnahme betrachtet werden konnte; in anderen Fällen war die Ist-Analyse noch nicht ausgewertet, als die Einführung der neuen Schreibdienstorganisation schon abgeschlossen war.

Die Systematik des folgenden Teils, die im wesentlichen dem beschriebenen Ablaufschema folgt, darf deshalb nicht als ein in jedem Fall vorgezeichneter zeitlicher Ablauf verstanden werden, sondern stellt die schwerpunktmäßige Behandlung verschiedener Abschnitte des Einführungsprozesses dar, deren zeitliche Zuordnung im konkreten Einzelfall außerordentlich variabel sein kann.

1. Die Ausgangssituation

> "Daß die Textverarbeitung bei uns kam,
> dafür war damals unser Organisator ver-
> antwortlich. Der hat das durchgedrückt,
> der wollte Abteilungsleiter werden.
> Der Vorstand hat ihm das weitgehend
> überlassen, der wollte nur Erfolgsmel-
> dungen." (Schreibdienstleiterin)

Warum begibt sich ein Betrieb in das Abenteuer der Organisierten Textverarbeitung? Die Antwort ist - wie sich zeigen wird -
komplex, verweist aber zunächst einmal auf die Ausgangssituation.
In unserem Ablaufschema gingen wir ja davon aus, daß eine bestimmte Problemlage den Betrieb mit einem latenten Veränderungsdruck konfrontiert, der sich dann über einen konkreten Anlaß aktualisiert.
Die Auseinandersetzung mit diesem ersten Schritt des betrieblichen Innovationsprozesses erscheint für das allgemeinere Verständnis des technisch-organisatorischen Wandels wichtig: Wie
macht sich Veränderungsdruck im Betrieb bemerkbar, wie wird
er definiert, wie aktiviert er sich vom allgemeinen 'Problem'
zum Gegenstand betrieblichen Handelns? Dies alles sind Fragen,
deren Beantwortung für das Verständnis der Bestimmungsgrößen
und Mechanismen des technisch-organisatorischen Veränderungs-
prozesses aufschlußreich sind. Gerade dieser erste Schritt dürfte
etwas aussagen über die 'Logik' und Stringenz, mit der sich der
technisch-organisatorische Wandel durchsetzt, über seine Steuerbarkeit, über die Gründe von Verzögerungen im Diffusionspro-
zeß. Auch Rückschlüsse auf die Bestimmungsgrößen müßten möglich sein: Gehen die entscheidenden Impulse aus von den gesell-
schaftlichen Strukturbedingungen, von dem Angebot entwickelter
Technologien und Organisationsverfahren, von den Bedingungen
auf dem Arbeitsmarkt, von der ökonomischen Situation des einzelnen Betriebs oder von konkreten betrieblichen Arbeitsproblemen?

a) Die Problemlage

"Zunächst einmal war da der Konkurrenzzwang, daß wir ef-
fektiver arbeiten. Dann erwarten die Mitarbeiter heute mo-
derne Arbeitsplätze. Das fällt zusammen mit der neuen Büro-
technologie. Und schließlich hat in unserem Hause allgemein

ein Generationswechsel stattgefunden." (Mitglied der Geschäftsleitung)

Diese kurze Schilderung umreißt recht plastisch eine Konstellation, wie sie in mehreren Verwaltungen zu der Einführung der
Organisierten Textverarbeitung geführt hat:

- ein aus Rentabilitätsgründen bestehender allgemeiner, durch
  die Konkurrenzsituation vermittelter Druck zur Einsparung
  von Kosten und damit zur Rationalisierung;

- eine spezifische Problemlage - hier die arbeitsmarktbezogene
  Schwierigkeit, qualifiziertes Personal zu bekommen oder zu
  halten;

- das Angebot einer möglichen Lösung dieser Schwierigkeiten -
  hier durch die neu entwickelten Textverarbeitungstechnologien;

- ein 'Auslöser', der den bestehenden Veränderungsdruck in
  betriebliche Aktion umsetzt - hier personelle Veränderungen
  in der Firmenleitung.

Viele der Schilderungen, die wir über den Anfang der Entstehungs-
geschichte der Organisierten Textverarbeitung erhielten, blieben
allerdings sehr viel blasser und unspezifischer. Es fiel schwer,
aus ihnen abzuleiten, warum gerade zu diesem Zeitpunkt gerade
der Schreib- und Sekretariatsbereich gerade in dieser spezifischen Weise Gegenstand betrieblicher Rationalisierungsmaßnahmen geworden war.
   Eine Ausnahme machten da jene Unternehmen, in denen die
Einführung der Organisierten Textverarbeitung in Form eines
zentralisierten Schreibdienstes Teil eines umfassenden und relativ detailliert vorgegebenen längerfristigen Rationalisierungskonzepts gewesen war. Der Schreibdienst wurde, zumindest von
den Planern an der Spitze des Unternehmens, als ein Teilschritt
zur Durchrationalisierung der Verwaltung gesehen; es bestanden
klare Vorstellungen über die weitere Entwicklung und auch
darüber, in welcher Weise davon der Schreibdienst seinerseits
berührt werden würde.
   Solch 'strategisches' Vorgehen, das die Frage nach den spezifischen Ursachen und Auslösern der Einführung Organisierter
Textverarbeitung erübrigt, fanden wir jedoch nur in wenigen
Unternehmen, und wir gewannen den Eindruck, daß diese auch
heute noch eher Ausnahmen sind.

Ausnahmen waren auch jene Verwaltungen, bei denen ein unmittelbarer Bezug zwischen den konkreten Arbeitsproblemen und der Einführung Organisierter Textverarbeitung evident wurde.

Dies war etwa in einem Unternehmen der Fall, wo der spätere Leiter des Schreibbüros als Sachbearbeiter in der Vertriebsabteilung zunehmend mit Schwierigkeiten bei der Bewältigung der Kundenkorrespondenz konfrontiert worden war. Er habe, zunächst für seine häufigsten Problemstellungen, einige Formbriefe entwickelt und drucken lassen. Seine Schreibkraft hatte nur noch die Anrede und die Anschrift einzusetzen. Einige Kollegen hätten diese Idee aufgegriffen, jeder hätte sich dann seine eigenen Formbriefe gemacht.

Irgendwann habe er dann angefangen, einige Formbriefe als Sammlung zusammenzustellen, so daß diese von allen gemeinsam genutzt werden konnten. Mit der Anzahl der Briefe sei die Sammlung jedoch zunehmend unübersichtlicher geworden. Er habe dann auf eigene Faust eine Art Schriftgutanalyse in seinem Bereich durchgeführt und sei zu der Überzeugung gelangt, daß dieses bis zu 90 % vorformulierbar gewesen sei.

Die Geschäftsleitung habe seinen vorausgesagten Prozentsatz zwar bezweifelt, die Idee einer Textprogrammierung jedoch mit Interesse aufgenommen. Man habe einen externen Unternehmensberater beauftragt - und auch er kam zu dem Schluß, daß ein großer Teil der Texte programmierbar sei.

Nun wurde Herr A. mit der Textprogrammierung und der Auswahl eines kleineren Textautomaten beauftragt. Es wurde eine Gruppe für die Erledigung der technischen Korrespondenz gebildet. Herr A. wurde zum Gruppenleiter dieser Einheit ernannt.

Dringende Arbeitsprobleme - Verzögerungen, Überlastungen, Doppelarbeit - führten zu einem Infragestellen der bestehenden Verhältnisse und dann, Schritt für Schritt, zu einer Neuordnung. Kennzeichnend war der unmittelbare Bezug zwischen dem bestehenden Veränderungsdruck und der dann entwickelten Lösung.
   Dieser Bezug blieb sehr viel diffuser bei Erklärungen, die auf die Arbeitsmarktlage verwiesen: Schwierigkeiten bei der Rekrutierung qualifizierter Schreibkräfte und Sekretärinnen hätten den Gedanken einer Rationalisierung dieses Einsatzbereichs nahegelegt. Die geschilderte Problematik erschien zwar einleuchtend, der besondere Zusammenhang zu einer Rationalisierungsmaß-

nahme wie der Zentralisierung bleib aber relativ beliebig. Andere
Reaktionen, wie beispielsweise die Verstärkung der betrieblichen
Ausbildung, die Erhöhung des Gehaltsniveaus, wären ebenso denk-
bar gewesen.
Ähnliches gilt für das Argument, das am häufigsten, aber auch
am allgemeinsten angesprochen wurde: die Wirtschaftlichkeit.

"Das war damals in der Rezession 1974. Der Vorstand war der
Auffassung, wir müßten Kosten sparen, vor allem auch im Verwaltungsbereich. Deshalb gab er den Auftrag zur Zentralisierung der Schreibdienste".

Der Tenor der meisten dieser Äußerungen war: "Wir hatten den
Eindruck ...". Der Bezug blieb allgemein: "Sparen von Kosten
im Verwaltungsbereich". Daß der Schreibdienst sich als erster
Ansatzpunkt bot, erschien selbstverständlich. Unspezifisch blieb
auch der zeitliche Bezug: Warum wurde der Schreibdienst gerade
zu dem Zeitpunkt zum Gegenstand der Neuorganisation? Seine
'unbefriedigende Wirtschaftlichkeit' hatte ja zuvor meist schon
lange bestanden. (30) Als unmittelbar auslösendes Moment der
Neuorganisation ließ sich somit eine Umsetzung des Wirtschaft-
lichkeitsprinzips kaum feststellen. Meist fehlte dazu wohl auch
eine entscheidende Voraussetzung, nämlich eine detaillierte ko-
stenmäßige Durchleuchtung der Büroarbeit. Diese wurde, wenn
überhaupt, erst nachträglich im Zuge der Einführung Organisierter Textverarbeitung versucht.

b) Der Auslöser

Gelang der Versuch, die Frage zu beantworten, warum gerade zu
dem Zeitpunkt ausgerechnet die 'Textverarbeitung' zum Gegenstand betrieblicher Rationalisierungsbemühungen geworden war,
nur in wenigen Fällen, so stießen wir bei unserer Erforschung
der Einführungsgeschichte der Organisierten Textverarbeitung
jedoch häufig auf ein präzise zu benennendes Ereignis, durch
das ganz offensichtlich der Innovationsprozeß ausgelöst worden
war. In den meisten Darstellungen bezog man sich auf einen
solchen 'Auslöser', der durch einen katalytischen Effekt den
Innovationsprozeß eigentlich erst in Gang gesetzt hatte. Hier waren die Schilderungen in der Regel recht anschaulich und präzise. Über die Bedeutung dieses Schlüsselereignisses konnte
kein Zweifel bestehen.

Der häufigste 'Auslöser' waren Personalanforderungen: Ein Antrag auf zusätzliche Planstellen für den Schreibbereich war der Anstoß zur Überprüfung der organisatorischen oder technischen Möglichkeiten, das Personalwachstum im Schreibbereich aufzuhalten.

In einer großen Behörde führte der Antrag auf drei zusätzliche Planstellen für Schreibkräfte zu einer Überprüfung durch den zuständigen Rechnungshof. Dieser erstellte ein Gutachten, in dem die Zusammenführung der bisher dezentral zugeordneten Schreibkräfte in Zentralkanzleien vorgegeben und die mögliche Einsparung von acht Schreibkraftstellen errechnet wurde. Als Folge dieses Gutachtens wurde dann durch die Organisationsabteilung des Amtes ein Zentraler Schreibdienst eingerichtet.

In einem großen Unternehmen wurden für den bereits seit längerer Zeit bestehenden, für einen Teilbereich der Verwaltung arbeitenden Schreibdienst drei zusätzliche Schreibkraftstellen beantragt. Dieser Antrag veranlaßte die Revisionsabteilung zu einem Auftrag an die Organisationsabteilung. Es sei zu überprüfen, wieweit die Organisierte Textverarbeitung auch auf die anderen Bereiche des Hauses ausgedehnt werden könne.

In einem kleineren Unternehmen kündigte die Sekretärin eines Abteilungsleiters. Bei der Neubesetzung ergaben sich Schwierigkeiten. Dies veranlaßte die Geschäftsleitung zu einem Auftrag an den Personalleiter, durch Zentralisierung Sekretariats- und Schreibkräfte einzusparen.

Ein ebenso deutlich identifizierbarer Auslöser war der Bau eines neuen Verwaltungsgebäudes, der den Anstoß zu einer Neuorganisation des Schreibdienstes gab. Über den Zwang, sich über die räumliche Zuordnung Gedanken zu machen, wurde man auch mit der Notwendigkeit einer organisatorischen Neuordnung konfrontiert.

"Der Anstoß kam damals eigentlich durch den Hochhausbau. Der Schreibdienst war bis dahin in vielen kleinen Pools über viele Gebäude verteilt; sie saßen jeweils zu zweit oder dritt in einem Zimmer. Im Hochhaus waren Großräume vorgesehen. Da machte man sich nun Gedanken, wie man die Schreibkräfte räumlich verteilen sollte. Da kam man schließlich auf den Gedanken, daß eine Zusammenfassung in einem

Schreibdienst, der das ganze Hochhaus bedienen sollte, das Geeignetste sein würde." (Mitglied der Geschäftsleitung)

Klar identifizierbar waren auch die Anlässe, die sich aus personellen Veränderungen ergaben: etwa die Neubesetzung einer Position in der Organisations- oder der Personalabteilung.

"Es kam damals der Herr X. aus dem Y-Verlag. Der hatte dort schon die Textverarbeitung eingeführt. Er leitete das dann auch bei uns in die Wege." (Schreibdienstleiterin)

Eine Reihe von Berichten verwiesen auf Anstöße 'von außen' : Kontakte mit Herstellern, Messebesuche, Seminarteilnahme, Berichte in Fachzeitschriften oder auch Massenmedien.

Hierzu wäre wohl jener Fall zu rechnen, wo der Geschäftsführer eines kleineren Unternehmens sich auf der Hannover-Messe einen Schreibautomaten vorführen ließ, diesen spontan bestellte und nun im Nachhinein die organisatorischen Voraussetzungen für den Einsatz dieser Maschine geschaffen werden mußten.

Bisweilen scheinen auch die Aktivitäten der Konkurrenz den Marschplan der eigenen Rationalisierungsmaßnahmen mitbestimmt zu haben.

"Die Einführung der Terminals war geplant bis 1983. Bis dahin sollten alle Filialen mit Terminals ausgestattet sein. Ich war letztens auf einem Seminar der IBM, wo alle großen Banken vertreten waren. Dort wurde klar, daß die die Terminals schneller installieren wollen. Ergebnis war eine Vorlage an den Vorstand, die dazu führte, daß wir jetzt die Einführung der Terminals bis Ende 1981 planen." (Organisationsleiter)

Bei den Schilderungen dieser 'Auslöser' fällt auf, wie präzise sie sich auf konkrete Ereignisse beziehen und wie eindeutig der Bezug zwischen Ursache und Wirkung hergestellt wird, wie lose, ja beliebig jedoch zugleich die inhaltliche Verknüpfung zwischen diesem 'Auslöser' und der Textverarbeitung oft ist. Zwar läßt sich mit dem 'Auslöser' meist erklären, warum der Betrieb zu dem Zeitpunkt aktiv geworden ist, warum aber gerade die Organisierung der Textverarbeitung in Angriff genommen wurde, ist aus diesem kaum abzuleiten.

Insgesamt ergab sich der Eindruck, daß nur ein Teil der Betriebe gezielt nach Lösungen anstehender Probleme im Bereich der Textverarbeitung gesucht hat; häufiger schien es so, als sei man durch ein Ereignis, das nicht notwendigerweise unmittelbar mit der Textverarbeitung zu tun haben mußte (Neubau), auf schon lange dort bestehende Probleme gestoßen, als sei man sozusagen in die Rationalisierung gestolpert.

Dies gilt bisweilen selbst für die Teilnehmer an Informationsveranstaltungen und Seminaren über Textverarbeitung. Hier wäre an sich zu unterstellen, daß ein bereits strukturiertes Problembewußtsein zu dem Besuch veranlaßt hat. Die Diskussion etwa auf den von den Herstellern veranstalteten Unternehmerseminaren zeigte aber, daß bei vielen Teilnehmern noch recht vage und unstrukturierte Erwartungen bestanden. Zum Teil wurde offensichtlich dort erst der Schreibdienst als 'Problem' bzw. als Rationalisierungsgegenstand entdeckt.

c) Die Ausgangskonstellation

Die Frage bleibt: Warum hat ein allgemeiner Problemdruck (etwa "Einsparungen von Kosten in der Verwaltung") gerade zu diesem Zeitpunkt gerade zur Neuorganisation der Textverarbeitung geführt? Versuchen wir nun nochmals diese Frage zu beantworten, so bieten sich zwei Ebenen der Erklärung an: eine allgemein-systematische und eine betriebsspezifische.

Auf der allgemeinen Ebene erscheint die Einführung der Textverarbeitung als konsequenter, 'logischer' Teil in dem sich beschleunigenden Prozeß der Verwaltungsrationalisierung der 70er-Jahre. Das Angebot organisatorischer Verfahren, neuer technologischer Mittel, die allgemeine Diskussion über das Rationalisierungspotential der Textverarbeitung lassen es einleuchtend erscheinen, daß dieser Bereich zu einem Rationalisierungsschwerpunkt wurde.

Zweifellos hat die Diskussion über die Organisierte Textverarbeitung seit Anfang der 70er-Jahre, vor allem die Aktivitäten der Hersteller und der Verbände, ein allgemeines Bewußtsein geschaffen, daß in diesem Bereich 'etwas zu holen' sei. Dieses Klima der Machbarkeit dürfte wesentlich dazu beigetragen haben, den steigenden Rationalisierungsdruck im Verwaltungsbereich auf den Schreib- und Sekretariatsdienst hin zu kanalisieren.

Nicht erklärbar auf dieser Ebene sind allerdings die Unterschiede im Zeitpunkt, in den Gestaltungskonzepten und in der

Reichweite der Rationalisierungsmaßnahmen, wie sie selbst in Verwaltungen mit annähernd gleichen Rahmenbedingungen anzutreffen waren. Erklärbar ist damit vor allem auch nicht, weshalb bestimmte Unternehmen - trotz der vordemonstrierten Rationalisierungsgewinne - offensichtlich überhaupt keine Aktivitäten in dieser Richtung entwickelten.

Die Erklärung ist sicher in den meisten Fällen nicht in einer Ebene zu suchen, sondern vielmehr in einer Konstellation sehr unterschiedlicher Bedingungsgrößen, die zusammen einen gewissen Veränderungsdruck ergeben. Ein Teil dieser Bedingungsgrößen ist überwiegend 'problembezogen': Kostendruck, Arbeitsprobleme, Rekrutierungsschwierigkeiten etc. Andere Bedingungsgrößen können als 'lösungsbezogen' bezeichnet werden: Angebot an Organisationsverfahren, neuen Technologien etc. (31)

Die genauere Analyse der Ausgangssituation zeigte aber, daß auch im Zusammentreffen problembezogener und lösungsbezogener Bestimmungsfaktoren noch keine hinreichende, zwingende Erklärung des Zeitpunkts der aktiven Beschäftigung mit der Möglichkeit der Einführung von Organisierter Textverarbeitung lag, sei es, daß eine solche Konstellation schon längere Zeit bestand, sei es, daß sie ganz offensichtlich nicht ausschlaggebend war für die Initiierung von Maßnahmen.

Für ein Landratsamt, das räumlich sehr beengt über sechs Gebäude verteilt untergebracht war, bestand schon seit längerer Zeit ein ausgesprochener Rationalisierungszwang, der sich unter anderem in einem Einstellungsstopp äußerte. 1973 wurde der langjährige Landrat durch einen relativ jungen Nachfolger abgelöst. Dieser lud einen Hersteller zur Präsentation seiner Vorschläge ein und erteilte dann den Auftrag zu einem Gutachten. Dieses führte dann relativ rasch zu einer Neuorganisation des Schreib- und Sekretariatsdienstes.

'Auslöser' war hier also die personelle Veränderung an der Spitze der Behörde. Die Problemlage und auch die möglichen Lösungen waren seit längerem bekannt - man hatte mit dem Hersteller schon seit längerer Zeit zusammengearbeitet. Ausschlaggebend war hier die Interessenlage des neuen Landrats, "er mußte ja was Neues bringen, er wollte sich profilieren."

Neben den problembezogenen und den lösungsbezogenen Bedingungsfaktoren spielten also auch noch interessenbezogene Momente dafür eine Rolle, daß sich ein bestehender Veränderungsdruck tatsächlich in Aktion umsetzte: Die Einführung Organisierter Textverarbeitung erscheint als Möglichkeit zur Durchsetzung eigener Interessen.

Derartige Interessen waren z. T. sehr persönlicher Art, wie beispielsweise die Ausweitung des persönlichen Einflußbereichs oder die Verbesserung der Aufstiegschancen. Vielfach nur schwer trennbar von diesen persönlichen Interessen waren solche, die sich aus der Funktionswahrnehmung ableiten ließen. (32)

Solche 'positionalen' Interessen verbanden vor allem Zentralabteilungen mit der Einführung der Organisierten Textverarbeitung. Für diese bedeutete die Organisierte Textverarbeitung, vorwiegend in ihrer zentralisierten Form, zunächst einmal die Herstellung von Transparenz, d. h. den Einblick in die Arbeit der Fachabteilungen, und die Eröffnung zusätzlicher Kontroll- und Steuerungsmöglichkeiten. Insofern ist es sicher kein Zufall, daß vielfach die Organisationsabteilung den Gedanken der 'Textverarbeitung' aufgegriffen und in die betriebliche Diskussion eingebracht hat. Zumindest dort, wo Textverarbeitung schon relativ früh eingeführt wurde - also bis etwa Mitte der 70er-Jahre -, gilt häufig, daß das Thema 'Textverarbeitung' durch den Organisator aufgebracht wurde und daß dieser mit der zentralen Textverarbeitung besondere Interessen verknüpfte.

d) Die Problemdefinition

Die Ausgangslage scheint klar: Ein bestimmtes Problemfeld konfrontierte die Unternehmen mit einem latenten Veränderungsdruck. Ein Auslöser führte dann zur betrieblichen Aktion. Nur auf den ersten Blick war aber das, was als 'Problem' und damit als veränderungswürdig definiert wurde, eindeutig durch die Sachlage vorgezeichnet. Tatsächlich wurde derselbe Sachverhalt unter recht unterschiedlichen Aspekten und Zusammenhängen als Problem definiert.

So wurden die durch die Kündigung einer Sekretärin hervorgerufenen Schwierigkeiten, diese Stelle zu besetzen, als Problem des Arbeitsmarkts, des Gehaltsniveaus, der Arbeitsgestaltung an dieser Stelle, an der des Auftraggebers oder des gesamten Bereichs definiert.

Der gleiche Sachverhalt wurde also unter sehr unterschiedlichen Aspekten aufgegriffen.

1. Beispiel: Schreibdienst als Problem quantitativer Produktivität

In einer großen Verwaltung führten die auftretenden Verzögerungen bei der Schriftguterstellung zur Anforderung zusätzlicher Planstellen für Schreibkräfte. Durch den Controller wurde ein Untersuchungsauftrag erteilt, die Effizienz der gegenwärtigen Organisationsform des Schreib- und Sekretariatsbereichs zu überprüfen und Vorschläge zu erarbeiten, wie die angeforderten Stellen eingespart werden könnten.

Die folgende Ist-Analyse war an diesem Auftrag orientiert und führte, mit einer gewissen Zwangsläufigkeit, zu dem Vorschlag der Entmischung, der Zentralisierung und dem rechnerischen Ergebnis, daß damit eine Reihe von Schreibkräften eingespart werden könnte.

2. Beispiel: Schreibdienst als Problem qualitativer Leistungsfähigkeit

Die Problemidentifikation war bestimmt durch die Verzögerung einer wichtigen Entscheidung der Führungsebene. Bestimmend war also die Reaktionsfähigkeit dieser Ebene bzw. deren Überlastung und ungenügende Unterstützung. Der Untersuchungsauftrag an die Organisationsabteilung lautete, die funktionale Beziehung zwischen Auftraggeberbereich und Schreibbereich zu untersuchen. Als eine Konsequenz der folgenden Analyse wurde eine durchgreifende Neuordnung des Assistenzbereichs angeordnet, die aber zugleich auch Konsequenzen für den Auftraggeberbereich hatte.

Jede Problemdefinition beinhaltet eine Setzung von Prioritäten, zugleich implizit eine Ausklammerung von Veränderungsnotwendigkeiten, d. h. mit der Feststellung dessen, was verändert werden soll, wird auch definiert, was ausgeklammert bleiben soll.

So war in den meisten von uns untersuchten Fällen lediglich die 'Produktivität', d. h. die quantitative Leistung des Schreibdiensts das Problem und damit Gegenstand des Organisationsauftrags. Der Input, das eingehende Schriftgut, war nur insoweit einbezogen, als durch seine Standardisierung eine Produktivitätserhöhung des Schreibdiensts zu erwarten war, nicht aber als Problem für sich.

In ähnlicher Weise wurden Verzögerungen bei der Schriftgut-
bearbeitung lediglich als Problem des Schreibdienstes definiert,
nicht etwa als Problem der Strukturierung der Arbeitsgestaltung im Auftraggeberbereich.

Vielfach wurde die Problemidentifikation durch den Auslöser in
eine bestimmte Richtung vorstrukturiert.

Dort, wo die Anforderung neuer Planstellen für Schreibkräfte
den Anstoß für die Überprüfung dieses Bereichs durch die Organisationsabteilung gab, stand eben im Mittelpunkt des Interesses die 'Kopfzahl', d.h. der Ausstoß pro Arbeitskraft, bzw.
die Möglichkeit, diesen Ausstoß meßbar so zu erhöhen, daß
sich dadurch eine Einsparung von Planstellen verwirklichen
ließ.

Vielfach verengten 'exogene' Auslöser, die etwa durch die
Technologie- oder Verfahrensfaszination bestimmt waren, das
Problemfeld auf die Fragestellung, warum diese oder jene
Technologie, warum dieses oder jenes Verfahren noch nicht
eingesetzt sei, bzw. wie die bestehende Organisationsstruktur und Arbeitspraxis diesen Neuerungen angepaßt werden
könne.

Bisweilen waren Auslöser und Problemdefinitionen faktisch identisch:

Die Feststellung, daß die Anschlagzahl der Schreibkräfte
niedrig liege, führt zu der Folgerung, daß es um die Wirtschaftlichkeit schlecht bestellt sein müsse. Anstoß dazu mag
die Diskussion mit Kollegen aus anderen Betrieben sein, die
Vergleichswerte, die zur Verfügung stehen, an denen man
nun die eigene Praxis mißt.

Die Tatsache, daß zunächst definiert werden muß, was als 'Problem' und damit als veränderungwürdig zu gelten hat, daß die
verschiedenen betrieblichen Stellen aber sehr unterschiedliche
Interessen in diese Problemdefinition einbringen, verweist auf
die entscheidende Bedeutung, wer an diesem betrieblichen Aus-
handlungsprozeß beteiligt ist und wem es gelingt, seine Interessen durchzusetzen. In den von uns untersuchten Umstellungs-
prozessen wurden die Problemdefinitionen vorgenommen von der
Organisationsabteilung, bestimmten Fachabteilungen, der Personalabteilung und der Geschäftsleitung. Die eigentlich betrof-

fenen Mitarbeiter, nämlich die Schreibkräfte, waren bei der Problemidentifikation kaum je beteiligt. Von diesen verschiedenen Stellen wurde die Ausgangsproblematik zum Teil ganz widersprüchlich definiert. Allgemein standen dort, wo das 'Problem' hauptsächlich durch Zentralabteilungen - etwa die Organisations- oder die Personalabteilung - definiert wurde, eben Fragen der quantitativen Wirtschaftlichkeit, der Personaleinsparung etc. im Mittelpunkt; dort, wo die Problemdefinition eher dezentral erfolgte, etwa durch die Fachabteilungen selbst, standen demgegenüber eher die Qualität der Dienstleistung, die eigentlichen Arbeitsprobleme im Mittelpunkt.

Durch die Problemdefinition war nun meist der weitere Ablauf des Organisationsvorhabens weitgehend vorgezeichnet. Korrekturen fanden nur innerhalb eines oft recht eng abgegrenzten Rahmens statt. Vielfach erfolgten sie nicht mehr innerhalb des offiziellen Organisationsvorhabens, sondern durch die Praxis der späteren Realisierung.

Sehr gut läßt sich diese Vorstrukturierung des weiteren Ablaufs der Einführung durch die Problemdefinition an der Aufgabenstellung, Anlage und Durchführung der Ist-Analyse illustrieren: Wird beispielsweise als Problem die Anzahl der Köpfe definiert, ist die Ist-Analyse dementsprechend angelegt und führt mehr oder minder zwangsläufig zu Organisationsformen, die rein rechnerisch die höchsten Einsparungseffekte versprechen.

Zusammenfassend läßt sich feststellen, daß mit der Definition des Problems vielfach die Richtung des Einführungsprozesses vorgegeben war, die nur schwer korrigierbar erschien. Daraus folgt, daß die Problemdefinition nicht nur auf die Geschwindigkeit bzw. Verzögerung der Durchführung der Organisationsmaßnahme, sondern auch auf deren spätere in der Praxis realisierte konkrete Ausgestaltung prägenden Einfluß hatte. Zugleich wird bereits mit dieser Phase die zentrale Bedeutung betrieblicher Organisationsstrukturen und Einflußverhältnisse deutlich, denn dadurch, daß die Problemdefinition unterschiedlich ausfiel - je nachdem, welche betriebliche Stelle daran ausschlaggebend beteiligt war -, war ja eine wichtige Vorentscheidung für die weitere Gestaltung des Einführungsprozesses gefallen.

2. Der Projektauftrag

"Wenn wir bei der Textverarbeitung auf
die Beauftragung durch die Geschäftsleitung hätten warten wollen, dann
säßen wir heute noch da." (Organisator)

Bei der Rekonstruktion des Ablaufs der Einführung Organisierter Textverarbeitung bestimmten viele unserer Gesprächspartner als den eigentlichen Ausgangspunkt oder Anfang des Organisationsvorhabens die Erteilung des Projektauftrags. Durch diesen
Akt wurde das Vorhaben, den Schreibbereich zu reorganisieren,
sozusagen aus der Taufe gehoben. Diese offizielle Beauftragung
durch die Geschäftsleitung scheint zentrale Voraussetzung für
alles weitere gewesen zu sein.
In den meisten Fällen griff ja die Organisierte Textverarbeitung in die Zuständigkeitsbereiche verschiedener Abteilungen
ein, veränderte bestehende Unterstellungsverhältnisse und Arbeitsabläufe. Es ist unmittelbar einleuchtend, daß ein solches
Vorhaben nur dann in Angriff genommen werden konnte, wenn es
durch einen Auftrag von oben getragen wurde.

"Wir hatten einen Auftrag, aber letztlich haben wir den selbst
herbeigeführt. Wir erkennen aufgrund einer Problemsituation,
daß ein Projekt beantragt werden muß. Normalerweise kommen
die Projektaufträge von uns, nur in drei Prozent der Fälle
stellt der Vorstand den Projektantrag. In diesen Projektauf-
trägen werden der Aufwand, die verschiedenen Phasen, die
Teilnehmer, der errechenbare Erfolg und die personellen
Konsequenzen beschrieben. ... Auf die Einführung der Organisierten Textverarbeitung bezogen haben wir in dem damaligen Projektauftrag festgelegt: die Betriebsmittel, die Raum-
frage, die Frage der Leiterin, den Ablauf, die Erhebungs-
techniken usw. Diesen Auftrag lassen wir uns vom Vorstand
absegnen. Wir machen, wenn Sie so wollen, den Auftrag,
den wir erhalten, selbst. Auf den können wir uns dann berufen und nach aussen treten. Dabei ist dann jeder einzelne
Schritt der Betriebsorganisation abgesichert durch den Vorstandsbeschluß. Das ist auch notwendig, denn die Betriebsorganisation hat keine Anweisungsbefugnis an irgendjemanden
im Haus. Unser Auftrag ist abgesteckt durch die Projektor-

ganisation. Wir erhalten für einen begrenzten Zeitraum Kompetenzen übertragen. Mit Beendigung des Projekts sind auch unsere Kompetenzen beendet. Aber ich habe als Einziger kraft Stellenbeschreibung das Recht, mich überall einzumischen, wo ich will."
(Leiter der Organisationsabteilung)

Diese Schilderung charakterisiert nicht nur den Stellenwert des Projektauftrags für den Einführungsprozeß, sondern zugleich auch eine typische Form seines Zustandekommens:

- er 'segnet' das Vorhaben ab, indem er ihm einen offiziellen Charakter verleiht;
- er bestimmt den Träger des Vorhabens und weist ihm bestimmte Kompetenzen zu;
- er definiert Vorgehensweise und Reichweite des Vorhabens;
- diese stellen dann zugleich Handlungsbasis wie auch Vorgaben für weiteres Vorgehen dar;
- der Auftrag ist im wesentlichen 'selbst erzeugt', d.h. durch den Beauftragten initiiert und von ihm formuliert.

Damit man den selbsterstellten Auftrag auch erhält, schien es vielfach unerläßlich, die Notwendigkeit der darin vorgeschlagenen Maßnahmen zu belegen; so wurden in manchem Projektauftrag bereits 'Grobschätzungen' von Einsparungseffekten genannt, die dann für den weiteren Ablauf zum festen Datum wurden.

Derartige Grobschätzungen stützten sich beispielsweise auf das derzeitige Verhältnis von Diktanten zu Schreibkräften oder 'Erfahrungswerte', daß man mit der Zentralisierung bis zu 30 % der Schreibkräfte einsparen könne.

Mit der Erteilung des Projektauftrags erhielt das Organisationsvorhaben eine offizielle Basis. Wie tragfähig sich diese Basis im weiteren erwies, welche Handlungs- und Durchsetzungsmöglichkeiten sie eröffnete, hing wesentlich davon ab, welche Ziele vorgegeben, welche Einschränkungen auferlegt, welche Vollmachten verliehen wurden. Umfaßte der Auftrag die Neuordnung des Schreibdienstes der ganzen Verwaltung oder nur einzelner Teilbereiche; bezog er sich auf einzelne, begrenzte Maßnahmen oder war er umfassend definiert.
    In den meisten Fällen sah der Auftrag der Geschäftsleitung zunächst eine Projektstudie vor, in der eine Ist-Analyse durchgeführt und ein Sollkonzept entwickelt werden sollte, über des-

sen Einführung dann gesondert entschieden werden sollte. Derartige Aufträge sahen dann etwa folgendermaßen aus:

"Vorgaben der Organisationsuntersuchung im Bereich XY:

- Aufnahme des Ist-Zustands der Textbe- und -verarbeitung einschließlich anfallender Nebenarbeiten;
- Analyse der Ist-Aufnahme auf vorhandene Schwachstellen;
- Erarbeitung eines Soll-Vorschlags zur Neuordnung der Textverarbeitung;
- Ausarbeitung eines Realisierungsplans."

"Die Geschäftsleitung beauftragt die Organisationsabteilung, in der Hauptverwaltung alle Schreibarbeitsplätze zu untersuchen, und zwar:

- Arbeitsablaufgestaltung;
- Aufgabenverteilung;
- Raum- und Arbeitsplatzgestaltung;
- Ausbildungsstand;
- Einsatz organisatorischer Hilfsmittel.

Zielsetzung des Auftrags ist es, durch geeignete Maßnahmen das Serviceangebot für die Fachbereiche zu verbessern."

In einigen Fällen war der Auftrag mit spezifischen Auflagen verknüpft.

In einem Unternehmen wurde beispielsweise von der Geschäftsleitung angeordnet, daß durch die Einführung der Textverarbeitung keine "unnötige Unruhe" in der Belegschaft entstehen dürfe, daß niemandem gekündigt werden und niemand von sich aus kündigen dürfe. Diese Auflage wurde durch die Bemerkung der Geschäftsleitung zum Organisator unterstrichen: "Wenn ich von einem Fall höre, der wegen Ihnen kündigt, dann gehen Sie auch."

Solche Auflagen waren eher die Ausnahme, häufiger fanden wir Vorgaben über zu erzielende Einsparungseffekte.

Dies war insbesondere in den Unternehmen der Fall, in denen aufgrund prinzipieller Unternehmensentscheidungen für die Zukunft ein deutlich verringerter Personalstand festgelegt worden war. Mit der Einführung Organisierter Textverarbeitung sollte ein Teil der geplanten Personalreduzierung verwirklicht werden.

Oder es wurde festgelegt, bis zu welcher hierarchischen Position die Maßnahme reichen dürfe:

"Im Auftrag war von vornherein klar, daß unsere Maßnahme nur bis zum Gruppenleiter gehen durfte. Für alle Positionen darüber, hat es geheißen, muß der bisherige Standard der Serviceleistungen erhalten bleiben." (Organisator)

Nicht selten war durch den Auftrag bereits das spätere Soll-Konzept explizit oder implizit vorgegeben. Eine derartige implizite Präjudizierung des Soll-Konzepts ergab sich beispielsweise in den Fällen, in denen der Auftrag lautete, es sei die Möglichkeit einer Zentralisierung des Schreibbereichs zu untersuchen. Obgleich hier die Entscheidung für das Soll-Konzept formal noch offen war, erwies es sich am weiteren Ablauf des Einführungsprozesses, daß mit dem Projektauftrag de facto die Weichenstellung erfolgt war, durch die andere Formen der Neuorganisation praktisch ausgeschlossen wurden. Aus dem Auftrag zur Prüfung des OB wurde eine Prüfung des WIE ein zentraler Schreibdienst eingerichtet werden konnte.

Neben Einführungsprozessen, die durch den gesonderten Auftrag der Geschäftsleitung in Gang kamen, begegneten wir einigen Verwaltungen, in denen die Einführung Organisierter Textverarbeitung sozusagen durch einen Rationalisierungsautomatismus ausgelöst wurde. Ein derartiger Rationalisierungsautomatismus bestand beispielsweise dort, wo die Bewilligung von Personalanforderungen an die Durchführung von Organisationsüberprüfungen geknüpft war.

"Wir sind bei jeder Planstellenanforderung eingeschaltet. Wenn ein Bereich neue Stellen anfordert, dann können wir den Analysevorbehalt anmelden, d.h., die Stellenanforderung wird solange auf Eis gelegt, bis eine Organisationsuntersuchung durchgeführt wurde. Das ist ein fester Mechanismus. Wir können neue Planstellen verzögern oder uns überhaupt querstellen, wenn wir meinen, daß mit organisatorischen Mitteln ein Überbedarf vermieden werden kann." (Organisationsleiter).

"Wir können hier von der Organisation nur den Anstoß geben. Die Bereichsleiter sind ja nach unserem Kostenstellenprinzip verantwortlich für die Effizienz in ihrem Bereich. Ich habe hier aber einen sehr günstigen Einstieg in die Diskussion mit den Bereichen: Ich mache hier die Personalplanung für das Gesamtunternehmen. Jede Personalanforderung, die von den Bereichsleitern kommt, geht über meinen Tisch. Das ist ein wunderbarer Ansatz, in die Situation der einzelnen Bereiche einzusteigen. Ich frage dann zunächst - das ist ja meine Aufgabe -, ob alle möglichen Rationalisierungsmaßnahmen hier getroffen sind. Ich biete dann meine Hilfe an, d.h., wer neue Stellen anfordert, muß erst klarmachen, daß sämtliche organisatorischen Möglichkeiten zur Personaleinsparung in seinem Bereich ausgeschöpft sind bzw. sich organisatorische Untersuchungen von uns gefallen lassen. Wir machen das hier im Grauen, als offizielle Unternehmenspolitik ist es noch nicht verabschiedet. Das ist auch eine politisch hochbrisante Sache, denn in den Personalbeschreibungen der anderen Herren ist diese Maxime selbstverständlich noch nicht fixiert. Mir tut das aber nicht weh, daß es offiziell noch nicht abgesegnet ist. Mir reicht es im Augenblick, daß ich inoffiziell durch den Willen des Vorstands gedeckt bin." (Leiter der Organisationsabteilung).

Die Organisationsabteilung verfügte hier also über ein Instrument, das Eingriffe in den Fachbereich auch ohne die Beauftragung von 'oben' ermöglichte, indem die Fachbereiche gezwungen waren, von sich aus die Organisationsabteilung einzuschalten und mit der Rationalisierungsmaßnahme zu beauftragen.

"Das hat unsere Akzeptanz erhöht. Man kommt um uns im Haus nicht herum. Irgendwann muß jeder im Haus automatisch auf uns zukommen - über die Personalanforderung. Die Regel ist doch ganz einfach: Entweder er nutzt unsere Rationalisierungsinstrumente, oder er kriegt keine Leute. Wir können gelassen auf diese Personalanforderungen warten - und dann sind wir drin. Natürlich gibt es interessante Bereiche, um die wir uns so nicht kümmern können. Aber dafür reichte es kapazitätsmäßig sowieso nicht, wir können uns nicht um alle Bereiche kümmern, von denen wir nichts hören." (Organisator).

Dieser Rationalisierungsautomatismus bestand nicht nur für die Organisationsabteilung. Wir trafen auf einige Verwaltungen, bei denen bei Personalanforderungen automatisch die Abteilung eingeschaltet wurde, die bereits Organisierte Textverarbeitung eingeführt hatte, so daß ihr praktisch die Kompetenz für die Reorganisation der Textverarbeitung im ganzen Haus zugewiesen war.

In einem großen Dienstleistungsunternehmen geht die Personalanforderung der Fachabteilungen offiziell an die Personalabteilung. Diese schaltet dann aber von sich aus die Abteilung I, der die zentrale Textverarbeitung untersteht, ein. Diese führt in der Fachabteilung eine Textverarbeitungs-Untersuchung durch und übergibt ihre 'Vorschläge' an die Personalabteilung, an die diese dann faktisch gebunden ist. "Da war ein ganzer Bereich, die wollten nicht mitspielen. Als die eine Planstellenanforderung an die Personalabteilung gaben, haben die zu uns gesagt: 'Jetzt geht einmal hin und schaut euch mal das Schriftgut von denen an. Seht zu, ob da noch was zu machen ist.' Das haben wir gemacht. Wir haben festgestellt, es ist was zu machen. Wir haben dann einen Bericht an die Personalabteilung geschrieben, in dem das Ergebnis knapp festgehalten wurde. Daraufhin wurde die Planstelle nicht genehmigt." (Leiter der zentralen Textverarbeitung).

Diesen 'Rationalisierungsautomatismus' fanden wir ausschließlich in Großverwaltungen und bei Umstellungsfällen, die erst gegen Ende der 70er-Jahre vollzogen wurden. Wir begegneten bislang keinem Fall, bei dem über dieses Verfahren eine umfassende Veränderung der Verwaltung ausgeführt worden war, sondern typischerweise jeweils begrenzte Maßnahmen vorgenommen wurden, wie etwa der Einsatz von Textautomaten in einer Abteilung oder die Erstellung eines Texthandbuchs.

Schließlich trafen wir in einigen Verwaltungen auf Lösungen, die durch die Initiative von Fachabteilungen entstanden waren.

"Hier organisieren die Fachabteilungen selbst. Für die einzelnen Projekte werden Projektgruppen gebildet, die mit betroffenen Mitarbeitern der Fachabteilungen besetzt sind. Die Textverarbeitung war allerdings kein Projekt; es bestand auch kein Auftrag. Wir haben das aus eigenem Interesse gemacht. Es gab Engpässe, wir hatten Vertretungsprobleme. Es wurde uns klar, daß wir da etwas machen mußten. Wir haben dann nach Gleichgesinnten gesucht hier auf der Etage, die haben wir in der Rechtsabteilung, beim Verkauf und in der Transportabteilung gefunden. Mit dem Konzept des Kleinzentrums sind wir da gleich auf Gegenliebe gestoßen. Einen zentralen Schreibdienst wollten wir nicht, das entsprach nicht unserer Unternehmensphilosophie. Wir haben dann bei der Geschäftsleitung einen Investitionsantrag gestellt, in dem haben wir dann zugleich das organisatorische Konzept in groben Zügen vorgelegt. Wir haben auch eine Schriftgutuntersuchung durchgeführt, um festzustellen, wo repetitives Schriftgut anfällt, was programmierbar ist. " (Abteilungsleiter).

Derartige Initiativen der Fachabteilungen benötigen häufig auch eine Art Beauftragung durch die Geschäftsleitung; in dem angeführten Beispiel stellt die Genehmigung des Investitionsantrags durch die Geschäftsleitung praktisch den Auftrag an die Fachabteilung für die Durchführung der Maßnahme dar. Es gab jedoch auch Verwaltungen, in denen sich die Einführung der Organisierten Textverarbeitung durch eine oder mehrere Fachabteilungen de facto ohne Auftrag sozusagen in einer betrieblichen Nische vollzog. Erst im Nachhinein erhielten diese Maßnahmen durch eine Spitzenentscheidung offiziellen Charakter und wurden dadurch als 'Lösungen' anerkannt.

Derartige Entstehungsprozesse verwiesen typischerweise zurück auf Ausgangssituationen, bei denen das Problem nicht in allgemeinen Feststellungen wie 'mangelnde Wirtschaftlichkeit', sondern in konkreten Schwierigkeiten bei der Schriftguterstellung gesehen wurde. Mit ihrem konkreten Problembezug waren diese Entstehungsprozesse auch typisch für begrenzte, bereichsbezogene Lösungen, die nicht die Einbeziehung vieler Abteilungen oder der Verwaltung insgesamt erforderten. Folglich stellte sich hier das Problem der Durchsetzung bei weitem nicht in dem Maß wie bei großen, übergreifenden Lösungen, wodurch sich auch die Bedeutung des Auftrags veränderte: Während er für übergreifende Lösungen sozusagen die notwendige Rückendeckung von 'oben' darstellte, spielte er für die Lösungen im Kleinen nur einen untergeordneten Stellenwert.

3. Die Ist-Analyse

> "Wir haben anhand von Mengen, die wir
> mit fiktiven Zeitwerten in Verbindung
> gebracht haben, den Personalbedarf
> im Büro für Textverarbeitung hochge-
> rechnet. Diese Hochrechnung hat sich
> gottlob als richtig erwiesen."
> (Organisator)

Die Durchführung von Ist-Analysen stellt dem Anspruch nach
einen der Eckpfeiler der Einführung Organisierter Textverarbeitung dar. Sie soll jene Transparenz der Arbeitswirklichkeit
schaffen, die zur Ablösung des bestehenden Zustands zugunsten
einer 'organisierten', d.h. durchwegs 'rationalen' Organisationsform notwendig erscheint. Sie wird als Kriterium für fach-
gerechtes Vorgehen angesehen; nicht zuletzt aus ihr wird die
überlegene Systematik der Organisierten Textverarbeitung abgeleitet.

"Durch die Einrichtung eines organisierten Schreibdienstes
werden die Mischarbeitsplätze aufgelöst, also die schreibenden von den verwaltenden Arbeiten getrennt. Deshalb (!)
ist es notwendig, vor der Einführung der Schreibdienstorganisation eine Ist-Analyse durchzuführen. Sie bildet die
Grundlage für den Erfolg der Reorganisation. Bei der Analyse des Ist-Zustands wird jeder Schreibplatz genau durchleuchtet. Über vier bis sechs Wochen werden Arbeitsabläufe und -anfälle für jeden Platz exakt analysiert. Dadurch
werden die Arbeitsabläufe transparent, die Zusammenhänge
und die Einzelleistung sichtbar und Verlustseiten aufgezeigt. Es kristallisieren sich Schreibzeit und Leistung sowie Häufigkeit von Nebenarbeiten - wie Ablegen, Fotoko-
pieren, Karteiführen, Telefonieren usw. - heraus."(33)

Im wesentlichen werden der Ist-Analyse drei Grundfunktionen
zugewiesen:

- Identifikation von Schwachstellen der bestehenden Arbeits-
  organisation;
- Informationsbasis für die Entwicklung eines organisatori-
  schen Sollkonzepts;
- Daten für die quantitative Dimensionierung des neuen Ist-
  Zustands.

Die Ist-Analyse soll also - der Name sagt es schon - ein analytisches Werkzeug zur Organisationsentwicklung sein. Die Erfüllung dieses Anspruchs setzt Neutralität und Offenheit des Vorgehens voraus: Die Wahl der eingesetzten Instrumente, der verwandten Kategorien, darf das zu ermittelnde Ergebnis möglichst wenig vorstrukturieren. Nur so kann das Ziel, bestehende Schwachstellen auszugleichen und ein für die spezifischen Erfordernisse der jeweiligen Verwaltung geeignetes Organisationskonzept zu entwickeln, erreicht werden.

Die Realität allerdings erfüllte diesen Anspruch meist nicht: Wir wollen dies zunächst an einem Beispiel illustrieren: an einer Ist-Analyse, die von der Organisationsberatung des ABC-Herstellers in einer mittelgroßen öffentlichen Verwaltung durchgeführt wurde und die zu einem "Vorschlag der Reorganisation der Verwaltungsfunktionen" führte:

Die Untersuchung stützte sich auf eine 'Schreibstoffsammlung' und eine 'Funktionsanalyse'. Im Rahmen der Schreibstoffsammlung wurde an 20 Arbeitstagen eine Mengenerfassung des gesamten Schriftguts durchgeführt, d.h., "alle Schreiberinnen einschließlich der Selbstschreiber" fertigten in diesem Zeitraum von jedem Schriftstück einen zusätzlichen Durchschlag oder eine Kopie an. Bei Formularen, bei denen der Umfang der einzusetzenden Daten fast gleich bleibt, wurden Strichlisten geführt. In der Funktionsanalyse wurde die Arbeitszeitverteilung durch strukturierte Interviews erfragt.

Die gesammelten Daten wurden für die einzelnen Dezernate getrennt ausgewertet. In der Funktionsanalyse wurde der Anteil verschiedener anfallender Arbeitstypen (Postbearbeitung, Fernsprechdienst, Besucherbetreuung, Stenoaufnahme, Schreibarbeit etc.) in Prozent der Mitarbeiterkapazität sowie die pro Tag anfallende Schreibmenge ausgewiesen.
In einer 'Kommunikationsanalyse' wurden die unterschiedlichen Typen der Schriftgutangabe ausgewiesen (Stichworte, Langschrift, Stenogramm, Diktiergeräte etc.).

Als nächster Punkt des Gutachtens folgt nun der Soll-Vorschlag; er wurde offenbar aus diesem Zahlengerüst (!) abgeleitet. Dabei werden als "grundsätzliche Ansprüche" zwei Forderungen an die "Verwaltungsbasisfunktion" aufgestellt:

- Sie sollen den für die Führungs-, Fach- und Sachbearbeiterfunktion erforderlichen Service ständig zur Verfügung halten, um dort ein optimales Arbeiten zu ermöglichen;
- sie sollen diesen Sekretariats- und Schreibservice und die direkte Zuarbeitung zur Sachbearbeitung so wirtschaftlich wie möglich erbringen.

Daraufhin heißt es lapidar und ohne weitere Begründung: "Beide Forderungen, nämlich maximale Verfügbarkeit und minimale Kosten, lassen sich bei dezentraler Organisation nicht gemeinsam erfüllen." Arbeitsausgleich sei nicht möglich; es entstünden Arbeitsstaus, sporadisch auftretende Arbeiten zögen sich über einen unverhältnismäßig langen Zeitraum hin. "Die übliche Tendenz, sich mit möglichst hoher Arbeitskapazität auszustatten, um im Amt gegen die hohen Arbeitsspitzen gewappnet zu sein, ist durchaus zu verstehen."

Die empirische Grundlage dieser Feststellung wird nicht erwähnt, mit keinem Wort auf die vorliegende Ist-Analyse Bezug genommen.

Auf der Basis "grundsätzlicher Rationalisierungskriterien" (verstärkter Einsatz von Technik, Zentralisierung, eigene Schreibdienstleitung) wird nun folgender Soll-Vorschlag gemacht:

Installation eines Botendienstes, Neuorganisation der Kopierstelle, Kastenförderanlage des Telefondienstes, evtl. Erweiterungen der bestehenden Telefonanlage.

Diktatorganisation: Umstellung auf Diktiergeräte, Installation von zwei Telefondiktiersystemen, Anschaffung von ca. 200 Diktiergeräten.

Einrichtung von Verwaltungssekretariaten (mit detaillierter Aufgabenbeschreibung).

Einrichtung von Textverarbeitungssekretariaten (Anschaffung von einem Schreibsystem, vier Speicherschreibmaschinen, 13 Schreibmaschinen mit Korrektureinrichtung; genaue Berechnung der zu leistenden Anschlagssummen).

Einsparung von 19,5 Ganztagsmitarbeitern; Schulung und Ausbildung der Schreibdienstleiterin auf der Kundenschule des Herstellers.

Eingliederung des Schreibdienstes in das Dezernat X.

Anfallender Investitionsaufwand für Diktiergeräte, Schreibmaschinen etc. ca. 600.000 bzw. 800.000 DM. Jährlich anfallende Miet- und Wartungskosten knapp 100.000 DM.

Die nun folgende Wirtschaftlichkeitsberechnung stellt den Investitionsaufwand und die Kosten für Miete und Wartung den jährlichen Minderausgaben für Personalaufwand gegenüber und kommt bereits im ersten Jahr zu einer Einsparung von über 100.000 DM. Es wird empfohlen, als zweite Ausbaustufe die durchgängige Ausstattung mit Speicherschreibmaschinen vorzusehen, durch die die durchschnittliche Tagesleistung auf 50.000 Anschläge gesteigert und dadurch weitere Arbeitsplätze eingespart werden können.

"Eine für Ihre Zwecke geeignete Speicherschreibmaschine kostet weniger als ein Viertel einer Arbeitskraft, verdoppelt aber in etwa ihre Leistung beim Schreiben von normaler Korrespondenz und Formularen ohne die Berücksichtigung von programmierter Korrespondenz."

Es folgt nun ein Aktionsplan zur Realisierung, in dem die einzelnen Durchführungsschritte detailliert aufgeführt sind, und ein Beratungsangebot für die Realisierung.

Es sollen hier die methodischen Mängel dieses Gutachtens im einzelnen nicht behandelt werden, etwa, daß bei der Mengenerfassung Anschlag=Anschlag gewertet wird, ohne Berücksichtigung der daraus sich ergebenden Konsequenzen für die notwendige Personalkapazität, vor allem beim Einsatz von Schreibsystemen und Speicherschreibmaschinen. Oder daß die Schreibleistung isoliert gesehen wird: niedrige Schreibleistung am Arbeitsplatz mit geringer Produktivität gleichgesetzt wird, ohne Berücksichtigung der jeweiligen Aufgabenstellung am betreffenden Arbeitsplatz und der anderen erbrachten Leistungen. Das besondere Augenmerk wollen wir in diesem Zusammenhang nur darauf legen, in welcher Weise in diesem Gutachten mit den durchgeführten 'Analysen' umgegangen wird:
Weder die 'Funktionsanalyse' noch die 'Kommunikationsanalyse' werden ihrem Namen gerecht. Sie liefern ein reines Mengengerüst, auf dem das bereits feststehende Konzept, das von diesem Hersteller verwendet wird, angewendet wird. Eine wirkliche Funktionsanalyse, die Arbeitsinhalte und Arbeitszusammenhänge zum Gegenstand hätte, gibt es nicht. Die 'Analyse' der Ablauforganisation beschränkt sich im wesentlichen auf periphere Hilfsdienste wie Botendienst, Fernschreibstelle etc.

Der eigentliche und letztendlich ausschließlich interessierende Kernpunkt des Gutachtens ist die Wirtschaftlichkeitsberechnung. Diese beruht im wesentlichen auf der Gleichung: Maschineneinsatz + erhöhte Schreibleistung = Personaleinsparung.

Die der Berechnung zugrundegelegten Anschlagszahlen sind 'Erfahrungswerte', deren Gültigkeit nicht weiter zur Diskussion gestellt wird, vor allem auch nicht, inwieweit sie im besonderen Kontext der untersuchten Verwaltung verwendbar sind. Mit keinem Wort wird auch die zahlenmäßige Besetzung der Verwaltungssekretariate argumentativ unterbaut.

Der errechnete Einsparungseffekt ist also nicht nachvollziehbar, geschweige denn überprüfbar. Er beruht auf Setzungen. Die Wirtschaftlichkeitsberechnung ist also letztlich auf Prämissen aufgebaut, deren Richtigkeit nicht weiter nachgewiesen wird. Das organisatorische Konzept - die Zentralisierung mit getrennten Verwaltungs- und Textverarbeitungssekretariaten - ist <u>Ausgangspunkt</u>, nicht <u>Ergebnis</u> der Ist-Analyse. Der arbeitsorganisatorische Vorschlag hätte genausogut ohne Ist-Analyse erfolgen können; die Ist-Analyse liefert lediglich das Mengengerüst für den 'objektiven' Nachweis erreichbarer Einsparungen.

Ebenso wird der vorgeschlagene Einsatz von Maschinen nicht funktional begründet, sondern steht einfach als Setzung. Daß es sich dabei um den Vorschlag eines Herstellers von Büromaschinen handelt, ist nicht zu übersehen.

Insgesamt ist der 'analytische' Beitrag des Gutachtens gering, wenn man einmal davon absieht, daß die Möglichkeit der Einsparung von Arbeitsplätzen durch Maschineneinsatz postuliert wird. Das Ergebnis ist durch die Vorgehensweise weitgehend vorstrukturiert. All dies überrascht nicht, wenn man den eigentlichen politischen Verwendungszweck des Gutachtens in Rechnung stellt: Es diente als Entscheidungsvorlage für jene Institution, die über den Haushalt der Behörde zu befinden hat. Der gesamt Aufwand wurde offenbar lediglich deshalb betrieben, um die Legitimation für eine (bereits getroffene) Entscheidung zu liefern. Fast ist man versucht zu sagen, je aufwendiger dieses Verfahren zur scheinbaren Objektivitätserzeugung, desto höher die Legitimation der Entscheidung.

Das hier dargestellte Beispiel war kein Einzelfall, keineswegs ein negatives Extrem. Diese 'Ist-Analyse' wurde, wie gesagt, von dem Beratungsdienst eines renommierten Herstellers durchgeführt; andere Analysen, die wir zu Gesicht bekamen, waren noch erheblich grobschlächtiger und fragwürdiger.

Wie sehr solche Verfahren gebräuchlich sind und auch den Vorstellungen, was unter Ist-Analyse zu verstehen und mit ihr zu erreichen sei, entsprechen, wurde uns deutlich, als wir ein Seminar über die Durchführung von TV-Analysen besuchten.

Die 'Präsentation' besteht aus einer Aneinanderreihung einzelner Untersuchungsschritte und Methoden. Eine Darstellung des Gesamtzusammenhangs, ein Überblick wird nicht gegeben. Vor allem fehlt eine Darstellung, wozu TV-Analysen notwendig und was ihre Zielsetzungen sind, wo sie eingesetzt werden müssen und warum. Der Bezug zwischen Zielsetzung, Problemstellung und Methoden taucht als Thema überhaupt nicht auf.

Ähnlich fehlen auch die Dimensionen 'Auswertung' und 'Anwendung'. Es werden einige Auswertungsgedanken - das heißt Auszählungsverfahren - beschrieben, Rechenoperationen und Methoden. Kein Wort darüber, was mit diesen ausgesagt werden kann, wozu sie auf welche Probleme bezogen werden müssen.

Wie sehr diese Darstellungsweise den Erwartungen der Teilnehmer entspricht, wird bei den Planspielen, die im Anschluß an.die Präsentation des Verfahrens durchgeführt werden, deutlich. Bei der Diskussion der Organisationsform der fiktiven Firma bezieht man sich ausschließlich auf die unterschiedlichen Zahlenrelationen von Sachbearbeitern und Schreibkräften in den verschiedenen Abteilungen. Taschenrechner werden rausgeholt, Werte errechnet. Die weitere Diskussion konzentriert sich nun ausschließlich auf diese Zahlen. Ein Diskussionspunkt: Ist ein hoher Anteil von Schreibkräften gut oder schlecht? Man kann sich darüber nicht einig werden. Einige meinen, viele Schreibkräfte sind unwirtschaftlich, andere meinen, wenige Schreibkräfte sind unrentabel, weil dann teure Arbeitskräfte Nebenarbeiten verrichten müßten. Der Referent: "Die ungleiche Zahlenrelation in den verschiedenen Abteilungen stört." Es geht also nur um die Zahlenoptik, nicht um die jeweilige Aufgabenstellung in den Abteilungen. Man diskutiert sich an diesem Mißverhältnis fest, ohne die unterschiedliche Arbeitsstruktur in den Abteilungen auch nur einmal zu erwähnen.

Eine weitere Orgie von Rechenoperationen mit den Taschenrechnern löst die Diskussion der zusammengestellten Anschlagszahlen aus: Werte pro Schreibkraft, pro Tag, pro Vorgang, pro Sachbearbeiter etc. werden berechnet. Die Diskussion geht nur um diese Werte, wobei wieder nicht klar ist, was eigentlich als günstig und ungünstig zu bewerten sei.

Da das Ganze ohne Zielvorgabe erfolgt, bleibt es ziemlich unstrukturiert, bis man sich plötzlich einig wird, daß "der Idealwert 36.000 Anschläge pro Tag sind." Daraus ergibt sich nun der Schluß, daß in allen Abteilungen unproduktiv gearbeitet wird. Die Anschlagszahlen stehen für sich, ohne daß die anderen Aufgaben, die mit bewältigt werden, berücksichtigt würden.

Entsprechend nun die Folgerung: "Der Schreibdienst muß zentralisiert werden; das sind ja Mischarbeitsplätze, das kann nicht so stehen bleiben."

Insgesamt wird deutlich, daß alle unausgesprochen selbstverständlich von der Annahme ausgehen, daß die Zielsetzung nur in der Einrichtung eines zentralen Schreibdienstes bestehen könne, mit Schreibkräften, die 36.000 Anschläge pro Tag erreichen. Das vorliegende Zahlengerüst des Planspiels erfüllt diesen Wert nicht, daraus folgt, daß die Einrichtung eines Schreibdienstes unbedingt notwendig sei. Alleiniger Bezugspunkt der 'Analyse' sind die Anschlagswerte, z.T. auch die ermittelten Zeitwerte. Die Aufgabenstellungen der einzelnen Abteilungen bzw. die Funktion der Schreib- und Hilfskräfte, die sich daraus ergebenden Probleme und besonderen Anforderungen, werden mit keinem Wort angesprochen. (Protokollnotiz)

Die Tatsache, daß die Ist-Analyse nicht als Informationsbasis für die Entwicklung des Konzepts, sondern lediglich zu dessen quantitativer Dimensionierung herangezogen wird, ermöglicht die Vereinfachung des Verfahrens: Das gleiche Analyseraster kann über unterschiedliche Verwaltungstypen gezogen werden. Viele Schreibdienstberater und Hersteller haben ihre standardisierten Vorgehensweisen und Erhebungsverfahren, feste 'Erfahrungswerte', die die Bezugsgrößen für die Wirtschaftlichkeitsberechnungen liefern bis hin zum festen Verfahren der Präsentation. Die Standardisierung des Verfahrens kann soweit gehen, daß - wie wir es in einem Gutachten feststellen konnten - in vorgeschriebene Standardtexte jeweils nur betriebsspezifische Passagen eingesetzt werden.
    Nur auf den ersten Blick erscheint es überraschend, wie sehr diese Analysen hinter den selbstgestellten Anspruch, Grundlage für die Planung einer rationalen und funktionsgerechten Schreib-

dienstorganisation zu sein, zurückfallen. Sie erscheinen vielfach als Selbstzweck ohne einen erkennbaren Zusammenhang mit den bestehenden Arbeitsproblemen. Sieht man sich aber an, wie die Ergebnisse der Ist-Analyse im weiteren verwertet wurden, so wird sehr schnell klar, daß ihre analytische Funktion gegenüber anderen Aufgabenstellungen zurücktritt. Die Hauptaufgabe der Ist-Analysen in der Mehrzahl der von uns besuchten Verwaltungen war eine andere: Hilfsmittel zu sein für die Durchsetzung vorab feststehender Zielsetzungen, und zwar sowohl nach oben gegenüber der Geschäftsleitung als auch nach unten gegenüber den Betroffenen.

Die Initiatoren zentraler Schreibdienste, also in der Regel die Organisationsabteilungen, standen bei deren Einführung unter besonderen Durchsetzungs- und Legitimationsnotwendigkeiten. Die Ist-Analyse lieferte hierzu wesentliches Zahlenmaterial: Als Argumentationsgrundlage für die Notwendigkeit der Maßnahme, als Grundlage für den nachfolgenden Beweis der erreichten Erfolge. Ohne Ist-Analyse keine Zahlen, ohne Zahlen kein 'Erfolg'.

Nur gestützt auf die Zahlenmunition aus den Ist-Analysen erschien die Überzeugung der Geschäftsleitung und ein Einbruch in die Erbhöfe der 'Stammesherzöge' möglich, wobei die vorgelegten Zahlen durch den Schein der Wissenschaftlichkeit und der Objektivität ihr starkes Gewicht erhielten.

Diese Funktion der Ist-Analyse als Durchsetzungsinstrument, und damit ihre Macht- und Interessenrelevanz, erklärt, warum sie meist so außerordentlich umstritten und umkämpft war; sie erklärt sowohl die Widerstände als auch den Nachdruck, mit dem auf ihrer Durchführung bestanden wurde. (34)

So war in einer öffentlichen Verwaltung die Durchführung einer Leistungserfassung an zwei Schreibautomaten über längere Zeit hinweg erbittert umstritten. Dabei waren die Probleme - unzureichende bzw. sinnwidrige Auslastung - und deren Ursachen - unsachgemäßer Umgang der Sachbearbeiter mit der programmierten Textverarbeitung - bekannt. Die ermittelten Zahlen wären für diese Probleme belanglos gewesen; die Nachdrücklichkeit, mit der die Organisationsabteilung trotzdem auf der Durchführung einer Erhebung bestand, erklärte sich aus ihrem Bestreben, ihren Zugriff auf diesen Bereich zu demonstrieren.

Nicht minder wichtig war die Ist-Analyse aber auch als Instrument der Durchsetzung 'nach unten'. Der Macht des Zahlenwerks und seinem Objektivitätsanspruch hatten die Betroffenen kaum etwas entgegenzusetzen, denn um die Beliebigkeit der Prämissen, die Brüchigkeit der auf ihnen aufbauenden Scheinlogik nachzuweisen, bedurfte es eines Fachwissens, das bei ihnen und auch bei den meisten Betriebs- und Personalräten nicht vorausgesetzt werden konnte. Die durch die Ist-Analyse erzeugte Transparenz erhöhte die zentralen Zugriffs-, Kontroll- und Steuerungsmöglichkeiten, auch wenn es sich dabei um eine äußerst selektive Transparenz handelte, die nur quantitativ erfaßbare Ausschnitte der Arbeitsvollzüge abdeckte. Zugleich demonstrierte die Zentralabteilung mit der Durchführung von Ist-Analysen ihre Macht: Durch das Erfassungsverfahren werden nicht nur die Arbeitsvollzüge kontrolliert, sondern die Schreibkräfte selbst diszipliniert, indem Verhalten und Arbeitsablauf praktisch 'selbsttätig' strukturiert werden. Mit der Setzung des Schwerpunkts auf den quantitativen Output werden andere Faktoren, wie Flexibilität, Qualität, Kooperation, vernachlässigt. Ohne viel Zutun 'lernen' die Arbeitskräfte somit das, worauf es später im zentralen Schreibdienst ankommt: Kontrolle, Schematismus, Umsetzung der Arbeit in Zahlenwerk; was nicht 'zählbar' ist und nicht ins Schema paßt, kann nicht bewertet werden und bleibt folglich vernachlässigt; ihre Legitimation ist ihr zahlenmäßiger Output.

Bezieht man also Ist-Analysen auf die innerbetriebliche Durchsetzungsproblematik, so wird schnell deutlich, daß ihr eigentlicher Wert weniger auf der analytischen als auf der politischen Ebene liegt.

Dieser politische Stellenwert von Ist-Analysen erklärt auch die Tatsache, daß wir in den von uns untersuchten Fällen nur auf wenige Vorschläge oder Maßnahmen stießen, die spezifisch auf Erkenntnisse, die durch die Ist-Analyse ermittelt worden waren, zurückgeführt werden konnten. Meist handelte es sich dabei um eher marginale Maßnahmen.

So ist der einzige konkrete Vorschlag des bereits eingehend dargestellten Gutachtens des ABC-Herstellers "die Installation eines Boten in Verbindung mit der Besetzung der Poststelle, der zweimal am Vormittag und einmal am Nachmittag alle nicht direkt an der Kastenförderanlage befindlichen Ämter und Stellen abgeht und für die Beförderung des Schriftguts einschließlich der zum Kopieren bestimmten Unterlagen und des kopierten Schriftguts verantwortlich ist". Alle weiteren Maßnahmenvorschläge wurden aus dem bereits vor

Durchführung der Ist-Analyse vorhandenen Konzept, nicht aus dieser abgeleitet.

Da der wesentliche Stellenwert der Ist-Analyse nicht in ihrem analytischen Beitrag, sondern in ihrer politischen Funktion der Beschaffung von Legitimation und Durchsetzungschancen besteht, ist es auch nicht überraschend, daß die oft mühselig und gegen starken Widerstand gewonnenen Daten dann im weiteren erstaunlich wenig weiter ausgewertet und genutzt wurden.

In einer Großverwaltung wurde vor einer Umstellungsmaßnahme gegen den starken Widerstand der Betroffenen und des Betriebsrats eine Ist-Analyse durchgeführt, obwohl das Konzept in Grundzügen bereits feststand und man sich bewußt war, daß dies für den weiteren Fortlauf des Projekts eine Hypothek darstellen würde. Die gewonnenen Daten wurden dann zusammengestellt, aber nicht weiter ausgewertet. Ihre Existenz geriet im Hause relativ rasch in Vergessenheit. Anläßlich einer Diskussion, die etwa eineinhalb Jahre später mit uns stattfand, erinnerten wir an die Ist-Analyse. Die Antwort: "Ja, ja, die haben wir schon durchgeführt. Lediglich mit der Auswertung hat es damals gehapert. "

Im Nachhinein und unvermutet erwies sich dann doch noch der Wert dieser Ist-Analyse: Bei einer Präsentation der durchgeführten Maßnahmen bei der vorgesetzten Konzernstelle war die erste Frage des Leiters der zentralen Organisationsabteilung, ob denn eine Ist-Analyse durchgeführt worden sei. Als diese Frage bejaht wurde, war er zufrieden. Die weitere Frage, wieweit denn die Werte dieser Ist-Analyse in die organisatorische Gestaltung eingegangen seien, unterblieb.

Das Unterbleiben einer weiteren Verwendung mag manchmal auch noch eine andere Ursache gehabt haben: Das Verwirrspiel der Wissenschaftlichkeit wendete sich gegen ihre Urheber. Angesichts der Fülle der Daten kapitulierte man.
Die primär politische Funktion der Ist-Analyse erklärt auch, weshalb man - trotz weitverbreiteter Skepsis ihrem Realitätsgehalt gegenüber - weiterhin an ihr festhält. Viele der Organisatoren und Schreibdienstberater, mit denen wir uns unterhielten, waren sich der Fragwürdigkeit der ermittelten Werte bewußt:

"Die ausgewiesenen Personaleinsparungen beziehen sich auf den Soll-Stand, d.h. auf den zukünftig beantragten Personalstand. Das kann ich beeinflussen. Ich kann ja anrufen bei der Abteilung, von der ich weiß, daß sie gerade ihren Personalstand für das nächste Jahr beantragt. Ich kann sagen, beantragen Sie doch ein bißchen mehr. Das ist nicht nachweisbar, daß die die Einsparungen bereits vorher mit einkalkulieren, dafür kann ich ja offiziell nichts. Beweisen Sie einmal, daß Sie das Personal, das Sie angefordert haben, nicht brauchen." (Sachbearbeiter in einer Organisationsabteilung).

Vor allem im Öffentlichen Dienst, wo Zahlen für die Anforderung von Planstellen offenbar unerläßlich sind, war man sich vielfach der Manipulationsmöglichkeiten einer Ist-Analyse bewußt.

"Zweifellos sind diese Zahlen manipuliert. Man wollte eben demonstrieren, daß man Schreibkräfte dringend braucht. Selbst dann war aber für uns überraschend, wie gering der Anteil der ausgewiesenen Hilfstätigkeiten war. Die Erklärung dafür war, daß entgegen der Vorstellung der ABC solche Tätigkeiten stark 'grau' durchgeführt werden. Daß es 'Bürodackel' gibt, d.h. schwache Dienstkräfte, die für ihre Kollegen entsprechende Dienste durchführen. Das geht bis in die Spitzenkräfte des gehobenen Dienstes. Z.B. ein Oberamtsrat macht Registratur. Zum Teil sind es auch Anfänger, die solche Dienste erfüllen. Insgesamt werden dadurch die Hilfstätigkeiten nach oben verschoben. D.h., sie werden von relativ hochbezahlten Arbeitskräften ausgeführt. ... Zweifellos wurde der Rechnungshof dabei bei der Erfassung des Schreibguts über's Ohr gehauen. Es wurden Bescheide mit fingierten Adressen einfach abgeschrieben. D.h., die Schreibleistung stimmte zwar in dem Zeitraum, nicht aber, daß das entsprechende Schreibgut wirklich angefallen wäre. Und nun ist das natürlich überprüfbar, man hat ja bei der Poststelle ungefähr ein Gefühl, wieviel anfällt. Das war damals deutlich mehr. Aber in dem Augenblick kann man dem nicht nachgehen: Das wäre nicht opportun gewesen, das hätte nur noch den Widerstand gegen die Einführung des zentralen Schreibdienstes verstärkt." (Leiter der Organisationsabteilung eines Landesministeriums).

Bereits bei der Erfassung der Leistungswerte können Verfälschungen eingehen.

"Bei der Mengenerhebung treten schon die ersten Probleme auf, sowohl bei den Sachbearbeitern als auch bei den Schreibkräften. Die Schreibkräfte befürchten eine Leistungskontrolle. Man kann versuchen, ihnen die Ängste zu nehmen, aber die glauben Ihnen sowieso nicht. ... Jeder ist schon mal durch eine Neuerung an die Wand gestellt worden. Jeder hat schlechte Erfahrungen mit der Organisation gemacht. Als Organisator kriegen Sie die richtigen Mengen fast nie. Die Korrekturen fallen in den Papierkorb etc. Wenn Sie daraus, aus dem, was Sie von den Schreibkräften erhalten, eine Personalbemessung machen wollen, dann Gute Nacht." (Organisator).

"Bei der Ist-Erfassung durch die Betriebsorganisation ist man recht unehrlich vorgegangen. Man hat den Frauen eingeredet, den Anteil der Sachbearbeitung hoch zu veranschlagen, so daß sie dann eventuell als Sachbearbeiterinnen gelten würden und nicht in den Schreibdienst müssen. Die haben deshalb ihre Anschlagszahlen bewußt niedrig gehalten und die Sachbearbeitung möglichst hoch veranschlagt. Man hat während der Ist-Erhebung alle nicht termingebundenen Schreibarbeiten hinausgeschoben, dadurch sind recht niedrige Anschlagszahlen zustande gekommen. Nachher sind dann die Anschlagszahlen plötzlich doppelt so hoch gewesen. Das hat die Betriebsorganisation in ihrem Gutachten indirekt selbst zugegeben." (Personalrat).

Einem ähnlichen Effekt begegneten wir in einer Versicherung: "Es gab da viel Angst bei den Damen, die wußten nicht genau, ob ihr Stühlchen gefährdet wäre. Sie fühlten sich kontrolliert. Allein schon der Meßvorgang führt zu Bauchweh. Es bestand die Befürchtung, je größer der Zeitanteil am Schreiben wäre, desto eher bestünde die Gefahr, daß man in den Schreibdienst müßte. Das hat dazu geführt, den für das Schreiben notwendigen Zeitaufwand möglichst gering zu halten. Die Anschlagsleistung dagegen wurde erhöht."
Dazu hat beigetragen, daß die betroffenen Mitarbeiterinnen nicht genau über den Zweck der Erfassung informiert waren:
"Man war damals nicht offen. Das lief unter dem Deckmantel der Neubauplanung. Unter deren Rahmen wurden ja sowieso viele Untersuchungen gemacht. Es hieß, es ginge darum, neue Schreibmaschinen anzuschaffen." (Schreibdienstleiterin).

Aber auch derartige Verfälschungen, ob nun gezielt angestrebt oder nicht, erhalten ihren 'Sinn', bezieht man sie auf die innerbetriebliche Legitimations- und Durchsetzungsproblematik. Mit dem begründeten Hinweis auf die Manipulation der erhobenen Werte kann gerechtfertigt werden, daß man sich später an die errechneten Kapazitätsvorgaben nicht hält.

So wurde in einem Unternehmen akribisch die notwendige Personalkapazität für den Sekretariatsbereich 'ermittelt'. Dabei ergaben sich für die einzelnen Abteilungen Teilmengen wie 1.7, 2.3 etc. "Wir rundeten diese dann bei jenen Abteilungen, von denen wir glaubten, daß sie es verdienten, großzügig auf. Wir wußten ja, daß einige Abteilungen ihren Bedarf geschickter hochgepuscht hatten als andere. So kamen wir mit unserer Personalzahl höher als die errechnete Kapazität. Außerdem hatten wir ja den Zentralisierungseffekt nicht mit berücksichtigt. So konnten wir in den nächsten Jahren zusätzliches Arbeitsvolumen auffangen, ohne daß wir neues Personal einstellen mußten." (Organisator)

In den Rahmen des gesamten Einführungsprozesses gestellt, war die Ist-Analyse in der gängigen Art und Weise ihrer Durchführung sowohl Ausdruck wie Teil eines bestimmten Typs der Einführung Organisierter Textverarbeitung. Sie stellte die konsequente Fortsetzung der vorausgegangenen Phasen des Einführungsprozesses dar: Das durch sie bereitgestellte Zahlenmaterial legitimierte rückwirkend eine Problemdefinition, bei der das rein rechnerische Verhältnis von Schreibvolumen = Anschlägen zu Schreibkräften im Mittelpunkt stand; es legitimierte nachträglich die Auftragserteilung, indem durch das Mengengerüst die Notwendigkeit der Maßnahme und damit des Auftrags eindrucksvoll vor Augen geführt wurde. Das, was als 'Wirtschaftlichkeit' betrachtet wurde, schlug sich in den Kategorien und der Anlage der Ist-Analyse nieder, der Anschlag war die zentrale Größe.(35)
Folglich wurde mit ihr eben keineswegs der Ist-Zustand erfaßt, sondern die Arbeitswirklichkeit fand hier nur in der Form von Zahlen = Anschlägen ihren Niederschlag. Damit war auch der weitere Verlauf des Einführungsprozesses vorstrukturiert: Es ging im Grunde genommen nur noch um die Bestätigung der in die Ist-Analyse eingegangenen Prämissen. Damit war zugleich aber auch das Ergebnis vorprogrammiert: Wenn Legitimation über Zahlen erzielt werden kann, wenn Zahlen gleich Anschläge sind, dann ist der entmischte, zentralisierte Schreib-

dienst als Anschlagsfabrik nur folgerichtig. (36) Durch die Isolie-
rung des Schreibens von der übrigen Verwaltung gewährleistet
er, daß der gleiche quantitative Maßstab auf alle Arbeitskräfte
gleichermaßen angewandt werden kann und komplexe Zusammenhänge und umfassendere Bearbeitungsabläufe ausgeklammert
bleiben. Die Frage nach arbeitsorganisatorischen Alternativen
stellt sich nicht mehr. Sie sind in jedem Fall 'statistisch' unter-
legen. Ebenso wie durch die Ist-Analyse die Suggestion der
Zwangsläufigkeit der Zentralisierung erzeugt wird, so ist auch
durch sie die Übermaschinisierung vorprogrammiert: In der geschlossenen Welt des Rechenwerks ist die Wirtschaftlichkeit der
Anschaffung neuer Maschinen rasch bewiesen.

Zusammenfassend läßt sich feststellen, daß es bei der Ist-
analyse weniger um die 'Analyse' als um die Bereitstellung eines
Mengengerüsts für ein im Prinzip vorab feststehendes Konzept
ging. Dieses Mengengerüst bestimmte als Vorgabe der Planung
und als Maßstab des späteren 'Erfolgs' den weiteren Einführungsprozeß. Mit der Anlage der Ist-Analyse wurde das Ergebnis vorweggenommen; sie war der Taschenspielertrick, bei dem genau
das herauskam, was herauskommen sollte. Geht man jedoch davon aus, daß die meisten Ist-Analysen nicht mit analytischer
Zielsetzung, sondern unter Legitimations- und Durchsetzungsaspekten durchgeführt wurden, so war dies aus dem Blickwinkel
ihrer Initiatoren nicht notwendigerweise ein Nachteil. Dabei war
allerdings eine Tendenz zur Verselbständigung der Wirkung der
Ist-Analyse festzustellen: Aus dem Legitimationsinstrument
wurde ein Druckmittel, aus der Planungsunterlage wurde ein
Gestaltungszwang, aus den ermittelten Zahlen wurden trotz systematischer Verfälschungen definitive Vorgabewerte, an denen
'Erfolg' oder 'Mißerfolg' der Maßnahme gemessen wurde.

Diesen Wirkungen der Ist-Analyse sind nun die Kosten gegenüberzustellen, mit denen sie erkauft wurde. Hierbei ist weniger
an den Arbeitsaufwand und die resultierenden zeitlichen Verzögerungen gedacht, obwohl diese zum Teil beträchtlich waren,
sondern an die Hypothek, die die Ist-Analyse für den weiteren
Verlauf des Einführungsprozesses darstellte.

In unseren Gesprächen mit Betroffenen zeigte sich, daß die
Ist-Analyse oft fast traumatische Eindrücke hinterlassen hat:
Sie war das Zentralereignis, das das weitere Verhältnis der Betroffenen zu der Neuerung strukturierte, durch sie wurden ihre
vagen und noch undefinierten Befürchtungen konkretisiert oder
bestätigt. Sie sahen in der Ist-Analyse ein Instrument massiver
Kontrolle und Einschränkung, die ihnen symptomatisch schienen
für das, was später auf sie zukommen würde. Sie mußten ihre

Arbeit in ein Raster zwängen, das ihnen unverständlich blieb und ihrer Tätigkeit völlig unangemessen war, denn sie betrachten ihre Arbeit ja als etwas Qualitatives, das sich nicht einfach in Zahlen fassen läßt. Sie mußten eine Systematik anwenden, die für sie fremd und unbefriedigend war.

"Wir wußten damals überhaupt nicht, was das bedeutet. Es ist uns auch nicht erklärt worden, wozu das erfolgt, was wir da zählen müssen. Wir sollten eben nur die Bogen ausfüllen. Ich hatte den Eindruck, selbst unser Abteilungsleiter schaute da nicht richtig durch. Allgemein entstand so das Gefühl, daß da etwas passierte, was wir nicht durchschauen. Es war eine allgemeine Unsicherheit. Die Frage, die wir uns stellten, war, rationalisieren wir da nicht unseren eigenen Arbeitsplatz weg? Der Vorstand versicherte zwar: Es wird keiner entlassen. Aber das heißt ja doch nur, daß keine Neueinstellungen erfolgen und dann doch die Arbeitsplätze weniger werden; auf die Dauer läuft das doch auf dasselbe hinaus." (Schreibkraft)

Das Schlimmste allerdings war, daß die Betroffenen von dem Ergebnis dieser Ist-Analyse gar nichts oder längere Zeit nichts zu hören bekamen. Sie hatten etwas über ihre Arbeit ausgesagt, das nun irgendwo ausgewertet wurde. Sie wußten aber nicht wie, von wem und zu welchem Zweck. Folge war nicht nur eine Verstärkung der Befürchtungen und Ängste, sondern auch Aggressivität gegenüber jenen, die man hinter der Ist-Analyse vermutete. Das nächste, mit dem die Betroffenen dann konfrontiert wurden, war die fertige, die 'perfekte' Planung. Meist war dabei kein Zusammenhang zu den Aussagen, die man über die Arbeit gemacht hatte, herstellbar.

Die Anlage der Ist-Analyse, die Art und Weise, in der sie durchgeführt und weiterverwendet wurde, demonstrierte den Betroffenen, daß das, was sie bisher getan haben, inadäquat war; die Ist-Analyse konnte also nur als Kritik am bisher Getanen verstanden werden. Die Arbeit, mit der man sich bislang identifiziert hatte, die man als Leistung begriffen hatte, wurde nun durch einen Federstrich der Planung weggewischt. Eine der Möglichkeiten der Ist-Analyse, die Maßnahme den Betroffenen zu erklären und einsichtig zu machen, wurde also meistens verspielt. Mit der Durchführung solcher Ist-Analysen war die Frontenbildung vollzogen: Hier die Akteure, die Bewerter, dort die Objekte, die Datenlieferanten.

Derartigen 'geschlossenen' Ist-Analysen sind nun jene differenzierteren und offeneren Versuche, die betriebliche Realität in den Griff zu bekommen, gegenüberzustellen, denen wir in einigen Betrieben und bei Beratern begegneten.
Da die Offenheit solchen Vorgehens gerade darin besteht, daß es sich einer einheitlichen Systematik verschließt, wollen wir hier mehrere Äußerungen wiedergeben.

"Ich verfolge das Prinzip: vom Groben ins Detail. Es wird zunächst ein grobes Konzept entwickelt, das dann durchgesprochen wird mit den Betroffenen; dabei wird dann geprüft, ob sowas prinzipiell durchführbar ist. Die Ist-Analyse überprüft das dann genauer. Eine Ist-Analyse muß sich ja immer nach solchen Grobvorstellungen richten. Wenn wir da nicht schon etwas im Kopf hätten, müßten wir ja alles und jedes erheben." (Organisator)

"Der Nutzen der Textverarbeitung ist nicht unbedingt quantifizierbar. Oder wie soll ich quantifizieren, daß ich keine Schreibkräfte mehr bekomme? Und wie quantifiziere ich, daß ich es mir heute nicht mehr leisten kann, Schreibdienste zu installieren, weil dort die Fluktuation zu hoch ist? Natürlich will der Vorstand wissen, was das kostet, was das einspart. Das ist legitim. Ich kriege aber immer Bauchweh, wenn ich solche Zahlen lese." (Personalleiter).

"Nein, von solchen Ist-Analysen halte ich nichts. Ich müßte ja Ergebnisse vorwegnehmen, die ich noch gar nicht kenne. Ich müßte so tun, als wüßte ich bestimmte Sachen, die ich jetzt noch gar nicht wissen kann. ... Wie soll ich denn bessere Information oder Kapazitätsreserven quantifizieren? Bei uns ist rasche Information ja praktisch bares Geld. Aber das kann ich in keine Investitionsrechnung einbeziehen. Da gibt es zwar Verfahren, die sind mir aber zu akademisch. Das hat keinen Sinn. Deswegen machen wir keine solchen Wirtschaftlichkeitsberechnungen." (Bereichsleiter).

"Natürlich kann ich das Mengengerüst nach einer mathematischen Formel definieren, ganz egozentrisch. Eine Formel finde ich da immer. Aber die Frage ist dann, was die aussagt. Unsere Ist-Analyse geht so vor, daß wir erst an objektiven Merkmalen das Mengengerüst entwickeln; dann wird das an unserer Erfahrung abgecheckt, ob das glaubhaft ist. Wir gehen also von einem Schätzwert aus, nicht von einer mathematischen Formel. Es ist absolut unmöglich, das alles in eine Formel zu kriegen. Ich kann ja das alles, was da rein müßte, gar nicht berücksichtigen. Man muß mit einer Portion Selbstvertrauen rangehen, daß man den Überblick hat, und mit Erfahrung das dann realistisch abschätzen." (Organisator).

"Ich brauche eine Ist-Analyse für das Mengengerüst, ohne das kriege ich ja nicht die Größenordnung, die ich brauche. Aber das ist noch lange kein 'Ist-Zustand'. Es wird oft der Fehler gemacht, daß man zu sehr in die Tiefe geht, daß man anfängt, Briefe zu zählen usw. Daraus entstehen dann die Ängste der Mitarbeiter, und es entstehen auch falsche Angaben. Die meinen, sie müssen mehr angeben, damit man glaubt. sie tun auch genug. Diese Unruhe kann man sich ersparen. Wir kommen an das Mengengerüst z.B. ganz einfach über die Portokosten oder über die Zahl der Aufträge. Daraus kann ich ausrechnen, wieviele Auftragsbestätigungen und Rechnungen geschrieben werden müssen, wieviele Briefe geschrieben werden. Das kann man dann ableiten. Uns interessiert das Mengengerüst ja nicht für die einzelne Mitarbeiterin, sondern dafür, wieviele Maschinen wir brauchen." (Berater).

Gemeinsam ist diesen verschiedenen Äußerungen:

- daß in ihnen der Zusammenhang von Prämissen und Ergebnis reflektiert wurde;
- daß die Ist-Analyse als ein Annäherungsprozeß begriffen wurde, bei dem das Konzept der schrittweise transparent gemachten betrieblichen Realität angepaßt wurde;
- daß man der Aussagekraft rein quantitativer und formalisierter Ansätze skeptisch gegenüberstand;
- daß man dementsprechend auf Methodenperfektionismus verzichtete und sich stärker an eher ganzheitlichen Plausibilitätsüberlegungen orientierte.

Wichtiges Unterscheidungsmerkmal gegenüber den 'geschlossenen' Ist-Analysen dürfte bei solchem Vorgehen aber vor allem auch der Bezug zu den Betroffenen sein. Während sie dort ausschließlich Objekte des Erhebungsprozesses, Datenlieferanten, sind, werden sie hier einbezogen in den analytischen Entwicklungsprozeß: in die Diskussion der 'Schwachstellen' der bisherigen Arbeitspraxis und der Praktikabilität des neuen Konzepts.
    'Offene' Ist-Analysen fanden wir tendenziell dort, wo die Initiatoren eines Textverarbeitungsprojekts unter schwachem Legi-

timationsdruck standen, sei es, weil sie eine sehr starke Ausgangsposition hatten, sei es, weil sie in einer jener 'Nischen' betrieblichen Geschehens handelten und ein unmittelbarer Erfolgsnachweis nicht notwendig war. Sie waren oft verknüpft mit einer Ausgangslage, bei der es vor allem um die Lösung konkreter Probleme im Schreibbereich ging; der weitere Ablauf und das Ergebnis des Einführungsprozesses waren durch sie sehr viel weniger festgelegt und vorprogrammiert.

4. Der Planungsprozeß

"Ist dies schon Tollheit, so hat es
doch Methode."
(Hamlet, II.Akt, 2. Szene)

Im Gegensatz zu 'naturwüchsigen' Innovationen ist die Organisierte Textverarbeitung ein Kind der Planung. Während naturwüchsige Veränderungen sich entweder allmählich aus einer Folge kleiner Schritte ergeben oder als unmittelbare ad-hoc-Reaktionen auf auftretende Probleme zu verstehen sind, steht bei der Organisierten Textverarbeitung zwischen Anlaß und Ergebnis ein eigenständiger Schritt: der Planungsprozeß.

Nach dem Verständnis vieler unserer Gesprächspartner handelt es sich dabei um einen systematischen und logischen Prozeß, der, wenn er nur richtig und sorgfältig genug durchgeführt wird, sozusagen zwangsläufig zur besten Lösung führt. Kommt es nicht zum erhofften Erfolg, so liegt das daran, daß nicht 'vollkommen' geplant wurde.

"Viele Büros haben sich durch gescheiterte Schreibdienste von der Organisierten Textverarbeitung abhalten lassen. Die Beispiele der Fehlentwicklungen gehen in aller Regel auf unvollkommene Planungen zurück."(37)

In unseren Gesprächen mit betrieblichen Experten kristallisierte sich eine eigenständige Planungslogik heraus, die gekennzeichnet werden kann durch eine Systematik des Vorgehens und eine Beziehung zum Planungsgegenstand, die primär durch die Gegebenheiten des Planungsprozesses selbst bestimmt werden. Charakteristisch für diese Planungslogik war unter anderem,

- daß sie von Einzelfunktionen und nicht von Arbeitsabläufen ausgeht; einzelne Arbeitsschritte werden isoliert für sich behandelt und nicht im Zusammenhang gesehen. Es geht also beispielsweise nur um die Funktion 'Maschinenschreiben' oder die Erledigung bestimmter Vorlagen, nicht aber um die Tätigkeit einer Schreibkraft als ganzes;

- daß Arbeitssituationen isoliert gesehen werden, ohne die vorhandenen Kooperations- und Beziehungsstrukturen;
- daß Vollständigkeit angestrebt wird, d. h. alle Eventualitäten in der Planung vorweggenommen und geregelt sein sollen; der Initiative oder Entscheidung der Arbeitskraft soll möglichst wenig überlassen bleiben; perfekte Planung ist die vollständige Planung;
- daß die richtige Planung die Anwendung der richtigen Methode ist.

Eine Schreibdienstleiterin beschreibt solche Vorgehensweise:

"Herr X., der Sachbearbeiter für Textverarbeitung in der Organisationsabteilung, hat seine Planungsaufgabe offensichtlich so verstanden, daß er für alle Möglichkeiten eines Büroalltags Lösungen in einem Anwendungs-Handbuch regeln wollte. Das sah dann so aus, daß der Sachbearbeiter nur noch selbst entscheiden durfte, wie er den Brief in die Hand nahm. Für die Bearbeitung war dann der Herr X. da. Er fühlte sich als Papst der Textverarbeitung. Er hat aber letztlich überhaupt nichts erreicht und verließ bald das Unternehmen."

In Verfolgung dieser Planungslogik verselbständigte sich der Planungsprozeß, er entwickelte eine Eigendynamik: Er löste sich von der betrieblichen Arbeitswirklichkeit ab, wurde zum Spiel mit Bausteinen, die sich perfekt ordnen lassen. Bei solcher Planungsautarkie konnte sich Planungslogik rein und ungestört entfalten, abgeschirmt gegenüber 'störenden' Einflüssen der Realität. Die Arbeitswirklichkeit ging nur vorstrukturiert, geordnet und quantifiziert über die Ist-Analyse in die Planung ein.

Der Vertriebsleiter eines Herstellers schilderte uns einen solchen geschlossenen Planungsprozeß: "Der Organisator bekommt als Aufgabe die Rationalisierung eines Bereichs gestellt. Er macht eine Ist-Analyse, entwickelt daraus ein Soll-Konzept, ein Konzept freilich, das häufig relativ realitätsfern ist. Dann geht er los und sucht die Maschinen, die in sein Konzept passen. Dabei ist er auch noch zur Neutralität verpflichtet, d. h., er muß alle Hersteller berücksichtigen. Aufgrund der maschinellen Gegebenheiten muß er dann unter Umständen sein Konzept wieder umstellen, es nochmal neu entwickeln. Das kann sich mehrmals so vollziehen. Nach der Einführung übergibt er dann die Maschinen einem anderen

Bereich, für ihn ist das Projekt erledigt. In diesem Fall ergibt sich für uns als Hersteller ein erhöhter Einsatz an Fachberatung, Motivation der Betroffenen etc."

Bei genauerer Betrachtung wird klar, daß dieser Anspruch auf Perfektion und das Bemühen, an alles gedacht zu haben, in krassem Widerspruch steht zu dem, was im Planungsprozeß wirklich getan wurde: Es wurden eben nicht vollständige Arbeitsabläufe erfaßt, sondern nur Teilaspekte; viele Arbeitsschritte wurden einfach wegdefiniert, weil sie nicht ins Kategorienschema paßten; statt alle Eventualitäten zu berücksichtigen, wurden grundsätzliche Bedingungen der Schreibtätigkeit - wie Mitdenken oder Rückfragen -, die nur schwer quantifizierbar oder in ein Ablaufschema zu bringen sind, überhaupt nicht bedacht. Die Auswirkungen solcher Planungen, die auf Schein-Perfektion und Schein-Realität aufbauen, für die spätere Realisierungsphase liegen auf der Hand.

Erkennbar war vielfach das Bemühen, den Planungsprozeß von Einflüssen von außen, seien sie von oben oder von unten, abzuschirmen. Wir gewannen den Eindruck, als habe bei vielen Planern geradezu die Furcht bestanden, Einflüsse von außen könnten den Prozeß 'verunreinigen' und das Zielkonzept 'verwässern'. Gerade die Einbeziehung der Betroffenen schien Anlaß für eine derartige Befürchtung zu geben. In vielen Fällen bestand folglich zwischen dem Planungsteam und den Betroffenen überhaupt kein Kontakt. Manchmal schien es uns auch, als litten die Planer unter einer Art Berührungsangst gegenüber dem Planungs-'Gegenstand', als befürchteten sie, er sei ansteckend, so daß der Kontakt mit ihm vermieden werden mußte.

"Die haben Angst, daß ihre saubere Logik zerpflückt wird, daß ihr Kästchendenken nicht mehr funktioniert. In der Praxis zeigt sich ja sehr schnell, daß es keine solchen Kästchen gibt. Ich selbst habe alles an der Front ausprobiert. Ich bin zu der Stenotypistin oder zu dem Operator hingegangen und habe mich mit denen unterhalten, mit ihnen Überlegungen ausgetauscht und das selbst probiert." (Vorstandsmitglied).

"Die wenigsten Organisatoren arbeiten ja wirklich mit Menschen, die meisten entwickeln Konzepte am grünen Tisch. Das ist ein irrer Zirkel, wenn man nicht mit den Menschen arbeitet, weil man unsicher ist und sich an den grünen Tisch verzieht, dann wird man immer unsicherer. Dabei ist es doch andersherum: Man wird selbstsicherer durch den Umgang mit Menschen, weil man dann auch was von dem Menschen weiß. " (Organisator).

Wie bei der Ist-Analyse ist auch hier die Frontenbildung klar: Auf der einen Seite sind die Experten, die Planer, auf der anderen Seite die Empfänger der Planung, die 'Verplanten'. Dieser Frontenbildung entspricht dann auch das Organisationskonzept: So wie die Betroffenen nur die Empfänger der Ergebnisse 'perfekter' Planung sind, sind sie im zentralisierten Schreibdienst lediglich Ausführende der isolierten Teilfunktion Schreiben; Denken findet woanders statt. Kein Wunder also, daß das Thema 'Motivation' zu einem Dauerbrenner bei der Einführung Organisierter Textverarbeitung werden konnte.
In ihren Grundzügen entspricht diese Planungslogik tayloristischen Denkmustern; unverkennbar haben sich hier aber auch Vorgehensweisen niedergeschlagen, wie sie charakteristisch für den Umgang von Datenverarbeitern mit ihrem Planungsgegenstand sind. So trafen wir die beschriebene Planungslogik in besonders ausgeprägter Form in den Verwaltungen, in denen Systemanalytiker oder Datenverarbeiter mit der Einführung Organisierter Textverarbeitung befaßt waren.

"Jetzt sitzen in den Organisationsabteilungen ja viele Pseudo-Organisatoren. Die kommen aus der Daterverarbeitung. Jetzt kennen sie auch die Textverarbeitungs-Technik. Von Organisation verstehen sie aber immer noch nichts. " (TV-Organisator).

"Durch das Eindringen des Datenverarbeitungs-Denkens in die Organisation werden Organisatoren zum Perfektionismus verleitet. Die Datenverarbeitung erfordert genauestes Arbeiten. Da kommt es auf die Kommastelle an, wenn man dem Computer Anweisungen gibt. Das muß natürlich alles bis ins Letzte festgelegt sein. Der Computer selbst kann ja nichts aufnehmen. Er kann nur nach Anweisung arbeiten, also muß jedes Detail vorgegeben sein. Und so wird dann auch im Betrieb vorgegangen. " (Abteilungsleiter Textverarbeitung).

Auch die zunehmende Spezialisierung von Organisatoren, der Bedeutungszuwachs von Organisationsabteilungen als Planungsabteilungen mag zur Ausprägung dieser Planungslogik beigetragen haben. Die Auswirkungen dieser 'Professionalisierung' werden durchaus kritisch beurteilt.

"Wir hatten damals ein kleines Team. Wir standen immer
unter Druck, waren zum Improvisieren gezwungen. Dadurch
konnten wir nur Wichtiges anfangen. Die Planer heute machen
vieles um der Planung willen, planen ins letzte Detail. Ich
habe den Eindruck, daß heute insgesamt mehr auf dem Reißbrett geplant wird. Ich habe geplant wie ein Dilettant, oder
besser gesagt, wie ein Amateur. Heute planen alle wie die
Profis, und da besteht die Gefahr, daß es seelenlos und
technokratisch wird. Da wird vorgeschrieben, wie jeder
Bleistift zu handhaben ist. Das ist der schöne Perfektionismus. Die Planer haben häufig kein Gefühl, was wichtig und
was weniger wichtig ist. Die verlieren sich im Detail, ver-
fransen sich in Kleinigkeiten. Da fehlt die großzügige Ab-
rundung von Kleinigkeiten." (Vorstandsmitglied).

Befördert haben dürfte solch wirklichkeitsfremde Planungs- und
Methodengläubigkeit schließlich auch die zunehmende Akademisierung der Organisationsabteilungen und anderer Zentralabteilungen.

"Das wird ja von den Hochschulen gefördert. Die lernen genau, wie man organisieren muß und wenden das dann im Betrieb an." (Mitglied der Geschäftsleitung).

Einen derartigen Planungsprozeß, der gekennzeichnet ist durch
Ferne zur Arbeitswirklichkeit, Schein-Perfektion und Methodengläubigkeit, fanden wir vor allem in den Verwaltungen, in denen
die wesentliche Funktion der Ist-Analyse darin bestanden hatte,
mit bestimmten scheinbar objektiven Zahlen ein vorab gewünsch-
tes Organisationskonzept zu legitimieren. Im Planungsprozeß mußten dann alle Eventualitäten, die einer Realisierung des Konzepts
hätten entgegenstehen können, genauestens vorausgeplant und vorstrukturiert werden; aber ebenso, wie die Ist-Analyse nicht den
Ist-Zustand der Verwaltung erfaßte, sondern allenfalls dessen
quantitative Dimension, so erfolgte dann auch der Planungsprozeß abgehoben von den tatsächlich gegebenen konkreten Bedingungen in der Verwaltung. Er war die konsequente Verdopplung
der in der Ist-Analyse angelegten Scheinwelt.
    Für den Planer selbst kam es in dieser Phase darauf an, das
vorab gesetzte Ziel nicht zu verwässern durch den Bezug zur
Arbeitswirklichkeit; insbesondere mußte vermieden werden, daß
er durch den Bezug zur Realität zu Abstrichen gezwungen würde
an den durch die Ist-Analyse so eindrucksvoll dokumentierten
Einsparungseffekten, die doch gerade erst seine Legitimation

untermauert hatten. Indem er jetzt den Nachweis erbrachte, daß er scheinbar an alle Eventualitäten gedacht hatte und methodisch unangreifbar vorgegangen war, hielt er sich sozusagen prophylaktisch den Rücken frei von irgendwelchen Schuldzuweisungen bei möglichen späteren Pannen: Er hatte methodisch einwandfrei gearbeitet, eventuelle Pannen wären folglich nur auf Unvorhersehbares zurückzuführen. Und noch in einer anderen Hinsicht machte sich der Planer unangreifbar: Während der Praktiker, der Betroffene (also beispielsweise auch der Leiter einer Fachabteilung) immer nur aus der sehr eingeschränkten Perspektive seines Bereichs argumentieren kann, kann der Planer am grünen Tisch den Gesamtüberblick für sich in Anspruch nehmen. Im Laufe dieses Prozesses verfestigte sich also die Machtstellung der planenden Zentralabteilung gegenüber den Fachabteilungen, wie sie sich bereits in der Phase der Ist-Analysen durch die 'Objektivität' der Zahlen im Ansatz etablieren konnte.

Diesem Planungsprozeß sei nun ein offener Planungsablauf gegenübergestellt, bei dem die Planung in unmittelbarem Kontakt mit der Arbeitswirklichkeit durchgeführt wird.

Hierzu die Schilderung des Organisationsleiters einer größeren Maschinenfabrik: "Wir haben hier vorher keine Ist-Analyse durchgeführt. Wenn wir all den betörenden Circen-Rufen gefolgt wären, von Beratern, Herstellern, Wissenschaftlern, dann säßen wir heute noch bei der Analyse. Wir sind ganz pragmatisch vorgegangen. Wir machen kleine Schritte, das hat den Vorteil, daß wir einen schnellen feed-back aus den Bereichen haben, und wir können den Anwendern gleich zeigen, daß wir nicht endlos Vorleistungen von ihnen verlangen und sich dann erstmals nach zwei Jahren positive Auswirkungen zeigen. Wir gehen von der Aufgabe aus, nicht von der Maschine. Vielfach wird das ja anders herum gemacht." (Organisationsleiter).

Derartige offene Planungsabläufe unterschieden sich meist dadurch von der geschlossenen Planung, daß sie durch ein akutes Problem der Arbeitswirklichkeit in Gang gesetzt wurden, wie z.B. das Auftreten häufiger Überstunden, zu lange Durchlaufzeiten oder ähnliches. Es wurde dann auf dieses Problem bezogen ein Lösungskonzept gesucht. Dabei wurde relativ pragmatisch und realitätsnah vorgegangen; das 'Konzept' stellte sozusagen nur eine Arbeitshypothese dar, die im Verlauf des Entwicklungsprozesses an die Praxis laufend angepaßt und modifiziert wurde.

"Das Organisationskonzept soll eben eigentlich nur das Hilfsmittel sein, das Grundraster. Was im Detail dann einzusetzen ist, das soll offen bleiben." (Sachbearbeiter Textverarbeitung).

Ausgangspunkt der Planung war also die Analyse des Problems, daraus wurde dann ein Lösungsansatz entwickelt, wobei im Idealfall das gesamte Angebot an Technologien und organisatorischen Konzepten mit in die Überlegung einbezogen wurde. Aufgegeben wurde vor allem auch die Vorstellung, durch die zentrale Planung könnte alles geregelt, könnten alle Möglichkeiten und Schwierigkeiten vorweggenommen werden.

"Sehen Sie, ich organisiere ja nicht, um die menschlichen Probleme endgültig zu eliminieren. Sie können mit einer Organisation nicht alle Konflikte lösen, dann werden Sie zu einem Organisator, der dauernd Konflikte hat. Ich gehe von Konzepten aus, die gerade so flexibel sind, daß das Unternehmen damit noch leben kann. Vom Organisatorischen her ist das vielleicht nicht so gut, weil man die letzten 10 % nicht erreicht. Natürlich können Sie die Regel aufstellen, daß alles diktiert werden muß, daß keiner ins Schreibbüro gehen darf, daß kein Telefonat geführt werden soll usw. Die Frage ist aber doch, was erreichen Sie damit? Das widerspricht wahrscheinlich der Planphilosophie der Organisationslehre. Aber entscheidend ist doch immer, wo ist Festigkeit nötig, und wo kann ich ein Auge zudrücken. Dann muß man die Frage anschließen: Was kostet es mich, wenn ich das Auge zudrücke?" (Organisationsleiter)

Zentrales Kriterium dieser 'offenen' Planungsprozesse war, daß sie eine stärkere Berücksichtigung der Arbeitswirklichkeit und ihrer Anforderungen ermöglichten.

"Das Konzept, das ist nicht mehr das Thema. Das Thema der Organisation ist heute: Wie arrangierst du dich heute mit dem Betriebsrat, wie realisierst du ein Konzept in einem heute sehr schwierig gewordenen Umfeld. ... So ist das Einführen des Konzepts das Wichtigste, nicht mehr die Konzeptentwicklung, wie etwa vor zehn Jahren. Das Ergebnis der Realisierung eines solchen Konzepts muß der zufriedene Mitarbeiter sein. Mitarbeiter sind das beste Kapital, das ein Unternehmen hat, die darf man nicht verprellen. Deshalb sind wir dann langsam zu dem Konzept der dynamischen Gruppe gekommen. Dabei ist das Konzept der dynamischen Gruppe eben anders als solche Konzepte; es ist nicht ein fix und fertiges Modell. Bestimmte Eckwerte, Grundgerüste stehen fest, aber das Konzept besteht eigentlich darin, sich erst in der Auseinandersetzung mit der Realität an diese Grunddaten anzunähern. " (Organisator).

Offen muß hier bleiben, inwieweit diese basisnäheren Planungsprozesse grundsätzlich Alternativen zu den zentral geplanten Schreibtischlösungen sein können. Vermutlich sind ihnen insofern Grenzen gesetzt, als sie sich auf Teilbereiche beziehen.

Ob das in Zukunft mit der steigenden Bedeutung neuer komplexerer Technologien und Systeme auch noch gelten wird, kann hier nicht abschließend beurteilt werden. Am Beispiel der Datenverarbeitung läßt sich aber erahnen, welche Gefahren und Probleme sich aus umfassenderen, abstrakteren Planungskonzepten ergeben können. (38) Wie menschengerecht die Arbeitsformen der Zukunft sein werden, hängt mit Sicherheit ganz entscheidend davon ab, wieweit es gelingen wird, auch derartige Planungsprozesse gegenüber der Arbeitswirklichkeit offenzuhalten und Rückkopplungsmöglichkeiten für die Erfahrungen der Betroffenen zu eröffnen.

In allen von uns besuchten Verwaltungen war die organisatorische Phantasie allerdings primär an Arbeitsablauf bzw. Technologieeinsatz orientiert, nicht aber an der Verwertung oder der Fortentwicklung vorhandener Qualifikationen. Bezugspunkt der Zielvorstellungen waren die Arbeitsformen, die nicht nur als leistungsfähig, sondern auch als erstrebenswert angesehen werden. Denkbar wäre ja ein Planungsprozeß, der darauf abzielt, repetitive und monotone Arbeitsvorgänge zu vermeiden und Abhängigkeiten von Maschinen oder Personen zu reduzieren, der von dem Motivations- und Qualifikationspotential ausgeht und darauf ausgerichtet ist, organisatorische Konzepte zu entwickeln, die dieses befördern und stärken. Solche Planung müßte nicht notwendigerweise im Widerspruch zu Wirtschaftlichkeitserfordernissen stehen, erforderte allerdings ein neues Verständnis von 'Wirtschaftlichkeit'. (39)

5. Das Soll-Konzept

> "Wenn alle die Wirtschaftlichkeitsberech-
> nungen, die man mir bei Projekten für
> den Soll-Stand gestellt hat, und wenn
> all die prognostizierten Personalein-
> sparungen realisiert worden wären, dann
> müßten wir jetzt einen negativen Personal-
> stand haben." (Vorstandsmitglied)

Die Ausarbeitung des Sollvorschlags ist im Stufenplanmodell
des AWV zwischen der Auswertung der Ist-Analyse und der Ent-
scheidungsfindung placiert. (40) Im Sollvorschlag sollen die Ergebnisse der Ist-Analyse in ein Konzept ausgearbeitet werden,
das dann als Entscheidungsvorlage für den Beschluß über die
Einführung der Organisierten Textverarbeitung dienen soll. In
einem detaillierten 'Aktionsplan' soll dann die Umsetzung dieses Konzepts in die Realität des Betriebs im einzelnen general-
stabsmäßig festgelegt werden.

Das Soll-Konzept wird also quasi als Reißbrettskizze und -
nach der Beschlußfassung - als verbindlicher Konstruktionsplan
gesehen, der Vorgaben für die Gestaltung des Schreibdiensts
fixiert. Analog zur Fertigung einer Maschine werden nicht nur
die konstruktiven Einzelheiten festgelegt, sondern auch der Fer-
tigungsablauf. Der Organisationspromotor ist sozusagen der
Konstrukteur, der das Modell konzipiert und der dann im einzelnen festlegt, wie dieses in die Realität eingeführt wird.

Insofern müßte die inhaltliche Formulierung solcher Soll-
Konzepte nicht nur Aufschluß geben über die Gestaltungsvorstellungen, die der Einführung der Organisierten Textverarbeitung
zugrundeliegen, sondern auch über die Vorgehensweise und die
Rollenverteilung bei der Einführung.

Gemessen an dieser recht umfangreichen Funktionsbeschrei-
bung des Soll-Konzepts nimmt sich dann das, was im AWV-Stu-
fenmodell als Inhalte des Soll-Konzepts definiert wird, außerordentlich eng und einseitig aus:

> "Der Sollvorschlag muß die Ermittlung der Kapazität des
> Schreibdiensts enthalten. Er berücksichtigt die Diktatmengen
> und gliedert sie auf in solche der handschriftlichen Verar-
> beitung, in Phonodiktate und Diktate für programmierte Texte.
> Bei der Neuorganisation des Schreibdiensts ist gleichzeitig
> die Möglichkeit für den Einsatz von Textautomaten, Diktier-
> geräten und anderen technischen Hilfsmitteln zu prüfen. "(41)

Der Sollvorschlag stellt in dieser Definition also wenig mehr dar als das Mengengerüst für ein organisatorisches Konzept, eben den zentralisierten Schreibdienst, der von vorneherein stillschweigend als vorgegeben angenommen wird. Folglich sieht auch die nachfolgende Detailplanung der Ablauforganisation, im 'Aktionsplan' schriftlich fixiert, ausschließlich Einzelheiten vor, die sich auf die interne Ablauforganisation des zentralen Schreibdiensts, den Aufbau der Diktatorganisation, die Organisation der Textautomatenanwendung, die Überprüfung von Auswirkungen auf die Sachbearbeiter oder die Organisation der sonstigen Verwaltungstätigkeiten beziehen.

Mehr oder minder detailliert ausgearbeitete und schriftlich niedergelegte Sollvorschläge fanden wir bei dem größeren Teil der von uns untersuchten Umstellungsfälle. Eine Analyse dieser Sollvorschläge ergab, daß diese in sehr unterschiedlicher Weise gestaltet waren. Einige waren wenig mehr als ein Resümée der Ergebnisse der Ist-Analyse, die sich ihrerseits weitgehend auf die Festlegung eines Mengengerüsts für die Personalausstattung des zentralen Schreibdienstes beschränkt hatte. In anderen Sollvorschlägen wurde offensichtlich versucht, jede Einzelheit der künftigen Arbeitsgestaltung im vorhinein festzulegen.

So enthält ein Sollvorschlag für die Installierung eines 'Büros für Textverarbeitung' in der Kreditabteilung einer Bank nach einer kurzen, mehr summarischen Beschreibung des Kompetenzbereichs der Schreibdienstleiterin sehr detaillierte Festlegungen zu:
- Diktieren,
- Anlieferung des Diktatstoffs und Verteilung; im einzelnen wird dort geregelt: die grundsätzliche Form, Rückfragen, Eilkorrespondenz, Normalkorrespondenz,
- Arbeitsablauf im BKT (allgemeine Regelung, Formularhaltung, Regelung bei Korrekturen, Serviceleistungen des BKT),
- Pausenregelung.

Zu all diesen Punkten werden detaillierte Vorgaben gemacht, etwa: "Vor dem Diktat werden die Tonmanschetten des Diktiergeräts grundsätzlich vom Diktanten gelöscht. Beim Diktieren ist auf die Regeln des ADIK-Systems zu achten. Zur Vereinfachung der Kommunikation zwischen Diktanten und dem BKT werden jedem Diktanten und jeder Phonotypistin ein Diktat- bzw. Korrespondenzhandbuch und eine Formularmustermappe zur Verfügung gestellt."

Mit ähnlicher Akribie wurden meist auch der Raumbedarf und die vorgesehene personelle Kapazität festgelegt.

"Sollvorschlag zur räumlichen Größenordnung und Unterbringung des Schreibdiensts:

10 Damen + 1 Lehrling x 8,4 m^2	92,4 m^2
1 Automatenschreibplatz	5,0 m^2
Pausenraum	17,5 m^2
sonstige Stellflächen für Schränke etc.	10,1 m^2
	125,0 m^2 ."

Die Personalkapazität wurde aus der in der Ist-Analyse ermittelten Anschlagszahl des anfallenden Schriftgutvolumens hochgerechnet, etwa nach folgendem Schema:

"Die Nettoschreibzeit beträgt im Schreibdienst 18 Minuten pro Seite. Daraus ergibt sich folgende Schreibleistung: 125 gewichtete Anschläge pro Minute bei 6 Stunden Schreibzeit bzw. 94 gewichtete Anschläge pro Minute bei 8 Stunden Anwesentheitszeit. Hier entsprechend ist ein Personal von 4 Mitarbeiterinnen, davon eine mitschreibende Schreibdienstleiterin für den Bereich X notwendig."(42)

Ähnlich genau war fast durchwegs die notwendige maschinelle Ausrüstung im einzelnen festgelegt.

Im Gegensatz zu solch akribisch genauen und detaillierten Vorgaben waren die Ausführungen zu den Kompetenzverteilungen eher summarisch.

"Sollvorschlag zur Zuordnung von Schreibdienst und Büroservice:

Schreibdienst: Die Schreibdienstleiterin ist dem Leiter des Bereichs verantwortlich für die termingerechte und vollständige Abwicklung sämtlicher Schreibarbeiten dieses Bereichs.

Büroservice: Der jeweilige Büroservice ist den entsprechenden Gruppen (Abteilungen, Unterabteilungen) unterstellt, Überschneidungen sind nicht möglich, da jeder Service nur eine Gruppe bedient."

Oder es wurden Verantwortlichkeiten ausgewiesen, ohne daß die dafür notwendigen Kompetenzen ebenfalls festgelegt waren.

"Die Reklamationen von beiden Seiten (der Diktierer über die schlechte Qualität des Schreibguts, zu lange Dauer des Schreibens etc. und der Schreibdamen über die Diktatmängel) sollen ausschließlich über die Serviceleiterin laufen, die für die Abstellung der Mängel verantwortlich ist." Welche Zuständigkeiten die Serviceleiterin hat, um diese Mängel abzustellen, wird mit keinem Wort erwähnt.

Dort, wo Kompetenzen explizit ausgewiesen waren, wurden sie nicht selten durch Ausnahmeregelungen oder Einschränkungen relativiert.

"Die Leiterin des Büros für Textverarbeitung ist dem Abteilungsleiter direkt unterstellt. Sie ist für den reibungslosen Arbeitsablauf zuständig, soweit er nicht in die grundsätzliche Entscheidungsbefugnis des Abteilungsleiters fällt. Alle das Büro für Textverarbeitung betreffenden Maßnahmen werden von der Leiterin mit dem Abteilungsleiter abgesprochen und geplant, um einen reibungslosen Arbeitsablauf zu gewährleisten. Ergeben sich hierbei grundsätzliche Änderungen, so wird vom Abteilungsleiter die Organisationsabteilung eingeschaltet."

Besonders detaillierte und ausgeklügelte Regelungen über Arbeitsablauf, Verfahrensweise und Kompetenzverteilung fanden wir in den Geschäftsordnungen und Kanzleianweisungen von Behörden. Gerade das hier deutlich werdende Bestreben, jede Eventualität in ein Regelwerk einzubeziehen, hatte zur Folge, daß dieses in sich widersprüchlich wurde und durch die vielen vorgesehenen Ausnahmen sich selbst ad absurdum führte.

So sah etwa die Kanzleianweisung einer großen Behörde vor, daß der Aktentransport grundsätzlich mit dem allgemeinen Botendienst zu erfolgen habe, Beanstandungen an die jeweilige Kanzleileiterin zu richten seien, Rückfragen und Klärungen von Unstimmigkeiten nur über die Kanzleileiterin zulässig seien, der Aufenthalt dritter Personen in den Kanzleiräumen grundsätzlich zu vermeiden sei. In Sonderfällen aber könnten die Schreibkräfte den Aktentransport selber übernehmen, einfache Korrekturen könnten die Diktatberechtigten der Schreibkraft direkt antragen.

Die Kanzleileiterin habe den Einsatz der Schreibkräfte so zu regeln, daß die Arbeit möglichst gleichmäßig verteilt werde. Sie habe darauf hinzuwirken, daß jede Schreibkraft alles an Schriftgutarten erledige und für jeden Diktatberechtigten schreibe. Dies schließe aber nicht aus, daß den Schreibkräften in erster Linie die ihnen bereits vertrauten Arbeiten zugeteilt würden, und die Kanzleileiterin könne, soweit es sich mit einer gleichmäßigen Verteilung der Arbeit auf die einzelnen Schreibkräfte vereinbaren ließe, den Diktatberechtigten die gewünschte Schreibkraft zuteilen.

Zusammenfassend können die uns vorliegenden Sollvorschläge so charakterisiert werden: Praktisch alle enthielten eine detaillierte und genau begründete quantitative Festlegung der notwendigen personellen, maschinellen und räumlichen Ausstattung. Nur sehr rudimentär befaßten sie sich mit den Voraussetzungen, die im Auftraggeberbereich geschaffen werden müssen, um ein konzeptionsgerechtes Funktionieren des Schreibdiensts sicherzustellen. Meist beschränkten sie sich auf die Festlegung von einzelnen Verfahrensweisen wie Diktatregelungen, Anlieferung und Verteilung des Diktatstoffs, Schreibregeln. Funktionelle Zusammenhänge sowie die Kompetenzverteilung wurden eher summarisch und nicht frei von Widersprüchlichkeiten behandelt.

Wir haben in anderem Zusammenhang (43) darauf hingewiesen, daß gerade die ungenügende und inkonsequente Kompetenzausstattung der Position der Schreibdienstleiterin eine der zentralen Schwächen vieler Schreibdienstorganisationen darstellt: Mangelnde Durchsetzungskraft gegenüber dem Auftraggeberbereich, Diskrepanz zwischen zugewiesener Verantwortung und Entscheidungsbefugnis - diese Schwächen, so fanden wir nun, sind bereits in den Sollkonzepten grundsätzlich angelegt.

Hervorstechend war vor allem, daß solchen Soll-'Konzepten' gerade das konzeptuelle Element fehlte, indem es sich bei ihnen meist um wenig mehr als um Ausführungsbestimmungen eines Organisationsmodells handelte, dessen eigentliche Grundstrukturen und Zusammenhänge lediglich implizit angesprochen wurden. Dies erklärt sich, wenn man den Entstehungsprozeß und die besondere Funktion solcher Sollvorschläge innerhalb der Einführung Organisierter Textverarbeitungen in den Unternehmen näher betrachtet.

Bei den meisten dieser rudimentären Sollvorschläge war das organisatorische Konzept nicht Ergebnis, sondern Eingangsdatum der Planung. Die Vorstellung von einem bestimmten Organisationsmodell stand am Anfang, nicht am Ende des Planungsprozesses, unter Umständen war sie sogar der eigentliche Anstoß, der diesen auslöste. Die Zentralisierung war die Vorgabe,

der Planungsprozeß bezog sich mehr oder minder nur noch
darauf, in welchen Dimensionen sie sich bewegen wird. Dies
gilt auch für die Fälle, bei denen es zunächst um den Einsatz
von Textverarbeitungsmaschinen ging: Mit der ursprünglichen
Entscheidung für die Maschinen war meist auch vorab bereits
die Entscheidung für den zentralen Schreibdienst gefallen. Während die Ist-Analyse die Zahlen zu liefern hatte (u.a. Anzahl der
anzuschaffenden Textsysteme), ging es bei der Planung nur noch
um die 'richtigen' Verfahrensweisen und die technischen An-
wendungsprobleme; die Phase konzeptueller Überlegungen entfiel. (44) Es scheint so nur konsequent, daß das Soll-Konzept zu
einem Set von quantitativen Daten (Personalbedarf, Anzahl der
Maschinen, Raumbedarf) und von Ausführungsbestimmungen de-
generierte.

Des weiteren ist es für das Verständnis solcher Sollvorschläge
wichtig, sich die Zielsetzung zu vergegenwärtigen, die ihre Ausarbeitung bestimmten. Es handelte sich dabei ja nicht nur um
Blaupausen für die spätere Umsetzung des neuen Organisationsmodells, sondern vor allem um Entscheidungsvorlagen. Für den
Organisationspromotor der Maßnahme kam es demnach zunächst
primär darauf an, das Zahlenmaterial der Ist-Analyse zu untermauern und das Projekt nicht nur notwendig und effizient, sondern vor allen Dingen auch durchführbar erscheinen zu lassen.
Um die erforderlichen personellen, maschinellen und räumlichen
Veränderungen bewilligt zu bekommen, mußten sie definitiv festgelegt werden. Schließlich galt es für die endgültige Entscheidung nachzuweisen, daß man den neuartigen Arbeitsablauf und
seine Realisierung bis ins kleinste Detail fest im Griff hat und
sich dadurch als Rationalisierungskompetenz zu profilieren. Dabei war es empfehlenswert, Eingriffe in die Auftraggeberbereiche
nicht zu deutlich in den Vordergrund zu stellen. Ebenso wie bei
der Ist-Analyse bestimmten also auch hier beim Sollvorschlag
Legitimations- und Durchsetzungsgesichtspunkte seine inhaltliche
Gestaltung.

Dies verweist wieder auf die betriebliche Handlungskonstellation, wie sie offensichtlich für die Einführung der Organisierten
Textverarbeitung in den 70er-Jahren bestimmend war: Sah sich
die Organisationsabteilung mit besonderen Durchsetzungs- und
Legitimationsschwierigkeiten konfrontiert, stand der legitimatorische Charakter des Sollvorschlags eindeutig im Vordergrund.
Wir sind diesem Zusammenhang schon bei der Beschreibung
der vorausgegangenen Stufen des Einführungsprozesses be-
gegnet.

Legitimationsbeschaffung war auch die wichtigste Funktion der
Sollvorschläge, die von einem Hersteller oder einem Berater
übernommen wurde. Nicht wenige der Sollvorschläge wurden sozusagen als Fertigprodukt übernommen und nur in ihrer quantitativen Dimensionierung an die betrieblichen Verhältnisse angepaßt. Dies erklärt sich zum einen, wenn man bedenkt, daß Hersteller und Berater als Außenstehende ja selber besonderen
Legitimationsnotwendigkeiten ausgesetzt waren, wurden sie doch
meist in dem betrieblichen Prozeß dann hinzugezogen, wenn besondere Durchsetzungs- und Legitimationsschwierigkeiten auf-
tauchten. (45) Die Tatsache, daß Konzepte wie Standardartikel
gehandelt wurden, erklärt sich aber auch aus der besonderen
Situation, in der sich viele Organisatoren, insbesondere in der
Frühzeit der Entwicklung der Organisierten Textverarbeitung,
befanden, die gekennzeichnet war durch besondere Durchsetzungsschwierigkeiten und fachliche Überforderung. Der Zugriff
auf ein 'verbürgtes' Konzept für den Schreibdienst stellte in dieser Situation natürlich eine wesentliche Hilfe und Erleichterung
dar. Solche Fertigkonzepte konnten unter Umständen leichter
und wirkungsvoller an die Geschäftsleitung 'verkauft' werden,
da sie durch die Autorität großer Hersteller oder bekannter Berater gestützt waren und man sich darauf berufen konnte, daß
sie bereits in anderen Bereichen mit Erfolg praktiziert wurden.
Sie trugen folglich durchaus zur Erhöhung der Legitimation und
der Durchsetzungschancen betrieblicher Organisationspromotoren bei.

Bestand also die Entwicklung des Soll-Konzepts in vielen Verwaltungen hauptsächlich darin, daß fertige Konzepte weitgehend
ungeprüft und unkritisch übernommen wurden, so gab es doch
auch einige Verwaltungen, in denen man sich im Lauf eines relativ mühsamen Lernprozesses stufenweise von den vorgegebenen Konzepten löste und sich eine maßgeschneiderte Modellösung
selbst erarbeitete.

"Nachdem wir hier im Hause erst Überlegungen angestellt
hatten, haben wir uns das Textverarbeitungssekretariat bei
der ABC angeschaut. Wir haben uns auch mit dem VTV in
Verbindung gesetzt, aber nichts Befriedigendes gefunden.
Die Hersteller sind uns damals verkaufsmäßig auf die Nerven
gegangen, das hat alles nicht Rechts gebracht. Auch die
Schreibdienstberater wollten ihre Konzepte verkaufen, konnten sich aber nicht auf unsere Bedingungen einstellen. Heute
sind wir natürlich schlauer und wissen mehr. Damals mußten
wir uns alles selber erarbeiten. Wir bekamen zwar DM 10.000,-

für Berater, aber wir haben dann sehr rasch gemerkt, die wollen bei uns eigentlich nur den zentralen Schreibdienst einführen, so nach Schema F. Die hatten sonst nichts zu bieten. Nicht einmal einen Fragebogen. Von dem wollten sie, daß wir ihn selbst entwickeln. Die gingen immer von einer festen Lösung aus. Ein bißchen hat uns zwar die ABC geholfen mit ihrer Trennung von Textverarbeitungssekretariat und Verwaltungssekretariat. Aber letztlich waren wir auf uns selber angewiesen." (Textverarbeitungsorganisator).

Es erscheint bezeichnend, daß derartige eigenständige Lern- und Entwicklungsprozesse meist zu organisatorischen Lösungen führten, die von dem klassischen Konzept des zentralisierten Schreibdienstes abwichen. So sind fast alle 'alternativen' Textverarbeitungs-Lösungen, denen wir begegneten, auf eine eigene Konzeptentwicklung zurückzuführen, und waren nicht von außen übernommen. Symptomatisch dafür waren auch die Sollvorschläge, die sich nicht darauf beschränkten, das personelle, maschinelle und räumliche Zahlengerüst darzulegen bzw. detaillierte Arbeitsanweisungen aufzulisten, sondern die sich auch mit den funktionellen und sozialen Voraussetzungen befaßten. Diese Sollvorschläge konnten dann in etwa so aussehen wie nachstehende Ausführungen zum 'Arbeitsablauf im Gruppensekretariat' -, Teil eines Sollvorschlags, der bereits früh die Einführung relativ selbständiger Arbeitsgruppen vorsah, die sowohl Sekretariats- als auch Schreibaufgaben übernehmen sollten.

"Die Mitarbeiterinnen zeigen sich gegenseitig die Aufgaben ihrer Kolleginnen. Sie vertreten sich in gegenseitiger Abstimmung und übertragen einander Teile ihrer bisherigen Aufgaben. D.h., die eine Mitarbeiterin übernimmt für die andere einige Zeit die Schreibarbeiten, während die andere für sie den Telefondienst und die verwaltenden Tätigkeiten übernimmt. Die Damen lernen so mit der Zeit alle im Gruppensekretariat anfallenden Tätigkeiten kennen und können im Falle von Krankheit, Urlaub und Gleitzeit sich jederzeit gegenseitig vertreten. Damit können Aufgaben, die von einer Dame nicht erledigt werden können (weil es z.B. Stoßgeschäfte sind), besser aufgefangen und der Arbeitsanfall gleichmäßiger verteilt werden."

Welche Bedeutung hatten nun Sollvorschläge für die Einführung der Organisierten Textverarbeitung? Dies heißt einmal, wie erfolgreich waren sie als Entscheidungsvorlagen? Zum anderen:

Wie verbindlich waren sie als Blaupausen der späteren Organisationsgestaltung? Wie weit entsprachen die späteren Schreibdienste tatsächlich im einzelnen dem Entwurf der Soll-Konzepte? Diese Fragen verweisen auf die nächsten Schritte im Einführungsprozeß: Der Stufenplan des AWV sieht eine "Diskussion des Sollvorschlags" und "das Fixieren der Änderung" vor. "Die in der Diskussion vorgetragenen Vorschläge werden geprüft, eventuell abgestimmt und in den Plan mit eingebaut und festgelegt."(46) Das würde bedeuten, daß die vorgelegten Sollvorschläge einen Modifizierungsprozeß durchlaufen müssen, ehe sie verwirklicht werden. In der Tat waren in den von uns untersuchten Umstellungsfällen die Soll-Konzepte einem Modifizierungsprozeß unterworfen, bei dem es vor allem darum ging, das entwickelte Soll-Konzept an die jeweils gegebenen Durchsetzungserfordernisse anzupassen. Ehe wir uns damit beschäftigen, wollen wir zunächst noch darstellen, wie man in den von uns besuchten Verwaltungen bei der Anschaffung der Textverarbeitungs-Maschinen vorgegangen ist.

6. Die Anschaffung der Maschinen

"Wir haben da so ein Ding da, da weiß
keiner, was er damit anfangen kann.
Ich habe das für mein Büro beantragt,
weil mir jemand gesagt hat, das sei gut.
Ich habe da so einen regen Mitarbeiter,
der hat empfohlen, daß wir uns das
anschaffen. Ich weiß aber eigentlich
nicht, was wir damit sollen."
(Behördenleiter)

Der Anschaffung neuer Maschinen - Schreibmaschinen, Textsysteme, Diktiergeräte - kam als Teilschritt zur Realisierung des Konzepts Organisierter Textverarbeitung sehr unterschiedliche Bedeutung zu. In einigen Fällen beschränkte man sich auf rein organisatorische Veränderungen, die maschinelle Ausstattung blieb praktisch gleich. In anderen Fällen war eine neue maschinelle Ausrüstung eigentlich der Kernpunkt der Veränderung. Wir wollen hier die Auswahl und Einführung der neuen Technologien gesondert behandeln, weil sich bei ihr spezifische Probleme stellten.

Prinzipiell umfaßt das Konzept der Organisierten Textverarbeitung sowohl organisatorische als auch maschinelle Komponenten. Dabei dominierte - wie wir bereits betonten - besonders in den früheren Phasen der organisatorische Aspekt, wenngleich es auch damals schon einige eindeutig maschinenbezogene Lösungen gab. Im Laufe der Zeit wurden dann maschinenorientierte Lösungen immer häufiger.

Symptomatisch für diese Entwicklung der letzten Jahre war, daß wir bei unserer früheren Untersuchung zur Situation der Organisierten Textverarbeitung unseren Gesprächspartnern häufig erst erklären mußten, was 'Organisierte Textverarbeitung' ist, oder daß von ihnen Organisierte Textverarbeitung mit zentralem Schreibdienst gleichgesetzt wurde. Bei der jetzigen Untersuchung war 'Textverarbeitung' allgemein bekannt - allerdings für die meisten identisch mit dem Einsatz von Textsystemen.

Aufgrund der begrenzten Erfahrungen, die wir in den Unternehmen machen konnten, war es für uns schwer, uns ein Urteil darüber zu bilden, wie adäquat Auswahl und Einsatz der Textverarbeitungstechnik generell vorgenommen wurden. Wir mußten uns hier weitgehend auf die Urteile von Experten - Schreibdienstberatern, Herstellern, Organisatoren, Schreibdienstleitern -

stützen, die uns ihre Erfahrungen mitteilten. Aus ihren Äußerungen ergab sich ein überwiegend problematisches Bild: An zahlreichen Beispielen wurden uns Schwächen betrieblicher Beschaffungspraxis demonstriert, die dazu geführt hätten, daß ein Teil der Schreibdienste eindeutig übermaschinisiert, d. h. mit zu teurer Technik ausgerüstet sei, deren Leistungsfähigkeit bei der Aufgabenstellung gar nicht ausgeschöpft werden könne, andere seien eindeutig untermaschinisiert, d. h. mit zu alten und zu wenig leistungsfähigen Maschinen ausgerüstet. Vor allem erbringe ein großer Teil der aufgestellten Textsysteme wegen ungenügender Berücksichtigung der organisatorischen oder qualifikatorischen Vorbedingungen nicht die Leistung, die man von ihnen erwarten könne. Schätzungen liefen ziemlich übereinstimmend darauf hinaus, daß zwischen 70 und 80 % der Textsysteme nicht wirklich funktionsgerecht eingesetzt seien.

Diese Urteile bestätigten den Eindruck, den wir in einem Teil der von uns besuchten Unternehmen gewonnen hatten. Auch dort ließen Auswahl und Einsatz der Textverarbeitungsmaschinen viel zu wünschen übrig. Neben eindeutigen Investitionsruinen, d. h. teuren Textsystemen, die praktisch ungenutzt herumstanden, stießen wir auf Schreibdienste, in denen Schreibkräfte auf altertümlichen mechanischen Schreibmaschinen standardisiertes Schreibgut immer wieder schreiben mußten. Dabei beschäftigte uns weniger die offenkundige Unwirtschaftlichkeit solcher Situationen als die Frage, wie es dazu gekommen sein konnte.

Einsichtig war, daß mit dem Angebot der neuen Textverarbeitungstechnologien die Betriebe mit einer neuartigen und wesentlich komplexeren Beschaffungs- und Entscheidungssituation als in früheren Zeiten konfrontiert worden waren.

In der Vergangenheit hatten Maschinen allgemein, Schreibmaschinen im besonderen, nur einen geringen Anteil an der Bewältigung der Verwaltungsarbeit. Maschinenkosten, so wurde geschätzt, machten nur etwa 4 % der gesamten Kosten aus. Verwaltungsarbeit hieß Umgang mit Papier, nicht mit Maschinen. Wenn man von den zentralen Datenverarbeitungsanlagen absieht, handelte es sich bei den eingesetzten Maschinen, etwa in der Buchhaltung und im Sekretariatsbereich, um relativ einfache Maschinen mit begrenzter Leistungsfähigkeit, die sich zudem noch im Laufe der Zeit relativ wenig veränderten.

So ging es bis zu Beginn der 70er-Jahre im Bereich der Textverarbeitung fast ausschließlich um die Anschaffung von Schreibmaschinen, eventuell von Diktiergeräten. Über ihre Anschaffung wurde auf der Basis von Ausschreibungen oder Vertreterbesuchen entschieden. Ausschlaggebend für die Auswahl waren vor allem Preis und Qualität der Produkte, insbesondere ihre Reparaturanfälligkeit. Ansonsten waren die Unterschiede zwischen den Maschinen verschiedener Hersteller beschränkt auf einige Randfunktionen und vor allem auf das Schriftbild.

Federführend für den Ankauf waren meist die Einkaufsabteilung, die Hausverwaltung, der Innere Dienst oder ähnliche Abteilungen. Nur vereinzelt setzten Herstellerfirmen auf den Einstieg 'von oben', d. h. über die Geschäftsleitungsebene. Die eigentlichen Anwender - Schreibkräfte, Sekretärinnen und Schreibdienstleiterinnen - wurden selten eingeschaltet, am ehesten wohl noch Sekretärinnen in den Vorzimmern der Chefetagen.

Insgesamt kann davon ausgegangen werden, daß die Rückwirkungen dieser Anschaffungspraxis auf die Arbeitssituation der Schreibkräfte bzw. die Effizienz des Schreibdiensts nicht allzu groß waren. Folge war zwar, daß in vielen Verwaltungen ein 'Salat' der unterschiedlichsten Marken von Schreibmaschinen anzutreffen war; dies mochte bisweilen lästig sein, weil die Übertragbarkeit des Schriftguts dadurch eingeschränkt wurde, fiel jedoch letztlich nicht allzusehr ins Gewicht. Wirklich schwerwiegende Fehler, beispielsweise in Form teurer Übermaschinisierung, konnten kaum gemacht werden.

Dies mochte eher zutreffen für die Anschaffung von Diktiergeräten:

So wurden in einer großen Verwaltung auf einen Schlag sämtliche Diktanten mit Diktiergeräten ausgerüstet. Diese blieben aber weitgehend ungenutzt in den Schubladen, da die organisatorischen und schulungsmäßigen Voraussetzungen nicht geschaffen worden waren.

Insgesamt war die Beschaffungssituation jedoch relativ entlastet. Dies änderte sich mit Beginn der 70er-Jahre.

Bei der Einführung Organisierter Textverarbeitung im allgemeinen, bei der Anschaffung von Textsystemen im besonderen war ein sehr komplexes Zusammenwirken organisatorischer Verfahren und Technologien zu berücksichtigen. Eine breite Palette unterschiedlicher organisatorischer und maschineller Alternativen wurde geboten, deren Wirkungsgrad jeweils von einer Vielzahl von Bedingungen und Voraussetzungen abhing, die bei der Entscheidung mit in Betracht zu ziehen waren.

So war schon bei der Anschaffung eines Schreibautomaten eine Fülle von Informationen zu berücksichtigen: Welche Funktionen werden von welchen Fabrikaten angeboten, wie ist deren Störanfälligkeit einzuschätzen, wie ist der Kundendienst, welche Kompatibilität mit anderen, bereits eingesetzten Schreibsystemen besteht, welches Schriftgut kommt für die Bearbeitung auf diesem System infrage, bzw. umgekehrt: für welches Schriftgut ist dieser Automat geeignet, welche alternativen Bearbeitungsmöglichkeiten bestehen, wie wird sich das Volumen dieses Schriftguts entwickeln, welche technischen und organisatorischen Entwicklungen sind zu erwarten, die für den Einsatz dieser Maschine in Zukunft relevant sein könnten?

Es war praktisch unmöglich, bei einer solchen Vielzahl sehr unterschiedlicher Entscheidungskomponenten konkurrierende Fabrikate eindeutig nach einem Preis-/Leistungsverhältnis einzuordnen. Zusätzlich kompliziert wurde die Entscheidungssituation durch die Alternative Kauf oder Miete.

Um eine Entscheidung adäquat fällen zu können, bedurfte es nicht nur einer Übersicht über das vielfältige maschinelle Angebot und die betrieblichen Einsatzbedingungen und Aufgabenstellungen, sondern meist auch einer Einschätzung ihrer zukünftigen Entwicklung.

Die Entscheidung wurde aber nicht nur durch die Vielzahl der zu berücksichtigenden Entscheidungskomponenten, die Unübersichtlichkeit des Angebots und die betrieblichen Bedingungen erschwert, sondern auch durch das größere Risiko von Fehlentscheidungen. Es ging ja nicht allein um wesentlich höhere Investitionssummen, vor allem waren die Auswirkungen einer Festlegung auf ein sich später als falsch erweisendes 'System' unter Umständen nur sehr schwer zu berichtigen.

"Haben Sie mal Tausende in die Software gesteckt, kommen Sie da nicht mehr runter." (Organisator).

"Wir haben hier ca. 1000 Kassetten auf dem X-System. Wenn wir jetzt das System Y anschaffen wollten mit Magnetplatten, müßten die alle umgepolt werden. Wenn ich daran denke, wird mir Angst und Bange." (Für die Textverarbeitung zuständiger Fachabteilungsleiter).

Kompliziert wurden die Entscheidungen dadurch, daß das, was heute richtig sein mochte, morgen durch neue technologische Entwicklungen schon wieder falsch sein konnte.

Aus den Berichten von Beratern, Herstellern wie auch unserer betrieblichen Gesprächspartner geht hervor, daß die Betriebe schlecht gerüstet in diese neue Entscheidungssituation traten.

Offenkundig waren Wissensdefizite bezüglich des Angebots an neuen Technologien, ihres Leistungsspektrums und ihrer besonderen Einsatzerfordernisse.

"Es gibt Leute, die kommen mit wahnwitzigen Vorstellungen von den Messen. Die denken, mit Textsystemen kann man zaubern, die haben utopische Vorstellungen. Die werden von den Herstellern systematisch gezüchtet. Die wollen die eierlegende Wollmilchsau. Das soll heißen, daß da alles drin ist, damit soll man alles können. Eine solche Maschine gibt es aber nicht. Bei den meisten Leuten fehlt der gesunde Maßstab für eine gesunde Rationalisierung. Die sind völlig überdreht durch die Computerhersteller." (Vertriebsberater bei einer Händlerfirma).

"Manchmal sagt ja der Kunde, bei der Schreibmaschine soll da hinten noch ein Kabel rauskommen, und mit dem Kabel sollen dann die Daten irgendwo hineingehen." (Gruppenleiter in der Zweigniederlassung eines Herstellers).

Trotz oder gerade wegen des zunehmenden umfangreichen und vielfältigen Informationsangebots - Seminare von Herstellern und Verbänden, Kongresse, Fachzeitschriften, Erfahrungsaustausch etc. - war es zweifellos außerordentlich schwierig, sich nur einen einigermaßen ausreichenden Überblick über das verfügbare Leistungsangebot zu verschaffen. Der dazu erforderliche Zeitaufwand war nur von einer Minderheit aufzubringen, die sich mehr oder minder ausschließlich mit der Textverarbeitung befassen konnte.

Die Beseitigung der Wissensdefizite wurde noch erschwert durch die außerordentlich rasche technologische Entwicklung, die mühsam erarbeitetes Wissen immer wieder sehr schnell veralten ließ.

Ähnlich schwerwiegend wie dieser unzureichende Informationsstand zum maschinellen Leistungsangebot waren Defizite im Verständnis der besonderen Leistungsmöglichkeiten und -voraussetzungen der neuen Technik im betrieblichen Zusammenhang. Der richtige Einsatz der neuen Technik setzte ja nicht nur eine wesentlich genauere Kenntnis der qualitativen und quantitativen Zusammensetzung der zu bewältigenden Arbeit voraus, sondern eigentlich auch ein neues und funktionales Verständnis der betrieblichen Arbeitsabläufe.

So müßte z. B. der Einsatz von Schreibautomaten für die Programmierte Textverarbeitung nicht nur durch eine quantitative Analyse des Schriftguts auf sich wiederholende Texte hin vorbereitet werden, sondern auch durch eine ganzheitliche funktionale Analyse der Arbeitssituation der betroffenen Sachbearbeiter: Welche Rolle spielt dieses Schriftgut innerhalb des Arbeitsprozesses der Sachbearbeiter, welche Rückwirkungen hat eine Standardisierung des Schriftguts auf seine übrigen Arbeiten, welche Voraussetzungen müssen geschaffen werden, damit das Angebot an standardisierten Textbausteinen genutzt würde; wie verändert sich seine Kooperationsbeziehung zum Schreibdienst etc.?

Statt der erforderlichen umfassenden Analyse der funktionalen Zusammenhänge der Verwaltungsarbeit fand jedoch häufig lediglich die quantitative Durchleuchtung des Betriebs statt. War man sich der Informationslücken bezüglich des maschinellen Angebots und des quantitativen Arbeitsanfalls meist bewußt und suchte sie zu füllen, so gilt dies nicht im gleichen Maße für Defizite im Verständnis der funktionalen Zusammenhänge und Voraussetzungen beim Einsatz der neuen Maschinen.

Die Auswirkungen dieser Situation waren nun sehr unterschiedlich. Teilweise konnte ein sehr hemdsärmeliger, unbeschwerter Einstieg in die Maschinisierung festgestellt werden. So schilderten uns Vertriebsberater von Herstellern und Schreibdienstberater, wie abenteuerlich man bisweilen an den Einsatz der Maschinen herangegangen war:

"Da treffen sich zwei Leute aus der Geschäftsleitung am Abend am Kamin. Da heißt es dann: 'Textsystem, das ist genau das Richtige für Dich, ich habe das auch. Ich habe damit zwei Damen eingespart!' Und dann kauft der das Ding." (Vertriebsberater).

"Viele glauben, daß, wenn sie erst mal ein Textsystem angeschafft haben, man dann auf Knopfdruck schreiben kann. Sie glauben, mit der Investition von 20.000 Mark ist es getan. Die können nicht einsehen, daß sie Damen schulen und einarbeiten müssen, was auch Geld kostet." (Vertriebsberater).

"Viele Vorgesetzte gehen davon aus, daß ein Textsystem von heute auf morgen läuft. Da muß ich den Bossen wirklich den Vorwurf machen, daß sie den Damen nicht die Zeit lassen, sich mit dem System vertraut zu machen; die denken, wenn

sie ein Textsystem angeschafft haben und die Damen auf
unsere dreitägigen Kurse geschickt haben, dann soll am
vierten Tag schon die volle Leistung rauskommen. " (Vertriebsberater).

Vor allem würden die arbeitsorganisatorischen Voraussetzungen
vernachlässigt.

"Die wollten die elektrische Eisenbahn, aber die Oberleitung
war noch gar nicht da. " (Vertriebsberater).

Vielfach war ein gewisser Aktionismus ausschlaggebend für die
Anschaffung der neuen Maschinen: Aktivität um ihrer selbst
willen. Man schaffte die Maschinen an, um zu beweisen, daß
man modern war. Neben einer naiven Technikgläubigkeit waren
hier sehr mechanistische Vorstellungen von den Arbeits- und
Funktionszusammenhängen in einer Verwaltung zu erkennen.
Das Gegenstück zu Hemdsärmeligkeit und Aktionismus war
Verunsicherung, das Gefühl der Überforderung durch die komplexe Entscheidungssituation und das Wissensdefizit. Besonders
belastend wurde das Fehlen von verläßlichen Kriterien empfunden, die die Richtigkeit von Entscheidungen nachgewiesen hätten.
Die bislang angewandten Maßstäbe für Wirtschaftlichkeit schienen nicht mehr recht zu greifen in der neuen Situation.

"Einer der größten Nachteile des Einsatzes von Telekopie-
rern ist, daß ich dessen Wirtschaftlichkeit nicht nachweisen
kann. Die erzielten Einsparungseffekte sind ja quantitativ
gar nicht mehr zu erfassen. Ich kann ja gar nicht mehr nachweisen, ob sich dessen Anschaffung gelohnt hat. "
(Organisator).

Diese Verunsicherung wurde noch verstärkt durch die Befürchtung, zu einem späteren Zeitpunkt zur Rechenschaft gezogen zu
werden für eine Entscheidung, die sich durch nicht vorausseh-
bare Entwicklungen als falsch erwiesen haben könnte.

"Wie soll ich meiner Geschäftsführung gegenüber rechtfertigen, wenn ich heute einen Schreibautomaten anschaffe,
und morgen kommt ein Modell auf den Markt, das billiger
ist und mehr leistet. Die sagen mir doch dann, wieso hast
Du nicht auf dieses Modell gewartet? Wo alles billiger
wird, zahlt sich heute Warten am besten aus. Der Pionier
zahlt nur drauf. " (Organisator).

Neben unbeschwertem Aktionismus, neben Verunsicherung und daraus resultierender Passivität fanden wir auch Beispiele, bei denen Auswahl und Einsatz der neuen maschinellen Ausrüstung der Organisierten Textverarbeitung sorgfältig und überlegt vorgenommen wurden.

In einem mittelgroßen Dienstleistungsunternehmen wurde im Rahmen eines datenverarbeitungsorientierten Gesamtkonzepts die Textverarbeitung zentralisiert mit dem Ziel, die Schriftguterstellung transparent und für die spätere Überführung in PTV und CTV geeignet zu machen. Nach der Ist-Aufnahme, mit der Art und Umfang des Schriftguts und die notwendige Personalkapazität ermittelt wurden, wurden ein Soll-Konzept erstellt, die Schreibdienstleiterin ernannt, ein Projektteam gebildet, die zukünftigen Mitarbeiterinnen ausgewählt. Erst danach traten die Schreibdienstleiterin und der für die Textverarbeitung zuständige Organisator in Kontakt zu den Herstellern von Textverarbeitungsmaschinen, sie besuchten Fachmessen und Fachseminare. In einem selbstentwickelten Testverfahren wurden verschiedene Fabrikate von den Mitarbeiterinnen im Schreibdienst erprobt und schließlich die Modelle angeschafft, die von den Betroffenen am günstigsten beurteilt worden waren.

Eine Folge dieser Verunsicherung war dann häufig das, was man als Funktionsfetischismus bezeichnen könnte. Da man keine genaue Vorstellung hat, für welche Aufgaben die Maschine im einzelnen eingesetzt werden soll, bzw. was eigentlich an Leistung erforderlich wäre, will man auf Nummer Sicher gehen und möglichst die ganze Palette angebotener Funktionen 'einkaufen' - auch wenn davon später nur ein kleiner Teil gebraucht wird.

"Wenn wir in eine Firma gerufen werden, dann haben wir es oft mit einem Organisationsmann zu tun, der von irgendjemandem beauftrag worden ist, ein Textsystem anzuschaffen, der aber von der Sache nichts versteht. Der will dann möglichst alle Funktionen im Gerät haben, das führt dann zu einer totalen Übermaschinisierung." (Vertriebsberater)

Der Vertriebsleiter eines großen Herstellers schilderte uns, daß bei vielen Anschaffungsentscheidungen allein die Zahl der angebotenen Funktionen den Ausschlag gäbe. "Die möchten nach Möglichkeit alle Kästchen voll haben." Eine

Folge davon sei, daß man als Hersteller praktisch gezwungen sei, möglichst viele Funktionen mit in die Schreibsysteme reinzupacken, selbst wenn dies vielfach gar nicht wirtschaftlich sei.

Ein Versuch, die schwierige Anschaffungssituation in den Griff zu bekommen, ist die Durchführung formalisierter und systematisierter 'Nutzwertanalysen'. Es wird ein Anforderungskatalog zusammengestellt, der sämtliche Leistungsmerkmale, die man für wichtig erachtet, enthält. Den einzelnen Kriterien werden dann Gewichtungsfaktoren zugeordnet, um ihrer unterschiedlichen Bedeutung für die Anschaffungsentscheidung gerecht zu werden. Die Textsysteme werden dann nach diesem Bewertungsschema beurteilt und die einzelnen Punktwerte zusammengezählt. Die sich ergebende Gesamtpunktezahl wird dann zur Orientierungsgröße für die Anschaffung, wobei natürlich dann noch der jeweilige Anschaffungspreis mit berücksichtigt wird.

Zweifellos haben diese zum Teil sehr aufwendigen und komplizierten Verfahren eine gewisse Transparenz in die Vielfalt des maschinellen Angebots gebracht und es ermöglicht, dieses systematisch auf die besonderen betrieblichen Bedürfnisse zu beziehen. Allein die Zusammenstellung des Anforderungskatalogs kann bewirken, daß man sich überhaupt erst einmal klar wird, was man will und was man braucht. Die Auseinandersetzung über die Gewichtung der einzelnen Kriterien kann dazu beitragen, daß man sich über die Prioritäten, die nicht nur für die Anschaffung, sondern für den späteren Einsatz der Textsysteme gelten sollen, klar wird. Sicher haben die Diskussionen und Überlegungen, die bei der Vorbereitung und Durchführung dieser Nutzwertanalyse notwendig werden, dazu geführt, daß man sich insgesamt gründlicher und systematischer mit der Anschaffung auseinandersetzt, als dies andernfalls vielleicht der Fall gewesen wäre.

Auf der anderen Seite ist aber nicht zu übersehen, daß angesichts der Komplexität und Vielschichtigkeit der funktionalen Zusammenhänge, die berücksichtigt werden müssen, selbst die raffiniertesten Verfahren und Checklisten mit ihrer Aufaddierung von Einzelmerkmalen notwendigerweise simpel und inadäquat wirken. Häufig werden einzelne marginale Randfunktionen überbewertet gegenüber einzelnen, letztlich ausschlaggebenden zentralen Leistungsmerkmalen. Erkennbar ist auch eine Tendenz, daß sich diese Anforderungslisten von der eigentlichen Aufgabenstellung loslösen und verselbständigen; sie geben eine Übersicht, was die Maschinen können, nicht aber, wofür sie geeignet sind. Sie spiegeln bisweilen mehr die besonderen Interessen der ausarbeitenden Stelle wider als die zukünftigen Einsatzerfordernisse.

"Solche Kriterienkataloge haben wir fürchten gelernt. Wir waren neulich bei einer Firma, da hatte die Datenverarbeitung einen Fragenkatalog ausgearbeitet, der war hanebüchen. Das war ein dickes Buch. Die Fragen hatten mit der Textverarbeitung überhaupt nichts zu tun. Textverarbeitungsspezifisch waren eigentlich nur 1 % der Fragen. Da waren Fragen drin wie: 'Wieviele Befehle besitzt dieser Rechner intern?' Was diese Frage eigentlich soll, ist mir überhaupt nicht klar. Das ist so ähnlich, wie wenn Sie beim Autokauf den Händler fragen: 'Haben Sie Ihren Zylinderkopf mit 3-mm-Schrauben oder mit 4-mm-Schrauben zugeschraubt?'" (Vertriebsberater).

So war es nicht verwunderlich, daß wir vielfach auf Zweifel stießen an der Objektivität und Aussagekraft des Verfahrens. Gerade über die Auswahl und Gewichtung der einzelnen Kriterien sei doch ein sehr breiter Manipulationsspielraum gegeben; man könne Systeme, die man bevorzuge, 'hochpunkten'.

"So ein Katalog ist die beste Möglichkeit, von hinten her auf das System zu kommen, das ich eigentlich will." (Vertriebsberater).

"Mit solch einer Nutzwertanalyse, wie wir sie hier aufgestellt haben, ist natürlich dem Betrug Tür und Tor geöffnet. Sie können da an jeder Stelle das Ergebnis zinken. Schauen Sie sich allein die Problematik der Gewichtung an." (Betriebsorganisator).

Die eigentlich Stärke des Verfahrens, nämlich die systematische Offenlegung subjektiv gesetzter Prioritäten, erweist sich demnach offenbar für die Entscheidung und die Durchsetzung als problematisch: Der subjektive Ausgangspunkt wird in dem Augenblick störend, wenn ein Anspruch auf Objektivität vorgetäuscht werden muß.

Daß sich formalisierte Nutzwertanalysen trotz aller Vorbehalte weiterhin der Beliebtheit erfreuen, erklärt sich nicht zuletzt aus dem innerbetrieblichen Durchsetzungs- und Legitimationszusammenhang, besteht doch ihre Hauptfunktion vielfach ganz offensichtlich darin, eine Entscheidung gegenüber anderen betrieblichen Stellen zu legitimieren und abzusichern.

"Der Organisator muß ja seine Entscheidung auch an seinen König verkaufen. Das wird ihm durch solche Verfahren erheblich erleichtert." (Organisator).

"Es ist doch sicher so, daß es schwer ist, für einen, der die Maschine nach oben verkaufen will, den Rationalisierungseffekt von vorneherein festzulegen. Hat man einen solchen Katalog gemacht, dann kann man immer sagen, daß man frühzeitig an all das Notwendige gedacht hat, wenn der Rationalisierungseffekt dann später nicht eintritt. Man hat dann keine Schuld." (Organisator).

Man erhofft, sich durch die scheinbare Objektivität und Verwissenschaftlichung des Auswahlverfahrens der Einflußnahme anderer Stellen entziehen zu können.

"Man darf dabei nicht vergessen, wenn die Datenverarbeitungsabteilung einen solchen Fragenkatalog macht, dann will sie sich vor den anderen Abteilungen profilieren. Sie will dann nachweisen, daß die anderen davon ja gar keine Ahnung haben." (Vertriebsberater).

"Hat man eine Nutzwertanalyse gemacht, kann man wenigstens belegen, daß man damals nach bestem Wissen entschieden hat." (Organisator).

Eine Nutzwertanalyse kann selbst dann noch von Wert sein, wenn man sich nicht durchsetzen konnte.

"Wenn dann Geräte gegen Ihren Willen eingesetzt werden, und die laufen nicht, können Sie immer sagen: Meine Entscheidung sah ganz anders aus. Sie trifft keine Verantwortung, im Gegenteil." (Organisator).

In welcher Weise nun die Ergebnisse solch formalisierter Bewertungsverfahren die Entscheidung für ein bestimmtes Textsystem beeinflußt haben, war im Einzelfall natürlich schwer rekonstruierbar. Zum Teil versuchte man mit ihrer Hilfe tatsächlich, 'objektive' und unbeeinflußte Grundlagen für die Wahl von Schreibsystemen zu erhalten. Es ergab sich aber auch der Eindruck, als hätten sie letztlich nur der Durchsetzung und

Absicherung einer bereits vorher feststehenden Entscheidung
gedient. Und schließlich fanden wir Fälle, bei denen die Ergebnisse der Nutzwertanalyse praktisch folgenlos blieben.

In einem Großbetrieb wurde von der mit der Einführung der
Organisierten Textverarbeitung beauftragten Arbeitsgruppe
eine Nutzwertanalyse erstellt. Diese erbrachte eindeutig
ein negatives Votum für die Textsysteme eines großen Com-
puter-Herstellers, der besonders enge Bindungen zu einigen
Vorstandsmitgliedern hatte. Dieses Ergebnis wurde aber dem
Vorstand nicht zugeleitet, weil der Vorgesetzte der Arbeitsgruppe nicht wagte, über den vom Vorstand begünstigten
Hersteller etwas Negatives zu berichten.

Insgesamt dürfte die Durchführung von Nutzwertanalysen nur
begrenzt zur 'Versachlichung' der Anschaffungsentscheidungen
geführt haben. Dazu war diese Anschaffung in vielen Betrieben
zu sehr ein innerbetriebliches Politikum. Aber gerade in Bezug darauf muß die Hauptfunktion der Nutzwertanalyse gesehen
werden: Sie kann als Instrument zur Erhöhung von Durchsetzungschancen und Legitimation eingesetzt werden.
  Die besondere Bedeutung formalisierter Nutzwertanalysen
unter Legitimations- und Durchsetzungsaspekten verweist auf
das Problem der betrieblichen Entscheidungsstrukturen bei der
Anschaffung von Textsystemen. Ganz offensichtlich waren die
herkömmlichen Beschaffungsstellen - Hausverwaltung, Innerer
Dienst, Einkauf - bei der Entscheidung über die Anschaffung
von Textsystemen überfordert. Zwar hatten auch sie schon früher durch ihre Beschaffung de facto Rationalisierungspolitik
betrieben, deren Auswirkungen blieben jedoch, wie wir gezeigt
haben, in relativ engen Grenzen. Mit der wesentlich größeren
Komplexität und Leistungskraft der neuen Textsysteme, mit der
zunehmenden Verzahnung maschineller und organisatorischer
Aspekte wurden diese Abteilungen, die sich ja mit arbeitsorganisatorischen Fragen nur am Rand oder gar nicht befaßt hatten,
mit einer Entscheidungssituation konfrontiert, die sie nur inadäquat bewältigen konnten. Zugleich waren zunehmend auch
andere Abteilungen an der Beschaffung interessiert: die Organisationsabteilung, die Datenverarbeitung oder die Textverarbei-
tungsabteilung.
  Diese Übergangssituation mag dafür verantwortlich sein, daß
wir gerade für die Frühphase der Organisierten Textverarbeitung von Betrieb zu Betrieb außerordentlich unterschiedliche
Regelungen der Zuständigkeiten für die Beschaffung von Text-

systemen fanden, vor allem aber auch dafür, daß vielfach recht
diffuse, um nicht zu sagen chaotische Entscheidungsabläufe festzustellen waren. Viele Betriebe waren offenbar auch in Bezug
auf ihre Entscheidungsstrukturen für die Anforderungen, die die
neuen Technologien an sie stellten, kaum vorbereitet.
Offenkundig wurde dies in den durchaus nicht seltenen Fällen,
bei denen die Anschaffung von Textsystemen Gegenstand 'einsamer' Entschlüsse des Spitzenmanagements gewesen war, ohne
Konsultation der von dieser Maßnahme Betroffenen, ohne Heran-
ziehung von fachlichem Rat. Immer wieder stießen wir auf Berichte, daß plötzlich von einem Tag auf den anderen im Schreibdienst Textsysteme aufgestellt wurden zur Überraschung und
Betroffenheit der dort Arbeitenden, die dann beauftragt wurden,
diese 'Dinger' auch zum Laufen zu bringen.

Bei einem Rundgang durch einen Schreibdienst deutet die
Schreibdienstleiterin auf einen Schreibautomaten, der dort
ungenutzt steht. "Bei dem bin ich auch so überfahren worden. Eines Tages stand er da, ich wußte nicht, wieso. Den
hatte unser Vorstand angeschafft, ohne mir auch nur ein
Wort davon zu sagen. Der muß nun ausgelastet werden, das
wurde mir überlassen. Das darf ich jetzt als Fleißaufgabe
neben meiner anderen Arbeit machen, d.h., ich sammle
Schriftgut, Texte, die nach meinem Eindruck häufiger vor-
kommen, und speichere sie in dem Apparat. Aber auszu-
lasten ist der so natürlich nicht."

"Wir haben hier eine Speicherschreibmaschine mit Photo-
satz. Die wurde einfach angeschafft, wurde einer Dame im
Sekretariat aufgezwungen. Die hat damit nicht einmal vernünftig abspeichern können. Es wurde dann immer wieder
versucht, das Ding zum Laufen zu bringen, aber es bestand
eigentlich kein Bedarf. Wir hatten für solche Fälle ja schon
unseren Composer hier. Wir haben die dann rausgeschmissen, sie vergammelt jetzt irgendwo im Haus. Ich wäre froh,
wenn mir die einer abnehmen würde. Das Ganze hat uns
25.000 Mark gekostet. Der Mann, der das durchgesetzt
hat, war Assistent des früheren Generaldirektors. Sein
Wort galt etwas. Wenn der sagte, das bringt uns was, dann
wurde das mit seinem guten Ruf eben auch anstandslos genehmigt." (Organisator).

Beispiele wie diese ließen sich beliebig fortsetzen. Zum Teil
verweisen sie allerdings nicht nur auf die betrieblichen Entscheidungsstrukturen, sondern auf Verkaufsstrategien des Herstellers.

Eine Schreibdienstleiterin erzählte uns, daß sie die Anschaffung eines bestimmten Textsystems abgelehnt habe, weil es für die Aufgabenstellung in ihrem Schreibdienst ihr nicht geeignet erschien. Als sie aus dem Urlaub zurückkam, "standen plötzlich diese Automaten da. Ich habe dann herausbekommen, daß der regionale Vertriebschef der Firma bei unserem Vorstand war und der in Nullkommanichts die Maschinen kaufte. Aber das kann man mit mir nicht machen. Ich habe es dann geschafft, daß die die Automaten wieder abholen mußten."

Der Organisationsleiter einer großen Versicherung bekam den Textautomaten eines bestimmten Herstellers 'aufgedrückt'; vom Hersteller war im 'Gegengeschäft' ein großer Vertragsabschluß getätigt worden.

Natürlich sprechen solche Verfahren zunächst einmal für ein ungenügendes Verständnis der besonderen Voraussetzungen und Erfordernisse des Einsatzes von Textsystemen oder ähnlicher Technologien; sie verweisen aber eben auch auf Entscheidungsstrukturen, die derartige Wissensdefizite begünstigen.

Das entgegengesetzte Extrem zu diesen 'einsamen Entscheidungen' waren 'arbeitsteilige' Entscheidungsabläufe, die man eher als Entscheidungsverhinderungprozesse bezeichnen könnte.

So schilderte uns ein Vertriebsberater den Ablauf in einem Großunternehmen, in dem sich er und Vertriebsberater anderer Hersteller seit über einem Jahr um einen großen Auftrag bemühen: "Die Frau X. von der Organisation geht durch die Abteilung, die den Test mit unseren Maschinen gefahren hat, um den Bedarf festzustellen. Hat man sich entschlossen, so und soviele Maschinen zu kaufen, dann muß Frau X. die Anforderung über den Einkauf machen, das wiederum erfordert sechs verschiedene Unterschriften. Vom Einkauf gelangt dann schließlich diese Anforderung an den Controller, und vom Controller wieder wird die Organisationsabteilung eingeschaltet, und die blockt dann ab, obgleich Frau X. aus der Organisation ist. Das Hauptproblem ist der Auftragsdurchlauf."

Auf diffuse oder kontroverse Entscheidungsstrukturen deuteten jene Fälle, bei denen die Anschaffung von Textsystemen zwischen verschiedenen Abteilungen umkämpft war.

Der Schreibdienst einer Großverwaltung war, wie auch die
zentrale Datenverarbeitung, mit Maschinen des ABC-Herstellers ausgerüstet, teils mit herkömmlichen Schreibmaschinen, teils mit Textautomaten. Die Beschaffung war
durch die Organisationsabteilung bestimmt worden, die zusammen mit der Datenverarbeitungsabteilung bei einem Vorstandsmitglied resortierte. Der Schreibdienst dagegen war
dem Personalbereich zugeordnet. Der Leiter des Schreibdienstes erhielt nun von einem anderen Hersteller ein verhältnismäßig attraktives Angebot neuer Textsysteme. Nach
Rücksprache mit seinem Vorgesetzten entschied sich daraufhin der Schreibdienstleiter für die Anschaffung fünf solcher
Systeme. Diese Entscheidung wurde auch von der Einkaufsabteilung, der die formale kaufmännische Abwicklung der
Beschaffung unterstand, befürwortet, wobei man sich offiziell auf die günstigen Konditionen bezog, informell jedoch
signalisierte, daß man froh sei, einmal die Dominanz des
ABC-Herstellers wie auch der Datenverarbeitungsabteilung
zu durchbrechen. Auch für die Entscheidung des Schreib-
dienstleiters waren ganz offensichtlich diese Aspekte mitbe-
stimmend gewesen. An diese Entscheidung knüpfte sich nun
eine lange und erbitterte Auseinandersetzung. Der hinaus-
gedrängte ABC-Hersteller versuchte über seine Hausmacht
in der Organisationsabteilung und seine Kontakte zu der
Datenverarbeitung wieder im Schreibdienst Fuß zu fassen.
Diese Auseinandersetzung endete - vorläufig - erst, als der
Personalvorstand dem für Textverarbeitung zuständigen
Vertriebsbüro der ABC in einem Schreiben weitere Kontakte
in Sachen Textverarbeitung mit anderen Abteilungen des
Hauses audrücklich verbot.

Hinter diesen Kämpfen stand nicht nur die Rivalität von
Schreibdienst und Organisationsabteilung um die Zuständigkeit für die Beschaffung von Textsystemen, sondern auch
die Auseinandersetzung um das weitere Schicksal des
Schreibdienstes selbst. Langfristig wurde von der Organisationsabteilung für die Textverarbeitung eine Integration
in die Datenverarbeitung ins Auge gefaßt. Vom Schreibdienst
hingegen wurde ein schrittweiser Ausbau durch leistungsfähige Textsysteme geplant unter Beibehaltung organisatorischer Eigenständigkeit. Die an sich begrenzte Entscheidung um die Anschaffung einiger Textsysteme gewann auf
diesem Hintergrund also grundsätzliche Bedeutung.

Die Entscheidung über die Anschaffung von Textsystemen bedeutete also nicht nur konkrete Einflußnahme und hatte damit Auswirkungen auf das betriebliche Machtgefüge; durch sie konnten auch implizit Weichen gestellt werden für weitere zukünftige Entwicklungen. Gerade in dem Maß, in dem Datenverarbeitung und Textverarbeitung aufeinander zuwachsen, sich das Leistungsspektrum beider Bereiche mehr und mehr überschneidet, wächst auch die Relevanz von Anschaffungsentscheidungen für die Abgrenzung von Zuständigkeitsbereichen.

In einem mittelgroßen Betrieb war im Verkaufsbereich ein zentraler Schreibdienst eingerichtet worden, der auch mit einigen Textautomaten ausgerüstet wurde. Dieser Schreibdienst wurde einer Schreibdienstleiterin unterstellt, die weiterhin dem Fachbereich zugeordnet blieb. Die Anschaffung neuer Maschinen wurde von ihr innerhalb eines eigenen Budgets vorgenommen.

Nach einigen Jahren wurde von der Datenverarbeitungsabteilung versucht, sich diesen Schreibdienst einzugliedern, wobei langfristig eine Integration der Textverarbeitung in die Datenverarbeitung ins Auge gefaßt wurde. Ein erster Schritt war, daß man über die Geschäftsleitung Einfluß auf die Beschaffung neuer Textautomaten zu nehmen versuchte. So wurde, über den Kopf der Schreibdienstleiterin, ein Automat des ABC-Herstellers angeschafft, der auch die Datenverarbeitungsanlage geliefert hatte.

Die Schreibdienstleiterin hatte dem entgegengewirkt, indem sie selbst einen Textautomaten eines anderen Herstellers anschaffte, wobei sie diesen bei der Anschaffungsbegründung als Kopierer deklariert hatte, da sie befürchtete, die Anschaffung eines weiteren Textautomaten nicht bewilligt zu bekommen.

Unternehmen, in denen die Anschaffung von Textautomaten im wesentlichen durch die Schreibdienstleiterin bestimmt worden war, stellten eher die Ausnahme dar. Dies bestätigten Erfahrungen, die wir schon bei der Durchführung unserer Untersuchung zur menschengerechten Arbeitsgestaltung in der Textverarbeitung gemacht haben.

Eine Befragung von Schreibdienstleiterinnen ergab, daß diese in der Regel nicht über ein eigenes Budget für die

Anschaffung von Möbeln oder Maschinen verfügten. (47) Nur
eine Minderheit kann über die Anschaffung von Maschinen
selbst entscheiden, immerhin fast ein Drittel wird dabei
überhaupt nicht mit einbezogen. Besonders in Behörden ist
der Einfluß der Schreibdienstleiterin gering. Schon damals
begegneten wir zahlreichen Berichten über mangelnde Einbeziehung: "Der Organisator macht selbstherrlich mit den
Lieferfirmen aus, welche Maschinen wir kriegen. Und ich
erfahre das erst im letzten Augenblick. Der sagte mir:
'Neue Maschinen kommen morgen früh, packen Sie die alten
bitte ein!' Da habe ich ihm gesagt: 'Sie, ich habe ja ein
dickes Fell und kann eine Menge verkraften, aber das mache
ich kein zweites Mal mit'. "(48)

Deutlich wurde auch, daß in vielen Betrieben die Kompetenzen bei der Beschaffung zwischen Schreibdienstleiterin und
Organisator ungenügend abgegrenzt waren und dies zu häufigen Konflikten Anlaß gab.

Ein gutes Indiz für die Einflußverteilung bei der Beschaffung
von Textsystemen dürfte der Besuch von Messen, Kongressen,
Seminaren und Vorführungen sein.

So fuhren von einer großen Behörde regelmäßig der zuständige Beschaffungssachbearbeiter des Haushaltsreferats
sowie ein Sachbearbeiter aus dem Organisationsreferat zu
Seminaren und Messen. Die Kanzleileiterin wurde lediglich
zu Veranstaltungen über 'Menschenführung' und 'Motivation'
geschickt.

So beklagen Schulungsleiter bei Herstellern, daß vorwiegend Organisatoren ihre Seminare besuchten, nur selten
Schreibdienstleiterinnen oder Schreibkräfte. "Frauen, ja
das ist ein Kapitel für sich. In der Entscheidungsphase sind
sie zu 99 % nicht einbezogen, oft ist nicht einmal die
Schreibdienstleiterin dabei. Wir sagen: Bringt doch bei
der Vorführung eine Dame, die das machen soll, mit, die
soll das mal anschauen. Von diesem Angebot wird aber
selten Gebrauch gemacht." (Gruppenleiter, Zweigniederlassung eines Herstellers).

Generell dürfte die Entscheidung über die Anschaffung neuer
Maschinen in vielen Betrieben relativ 'basisfern' getroffen
worden sein. Dies gilt insbesondere für Behörden. Von Kanz-

leileiterinnen, Schreibdienstleiterinnen und Schreibkräften hörten wir, daß sie jahrelang versucht hätten, neue Maschinen zu bekommen, und eines Tages seien dann neue Maschinen angeschafft worden, ohne daß sie vorher befragt oder informiert worden wären.

So wurde uns beispielsweise in einem großen Schreibdienst berichtet, eines Tages seien 40 Kugelkopfmaschinen angeliefert worden ohne jegliche vorherige Ankündigung. Die Schreibdienstleiterin wurde von oben angewiesen, diese zu erproben. Nachher habe sich herausgestellt, daß ein Vorstandsmitglied von dem Vorstand einer Herstellerfirma angesprochen worden sei, ob er diese Maschinen nicht einmal zur Erprobung übernehmen wolle, sie stünden gerade zur Verfügung. Die Maschinen wurden drei Monate lang getestet und dann angeschafft, nachdem die Mehrheit der Schreibkräfte sich für sie ausgesprochen hatte. Mögliche Alternativmodelle wurden nicht erprobt.

Vor allem die eigentlichen Anwender, die Schreibkräfte, wurden selten eingeschaltet. Am ehesten wurden neue Maschinen von Sekretärinnen von Abteilungsleitern oder Vorstandsmitgliedern 'erprobt'. Eine Folge war, daß gerade dort, wo viel geschrieben wurde, eher ältere, störanfälligere und weniger bedienungsfreundliche Maschinen eingesetzt wurden.

Während die Sekretärin des Dienststellenleiters einer KFZ-Zulassungsstelle an dem neuesten Modell einer elektrischen Kugelkopf-Schreibmaschine arbeitete, standen an den Arbeitsplätzen der Schreibkräfte alte Modelle elektrischer Typenhebelmaschinen, die dauernd defekt waren, weil der Papiereinzug für die umfangreichen Durchschlagsätze (z.B. KFZ-Briefe) nicht geeignet war.

Die Nichteinbeziehung der Betroffenen steht in deutlichem Gegensatz zu der allseits betonten Bedeutung der 'Akzeptanz' als Voraussetzung einer effizienten Nutzung neueingeführter Maschinen. Gerade von Vertriebsberatern der Hersteller wurde immer wieder darauf verwiesen, wie wichtig die Akzeptanz durch die Bedienungskräfte für den Verkaufserfolg sei.

"Das Wichtigste bei den Textsystemen ist die Akzeptanz. Wenn die Mädchen nicht wollen, dann können Sie sich auf den Kopf stellen. Deshalb können Sie heute von oben nichts mehr reindrücken." (Vertriebsberater).

Trotz der hohen Bedeutung, die man allgemein der 'Akzeptanz' beimißt, verzichteten viele Unternehmen bei der Anschaffung von Schreibmaschinen und Textsystemen auf die Einbeziehung der Basis. Warum? Eine mögliche Erklärung für diese Frage ist in den Zielsetzungen zu sehen, die mit dem Einsatz dieser Systeme verknüpft wurden. Eine der Zielsetzungen war beispielsweise, sich auf diese Weise von qualifizierten Schreibkräften unabhängig zu machen.

"Die Damen wollen heute ja nicht mehr gerne lange schreiben. Aus diesem Grund wollen wir versuchen, Halbtagskräfte zu kriegen. Damit sich das aber lohnt, dürfen sie keine lange Ausbildung an den Textsystemen benötigen. Damit das nicht zu teuer wird, brauchen wir ein System, das einfach zu bedienen ist. Darüber erreichen wir dann, daß wir unabhängig werden von qualifiziertem Personal." (Abteilungsleiter).

Oder man will sich überhaupt vom 'Unsicherheitsfaktor' Mensch befreien.

"Und dann ist da noch der Sicherheitsaspekt, der leuchtet doch jedem ein: Mit Maschinen kann ich fest rechnen, mit Personal nicht. Bei der Maschine weiß ich, wenn ich das Knöpfchen drücke, kommt das Richtige raus. Das kriegen Sie beim Menschen nicht. Sie haben bei der Maschine einen zusätzlichen Sicherheitsfaktor." (Organisator).

Es erscheint nur konsequent, daß man bei der Beschaffung solcher 'Freisetzungstechnologien' auf die Einbeziehung der Betroffenen verzichtete. Allerdings wurde dies selten so offen zum Ausdruck gebracht wie in der folgenden Bemerkung:

"Um die Akzeptanz bei den Damen wird doch viel zuviel Buhei gemacht. Gerade gestern war ich bei einer Firma, da war dann auch die Frage, ob die Damen das akzeptieren. Da hieß es dann: 'Die Damen haben das zu akzeptieren. Wenn die Damen das System nicht akzeptieren, dann wird nicht das Gerät ausgetauscht, sondern die Damen'." (Vertriebsberater).

Man war gefangen in dem Dilemma, gerade bei denjenigen Akzeptanz für die neue Technik zu erzielen, die letztlich überflüssig gemacht werden sollten. Bei den Hersteller-Vertretern drückte sich dieses Dilemma auch darin aus, daß einerseits einer ihrer Verkaufsslogans die einfach Bedienung der Maschinen ist, daß man aber andererseits genau weiß, daß nur wirklich geschulte und motivierte Arbeitskräfte erfolgreich daran arbeiten können.

"Das Wichtigste ist, daß Sie im Unternehmen jemanden haben, der an der Maschine gerne schreibt und der die richtigen Voraussetzungen mitbringt. Aber machen Sie das dem Kunden mal klar, während wir ihm doch auf der anderen Seite immer sagen - das ist ja richtig unser Verkaufsschlager -, diese Maschine ist idiotensicher, da kannst Du hinsetzen, wen Du willst." (Vertriebsberater).

Eine weitere Erklärung für die Nicht-Einbeziehung der Basis liegt darin, daß man Schreibkräften und selbst Schreibdienstleiterinnen kaum die notwendige Urteilskraft zutraute.

Wir fragten bei einer Demonstration beim Hersteller mehrere Kunden (alles Männer in gehobener Stellung), weshalb sie keine der Mitarbeiterinnen mitgebracht hätten, die an dem Textsystem arbeiten sollten. Die Antwort: "Die kennt sich ja da gar nicht aus." - "Hier geht es um die Demonstration, was die Maschine alles kann. Was soll denn da das arme Schreibmädchen?" - "Das ist doch so kompliziert, soll ich der denn Angst machen? Die wird sich dann schon daran gewöhnen müssen, wenn das Ding mal da steht."

Mit unserer Frage, was denn getan würde, um die Urteilskraft zu erhöhen und die Ängste vor der neuen Technik abzubauen, stießen wir auf weitverbreitete Verständnislosigkeit.
Den Folgen solcher Nicht-Einbeziehung begegneten wir in vielfältiger Weise: Am eindrucksvollsten wohl in jenem Mechanismus, den Gisela Scheloske als 'Rache der Basis' bezeichnet hat: Bedienungskräfte und bisweilen sogar Schreibdienstleiterinnen legten ihren Ehrgeiz nicht darein, das Ding, das sie da vorgesetzt bekommen hatten, zum Laufen zu bringen, sondern im Gegenteil zu beweisen, daß die Entscheidung, bei der man ihre Meinung nicht berücksichtigt hatte, falsch war. Nicht benutzte Diktiergeräte, Texthandbücher, die in den Schubladen der Schreibtische in Vergessenheit geraten, Textsysteme, die unge-

nutzt herumstehen oder als 'Edelvervielfältiger' genutzt werden -
all dieser teure und nur schwer zu begreifende Widersinn, auf
den wir so häufig stießen, hat sicher auch zu tun mit eben jener
rein rhetorischen Behandlung von 'Akzeptanz'.
Die Ausschaltung der Basis bei den Überlegungs- und Ent-
scheidungsprozessen bewirkte vor allem aber auch, daß sich
Technikeuphorie und Maschinengläubigkeit - ungestört durch die
Gegebenheiten der Arbeitswirklichkeit - entfalten konnten.

"Diese ganzen hochgespannten Erwartungen gehen an der Realität vorbei. Viele Kunden sind der Euphorie des Herstellers aufgesessen. Die fragen uns, ob sie 'endlos' verarbeiten können etc. Dabei brauchen sie das gar nicht. ...
In Wirklichkeit ist es doch so, daß die Entscheider gar
keine Ahnung haben, was am Arbeitsplatz passiert. Die
Schreibdienstleiterin oder auch die Schreibkraft weiß längst,
daß hier z.B. keine Endlosverarbeitung geht." (Vertriebsberater bei einem Händler).

So führt die - allerdings einseitige - Auffüllung der bestehenden Defizite an Fachkenntnissen paradoxerweise eher zu einer
Verstärkung der Wirklichkeitsfremdheit statt zu ihrem Abbau.

"Die Entwicklung ist wohl so, daß die Hersteller die kompetenten Gesprächspartner haben, die man früher nur aus der
Datenverarbeitung kannte. Es kommt wohl nicht mehr so
häufig vor, daß der Anwender saublöde Fragen stellt. Heute
in den Betrieben kennen die Leute die Technologie bis ins
FF, die haben Anforderungsprofile entwickelt von 30 bis
40 Seiten. Aber die Spezifik der Textverarbeitung haben
sie meistens nicht drin. Die sind kompetent auf dem Gebiet
der Technik, die kennen die Firmen, die kennen die Hersteller. Das deckt sich dann mit den Anbietern, die ja auch
nur die Technik kennen. Die führen dann ein sehr qualifiziertes Gespräch über die Maschinen. Da fällt überhaupt
niemandem auf, daß sie sich nur über ein winziges Detail
der Textverarbeitung unterhalten. Das ganze Organisatorische bleibt außen vor. Ich sehe in dieser Entwicklung eine
große Gefahr: Indem die sich jetzt über die Maschinen kompetent unterhalten, bricht eine Technik-Euphorie aus. Es
wird ähnlich werden wie in der Datenverarbeitung: Es wird
zu einer Übermaschinisierung kommen. Da werden Rolls-
Royce gekauft statt Enten. Ich sehe hier ganz deutlich, daß
ebenso wie bei der Datenverarbeitung jetzt in der Textver-

arbeitung um die Technik herum organisiert wird. Textverarbeitung wird synonym gesetzt mit Textsystem. Organisatorische Konzepte gibt es nicht. Die Devise ist: Textsystem
gegen Kopf - Hokus Pokus: Diktiergerät und Textsystem;
schon sparen wir ein! Statt nach dem Motto 'Was brauchen
wir, wer deckt das am besten ab' heißt es 'Wieviele Leute
haben wir, also können wir soundsoviele Maschinen einsetzen'." (Textverarbeitungsorganisator).

7. Die Durchsetzung des Konzepts

> "Die klinisch saubere Lösung blieb leider
> Theorie und wird wohl auch Theorie bleiben."
> (Leiter der Organisationsabteilung)

Im bisher 'naturwüchsigen' Zustand des Schreib- und Sekretariatsdiensts ergaben sich Veränderungen meist als unmittelbare Anpassung an veränderte Gegebenheiten. Auch die Durchsetzung der jeweiligen Veränderung erfolgte weitgehend 'naturwüchsig', d.h., sie ergab sich direkt und unmittelbar aus der jeweiligen Situation 'per Evidenz' oder 'per Status'.

Per Evidenz bedeutete, daß Anpassungen an veränderte Gegebenheiten und Anforderungen unmittelbar auf diese bezogen wurden: Etwa eine Sekretärin kam mit ihrer Arbeit nicht mehr durch; Verzögerungen und Wartezeiten traten auf; so bekam sie eine Schreibkraft als Hilfe gestellt. Oder das Arbeitsvolumen nahm zu; parallel zu der erwarteten oder tatsächlichen Zunahme wurden neue Stellen bewilligt. Wesentlicher Aspekt dabei war die Fähigkeit, die eigene Arbeitsüberlastung überzeugend darzustellen. Hier waren insbesondere die Vorzimmerkräfte in einer günstigeren Situation.

Per Status bedeutete, daß die Durchsetzung von dem jeweiligen hierarchischen Rang und der Macht der an der Veränderung Interessierten abhing, so daß sich die Durchsetzungskraft eines Chefs z.B. in der großzügigeren personellen Besetzung des Schreib- und Sekretariatsbereichs auswirkte.

Für die Schreib- und Sekretariatskräfte bestanden bei diesen naturwüchsigen Prozessen bestimmte, wenn auch begrenzte Beteiligungsmöglichkeiten, etwa über die Einwirkung auf 'ihren' Chef, z.B. durch die beschriebene Darstellung ihrer Überarbeitung. Umgekehrt hieß das zugleich, daß ihre Arbeitssituation immer wesentlich auch die Durchsetzungsfähigkeit ihrer Chefs reflektierte.
Organisierte Textverarbeitung stellte demgegenüber nicht nur nach ihrem Zielkonzept, sondern auch nach dem Verfahren

ihrer Einführung etwas grundsätzlich Neues dar: Der bisherige
organisatorische Zustand, die bisherigen Prinzipien der Arbeitsverfahren und Arbeitsverteilung wurden von Grund auf allgemein
in Frage gestellt. Ziel war eine ganzheitliche und tiefgreifende
Umstrukturierung: Statt 'naturwüchsiger' Anpassung nun systematische, geplante Neuordnung.

Damit stellte sich das Problem des Widerstands gegen Veränderungen neu: Eben jene Stellen, die bislang an Veränderungen interessiert waren, standen diesen nun eher abwehrend gegenüber. Der Grund dafür lag in der 'Machtrelevanz' der Organisierten Textverarbeitung. Der Widerstand war natürlich da
am größten, wo Schreib- und Sekretariatstätigkeiten dem unmittelbaren Zugriff der Fachbereiche entzogen und einem Zen-
tralbereich unterstellt werden sollten.

Stellen wir nun diesen Widerständen die meist nur begrenzten
bzw. abgeleiteten Anweisungsbefugnisse der meist für die Reorganisationsmaßnahme zuständigen Organisatoren gegenüber,
so überrascht nicht, daß sich die Durchsetzung der Neuordnung
oft als recht schwieriges Unterfangen erwies, dies umso mehr,
als ja auch die Geschäftsleitung ihrerseits nach der Auftragserteilung häufig die Neuerung nicht einhellig und ungebrochen
unterstützte.

Die Durchsetzung von Veränderungen gewann also gegenüber
früher eine neue betriebspolitische Qualität, die, wie im weiteren gezeigt werden wird, das Tempo, die einzelnen Schritte
und selbst die konzeptuelle Gestaltung der Veränderung wesentlich beeinflußte. (49)

a) Zum Einführungstempo

In mehreren der besuchten Verwaltungen vollzog sich die Einführung der Organisierten Textverarbeitung in einem langwie-
rigen Prozeß, nicht weil der eigentliche Planungsprozeß sich
als so schwierig und zeitraubend erwiesen hätte, sondern wegen der durch ihn ausgelösten Abstimmungsvorgänge.

So kam eine von uns vor etwa drei Jahren ins Auge gefaßte
Fallstudie in einem Großunternehmen bislang noch nicht zustande, weil die Entscheidung zur Einführung der Organisierten Textverarbeitung immer wieder hinausgeschoben
wurde. Dabei lag die grundsätzliche organisatorische Konzeption bereits fest, als wir zu Beginn des Projekts von der

Organisationsabteilung zur Diskussion eingeladen wurden.
Man ging davon aus, daß diese nun in unmittelbarer Zukunft
in die Realität umgesetzt werden würde. Unklarheit bestünde
lediglich noch über die organisatorische Einbeziehung der
Vorzimmer des Leitungsbereichs. Man wäre sich darüber
im klaren, daß dieser, sollte das Konzept funktionieren,
nicht ausgeklammert bleiben dürfte. Die Lösung dieses Problems erwies sich dann als so schwierig, obwohl in der Organisationsabteilung durchaus konkrete Vorstellungen dazu
bestanden, daß die Realisierung der Maßnahme blockiert
wurde. Auch durch Hinzuziehung eines externen Schreibdienstberaters konnte diese Situation nicht aufgelöst werden - und dies, obgleich dieses Unternehmen unter beträchtlichem Änderungsdruck stand: Die gegebene Organisationsform, eine Mischung von dezentralen und zentralisierten
Einheiten, erwies sich den an sie gestellten Anforderungen
kaum noch gewachsen. Es traten beträchtliche Verzögerungen bei der Erledigung des Schriftguts auf.

Auf ein ähnliches Beispiel stießen wir in einer großen Behörde, in der der zentralisierte Schreibdienst das auf
ihn zukommende Schriftgut nur schwierig und meist mit
zum Teil beträchtlichen Verzögerungen erledigen konnte.
Von der Organisationsabteilung wurden Vorstudien entwickelt, wie das Schriftgut - zum größten Teil weitgehend
standardisierbare Texte - reduziert und automatisiert werden könnte. Die Fachabteilungen lehnten diese Vorschläge
jedoch ab, da sie nicht mit den überkommenen Vorstellungen
der Schriftgutgestaltung im Einklang stünden.

Die hier angeführten Beispiele erscheinen insofern symptomatisch, als sie durch den Widerstand des mittleren oder oberen
Managements gekennzeichnet sind. Dieser war, so ergab sich
in den meisten von uns besuchten Verwaltungen, in viel stärke-
rem Maß für Verzögerungen oder Blockierungen bei der Einführung Organisierter Textverarbeitung verantwortlich als etwa
der Widerstand der Sachbearbeiter, der Schreibkräfte oder des
Betriebsrats. (50) Der Widerstand auf unterer Ebene wurde oft
zur Legitimation von Widerständen auf höherer hierarchischer
Ebene herangezogen, die selbst aber zum Teil durch ganz andere
Aspekte bestimmt waren, wie beispielsweise durch die Angst
vor Statusverlust durch die personelle Verkleinerung einer Abteilung.

So fanden wir, daß häufig Abteilungen, bei denen durchaus
ein beträchtlicher Problemdruck existierte, von einer Umorganisation des Schreibbereichs ausgeklammert blieben, einfach
weil ihre Macht hier Eingriffe inopportun scheinen ließ.

So schilderte uns der Leiter der Organisationsabteilung
eines Ministeriums, daß bislang die Existenz von 'Erb-
höfen' mächtiger Abteilungsleiter jeden Versuch der Neuordnung des Sekretariatsdiensts verhindert hätte. Diese
nähmen innerhalb des Gesamtgefüges des Ministeriums eine
privilegierte Stellung ein, was ihnen auch bislang die ausreichende Versorgung mit Schreibkräften und Sekretärinnen
gesichert habe, während andere weniger einflußreiche Abteilungen hier deutlich unterversorgt wären.

Der für Textverarbeitung zuständige Organisator einer
Großbank meinte, daß es praktisch unmöglich sei, in der
Hypothekenabteilung Fuß zu fassen, "die sind doch die Stärksten, weil sie eben das Geld verdienen. Wenn man da rein-
kommt und denen was von einem Diktiergerät erzählt, dann
wird man da angeschaut, als käme man vom Mond."

Insgesamt ergab sich der Eindruck, daß dieser weitgehend informelle innerbetriebliche Widerstand in den vergangenen Jahren wohl einer der wichtigsten Faktoren war, der das Tempo
der Einführung Organisierter Textverarbeitung wie auch neuer
Technologien in diesem Bereich bestimmt hat. (51)

b) Durchsetzungstaktiken

Die Verwirklichung der entwickelten Konzepte stellte also für
den Promotor der Organisierten Textverarbeitung ein zentrales
Problem dar. Er konnte sich nicht darauf verlassen, daß sich
seine Vorstellungen von selbst 'verkaufen', sondern er mußte
versuchen, durch die Gestaltung des Umsetzungsprozesses Widerstände, die sich der Einführung entgegenstellen könnten,
auszuschalten oder zu umgehen.
    Wir wollen im folgenden einige solcher Durchsetzungstaktiken
darstellen. Unberücksichtigt bleibt hier die Einführung bei den
Betroffenen, wie Information, Schulung etc. Wir werden diese
im nächsten Abschnitt behandeln.

- Der große Schlag

Der Schreib- und Sekretariatsdienst einer ganzen Verwaltung
oder zumindest weiter Bereiche wird auf einmal und umfassend
neu gestaltet. Mit dem Zahlenmaterial einer Ist-Analyse, durch
die die bisherige Erledigung der Schreib- und Sekretariatsarbei-
ten - meist ausschließlich quantitativ - erfaßt und durchleuchtet
wurde, wird die Soll-Konzeption erstellt und diese dann zu einem bestimmten Stichtag in die Praxis umgesetzt.

Solche ganzheitlichen Lösungen entsprachen in sehr star-
kem Maße dem Konzept eines großen Herstellers von Büromaschinen. In enger Zusammenarbeit zwischen dem Hersteller und der jeweiligen Verwaltung wurde dieses auch in
mehreren Fällen in die Realität umgesetzt.

Typisch scheint hierfür das Landratsamt X., das bis zur
Neuorganisation weitgehend dezentral organisiert war. Nach
einer durch den Hersteller durchgeführten Ist-Analyse
wurde vom Hersteller und dem Organisationsreferenten des
Amtes ein Konzept erarbeitet, das dann zu einem Stichtag
in der ganzen Verwaltung eingeführt wurde. Sämtliche
Schreibkräfte wurden in einem zentralen 'Textverarbei-
tungssekretariat' zusammengefaßt, daneben wurden drei
'Verwaltungssekretariate' gebildet, in denen die früheren
Vorzimmer- und Hilfsfunktionen zusammengefaßt wurden.

Für ein solches Vorgehen spreche, so meinten einige unserer
Gesprächspartner, daß damit vollendete Tatsachen geschaffen
würden, durch die der frühere 'naturwüchsige' Zustand gründlich und unwiderruflich beseitigt werde. Der Nachweis erreich-
ter Rationalisierungsgewinne ließe sich bei dieser Lösung am
eindeutigsten und leichtesten erbringen. Auch seien gewisse
'radikale', d.h. umfassende und weitgehende Rationalisierungslösungen anders kaum realisierbar.
Dem stünden eine Reihe von Nachteilen gegenüber: Bestehende
Widerstände müßten 'frontal' überwunden werden, es würde
viel Porzellan zerschlagen, und das Risiko eines Mißlingens
sei hier - nicht zuletzt wegen der Widerstände - am höchsten.
Tendenziell waren es vor allem extrem zentralistische,
schematische und radikale Rationalisierungslösungen für die
Textverarbeitung, die weitestgehend am Prinzip Arbeitsteilung
und Entmischung ausgerichtet waren, die auf diese Weise eingeführt wurden.

Wir fanden diesen 'großen Schlag' nur dort, wo eine starke Organisationsabteilung mit voller Unterstützung der Geschäftsleitung das entwickelte Soll-Konzept gegen alle Widerstände durchsetzen konnte, typischerweise in kleineren Verwaltungen.

- Beispiele schaffen

Das erarbeitete Soll-Konzept wird in einer begrenzten Teileinheit möglichst vollständig in die Praxis umgesetzt. Diese Teileinheit wird dann im weiteren als Demonstrationsobjekt genutzt, mit dem man anderen Bereichen das Zielkonzept veranschaulichen und dessen Funktionstüchtigkeit nachweisen kann.

So verwirklichte die Organisationsabteilung einer Großbank das von ihr erarbeitete Konzept eines gruppenbezogenen Schreibdienstes erst in einer Niederlassung, um sie dann nacheinander auch in anderen Niederlassungen einzuführen. Dabei wurde die Schreibdienstleiterin aus bereits umgestellten Niederlassungen für einen Zeitraum von mehreren Monaten in die zur Neuorganisation anstehenden Niederlassungen versetzt, um dort bei der Umstellung behilflich zu sein.

Auch bei einer anderen Großbank stießen wir auf eine solche 'Musterfiliale', in der technische und organisatorische Neuerungen erst 'ausprobiert' wurden, ehe sie auch in den anderen Filialen, Zweigstellen und schließlich in der Zentrale eingeführt wurden.

Ein großer Versicherungskonzern ging bei der Neuorganisation seiner Schreibdienste in den Niederlassungen ähnlich vor.

In der Konzernzentrale eines Großunternehmens wurde zunächst der Schreibdienst der Vertriebsabteilung reorganisiert, dann sukzessive die Schreibdienste anderer Bereiche.

Als wesentlicher Vorteil derartiger 'Pilot'-Vorhaben wurde die Möglichkeit des 'Nachsteuerns', d.h. der Veränderung des Konzepts bei Schwierigkeiten, genannt. Weitere Vorteile wurden darin gesehen, daß die bereits umgestellten Bereiche als Demonstrationsobjekte zur Überwindung von Widerständen herangezogen werden können und daß das Risiko des Scheiterns reduziert wird. Erfahrungen, die beim ersten begrenzten Umstellungsfall gewonnen würden, könnten dann in den weiteren Teileinheiten mitverwertet werden.

Als Nachteile gelten, daß sich der Einführungsprozeß bei größeren Einheiten unter Umständen über längere Zeit ausdehnen könnte und ein recht großer Arbeitsaufwand erforderlich sei. Schließlich stellten sich auch die 'Erfolge' der Rationalisierungsmaßnahme erst allmählich und nur schrittweise ein.

- Brückenköpfe bilden

Begrenzte Rationalisierungsmaßnahmen werden dort angesetzt, wo die Voraussetzungen für deren Durchführung besonders günstig sind, nicht notwendigerweise dort, wo auch die besten Rationalisierungsgewinne zu erwarten sind.

So erklärte uns ein Organisator, daß die Wahl der Abteilung, bei der er zuerst mit der Organisierung der Textverarbeitung angesetzt habe, ausschließlich dadurch bestimmt gewesen sei, daß der Abteilungsleiter sich aufgeschlossen gezeigt habe. An sich sei eine andere Abteilung von der Art des anfallenden Schriftguts und der derzeitigen Arbeitssituation her geeigneter gewesen.

Dadurch werden Brückenköpfe geschaffen, von denen aus dann weiter vorgegangen werden kann. "Wenn man erst mal den Fuß in der Tür hat, dann geht es nachher fast von selbst weiter." Aus der Reorganisation eines Teilvorgangs ergibt sich bei konsequenter Verfolgung notwendigerweise über kurz oder lang die Neuorganisation aller vor- und nachgelagerten Arbeitsvorgänge. Organisierte Textverarbeitung wird somit zu einem Verfahren, von unten her in die Strukturierung der Sachbearbeitung einzusteigen.

"Wir haben gedacht, man muß mit dem Papier anfangen, den einfachen Arbeitsgängen des Registrierens und Schreibens. Wir sind ja ein Betrieb, dessen Arbeitsmittel letztlich das Papier ist. Von da sind wir dann Schritt für Schritt weitergegangen." (Organisationsleiter).

Typische Instrumente solcher Präjudizierung von unten sind der Einsatz von Formularen und programmierter Textverarbeitung. Durch diese wird ja nicht nur die Texterzeugung rationalisiert, sondern auch der Vorgang der Sachbearbeitung neu strukturiert. Eine Serie relativ kleiner Schritte führt so schließ-

lich zu tiefgreifenden Umstrukturierungen des gesamten Arbeits-
verfahrens.

Als Vorzüge dieses schrittweisen Vorgehens wurden genannt
die Entdramatisierung des Rationalisierungsprozesses und vor
allem die Herstellung von Zwangsläufigkeiten: Durch die Gestaltung einzelner wichtiger Arbeitsschritte wird eine entsprechende Gestaltung anderer Arbeitsschritte präjudiziert. Widerstände werden weniger überwunden als umgangen.

"Wir gehen lieber klein, klein vor, pragmatisch, als daß
wir ein 'Superprojekt' mit Akzeptanzschwierigkeiten
starten." (Organisator).

Als Nachteil ergäben sich auch hier die längere Zeitdauer, die
der Einführungsprozeß erfordere, sowie die Gefahr einer 'Ver-
wässerung' des Konzepts. Die Auflösung des Vorgehens in kleine Schritte vergrößere die Möglichkeit der Einflußnahme durch
die Betroffenen. In unseren Untersuchungen ließen sich die
pragmatischen, problembezogenen Lösungen meist auf dieses
Durchsetzungsverfahren zurückführen, wobei typischerweise
die Anregung zu der Veränderung nicht von einer zentralen, sondern von einer Fachabteilung ausging.

- Dienstleistungskapazitäten anbieten

Im zentralen Schreibdienst werden personelle Kapazitäten zur
Erbringung von Dienstleistungen für die Fachabteilungen bereit-
gestellt, die diese nach Bedarf in Anspruch nehmen können. Es
besteht eine Sogwirkung auf die Fachabteilungen, das bereitgestellte Dienstleistungspotential zu nutzen, um ihre eigenen Kapazitäten zu entlasten. Dies führt dann zu einer schrittweisen
Verlagerung der entsprechenden Arbeitsvorgänge in die zentralen Dienste.

In einem großen Versandunternehmen wurden aus dem bestehenden zentralen Schreibdienst laufend Schreibvorgänge
in die computerunterstützte Textverarbeitung übernommen.
Die dadurch im Schreibdienst freigesetzten personellen Kapazitäten wurden dann genutzt, um für Bereiche, für die
man bislang noch nicht geschrieben hatte, Individualkorres-
pondenz zu erledigen.

Als Vorteil dieser Strategie wurde gesehen, daß die Rationalisierungseffekte im Bereich der Textverarbeitung mit dem an-

wachsenden Arbeitsvolumen in anderen Bereichen kombiniert und damit personelle Konsequenzen reduziert werden könnten: Die freiwerdenden Personalkapazitäten im Schreibdienst würden genutzt, Personalaufstockungen in anderen Bereichen zu vermeiden. Als Negativum galt die Notwendigkeit, Arbeitspotential freizuhalten, ohne daß sicher wäre, daß dieses auch entsprechend genutzt würde bzw. daß diese Nutzung letztlich von der Bereitschaft der Fachabteilungen abhänge.

- Stellen nicht besetzen

Durch die Nichtbesetzung von Stellen ausscheidender Mitarbeiter oder die Nichtbewilligung neuer Stellen kann auf die Fachabteilungen ein allmählich steigender Druck zur Nutzung der zentralen Schreibdienste ausgeübt werden. Diese Strategie ist sozusagen komplementär zur Strategie der Bereitstellung von Dienstleistungskapazitäten: Im einen Fall ist es der Sog bereitgestellter Kapazitäten, im anderen Fall der Druck fehlender Kapazitäten, der auf die Inanspruchnahme zentraler Dienste hinwirken soll.

"Ich muß den Knüppel der Kapazitäten nutzen, die Kapazitäten so abbauen, daß die dann in dem Bereich Verbliebenen sich kaputtschreiben. Die mögen dann eines Tages nicht mehr und kommen dann zu uns." (Leiter einer Dienststelle).

Besonders im Öffentlichen Dienst konnten wir diese Strategie beobachten (Nichtbewilligung von Planstellen, KW-Vermerke). Aber auch das in einigen privatwirtschaftlichen Großunternehmen praktizierte Rationalisierungsinstrument des Analysevorbehalts bei Planstellenbewilligung o. ä. wirkt eindeutig in diese Richtung. Die Vorteile dieses Verfahrens lägen darin, daß relativ 'lautlos' und undramatisch Rationalisierungserfolge erzielt werden könnten: Gegenstand der Auseinandersetzung ist jeweils die einzelne Stelle, nicht eine Rationalisierungsmaßnahme. Vor allem aber werde die Akzeptanz von Neuerungen befördert.

"Ich sage Ihnen, da, wo die Leute mit Arbeit eingedeckt sind, wo die Schreibkräfte richtig zu schreiben haben, da wird das Textsystem als Erleichterung empfunden. Da haben die keine Angst vor der Benutzung." (Organisator).

Als Nachteil wurde angesehen, daß hier die Gefahr bestehe, daß das zentrale Rationalisierungskonzept durch den Einfluß der Fachabteilungen unterlaufen werden könnte. Außerdem sei bei diesem Vorgehen mit einem äußerst langen Rationalisierungszeitraum zu rechnen.

- Zeitdruck herstellen

Widerstände, die sich einer Rationalisierungsmaßnahme entgegenstellen, werden dadurch abgeblockt, daß sie erst dann bekanntgegeben wird, wenn man bereits unter Zeitdruck steht.

So wurde in einer großen öffentlichen Behörde die Diskussion um die Anschaffung von Textsystemen zwischen Personalrat, Schreibkräften und den Vertretern des Amts durch den Hinweis der Haushaltsabteilung abgekürzt, daß zu einem bestimmten Stichtag die dafür verfügbaren Mittel verfielen. Angesichts einer solchen Gefahr wurde dann auf weitere Diskussionen verzichtet. Voraussetzung dafür war, daß die Frage der Anschaffung erst zum 'richtigen', d.h. hier späten Zeitpunkt aufgeworfen worden war.

- Statistik einsetzen

Zentralisierung und Organisierung der Textverarbeitung bieten meist erst die Möglichkeit, Schreibtätigkeiten quantitativ in den Griff zu bekommen, sei es durch Leistungserfassung bei den Schreibkräften, sei es durch Kostenzuteilung der Auftraggeber. Ein erster und wichtiger Schritt dabei ist die Ist-Analyse, im weiteren dann die laufende Erfassung des anfallenden und erledigten Schriftguts.

Mit den dabei gesammelten Daten erhielte man Argumentationshilfen, die den Vorteil der 'Objektivität' hätten und aus denen der Nachweis der Notwendigkeit weiterer Maßnahmen abgeleitet werden könnte.

Nachteil der quantitativen Durchleuchtung sei der notwendigerweise bei der Erfassung von Daten entstehende Druck auf die Arbeitskräfte, die darin eine Kontrolle und Steuerung ihrer Arbeit sähen.

- 'Verwissenschaftlichung'

Rationalisierungsprozesse werden in 'wissenschaftliches' Vorgehen umdefiniert. Für die Erarbeitung des Rationalisierungsansatzes wird die gleiche logische Stringenz beansprucht wie für wissenschaftliche Arbeiten. Die eigene Position kann damit 'verwissenschaftlicht', Interessengegensätze 'versachlicht' werden, wodurch Argumente gegen die eigene Position als Verstoß wider die Vernunft zu definieren sind.

Klassisches Beispiel hierzu ist die Diskussion über die analytische Arbeitsbewertung. (52)

Auch die Diskussion über die Gewichtung von Anschlägen für die Bewertung von Anschlagsleistungen wäre hier anzuführen. Die ursprünglich meist relativ beliebig entstandene Gewichtung von Anschlägen wird zur objektiven Größe, über die die 'Richtigkeit' der Leistungsbewertung hergestellt wird. Die letztlich entscheidende Frage nach den zumutbaren Leistungsquanten wird en Detail über die Anschlagsgewichtung erledigt.

Bisweilen wird auch gezielt Unübersichtlichkeit, Nicht-Nachvollziehbarkeit hergestellt, um den Eindruck der Wissenschaftlichkeit zu erzeugen und eine Überprüfung der letztlich weitgehend beliebig zustandegekommenen Setzungen des Verfahrens zu verhindern. (53)

- Betroffene einbeziehen

In Seminaren und Publikationen wird in zunehmendem Maß die Einbeziehung der betroffenen Beschäftigten in die Gestaltung der Rationalisierungsmaßnahmen als Durchsetzungsstrategie empfohlen.

"Die Effizienz der Organisation wird umso höher, je größer die Zahl der beratenden und mitentscheidenden Mitarbeiter ist. Diese Aussage ist keine Aufforderung zum Chaos in der Firma/Behörde, sondern die extrem formulierte Ansicht von Organisationspsychologen. Sie soll besagen, daß bei Entscheidungen, die unmittelbar die Arbeitsbedingungen vieler Mitarbeiter betreffen, die Planung umso vollständiger ist und die Durchführung umso reibungsloser funktioniert, je mehr man die Vorstellungen, Wünsche und die Motive der Mitarbeiter kennt und berücksichtigt. Es ist klar, daß nicht jeder Wunsch jedes einzelnen Mitarbeiters realisiert werden kann oder wird. Die Information der Betroffenen und ihre Mitberatung und Mitentscheidung führt aber letztlich dazu, daß Veränderungen als von ihnen selbst mitgeplant und eingeführt erkannt und die Verantwortung für das Funktionieren von ihnen mitgetragen wird.

Damit sind wichtige Voraussetzungen für die hohe Effizienz der Organisation nach der Umstellung gegeben. "(54)

Daß wir dieser Taktik, die ja in die Diskussion über die 'Motivierung von Mitarbeitern' besonders gut paßt, in der Praxis trotzdem nur relativ selten begegnen, hängt mit Gründen zusammen, die wir im nächsten Kapitel ausführlich behandeln wollen. In den neueren Rationalisierungsansätzen wie Organisations-Entwicklung, Gemeinkosten-Wert-Analyse und Quality Cercles wird diese Taktik der Einbeziehung der Betroffenen ausdrücklich verfolgt.

Die dargestellten verschiedenen Durchsetzungstaktiken wurden teilweise komplementär angewandt: Große und schrittweise Lösungen wurden miteinander kombiniert, indem beispielsweise zu Beginn weite Bereiche der Verwaltung auf einen Schlag umgestellt wurden, im weiteren jedoch in kleinen Schritten vorgegangen wurde.

Allgemein haben in der Vergangenheit die 'großen' Lösungen die bei weitem größte Resonanz und Beachtung gefunden. Deshalb wurde oft übersehen, daß sich gerade auch durch die schrittweisen Verfahren die Arbeitssituation von Schreibkräften und Diktanten tiefgreifend verändert hat. Der organisatorisch-technische Wandel im Bereich der Textverarbeitung hat sich deshalb vermutlich sehr viel lautloser und scheinbar undramatischer vollzogen, als die auf Kongressen und von Herstellern oft angeführten Beispiele 'großer' Lösungen annehmen lassen.

c) Allgemeine Muster der Durchsetzung

Hinter den aufgeführten Durchsetzungstaktiken waren allgemeine Muster der Durchsetzung von Rationalisierung im Bereich der Textverarbeitung zu erkennen: etwa das direkte oder das indirekte Vorgehen der Durchsetzung.

- Bei direktem Vorgehen wurde die Ablösung des alten 'naturwüchsigen' Zustands durch eine Neuordnung ausdrücklich als Ziel definiert, das entwickelte Soll-Konzept wurde offengelegt und als Zielzustand definiert.

- Bei indirektem Vorgehen wurde das Ziel der Rationalisierungsmaßnahme als solches nicht thematisiert, das den einzelnen Rationalisierungsmaßnahmen zugrundeliegende

Gesamtkonzept blieb verborgen. Zur Diskussion stand jeweils nur die einzelne begrenzte Veränderung.

Wir haben den Eindruck gewonnen, daß nach einer 'heroischen' Frühphase der Organisierten Textverarbeitung, in der dogmatische und umfassende Zielkonzepte entwickelt und realisiert wurden, nun eher indirekte Verfahren bevorzugt werden.

Zu indirektem Vorgehen gehörten auch die Fälle, bei denen der Einführung der Organisierten Textverarbeitung die Rolle des 'Trojanischen Pferdes' zufiel: Mit der Reorganisation der Schriftguterzeugung stieg man in die Rationalisierung des gesamten Unternehmens, zumindest der Sachbearbeitung, ein, ohne das Gesamtkonzept offenlegen zu müssen; es stand zunächst nur der Bereich der Textverarbeitung zur Umgestaltung an, von dem dann im weiteren aber eine Art 'Sachzwang' zur Reorganisation anderer Bereiche ausging.

Die Herstellung derartiger 'Sachzwänge' oder Präjudizierungen ließ sich als weiteres Grundmuster der Durchsetzung feststellen: Dadurch, daß für wichtige Teilbereiche oder Arbeitsschritte vollendete Tatsachen geschaffen wurden, wurde die weitere Gestaltung angrenzender Bereiche zwingend vorstrukturiert.

Wenn es nicht gelang, solche Präjudizierungen zu erzeugen, wurden manchmal Maßnahmen als vorläufig ausgewiesen, die man wieder korrigieren könnte; dadurch konnte die Widerstandsschwelle niedrig gehalten werden. Diese als unverbindlich und vorübergehend eingeführten Maßnahmen erhielten aber im Lauf der Zeit faktisch so viel Gewicht, daß sie letztlich doch verbindlich wurden, dadurch, daß ihre Vorläufigkeit schlicht vergessen oder einfach rückwirkend außer Kraft gesetzt wurde. Manchmal wurde auch bewußt falsch informiert, um dadurch eine Maßnahme akzeptabel zu machen.

Inwieweit diese allgemeinen Durchsetzungsmuster bewußt und gezielt verfolgt wurden, ließ sich nicht immer eindeutig klären. In einigen Fällen wurde jedoch deutlich, daß absichtlich indirekt und mit Präjudizierungen vorgegangen wurde, um die betriebliche Mitbestimmung zu umgehen: Indem das Gesamtrationalisierungsvorhaben in kleine Einzelschritte aufgeteilt worden war, die jeder für sich unterhalb der mitbestimmungspflichtigen Ebene lagen, fiel auch die gesamt Rationalisierungsmaßnahme nicht unter die Mitbestimmungsrechte des Betriebsrats. Hinzu kam, daß Betriebsräte wie Gewerkschaften durch eine solche Fülle kleiner und undramatisch scheinender Maßnahmen einfach zeitlich überfordert wurden.

Die Umgehung des Betriebsrats wurde dadurch erleichtert, daß die jeweiligen Investitionssummen im Vergleich zu denen der Fertigung relativ niedrig waren. So war die Zustimmung des Aufsichtsrats nicht nötig, die ihrerseits automatisch eine Einbeziehung von Arbeitnehmervertretern nach sich gezogen hätte. Viele der kleineren organisatorischen Veränderungen konnten ohne formalisierte Genehmigungsverfahren - etwa in Form einer ausgearbeiteten Vorstandsvorlage - durchgezogen werden.

Ergebnis der verschiedenen verfolgten Durchsetzungsverfahren war, daß der Prozeß der Rationalisierung in vielen Verwaltungen lautlos und scheinbar auch reibungslos vorangetrieben werden konnte. Aber gerade in dieser Lautlosigkeit und scheinbaren Reibungslosigkeit liegen die besonderen Gefahren dieser Entwicklung: Durch die bei der Einführung Organisierter Textverarbeitung verfolgten Durchsetzungsverfahren entsteht ein Kontroll- und Regelungsvakuum gegenüber dem Rationalisierungsprozeß, was durch die notorischen Vertretungsdefizite der betroffenen Arbeitskräfte, nämlich vorwiegend Frauen, noch verstärkt wird. Diese Gefahr eines Kontroll- und Regelungsvakuums ist natürlich am größten, wo die Organisationsabteilung über ein fest etabliertes Instrumentarium verfügt, das ihr den Zugriff auf die Fachabteilungen erleichtert, ohne jeweils von dem Auftrag durch die Geschäftsleitung abhängig zu sein.

"Nicht wir haben die Gruppensekretariate eingeführt; wir warten, bis die Fachabteilungen kommen und uns fragen, ob wir ihnen helfen können. Wir tun das dann zögernd, betont langsam, bis deutlich wird, was sie wirklich wollen. Dann gibt es eine Lagebesprechung, in der wir ihre Probleme besprechen. Wir tun uns dann viel leichter. Wir drücken nichts von uns aus durch, es gibt so viel weniger Hindernisse. Vom Vorstand sind jetzt für die Einrichtung weiterer Gruppensekretariate keine Genehmigungen mehr nötig. Wir haben uns das erste Gruppensekretariat vom Vorstand sanktionieren lassen; jetzt müssen wir nur noch die Wirtschaftlichkeit nachweisen. Für die laufenden Kosten wird die Wirtschaftlichkeit berechnet. Normalerweise heißt das dann, daß wir eine Planstelle nicht bewilligen, aber wir nehmen keine Planstellen weg." (Organisationsleiter).

Ein Organisator aus der zentralen Organisationsabteilung eines Industriebetriebs berichtet: "Wir hatten hier bei X.

eine Tradition der Bereichs-Selbständigkeit, eine hohe Verantwortlichkeit der einzelnen Fachabteilungen. Hier hat sich allerdings in den letzten Jahren etwas verändert. Bei Stellenanforderungen sitzen wir hier zusammen, Personal, Organisation, das Rechnungswesen und der jeweilige Fachbereich, und diskutieren die Stellenanforderungen. Da kommen jetzt die Impulse für die Rationalisierung aus dem Bereich selbst. Da haben sich die Fronten umgedreht: Früher mußten wir uns anbieten. Wir mußten sagen, wir können da etwas für euch tun. Und die Bereiche haben da schlecht hingehört. Heute kommen·die Bereiche zu uns und fragen uns, ob wir ihnen nicht helfen können. Mit dieser neuartigen Behandlung des Stellenzuwachses erhält die Organisation neue starke Impulse."

d) Die Anpassung des Konzepts

Tatsächliche oder erwartete Widerstände haben nicht nur das Vorgehen bei der Durchsetzung des entwickelten Konzepts beeinflußt; sie haben auch zu einer Modifikation des Konzepts geführt. Dabei ist hervorzuheben, daß die zu erwartenden Umsetzungsschwierigkeiten häufig bereits die Entwicklung des Soll-Konzepts geprägt haben. Selbst dort, wo am grünen Tisch der Organisationsabteilung der neue Zustand planerisch entworfen wurde, zeichnete sich dann der fertige Entwurf durch Ausnahmen, Sonderregelungen und Widersprüche aus, die mit dem ursprünglich zugrundeliegenden Konzept eigentlich nicht in Einklang standen und nur als Konzessionen an bestehende oder erwartete Einflüsse und Widerstände verstanden werden konnten.

Bei der Einführung von Gruppensekretariaten in einer kleineren Behörde wurde von der bereits festgelegten und an sich als optimal angesehenen Raumverteilung abgewichen, da ein Dezernent auf der Zuweisung eines bestimmten Zimmers bestand, das ursprünglich für das Sekretariat vorgesehen war. Das Sekretariat des Dezernenten mußte deshalb wesentlich ungünstiger gelegen untergebracht werden. Die Folge waren lange Wege für die Sachbearbeiter und Unverträglichkeiten zwischen Sekretärinnen und Sachbearbeitern.

In der Organisationsabteilung eines Großkonzerns wurde ein umfassendes Konzept für die Neuorganisation des Sekretariats- und Schreibbereichs entwickelt. Für die Vorzimmer der

Leitungsebene wurden ursprünglich kleine Gruppensekretariate vorgesehen. Davon wurde dann im weiteren Verlauf Abstand genommen. "Das lassen wir lieber, sonst ist das ganze Projekt gleich gestorben."

Ein klassisches Beispiel derartiger Anpassung von Planungskonzepten an die realen Einflußverhältnisse fanden wir in einer großen öffentlichen Verwaltung. Die Kanzleiordnung sah vor, daß Schreibaufträge in jedem Fall über die Kanzleileiterin in den Schreibdienst gegeben werden sollten. Lediglich in Ausnahmefällen war ein direkter Kontakt zu den Schreibkräften gestattet. Tatsächlich bildete sich nach erfolgter Zentralisierung eine Praxis heraus, in der einflußreichere Sachbearbeiter, insbesondere aber die mittlere Führungsebene, sich doch den Zugriff auf bestimmte Schreibkräfte sicherten unter weitgehender Umgehung der Kanzleileiterin, deren Position viel zu schwach war, um hier einen Riegel vorzuschieben. De facto wurden so die vor der Zentralisierung bestehenden Privilegien einer Minderheit wie auch die Unterversorgung der Mehrheit weniger bevorrechtigter Sachbearbeiter erhalten. Da die Führungsebene der für die Neuorganisation verantwortlichen Organisationsabteilung jedoch selbst Nutznießer dieses Mischsystems war, blieb dieses trotz seiner deutlichen Dysfunktionalität über einen längeren Zeitraum unverändert erhalten.

Die Berücksichtigung vorhandener Machtstrukturen konnte zum festen Ausgangsdatum werden, zur Vorgabe, um die herum geplant wurde.

"Bei der Raumbesetzung haben wir die betroffenen Abteilungen nicht eingeschaltet, das habe ich im stillen Kämmerlein gemacht. Dann haben wir das dem Führungsstab präsentiert. Daraufhin mußte das eine oder andere noch modifiziert werden. Die Geschäftsleitung hat uns vorgegeben, ab welchem Rang jemand ein eigenes Vorzimmer haben muß, wer vorzimmerberechtigt ist. Da haben wir drum herum geplant. Die Folge war unter anderem, daß die so Privilegierten zum Teil weit weg von ihrer Mannschaft sassen und deshalb extra umziehen mußten, weil das sonst nicht gegangen wäre. Das Ganze war nicht leicht. Die wußten natürlich, daß sie in der Nähe ihrer Mannschaft sein mußten. Wenn man aber gefragt hat: 'Wollen Sie lieber eine

Sekretärin haben oder bei Ihren Leuten sitzen?', dann entschieden sie sich für die Sekretärin. Das Privileg war dann doch ausschlaggebend." (Organisator).

Den scheinbaren Zufällen, auf die diese Anpassungen zurückgingen, lag jedoch meist eine allgemeine Struktur zugrunde. Auf den Einzelfall bezogen bleibt die Berücksichtigung der Empfindlichkeit des Dezernenten/Abteilungsleiters zufällig, im allgemeineren Zusammenhang verweist sie aber auf die Ablehnung konsequenter Lösungen der Textverarbeitung durch das mittlere Linienmanagement und dessen Fähigkeit, durch seinen Widerstand Konzessionen bezüglich der eigenen Eingliederung zu erreichen.

Von Organisatoren wurden solche Konzessionen an zu erwartende Widerstände vielfach als Sündenfall empfunden; mit Recht, bergen sie doch aus ihrer Sicht immer eine Gefährdung des Funktionierens des Gesamtsystems. Denn wenn innerhalb des geschlossenen Planungskonzepts ein Baustein verändert wird, bricht tendenziell das ganze Gebäude zusammen. Erstaunlich selten waren solche Bedenken aber Anlaß, um über die Schwierigkeit oder die prinzipielle Möglichkeit der Verwirklichung 'reiner' Lösungen oder über die Legitimität von Widerständen nachzudenken; auch die Praktikabilität des eigenen Vorgehens wurde kaum in Zweifel gezogen.

Resultat solcher Anpassungsprozesse war vielfach ein Bastard, ein Kompromiß zwischen dem ursprünglichen Konzept zentralisierter Textverarbeitung und den betrieblichen Verhältnissen. Ein Kompromiß hätte sich durchaus positiv auswirken können, wenn er in der Anpassung von Schreibtischlösungen an die Arbeitswirklichkeit bestanden hätte. In den meisten Fällen setzten sich aber nicht die besonderen Erfordernisse der Arbeitswirklichkeit, sondern die bestehenden Macht- und Einflußstrukturen durch. In der Praxis sah es dann so aus, daß man zentrale Schreibdienste schuf ohne die dafür erforderliche organisatorische Einbindung.

Vom Konzept her müßte Organisierte Textverarbeitung doch auf eine Einschränkung von Privilegien hinauslaufen; die Rationalisierung 'von unten' müßte auch entsprechende Rückwirkungen auf die Arbeit 'oben' haben. Aber genau dies entfiel, weil man bestehende Privilegien und Statuskennzeichen nicht verändern konnte oder wollte. Das drückt sich augenfällig darin aus, daß man den zentralen Schreibdienst nicht mit den für die Durchführung seiner Aufgabe notwendigen Kompetenzen ausstattete. (55)

Bestimmte eine zentrale Organisationsabteilung den Einführungsprozeß, dann lag das Konzept des zentralen Schreibdienstes nahe. Denn aus der besonderen Handlungssituation der zentralen Organisationsabteilung ergaben sich einerseits die Forderungen nach Transparenz, Kontrolle, zentraler Steuerung und Quantifizierung; andererseits waren dadurch auch die Durchsetzungschancen der Organisationsabteilung gegeben, die zu gering waren, um dem Schreibdienst die Kompetenzen zuzuweisen, die für die Abschirmung und Eigengestaltung der Arbeitssituation notwendig gewesen wären.

Resultat war ein Mischsystem, bei dem die negativen Aspekte traditioneller Gestaltungsformen und zentralistischer, 'geplanter' Lösungen kumulierten. Arbeitsdruck und Arbeitsteilung wurden verstärkt, ohne daß eine soziale und inhaltliche Aufwertung der Arbeit der Schreibkräfte dies kompensiert hätte. Die zentrale Kontrolle wurde ausgebaut, zugleich blieben alte Abhängigkeiten bestehen. Erhöht wurde die Belastung der Arbeitskräfte noch dadurch, daß die infolge der Nicht-Berücksichtigung der Arbeitswirklichkeit auftretenden Schwierigkeiten bei diesen machtbezogenen Schreibdienstlösungen zu Lasten der Schreibkräfte gingen: Die mangelnde Funktionsfähigkeit führte vielfach nicht etwa zu einer Revision des Grundkonzepts und der Berücksichtigung der konkreten Bedingungen, sondern wurde mit einer Verschärfung der Restriktionen beantwortet: Verstärkung der Leistungskontrolle, Erhöhung der Sollvorgaben, Einführung von Prämienentlohnung. Da damit auch die letzten Reste an Eigeninitiative und Motiviertheit vernichtet wurden, lieferte ein solches Verfahren zugleich auch die Bestätigung seiner Notwendigkeit. Es ist wohl dieser Zusammenhang, der die Arbeit in zentralen Schreibdiensten so gründlich in Verruf gebracht hat, daß bei qualifizierten Schreibkräften die Bereitschaft dort zu arbeiten, deutlich abgenommen hat.

Ebenso aufschlußreich wie dieser Kreislauf von Restriktion und Demotivation sind natürlich auch jene Fälle, bei denen Rationalisierung nicht unbedingt zu einer Erhöhung von Arbeitsleid führte und die sich doch als effizient erwiesen haben. Bei diesen Schreibdienstlösungen, die weniger an restriktiven und arbeitsteiligen Gestaltungsprinzipien ausgerichtet waren, sondern der Selbstorganisation der Beschäftigten größeren Raum ließen, war der gesamte Einführungsprozeß durch den Aufgaben- oder Problembezug deutlicher an den konkreten Bedingungen der Arbeitswirklichkeit orientiert. Dabei wurden in jeder Phase des Einführungsprozesses eher 'offene' Vorgehensweisen bevorzugt. Speziell für die Durchsetzung bedeutete dies, daß hier keine Anpassung an die bestehenden Machtstrukturen erfolgte, sondern auftretende Schwierigkeiten wurden untersucht und das Konzept entsprechend den Erfordernissen der Aufgabe verändert. Während bei den geschlossenen machtrelevanten Anpassungen Widerstände der betroffenen Arbeitskräfte eher als Störfaktoren betrachtet wurden, die es auszuschalten galt, herrschte hier die Auffassung vor, daß "man die Weisheit ja nicht mit Löffeln gefressen" (Leiterin der Textverarbeitungs-Sekretariate) habe und man aus der Auseinandersetzung mit den Betroffenen lernen könne. Reaktionen der Betroffenen wurden nicht einseitig als 'Widerstände' begriffen, sondern als wichtiger Beitrag für die organisatorische Lösung. Selbstverständlich waren die Schwierigkeiten bei der Durchsetzung geringer, hatte man doch schon vorher durch eine eher offene Planung die Betroffenen miteinbezogen und ihre Vorschläge und Bedenken mit aufgenommen.

8. Die Einführung bei den Betroffenen

"Beteiligung der Mitarbeiterinnen? Nein,
was sollen wir denen denn jetzt schon
Angst machen! Die erfahren das dann
noch früh genug, wenn es soweit ist.
Bekanntlich soll man schlafende Hunde
ja nicht wecken!" (Mitglied der Geschäftsleitung)

Die Erkenntnis, daß die sorgfältige Gestaltung der Einführung
Organisierter Textverarbeitung für deren Gelingen entscheidend ist, hat in den letzten Jahren zunehmend Verbreitung gefunden. Insbesondere die Bedeutung der Einbeziehung der Mitarbeiter wird dabei betont.

"Frühzeitig - nachdem die Entscheidung für die Einführung
der Organisierten Textverarbeitung getroffen wurde - sind
alle betroffenen Mitarbeiter unter Beachtung der hierarchischen Stellung von oben nach unten über das geplante
Vorhaben zu informieren. Die zwingende Notwendigkeit
der Textverarbeitungs-Organisation muß jedem Mitarbeiter deutlich vor Augen geführt werden. Es ist von größter
Wichtigkeit, daß diese Informationsveranstaltungen von der
Geschäftsleitung durchgeführt werden. Dabei muß klar zum
Ausdruck kommen, daß die Geschäftsleitung voll hinter dieser Maßnahme steht. Es ist zweckmäßig und sinnvoll, dazu
eine neutrale Person (gegebenenfalls Berater oder ähnliches) als 'Motivator' zu engagieren. ... Selbst wenn alle
diese Maßnahmen der personellen Betreuung während der
Planungszeit und während der Durchführung sowie danach
keinen sachlich produktiven Beitrag leisten sollten, so
üben sie eine sehr beruhigende Wirkung auf die Mitarbeiter
aus."(56)

"Damit der gewünschte Erfolg bei der Einführung zentraler
Schreibdienste sichergestellt wird, sind die Vorbereitungen
sorgfältig zu treffen. ... Mit allen Beteiligten, einschließlich der Personalvertretung, ist die Planung zu besprechen."(57)

"Die Einrichtung von zentralen Schreibdiensten soll in
allen Planungsstufen in Übereinstimmung mit deren Leitern
erfolgen. Dabei sollte der Arbeitgeber rechtzeitig, d.h.
bereits bei der Planung, mit dem Betriebsrat bzw. Perso-

nalrat die ergonomischen Gesichtspunkte beraten, um zu einer optimalen Gestaltung zu gelangen, die beide Seiten zufriedenstellt. Auch die betroffenen Typistinnen sollen rechtzeitig und im gemeinsamen Gespräch auf die bevorstehende Umstellung vorbereitet werden. Aus psychologischen Gründen sollte dabei nicht so sehr von Leistungssteigerung und von Rationalisierung, sondern vielmehr von Arbeitsplatzverbesserung die Rede sein. Vor allem sind für die Diktierenden Ersatzleistungen zu schaffen."(58)

Hinter dieser Betonung der Bedeutung der "Beteiligung der Mitarbeiter" steht die Ansicht, daß in der Vergangenheit eine Reihe von Organisationsvorhaben im Bereich der Textverarbeitung scheiterten, weil diese nicht gründlich und sorgfältig genug vorgenommen worden seien.

"Viele Büros haben sich durch gescheiterte Schreibdienste von der Organisierten Textverarbeitung abhalten lassen. Die Beispiele der Fehlentwicklungen gehen in alle Richtung auf unvollkommene Planungen zurück. Die schwierigsten Hürden haben der Organisierten Textverarbeitung immer wieder die betroffenen Mitarbeiter und Kollegen bereitet. Denn in früheren Jahren ist oft außer Acht gelassen worden, daß eine dauerhafte Organisation nur dann wahrscheinlich ist, wenn sie vom ersten Augenblick an mit allen Beteiligten zusammen geplant, vorbereitet, realisiert und ständig diskutiert wird."(59)

In seiner Bestandsaufnahme der Situation in der Textverarbeitung auf dem Kongreß intertext '79 führte Heinz Scharfenberg aus: "Wenn hier von Fehlern gesprochen werden muß, so sind sie weniger in den Verfahren und Mitteln, die eingesetzt wurden, begründet, sondern mehr in den Methoden ihrer Einführung. ... Zu den Fehlern gehören Vernachlässigung der äußeren Arbeitsbedingungen, ungenügende Schulung und Vorbereitung der disponierenden und ausführenden Kräfte ... sowie die Planung und Realisierung organisatorischer Konzepte ohne Beteiligung der Mitarbeiter."(60)

Resultat dieser Überlegungen waren dann vielfältige Empfehlungen, wie der Einführungsprozeß zu gestalten sei.

"Organisationsvorhaben lassen sich nur dann erfolgreich durchführen, wenn die Mitarbeiter - so intensiv wie möglich - beteiligt werden.

Dazu gehören unter anderem:
- Zusammenarbeit mit dem Betriebs-/Personalrat;
- frühzeitige Information über das 'Wie', 'Warum', 'Ziel der Maßnahmen' schriftlich und mündlich;
- weitgehende Mitarbeit eines jeden Mitarbeiters bei der Festlegung von Arbeitsabläufen, beim Einsatz von Maschinen, Hilfsmitteln usw.;
- permanente Betreuung während der Untersuchung und mindestens ein Jahr nach der 'Umstellung';
- Anpassung der Maschinen, Mittel und Arbeitsabläufe an den Menschen und nicht umgekehrt;
- Berücksichtigung der betrieblichen Besonderheiten und der Struktur der Mitarbeiter;
- rechtzeitige Schulung und intensive Vorbereitung der beteiligten Mitarbeiter;
- personenorientierte, motivationsgerechte Arbeitsorganisation aufbauen;
- Mut zur Berichtigung, wenn in der täglichen Arbeitspraxis Mängel der neuen Organisation sichtbar werden;
- Mut zu nur 80 %-Lösungen, als auf Kosten der Mitarbeiter 100 %-Lösungen durchzusetzen."(61)

Steht hier die organisatorische und technische Gestaltung noch im Mittelpunkt der Vorschläge, so verselbständigt sich bisweilen der psychologisierende Aspekt, wie etwa in den "Zehn Geboten der Büroautomation" der Diebold-Organisation, in denen sich Psychologie und Organisationslehre in kurioser Weise mischen.

"1. Gebot: Mitarbeiter dürfen bei der Einführung einer neuen Technik nicht das Gefühl haben, daß sich ihr sozialer Status im Betrieb verschlechtert. Das Gegenteil sollte der Fall sein. Sozialer Status rangiert vor Abwechslungsreichtum.

2. Gebot: Lassen Sie die betroffenen Mitarbeiter an der Entscheidung teilhaben. Beteiligen Sie sie an der Systemauswahl. Sind es zu viele Personen, lassen Sie Vertrauensleute wählen, falls der Betriebsrat nicht ausreicht. Machen Sie der Belegschaft auch die Bedeutung für die Wettbewerbsfähigkeit des Unternehmens klar.

3. Gebot: Prüfen Sie, zu wieviel Prozent ihrer Arbeitszeit die Mitarbeiter mit der neuen Technik arbeiten müssen. Je höher der Prozentsatz, desto brisanter die Umstellung und desto berechtigter die Frage, ob der gewählte organisatorische Ansatz richtig ist.

4. Gebot: Stellen Sie den Reiz der neuen Aufgabe vor die ergonomischen Überlegungen. Die beste Ergonomie hilft nichts, wenn die Arbeit keine Freude macht.

5. Gebot: Ergonomie wird umso wichtiger, je länger eine Person mit dem Gerät umgeht.

6. Gebot: Geben Sie rechtzeitig bekannt, mit welchen Freisetzungen Sie rechnen und wie Sie den freiwerdenden Mitarbeitern helfen wollen.

7. Gebot: Machen Sie Ihren Mitarbeitern klar, daß Umstellungsfähigkeit auf neue Arbeitsmittel und Methoden ebenso zum Einstellungsmerkmal wird wie fachliche Ausbildung, Erfahrung und Integrität.

8. Gebot: Bereiten Sie die Unterweisung im Gebrauch der neuen Techniken gründlich vor. Achten Sie vor allem auf die Bildung von Ausbildungsgruppen mit gleicher Senioritätsstufe. Bereits an dieser Stelle können sonst erhebliche Akzeptanzbarrieren auftreten, wenn diesem Punkt keine Beachtung geschenkt wird.

9. Gebot: Helfen Sie Mitarbeitern, deren Spezialwissen durch die neue Technik entwertet wird, beim Erwerb modernen Spezialwissens. Aber machen Sie ihnen klar, daß auch diese Wissen keinen Ewigkeitswert hat.

10. Gebot: Beachten Sie, daß Mitarbeiter heute erhöhte Ansprüche an die Qualität eines Arbeitsplatzes stellen."(62)

Über Beteiligung, so meint man, ließen sich die Widerstände der Betroffenen abbauen und eine Akzeptanz der Neuerung erzielen.(63) Das setzt allerdings voraus, daß die Betroffenen auch die Chance haben, mit ihren Bedenken und Widerständen zur Geltung zu kommen.

"Es ist besser, die Planung im Detail flexibel zu halten, als daß die Organisationsabteilung eine schon abgeschlossene Detailplanung vorlegt. Nur so lassen sich Vorschläge der Betroffenen schon im Planungsstadium integrieren.

Dies ist wichtig, denn Information, auf die man mit Aussicht auf Berücksichtigung reagieren kann, ermöglicht erst die Identifikation mit dem Projekt."(64)

Diese Ermahnungen scheinen nun nicht ohne Wirkung geblieben zu sein. Zumindest betonten viele unserer Gesprächspartner die Bedeutung der Information und Motivation der Betroffenen. Welchen konkreten Niederschlag diese Ansichten in der Praxis bislang gehabt haben, steht nun allerdings auf einem anderen Blatt.

In den meisten Verwaltungen, die wir in den letzten Jahren besucht haben, hatte die Ankündigung der geplanten Einführung Organisierter Textverarbeitung zunächst einmal bei den betroffenen Diktanten und Schreibkräften Befürchtungen und Widerstände erweckt.(65)

Sekretärinnen und Schreibkräfte beschäftigten dabei besonders folgende Aspekte:

- Anonymisierung, d.h. das bisherige persönliche Kooperationsverhältnis mit dem Auftraggeber geht verloren;

- Statusverlust, d.h. die Einbeziehung in den Schreibdienst wird gegenüber der derzeitigen Stellung als Sekretärin oder auch als Einzelschreibkraft als soziale und qualifikatorische Degradierung empfunden, man befürchtet, nur noch als 'Tippse' gesehen zu werden;

- Qualifikationsverlust, d.h. durch die ausschließliche Beschränkung auf Schreiben und vor allem das Prinzip 'Jede schreibt für jeden' befürchtet man eine Verengung der Qualifikationsbasis, einen Zwang zum bloßen Abschreiben;

- Kontrolle, d.h. durch die Arbeit in der Gruppe unter den Augen der Schreibdienstleiterin ist man einer ständigen Beaufsichtigung ausgesetzt;

- Leistungsintensivierung, d.h. durch das ständige Nur-Schreiben steigen die Beanspruchungen, man befürchtet diesen auf die Dauer nicht gewachsen zu sein. Das gilt insbesondere für Ältere.

Massiver als Sekretärinnen und Schreibkräfte brachten Sachbearbeiter ihre Befürchtungen und Widerstände zum Ausdruck. Ihre Argumente gegen eine Zentralisierung waren vor allem:

- Qualitätseinbußen, da durch fehlende unmittelbare Zusammenarbeit zwischen Diktant und Schreibkraft die Gewähr fehlt,

daß diese ausreichend eingearbeitet ist und daß sie das für
die Erstellung der Texte notwendige Verständnis mitbringt;

- Mehrarbeit, da Arbeiten, die bislang von einer Sekretärin
  oder Schreibkraft miterledigt wurden, nun vom - teureren -
  Sachbearbeiter selbst übernommen werden müssen;

- Zeitverzögerung, da der Bearbeitungsprozeß im zentralen
  Schreibdienst länger dauern wird.

Hinter diesen funktionsbezogenen Argumenten der Sachbearbeiter
verbargen sich vielfach sehr viel persönlichere Befürchtungen:

- Zunächst einmal war es schlicht der Verlust an Bequemlich-
  keit, den man befürchtete. Die Sekretärin, die Einzelschreibkraft erbrachte ja - neben dem sprichtwörtlichen Kaffeeko-
  chen - eine Vielzahl von Dienstleistungen, über die man verfügen konnte;

- weiter befürchtete man einen Verlust an Status, den eine Sekretärin oder auch nur eine zugeordnete Einzelschreibkraft
  bislang verliehen hatte;

- und schließlich klangen auch bisweilen Ängste bezüglich der
  in der neuen Situation abgeforderten Qualifikationen durch;
  angefangen von der nun notwendig werdenden korrekten Text-
  ansage bis zum Wegfall all jener undefinierten und unmerk-
  lichen Hilfen, die die Sekretärin vielfach geleistet hatte (Einhaltung von Terminen, Erinnerungen, Archivierung, Wie-
  derauffinden etc.).

All diese Befürchtungen wurden von Herstellern, Beratern und
Organisatoren meist als irrational und unbegründet abgetan.

"Sicher ist, daß diese Argumente falsch sind und auf Un-
wissenheit beruhen, ja sogar zu 'Schutzbehauptungen' um-
funktioniert werden, weil die im Verwaltungsdienst Tätigen
im übermäßigen Maße Angst vor Neuerungen und Umstellungen haben. Man sollte diese Scheinargumente bei der Einführung der Organisierten Textverarbeitung gelassen hin-
nehmen. Sie lassen sich erheblich abschwächen, wenn in die
Planung eine gezielte Sachinformation und teilweise Mitarbeit des Personals einbezogen wird."(66)

Dabei wurde aber von dem Modellbild einer funktionierenden Schreibdienstorganisation ausgegangen. Gemessen daran mögen diese Befürchtungen unbegründet sein. Betrachtet man aber die Sorgen der Betroffenen auf dem Hintergrund der Erfahrungen und Nachrichten, die ihnen zum Zeitpunkt der Einführung zugänglich waren, und vielfach auch ihrer späteren tatsächlichen Arbeitswirklichkeit, so können sie in der Tat als durchaus berechtigt bezeichnet werden. Ihr Bezugspunkt waren ja nicht die Modellvorstellungen des VTV oder eines Herstellers, sondern das Image des Schreibdiensts, wie es in der und durch die betriebliche Praxis entstanden war.

Wir können davon ausgehen, daß es in den meisten Fällen nicht oder nur sehr begrenzt gelungen ist, das Entstehen von Befürchtungen und daraus resultierende Widerstände zu verhindern. Dieses Mißlingen überrascht angesichts des weit und breit öffentlich zum Ausdruck gebrachten 'Problembewußtseins'. Eine genauere Analyse der tatsächlich erfolgten Maßnahmen und der sie bestimmenden Orientierungen läßt es jedoch ganz folgerichtig erscheinen.

Öffentlich gefordert wird die Beteiligung der Betroffenen. Darunter kann sicherlich viel verstanden werden; aber auch ohne emphatisch zu sein, bedeutet der Begriff zweifelsohne mehr als die bloße Mitteilung der Maßnahme an die Betroffenen. Eine derartige 'echte' Beteiligung fand aber nur in ganz wenigen Verwaltungen statt. Meist verengte sich 'Beteiligung' auf 'Informierung', und selbst diese scheint man in der Praxis häufig vernachlässigt zu haben. (67) In unseren Gesprächen mit Führungskräften, die an dem Prozeß der Einführung Organisierter Textverarbeitung maßgeblich beteiligt waren und die wir nach einer möglichst exakten Rekonstruktion der einzelnen Schritte gefragt hatten, war häufig von einer Informierung der Betroffenen überhaupt nicht die Rede. Auf unsere Nachfrage wurde dann vielfach irritiert reagiert:

"Information der Betroffenen? Ja, ja, das war uns schon sehr wichtig. Aber wer die damals informiert hat, das kann ich Ihnen jetzt so schnell nicht sagen. Das wird die Personalabteilung gewesen sein oder der Organisator. Der Betriebsrat war ja damals auch schon informiert. ... "(68)

Am ehesten wurden Schreibkräfte und Sachbearbeiter im Rahmen vorbereitender Maßnahmen informiert, in der Regel im Zusammenhang mit den Datenerhebungen der Ist-Analyse. Aber selbst hier gibt es Beispiele von Nicht- bzw. Fehlinformation.

So war in einem Unternehmen zum Zeitpunkt der Ist-Analyse längst als Gerücht durchgesickert, daß man 'von oben' einen Schreibdienst plane. Gleichwohl wurde die detaillierte, einen Monat dauernde Ist-Analyse nicht zum Anlaß genommen, die Betroffenen darüber zu informieren, daß man die Einführung eines zentralen Schreibdienstes plane, und dies, obgleich man sich schon seit über einem Jahr damit befaßte. Statt dessen wurde die Ist-Analyse unter dem Vorwand des geplanten Neubaus durchgeführt: Für den Neubau müsse man die Schreibmaschinen zählen und wissen, welche und wieviele neue Maschinen anzuschaffen wären.

Sofern die Betroffenen tatsächlich informiert wurden, erreichte man damit jedoch kaum ihre Motivierung, zumindest erhielt sich bei ihnen eine kritische Einstellung zu dem damaligen Einführungsprozeß (69), was auf die Art und die Durchführung der Informierung verweist.

Es schälten sich folgende Schwachpunkte betrieblicher Informationspraxis bei der Einführung von Organisierter Textverarbeitung heraus:

- Die Informierung erfolgte nicht umfassend; die Beschäftigten erfuhren nur von einer Teilmaßnahme, die sie unmittelbar betraf, der Gesamtzusammenhang blieb verborgen (z.B. wurden nur Ausführungsbestimmungen für die Durchführung der Ist-Analyse erteilt);

- die Informierung erfolgte zu spät, die Betroffenen erfuhren von den anstehenden Neuerungen durch Gerüchte oder durch die Anordnung von Maßnahmen (z.B. Durchführung der Ist-Erhebung, nachdem das Konzept als solches bereits feststand);

- die Informierung erfolgte über den Dienstweg, d.h. die Vorgesetzten wurden informiert mit der Annahme, daß damit die weitere Information 'nach unten' gesichert sei, was aber nicht immer zutraf;

- die Informierung erfolgte nicht kontinuierlich, nach der Erstinformation folgte eine relativ lange Pause, in der die Betroffenen vom weiteren Verlauf des Vorhabens nichts hörten;

- die Informierung erfolgte 'betriebsbezogen', d.h. es wurde die Bedeutung der Neuerung für den Betrieb insgesamt erklärt, z.B. mögliche Rationalisierungsgewinne, nicht aber deren Bedeutung für den einzelnen Mitarbeiter;

- die Informierung blieb unanschaulich, den Mitarbeitern begrifflich und sprachlich fremd, auf den Planungsprozeß und nicht auf die Arbeitswirklichkeit bezogen;

- die Informierung war nicht glaubwürdig; die anstehende Neuorganisation wurde in zu positivem Licht geschildert, möglicherweise damit verbundene Nachteile wurden nicht zur Sprache gebracht;

- der Informationsfluß war nur einseitig, d.h. die Betroffenen wurden über bestimmte Tatbestände nur unterrichtet, hatten aber selber keine Möglichkeit, Informationen oder Rückfragen einzubringen.

Kennzeichnend für diese Gestaltung der Informierung der Betroffenen war vielfach jene 'Berührungsangst', die wir schon im Zusammenhang mit dem Planungsprozeß beschrieben haben. Informierung blieb ein formaler Schritt, den es zu erledigen galt, sie wurde nicht zum sozialen Prozeß. Dies erklärt die Vorliebe für Formen der Informationsübermittlung, die den unmittelbaren Kontakt mit den Betroffenen umgingen oder zumindest weitgehend vorstrukturierten, wie beispielsweise Information über die Vorgesetzten, über schriftliche Medien oder in einem Vortrag in größerem Kreis, nicht aber Diskussionen im kleineren Kreis. Und dabei wäre gerade Unmittelbarkeit erforderlich gewesen, um das Ziel der 'Mitarbeiter-Motivation' zu erreichen.

Ebenso wie der Informierung wird der Qualifizierung der in die Neuerung einbezogenen Arbeitskräfte in der Öffentlichkeit großes Gewicht beigemessen: "Um die Vorteile des Organisierten Schreibdiensts voll zu nutzen, muß die Aus- und Weiterbildung ein fester Bestandteil sein."(70) Auch viele der Organisatoren, mit denen wir uns unterhielten, äußerten sich in diesem Sinn.

Die Praxis allerdings löste auch diesen Anspruch bei weitem nicht immer ein.

So ergab sich bei Befragungen von Schreibdienstleiterinnen bei Fortbildungsseminaren, daß nur etwa die Hälfte vor oder kurz nach ihrem Start als Schreibdienstleiterin auf Lehrgänge oder Seminare geschickt worden war. Etwa ein Drittel war bei ihrem Start in ein ihnen fremdes Arbeitsgebiet ganz auf eigene Erfahrungen, Gespräche mit Kolleginnen oder auf Hinweise aus der Literatur, die sie sich selbst erarbeiteten, angewiesen. (71)

Häufig begegneten wir Schreibautomaten, die aufgestellt worden waren, ohne daß eine systematische Einweisung oder Schulung der Schreibkräfte vorangegangen wäre. Diese mußten sich praktisch die Beherrschung der neuartigen Technik selbst erarbeiten.

Bedenklicher noch als derartige Unterlassungssünden scheinen jene relativ häufigen Fälle, in denen zwar Schulung erfolgte, diese aber offensichtlich folgenlos blieb. Dies stellte weniger bei der Schulung an neuen Technologien ein Problem dar, als vielmehr dort, wo es um soziales Verhalten ging, z.B. 'Führungsverhalten', 'Problemlösungen', 'Informierung' oder 'Kooperation'. Hier ergab sich häufig der Eindruck, daß die Teilnahme an einem Seminar kaum nennenswerte Verhaltensänderungen bewirkt hatte. Die Erklärung dürfte vor allem darin liegen, daß derartige Schulungen so abliefen, als ginge es dabei um die Vermittlung technischer Kenntnisse, die von dem Betroffenen in der Praxis bloß abgerufen werden mußten. Damit waren aber viele schlicht überfordert.

So lehnte eine Schreibdienstleiterin das Angebot, wieder einmal ein Seminar über Führungsverhalten zu besuchen, mit dem Argument ab, das sei ja sehr interessant gewesen, aber hier im Hause werde ja ein ganz anderer Führungsstil praktiziert, so daß ihr das nicht weiterhelfe. Insofern sei eine nochmalige Seminarteilnahme nur verlorene Zeit.

Wie ist nun diese scheinbar ungeschickte oder nachlässige Behandlung der sozialen und qualifikatorischen Voraussetzungen für eine erfolgreiche Einführung Organisierter Textverarbeitung zu erklären? Wir haben auf das breite Angebot in Wort und Schrift hingewiesen, das in der Praxis weiterhelfen soll. Wir haben gezeigt, daß betriebliche Experten selbst, wie beispielsweise Organisatoren, die Bedeutung dieser Aspekte betonen. Weshalb schlägt sich all das nicht in der Praxis nieder? Wir waren bei unseren Beobachtungen immer wieder beeindruckt, wie sehr hier 'Theorie' und Praxis auseinanderfallen. Man könnte fast von einer Art Bewußtseinsspaltung sprechen: Beide sind offensichtlich auf unterschiedlichen Ebenen angesiedelt und bleiben so füreinander weitgehend ohne Konsequenz.

Auf einem Treffen von Organisatoren wurde die Bedeutung der Information besprochen. Alle Beteiligten stimmten uneingeschränkt dem Ziel einer möglichst eingehenden Informierung aller Betroffenen zu. Anschließend wurde die Durchführung einer organisatorischen Maßnahme behandelt. Keinem der Anwesenden kam dabei auch nur der Gedanke, die davon Betroffenen im voraus zu unterrichten.

'Pannen' bei der Einführung Organisierter Textverarbeitung bei den Betroffenen scheinen uns folglich nicht nur auf Nachlässigkeiten zurückzuführen zu sein, sondern sie verweisen auch auf tieferliegende und prinzipielle Zusammenhänge: Nach unseren Erfahrungen stand dahinter häufig jene Auffassung einer strikten Arbeitsteilung zwischen Planung und Ausführung, die wir bereits beschrieben haben. (72) Der Planer fühlte sich selbst ausschließlich für die technische Ausstattung und die Organisation des Arbeitsablaufs nach Maßgabe strenger Wirtschaftlichkeits- und Effizienzkalküle zuständig, während die sozialen Aspekte einer Reorganisation der Personalabteilung, den Fachabteilungsvorgesetzten, dem Betriebsrat oder gar den Betriebspsychologen zugewiesen wurden. Dahinter stand desweiteren, daß unter 'Motivierung der Mitarbeiter' vielfach nichts anderes verstanden wurde, als deren reibungslose Anpassung an vorgegebene Strukturen, die man am einfachsten durch Kontrolle oder Prämienanreiz erreichen könnte. Das Haupt-'Motiv', das Arbeitskräften für ihre Arbeit unterstellt wurde, war das ökonomische Kalkül, weil man für die betriebliche Organisation als ganzes eben auch die 'Rechenhaftigkeit' zum obersten Prinzip erhoben hat. Aus dieser weitverbreiteten Einstellung zu den Arbeitskräften leitete sich dann auch folgerichtig ein außerordentlich verkürztes Verständnis von 'Beteiligung der Mitarbeiter' ab. Sind soziale Aspekte aus den Überlegungen weitgehend ausgeklammert, dann heißt 'Beteiligung' eben wenig mehr als technische Neuerung vorzuführen, die zur Ausübung der Tätigkeit erforderlichen Kenntnisse und Fähigkeiten zu vermitteln und die Leistungsvorgaben oder Prämienregelungen bekanntzugeben.

9. Die Entscheidung

> "Natürlich versuchen wir immer den Kon-
> takt auf Vorstandsebene zu bekommen,
> zur Geschäftsleitung. Aber, wissen Sie,
> die Entscheidungen fallen ja eigentlich
> nicht da, von denen wird nur unter-
> schrieben." (Vertriebsberater)

Es fehlt in unserer Darstellung des Ablaufs der Einführung von
Organisierter Textverarbeitung jener Schritt, der vielfach als
der wichtigste betrachtet wird: die Entscheidung, daß 'Textverarbeitung' einzuführen sei. Mit dem Projektauftrag durch die
Geschäftsleitung war ja vielfach lediglich die Durchführung von
Vorstudien, von Ist-Analysen oder Pilot-Projekten offiziell beschlossen, nicht aber die Entscheidung für die tatsächliche Neuorganisation gefallen.

Daß wir die Auseinandersetzung mit dieser Entscheidung nun
ans Ende der Darstellung des Ablaufs des Einführungsprozesses
stellen, hat Gründe. Zunächst einmal ergaben sich, stärker noch
als bei den bisher beschriebenen Schritten, Schwierigkeiten
einer eindeutigen zeitlichen Verortung innerhalb des Ablaufpro-
zesses. In manchen Betrieben fiel die Entscheidung schon relativ bald, etwa nach der Durchführung erster, sehr begrenzter
Grob-Analysen. In anderen Betrieben stand die Entscheidung
für die Einführung praktisch am Ende eines langen Prozesses,
in dem das neue Konzept in der betrieblichen Realität praktisch
schon weitgehend realisiert worden war. Im einen Fall mochte
die Entscheidung Voraussetzung für das weitere Geschehen, im
anderen Fall lediglich die nachträgliche formale Absegnung von
dem sein, was schon längst betriebliche Realität geworden war.
War hier der Zeitpunkt, wann die Entscheidung getroffen wurde,
von außerordentlicher Wichtigkeit, so vermittelte sich anders-
wo der Eindruck, daß dieser Zeitpunkt eher nebensächlich und
zufällig gewesen war.

Eine feste Einordnung in den zeitlichen Ablauf wäre aber
nicht nur wegen dieser großen Unterschiede irreführend gewesen, sondern auch wegen eines anderen Umstands. An einem
Teil der Schilderungen, die unsere Gesprächspartner vom Einführungsprozeß gaben, fiel auf, daß die 'Entscheidung' eigentlich kaum erwähnt wurde. Ausführlich wurde der auslösende
Anlaß, die Auftragserteilung, die Ist-Analyse oder die Anschaffung von Maschinen, beschrieben, vor allem auch die Durchset-

zungsschwierigkeiten, die sich der Einführung der Organisierten Textverarbeitung entgegengestellt hatten, und wie man diese überwunden habe. Die Entscheidung, durch die ja die meisten dieser Schritte ihre eigentliche Bedeutung erhielten, wurde dann nur am Rande erwähnt.

Aus dem geringen Stellenwert, den die Entscheidung in diesen Schilderungen einnahm, darf nun jedoch nicht geschlossen werden, daß ihr tatsächlich keine Bedeutung zugekommen wäre. Vielfach wurde durchaus deutlich, daß das Zustandekommen oder Nichtzustandekommen dieser Entscheidung ausschlaggebend für den weiteren Verlauf des Projekts gewesen war. Daß sich dies nicht in den Schilderungen niederschlug, dürfte wesentlich darauf zurückzuführen sein, daß die Entscheidung als selbstverständlicher und integraler Teil eines zusammenhängenden Entwicklungsprozesses gesehen wurde, so sehr, daß dieses Ereignis für sich genommen nicht ausdrücklich kommentiert wurde. Denn der Prozeß, in den die Entscheidung eingebunden war, stellte sich dar als eine Abfolge, in der jeweils der nächste Schritt weitgehend durch den vorherigen vorstrukturiert wurde, also als eine Kette von Präjudizierungen oder Weichenstellungen, die vielfach unmerklich eine bestimmte Richtung vorgaben und Alternativen ausschlossen.

Implizite Weichenstellungen haben wir bei der Problemdefinition kennengelernt, bei der Art, wie der Projektauftrag herbeigeführt und formuliert wurde, in der Anlage und Durchführung der Ist-Analyse, bei der Anschaffung von Maschinen, bei der Entwicklung und natürlich vor allem der Durchsetzung des Soll-Konzepts.

Faszinierend war, wie diese Präjudizierungen geschaffen wurden. Zum Teil wurden diese Weichenstellungen äußerst subtil und unmerklich hergestellt, wie etwa bei der Problemidentifikation, zum Teil aber auch erstaunlich offen und simpel, wie etwa bei der Ist-Analyse. Im wesentlichen ging es dabei meist darum, die Ausgangssituation so vorzustrukturieren, daß der nächste Schritt quasi zwangsläufig nur in einer bestimmten Richtung erfolgen konnte. Solche Kanalisierung wurde erleichtert dadurch, daß einzelne Schritte zunächst als vorläufig, als für Überprüfung und Korrektur offen deklariert wurden, sie dann im weiteren Verlauf aber einfach dadurch, daß sie bestanden, faktisches und normatives Gewicht bekamen; schon allein, weil die Überprüfung von Alternativen zusätzliche Zeit erfordert hätte oder einfach in Vergessenheit geraten war.

Dieser Prozeß sukzessiver Vorstrukturierung und Verdichtung macht es nun schwer, eindeutig zu bestimmen, welches nun eigentlich der 'entscheidende' Schritt in diesem Prozeß gewesen ist - die Weichenstellung oder die offizielle Entscheidung durch die Geschäftsleitung.

Das klassische Ablaufschema sieht die Arbeitsteiligkeit des Entscheidungsprozesses vor; auf den Auftrag der Geschäftsleitung hin wird auf unterer Ebene eine Vorlage ausgearbeitet, auf deren Grundlage dann die Entscheidung 'von oben' getroffen wird. Immer wieder war in unserer Untersuchung zu beobachten, welche ausschlaggebende Rolle für die Entscheidung der Frage zukam, durch wen und wie die Vorlage erarbeitet wurde.

Seine besondere Qualität und die Dynamik erhielt dieser Zusammenhang dabei durch den Druck, unter den sich Entscheider und Zuarbeiter wechselseitig setzten, wobei vor allem Legitimationsaspekte eine Rolle spielten. Wir haben am Beispiel des Projektauftrags gezeigt, wie einerseits der Organisationspromotor von oben unter Druck gesetzt wurde, die Notwendigkeit des Vorhabens legitimatorisch zu untermauern, andererseits dann aber die Geschäftsleitung unter Umständen durch eben jene Argumentationen unter Zugzwang gesetzt wurde. Dies war vor allem in jenen Fällen zu erkennen, wo die Geschäftsleitung der Einführung Organisierter Textverarbeitung distanziert oder skeptisch gegenüberstand. Mit der Erteilung eines begrenzten und vorläufigen Projektauftrags hatte man geglaubt, der Organisationsabteilung den kleinen Finger gegeben zu haben, de facto hatte man ihr aber die ganze Hand überlassen müssen. Der Organisator wurde zum Zauberlehrling, den man nun nicht mehr los wurde.

Einen derartigen 'Zugzwang' auf die Entscheidung fanden wir besonders dort, wo die Organisationsabteilung als der eigentliche und ursprüngliche Promotor agierte. Aber selbst dort, wo die ursprüngliche Initiative von der Geschäftsleitung selbst ausgegangen war, trafen wir auf diesen Mechanismus.

Die Organisationsabteilung erhielt auf Vorschlag des zuständigen Vorstandsmitglieds vom Vorstand den Auftrag, Möglichkeiten zur Reorganisation des Schreibdiensts zu untersuchen, ohne spezifische Zielvorgabe. Die Organisationsabteilung arbeitete nun ein verhältnismäßig detailliertes Konzept aus, das im wesentlichen auf eine Zentralisierung des Schreibdienstes hinauslief, und unterbaute dieses mit einer ausführlichen Wirtschaftlichkeitsberechnung. Diese 'Lösung' ging weit über das, was der Vorstand ursprünglich gewollt und erwartet hatte, hinaus und widersprach den Interessen und Vorstellungen der Mehrheit der Vorstandsmitglieder. Trotzdem erfolgte dann ein Vorstandsbeschluß zur weiteren Durchführung des Projekts. Angesichts der errechneten Einsparungen sah man sich zu dieser Entscheidung gezwungen.

Entscheidungen erschienen so durchaus von der Leitungsebene, d. h. der jeweiligen Spitze der Entscheidungspyramide, getroffen. De facto waren sie aber nur ein Nachvollzug bereits vorher implizit getroffener Vorentscheidungen und daraus resultierender 'Zwangsläufigkeiten'.
Im wesentlichen stellten wir drei Abläufe fest, durch die solche 'Zwangsläufigkeiten' hergestellt wurden:

- Die Geschäftsleitung gibt den Auftrag zur Ausarbeitung einer Entscheidungsvorlage. Diese wird argumentativ so gestaltet, daß sie praktisch nur diese Entscheidung zuläßt;

- 'Zwangsläufigkeiten' werden von unten so verdichtet, daß die Spitze zur Entscheidung gezwungen wird;

- 'Zwangsläufigkeiten' werden von unten 'subversiv' hergestellt, d. h. durch eine allmähliche Gestaltung strategisch wichtiger Teile der Betriebswirklichkeit werden vollendete Tatsachen geschaffen, durch die die Richtung einer nachfolgenden Entscheidung der Spitze vorgegeben wird.

Von ganz entscheidender Bedeutung für den gesamten weiteren Verlauf war es dabei, wer im 'Besitz' solcher 'Zwangsläufigkeiten' war, wer die eigenen Vorschläge und Absichten argumentativ oder faktisch so absichern konnte, daß sie sich als 'Sachzwang' darstellten. Für den Promotor kam es darauf an, seinen Vorschlag so zu unterbauen, daß er einerseits sachlich zwingend erschien, andererseits möglichst wenig in Konflikt mit etablierten Interessen geriet, zumindest solchen, hinter denen ein bestimmtes Machtpotential vermutet werden mußte.
Dies galt natürlich besonders dort, wo die Mehrheit der Geschäftsleitungsmitglieder durch die Organisationsabteilung oder das für sie zuständige Vorstandsmitglied in die Entscheidung hineinmanövriert wurden. Die Herbeiführung eines Beschlusses der Geschäftsführung glich hier vielfach einem sorgfältig vorbereiteten Feldzug. Die Geschäftsleitung wurde mit einer detailliert ausgearbeiteten Vorlage konfrontiert, in der die Notwendigkeit der vorgeschlagenen Maßnahmen zwingend nachgewiesen wurde. Die Ausarbeitung derartiger Vorlagen wurde so, zumindest in einigen größeren Unternehmen, zur entscheidenden

Voraussetzung für die Arbeit der Organisationsabteilung oder anderer Initiatoren von Veränderungen.

"Wir haben uns ein Jahr lang überlegt, was wir vernünftig machen können. Wir haben dann ein Konzept entwickelt, was ich auf der Vorstandsebene verkaufen konnte. Wissen Sie, Organisation ist ja nicht das Erfinden eines Konzepts, sondern die Kunst liegt darin, ein Konzept vernünftig zu verkaufen. Das Konzept, das ist nicht mehr das Thema." (Leiter der Organisationsabteilung).

Zentrale Argumentationsebene der meisten dieser Vorlagen war der Nachweis der 'Wirtschaftlichkeit' der vorgeschlagenen Maßnahmen, d.h. der durch sie zu erzielenden Einsparungseffekte.

"Die treibende Kraft war Dr. X., der kaufmännische Direktor. Der hat sich zuerst dafür eingesetzt. Die beiden anderen Vorstände, die Techniker, waren nicht dafür. Aber er hat sie unter Druck gesetzt mit den Kostenargumenten. Der sagte: 'Ich verspreche Ihnen, daß die Dienstleistungen für die Mitarbeiter nicht eingeschränkt werden, und wir sparen Geld.' Damit hat er die gekriegt. Wenn der heute dort wegginge, nach einem Jahr hätte das Ganze sich wieder zurückentwickelt." (Organisator).

Ebenso wie Wirtschaftlichkeitsberechnungen als Instrument zur Durchsetzung von Rationalisierungsmaßnahmen dienten, haben sie auch bisweilen deren Blockierung bewirkt, nämlich dort, wo keine Einsparungsgewinne errechnet werden konnten.

So wurde in einem Großunternehmen vom Controller ein Projektvorschlag zur Neuorganisation der Textverarbeitung gestoppt, weil die von der mit anderen Rationalisierungsinstanzen rivalisierenden Organisationsabteilung errechneten Einsparungsquoten unterhalb der vorgegebenen Mindestwerte blieben bzw. nicht ausreichend fundiert erschienen. Obwohl die Notwendigkeit von Maßnahmen in diesem Bereich evident war - trotz einer großen Zahl von Sekretärinnen und Schreibkräften gab es Engpässe und Verzögerungen bei der Erledigung des Schriftguts -, war damit für längere Zeit die bestehende Situation festgeschrieben.

Auch diese Fälle erklären sich aus dem Interessenbezug. Um seine Interessen gegenüber anderen durchzusetzen, wurden Wirt-

schaftlichkeitsberechnungen erstellt, die 'bewiesen', daß sich
die Maßnahme nicht 'lohnte'. Wirtschaftlichkeitsberechnungen
wurden auch hier als Legitimationsinstrument eingesetzt, allerdings im umgekehrten Sinn.

Das Zustandekommen der Entscheidung erscheint demnach als
Resultat eines Geflechts von Initiativen und Reaktionen, in dem
die verschiedenen Beteiligten sich wechselseitig unter Druck
setzen. So wie die Organisationspromotoren versuchten, eine
zögernde oder widerstrebende Geschäftsleitung unter Entschei-
dungszwang zu setzen, so sehen sie sich ihrerseits mit Legitimationsnotwendigkeiten und deren Folgen konfrontiert. Unzu-
treffende oder überzogene Erfolgserwartungen, die mit der Maßnahme verbunden waren, setzten sie unter den Druck, rasch
meßbare 'Erfolge' nachzuweisen.

Zu diesen übersteigerten Erwartungen hat nicht zuletzt
die 'Öffentlichkeitsarbeit' einiger Hersteller von Büro-
maschinen beigetragen. In Prospekten, auf Seminaren, in
Fachpublikationen wurden mögliche Einsparungseffekte beim
Einsatz neuer Büromaschinen, etwa Schreibautomaten, an
Fallbeispielen vorgerechnet. Dabei wandten sich einige
Hersteller gezielt nicht an den Organisator, sondern an die
Geschäftsleitung.

So führte z.B. einer der größten Hersteller von Schreibmaschinen regelmäßig regionale Veranstaltungen durch, zu
denen ausschließlich Geschäftsleitungsmitglieder eingeladen wurden. Hier wurden die neuen Textautomaten vorge-
führt und an Einzelbeispielen die zu erzielende Zeiterspar-
nis vorexerziert. Die sich dabei ergebenden Werte waren
beeindruckend, vor allem, wenn man sie auf die Gesamt-
arbeitszeit bzw. den Personalstand hochrechnete.

Solche Rechnungen aber erzeugten gerade bei der Geschäftsleitung, die sich mit den technischen und organisatorischen Einzelheiten nicht weiter zu befassen braucht,
jenes Klima übersteigerter Erwartungen, das die ausführende Ebene dann unter Druck setzte. Daß dies in zunehmendem Maß auch den Unmut der Organisatoren erregt,
wurde auf der Intertext 1979 deutlich. Als von den Vertretern
eines großen Herstellers die durch den Einsatz eines neuen
Maschinentyps zu erreichende Steigerung der Anschlagsleistung an Zahlenbeispielen demonstriert wurde, wurde der
Redner von einer Reihe von Veranstaltungsteilnehmern
scharf kritisiert: Derartige Rechnungen seien gefährlich,

weil sich aus ihnen unrealistische Vorstellungen über die tatsächlich zu erzielenden Einsparungen ergäben, die in der Praxis nie erfüllt werden könnten. Von den Vertretern des Herstellers wurde darauf hingewiesen, daß es sich nur um abstrakte Rechenbeispiele handele, die natürlich nicht auf die Praxis übertragen werden dürften. Nichtsdestotrotz wurden bei späteren Veranstaltungen die kritisierten Präsentationen in unveränderter Form weiter eingesetzt.

In diesem 'arbeitsteiligen' Prozeß, der zur Entscheidung führte, war nun ein Mechanismus vorprogrammiert, der vielfach zu einer Radikalisierung des Rationalisierungsprozesses beitrug. Gerade das Zögern oder der Widerstand des Spitzenmanagements zog dadurch eine Verschärfung nach sich, daß der Organisator, um seinem Maßnahmenvorschlag Nachdruck zu verleihen, die zu erzielenden Einsparungseffekte besonders hoch ansetzte; damit schaffte er sich selbst Vorgaben, an denen er dann im weiteren gemessen wurde und die ihn praktisch zwangen, die Gestaltungsalternativen zu wählen, die sich durch die größten Einsparungseffekte am besten nach oben 'verkaufen' ließen.

War also einerseits beeindruckend, wie in diesem Prozeß die Absichten und Zielsetzungen der Beteiligten eine Eigendynamik entwickelten, die in ihren Auswirkungen nur noch begrenzt steuerbar erschien, so war andererseits nicht zu übersehen, daß offensichtlich einzelnen Entscheidungsträgern auch beträchtliche Handlungsspielräume offenstanden: Der Versuch, Zwangsläufigkeiten zu etablieren, war durchaus nicht überall erfolgreich. Wir begegneten Fällen, wo ein sorgfältig vorbereiteter 'Feldzug' der Organisationsabteilung, durch den die Notwendigkeit der Umstrukturierung des Schreibdiensts zwingend nachgewiesen wurde, erfolglos blieb, ins Leere lief oder schlicht ignoriert wurde.

"Wir arbeiten hier für die reine Makulatur: Wir schreiben auf, wir machen Berichte, wir stellen das alles graphisch dar, was man machen müßte, welche Wirtschaftlichkeit zu erzielen wäre, und wir kriegen das alles wieder auf den Tisch zur Umarbeitung, weil irgendjemand abgeblockt hat." (Organisator).

"Von Argumenten hören wir hier unten überhaupt nichts. Wir bekommen nur gesagt: 'Abgelehnt'. Und dann müssen wir eben alles neu machen, genau detailliert die Wirtschaftlichkeit belegen etc. Und dann soll das wieder vorgelegt

werden, und dann wird das wieder abgelehnt. Argumente?
Ich weiß nicht, welche Argumente die haben. Ich kenne das
nur von unserem Textsystem für die Protokolle des Vorstands.
Sie können davon ausgehen, daß diese Protokolle im Durch-
schnitt so oft überarbeitet werden, wie es Vorstände gibt.
Da können Sie sich vorstellen, wie das da oben zugeht."
(Organisator).

Fehlte hier der Machtpromotor? (73) Dies traf hier durchaus zu,
faßt aber den relevanten Sachverhalt nur zum Teil. Entscheidend
war vielmehr, daß offensichtlich andere 'Mächtige' der Vorlage
Widerstand entgegensetzten. Denn die Vorlage stieß auf ganz
unterschiedliche Interessen in den oberen hierarchischen Ebenen
und provozierte dementsprechend Widerstand oder Unterstützung.

In einer Bank stand der aus 32 Schreibkräften bestehende
Schreibpool im Ressort X vor dem Zusammenbruch; die
Fluktuation betrug ca. 50 %; es zeichnete sich die Gefahr ab,
daß alsbald auch die gesamte Sachbearbeitung zusammenbrechen würde. Der Innenleiter hatte schon seit Jahren vergeblich versucht, "den Weg dieses Pools in die Katastrophe
aufzuhalten", war aber bei seinen Vorgesetzten stets auf
taube Ohren gestoßen. Ein Mitarbeiter der Gruppe Textverarbeitung aus der Organisationsabteilung wurde damit beauftragt, die Gründe für die hohe Fluktuation zu ermitteln.
"Aber bei 32 Schreibkräften, einer Schreibdienstleiterin,
die von Führung keine Ahnung hat, bei Fremdstenogramm-
Vorlagen der Sachbearbeiter, die ihre höchstpersönlichen
Kürzel verwenden - nach welchen Gründen soll man denn da
noch suchen für eine solche Fluktuation!" Der eigentliche
'Auftrag' sei wohl gewesen, Gründe für die Demission der
Schreibdienstleiterin zu finden. "Ansonsten bestand da überhaupt kein Interesse an einer Änderung. Die wollten einen
richtigen Dragoner, der den Laden zum Laufen bringen sollte."
Der zuständige Vorstand habe ganz offen die Meinung vertreten, daß "er doch das Geld bringt, wieso soll er dann noch
rationalisieren, rationalisieren soll das Ressort, das dafür
zuständig ist." Die Macht dieses Vorstands wurde als so
hoch eingeschätzt, daß gegen dessen Widerstand selbst der
für Organisation zuständige Ressortchef nichts hätte erreichen können. Eine Wende trat erst dann ein, als in einer
Gesamtvorstandssitzung, in der das von der Gruppe Textverarbeitung entwickelte Konzept vorgestellt wurde, die Einführung Organisierter Textverarbeitung für die Gesamtbank

beschlossen wurde. Dem Druck dieses Gesamtvorstands-Beschlusses konnte sich der für das Ressort X. zuständige Vorstand nicht widersetzen. Er mußte seinen Widerstand gegen eine 'Rationalisierung' aufgeben, und "er entschied sich spontan für die Einführung der Textverarbeitung in seinem Bereich."

Zum Teil führten solche Interessenkonstellationen dazu, daß die Vorlage überhaupt stecken blieb.

In einem Landesministerium war der Versuch zur Reorganisation des Schreibdienstes an dem Widerstand der Abteilungsleiter gescheitert, die ihre 'Erbhöfe' verteidigten. Der Vorschlag wurde zwar von einigen Abteilungen unterstützt, diese hatten aber im Machtgefüge des Ministeriums eine schwache Position inne und waren bislang bei der Verteilung von Planstellen für den Schreibdienst eher zu kurz gekommen. Der Einfluß der Organisationsabteilung wie dieser Abteilungsleiter reichte folglich nicht aus, eine Veränderung herbeizuführen. Eine Koalition von Abteilungsleitern, Personalrat und älteren Schreibkräften trug dazu bei, daß nach einer Anhörung beim Minister alles beim alten blieb.

In dem Versuch, alle möglichen Interessenstandpunkte zu berücksichtigen, wurden die Vorlagen so 'verwässert', daß sie mit dem ursprünglichen Vorhaben nur noch wenig gemeinsam hatten.

"Ich sage Ihnen, und das ist bestimmt nicht übertrieben, wir haben die letzten drei Wochen hier nur gearbeitet, Folien gezeichnet, Darstellungsdiagramme gemacht für die Selbstdarstellung unseres Abteilungsleiters beim Vorstand. Unser Abteilungsleiter legt das Konzept seinem Vorstandsmitglied vor, und dieser kommt bei seinen Kollegen nicht durch. Dann wird das ganze umgedreht. Dadurch werden alle Konzepte verwässert, von den Zielen, die man ursprünglich mal vorhatte, bleibt kaum noch etwas übrig." (Organisator).

"Wenn ich ein Konzept vorschlage, das aus drei Schritten besteht, dann sagt mein Kollege: 'Den ersten kriegst Du sowieso nicht durch, den zweiten mußt Du soundso ändern. Also mit dem dritten könntest Du dann anfangen.' Ich habe den Eindruck, wenn unten schon so selektioniert wird, was man dann nach oben weitergeben kann, dann kommt eben oben nichts anderes als Surrealismus raus." (Organisator).

Kein Wunder, daß wir nicht selten bei Sachbearbeitern in den Organisationsabteilungen dem Gefühl der Ohnmacht und des Ausgeliefertseins begegneten. Die 'oben' getroffenen Entscheidungen erschienen hier vielfach beliebig und irrational.

"Das läßt einen schon verzweifeln, die ungeheure Ohnmacht, die ich hier habe. Ich frage mich, was soll ich denn machen, wenn unser Vorstand so schwach ist und sich nicht durchsetzen kann."

"Was soll ich denn da machen, ich habe ja keine Deckung von oben. Die von oben stellen sich dagegen, daß hier irgendetwas verändert wird. Und mein Abteilungsleiter bzw. der Bereichsleiter wird, sobald er den Widerstand seiner Kollegen spürt, auch nichts unternehmen. Ich frage Sie, wie soll man da überhaupt vorgehen, da wird man ja verrückt. Wenn ich mir dann vorstelle, ich hätte Kompetenzen, dann würde ich ohne die Heeresleitung mit den Damen ganz neu organisieren. Wenn hier irgendwie die Möglichkeit bestünde, die Innere Verwaltung auszuschalten, und wenn ich hier genug Kompetenzen hätte, dann wäre mein Argument, daß ich eine Personaleinsparung von 50 % garantieren kann."

"Aber ich sage Ihnen, diese Entscheidungen sind überhaupt nicht rational zu begründen. Wir rätseln immer lange darüber, warum bestimmte Konzepte von uns abgeschmettert werden. Da kann das Zielkonzept stimmen und die Wirtschaftlichkeit. Beides ist gegeben, aber trotzdem wird es abgeschmettert."

"Wenn ich daran denke, wieviel Arbeit wir in das Konzept investiert haben, wie wir um jede Formulierung, um jedes Wort gerungen haben tagelang - und das wird jetzt mit einer Handbewegung einfach zurückgewiesen. Das ist ganz schön frustrierend."

Auf diese jeweils vorhandenen innerbetrieblichen Interessenkonstellationen ist es nach unserer Erfahrung letztlich zurückzuführen, daß auch gleichgeartete Unternehmen mit ähnlicher Aufgabenstellung und ähnlicher Arbeitsmarktsituation zu so verschiedenen Zeitpunkten und in so unterschiedlicher Weise auf den allgemeinen Veränderungsdruck reagierten. Je nach Verteilung der Interessen im Gefüge der betrieblichen Macht- und Einflußverhältnisse bezüglich der Organisierten Textverarbeitung konnte in einigen Verwaltungen der bestehende Problemdruck relativ schnell in eine Entscheidung zur Reorganisation umgesetzt werden; in anderen gewannen wir dagegen den Eindruck, daß man sich mit der als äußerst dringlich bezeichneten Lösung bestimmter Probleme im Bereich der Textverarbeitung recht lange Zeit ließ und kaum etwas unternahm, um die Schwierigkeiten zu beseitigen.

Bei unserem ersten Besuch in der Hauptverwaltung eines Großunternehmens wurde von Unzulänglichkeiten in der Schreibdienstorganisation berichtet, die zu wesentlichen Verzögerungen und Unzuträglichkeiten führten. Bei weiteren Besuchen wurde uns mitgeteilt, daß sich diese Schwierigkeiten erheblich verstärkt hätten. Dies führte zwar zu ausgedehnten Diskussionen zwischen verschiedenen Abteilungen, in die teilweise auch der Vorstand miteinbezogen wurde; aber bis zum heutigen Zeitpunkt, drei Jahre später, wurde nicht eine konkrete Maßnahme ergriffen, die hier Abhilfe geschaffen hätte.

Der gesamt Prozeß der Einführung Organisierter Textverarbeitung stellte in diesen Fällen letztlich ein langwieriges Ringen um die Entscheidung dar, an dem die unterschiedlichsten, teilweise miteinander konkurrierenden Positionen beteiligt waren - Organisationsabteilung, Controlling, Vorstände, Fachabteilungen....

Welche Rolle für die Verzögerung oder das Nicht-Zustandekommen der Entscheidung ein Mangel an Fachkompetenzen gespielt hat, ließ sich letztlich nicht eindeutig feststellen. Zwar wurde bisweilen auf derartige fachliche Schwierigkeiten hingewiesen, diese dürften auch in bestimmten Phasen des Einführungsprozesses, z.B. für die Planung, eine gewisse Bedeutung gehabt haben; aber dafür, daß eine Entscheidung nicht richtig in Gang kommen wollte - trotz erheblichen Problemdrucks -, dürften Fachprobleme nur in Ausnahmefällen wirklich verantwortlich gewesen sein. Vielmehr waren dafür betriebliche Zusammenhänge ausschlaggebend, die auf die jeweiligen Kompetenz- und Interessenkonstellationen verwiesen.

Der für die Entscheidung zentrale Stellenwert der jeweiligen Interessenskonstellation wirft die Frage auf nach der Relevanz der formalen Entscheidung für das betriebliche Geschehen bei der Einführung. Tatsächlich scheint die formale Entscheidung von sehr unterschiedlicher Bedeutung gewesen zu sein. In einigen Verwaltungen konnte die Reorganisationsmaßnahme vollzogen werden, ohne daß sie einer Entscheidung von oben bedurft hätte; diese blieb rein formal. In anderen Verwaltungen war die

Entscheidung dagegen die zentrale Voraussetzung, ohne die die Einführung gar nicht in Gang kam.

"Der entscheidende Impuls für die Reorganisation war dann nach der Präsentation des Textverarbeitungs-Gesamtkonzepts durch den Herrn A. vor dem Gesamtvorstand erfolgt. Auch wenn er die ganze Zeit vorher bei der Direktion vorstellig geworden war und mitgeteilt hatte, wie die Situation katastrophal sei, hat die Direktion damals nichts unternommen. Nun, mit einem Mal, war die Direktion dafür. Nach dieser Präsentation hat es dann geheißen, daß dieses Konzept schlagartig eingeführt werden solle, denn nun war denen wohl auch klar geworden, daß das Kind nicht nur in den Brunnen gefallen, sondern eigentlich schon ersoffen war. Natürlich ging dann die Realisierung nicht von heute auf morgen, wenn erst einmal soviel verratzt war. Aber jetzt ließ sich wenigstens etwas machen, weil die Unterstützung von oben da war. Nachdem die Unterschriften auf dem Vorstandspapier waren, war es gelaufen. Jedem war klar, daß eine Vorstandsentscheidung eine Vorstandsentscheidung ist. Jetzt stehen alle dahinter, niemand wagt mehr abzublocken." (Fachabteilungsleiter).

Diese Unterschiede im Stellenwert der Entscheidung für den Prozeß lassen sich erklären, wenn man sie auf die jeweiligen betrieblichen Legitimations- und Durchsetzungsbedingungen bezieht. Die formale Entscheidung von oben war dort umso wichtiger, wo die an der Einführung der Organisierten Textverarbeitung interessierte(n) Stelle(n) ihr Interesse gegenüber anderen Interessen legitimieren mußte(n), die Widerstände gegen die Maßnahmen weitverbreitet waren, die Durchsetzungsmacht der einführenden Stelle(n) dagegen nur gering war. Dies war typisch für die Situation einer zentralen Organisationsabteilung Mitte der 70er-Jahre, die einen zentralen Schreibdienst einrichten wollte. In diesen Fällen erleichterte der Beschluß der obersten Leitungsebene die Einführung; Widerstände konnten abgeblockt oder neutralisiert werden; der ganze Prozeß wurde erheblich beschleunigt. Vor dem Hintergrund dieser besonderen historischen Handlungskonstellation muß auch die immer wieder vorgebrachte Feststellung gesehen werden, daß für das Gelingen der Organisierten Textverarbeitung die eindeutige positive Stellungnahme der Geschäftsleitung von entscheidender Bedeutung sei.

Das Extrem zu dieser Handlungskonstellation stellen jene Verwaltungen dar, in denen die Entscheidung der Geschäftsleitung rein formalen Charakter hatte. Hier waren die Legitimations- und Durchsetzungsnotwendigkeiten für die Promotoren der Organisierten Textverarbeitung sehr viel schwächer ausgeprägt, was nicht zuletzt auch mit der verfolgten organisatorischen Lösung problem- und aufgabenbezogener, bereichs- oder abteilungsbegrenzter Textverarbeitungskonzepte zusammenhing.

10. Die Auswirkungen

> "Wenn die Sachbearbeiter und die Schreib-
> kräfte stur nach den Regeln arbeiten
> würden, dann würde der Laden überhaupt
> nicht mehr laufen." (Sachbearbeiter)

Zwischen dem Einführungsprozeß Organisierter Textverarbeitung und seinem Ergebnis, so lautete unsere Ausgangsthese, besteht ein enger Bezug: Wie ein Schreibdienst aussehen wird,
hängt wesentlich davon ab, wie er entsteht, oder umgekehrt: Bestimmte Entstehungsprozesse führen zu typischen Ergebnissen.
In unserer Darstellung des Ablaufs der Einführung Organisierter Textverarbeitung wurde immer wieder dieser Zusammenhang deutlich. Für diesen Zusammenhang erwies sich weniger
der Grad der Perfektion von Planung und Durchführung als vielmehr deren Bezogenheit auf innerbetriebliche Macht- und Interessenkonstellationen bestimmend. Dies war in allen von uns
untersuchten Verwaltungen feststellbar; andere Verallgemeine-
rungen dagegen erscheinen kaum möglich. Denn wir trafen auf
sehr unterschiedliche Einführungsprozesse mit sehr unterschiedlichen Ergebnissen, vor allem auch für die betroffenen Schreibkräfte und Sachbearbeiter.

Wir wollen nun den Zusammenhang zwischen Entstehungsprozeß
und Ergebnis zusammenfassend am Beispiel des zentralisierten
Schreibdienstes darstellen, wobei wir den Schwerpunkt auf die Auswirkungen des Ergebnisses legen. Dieses Beispiel kann nicht als
typisch für den Ablauf der Einführung Organisierter Textverarbeitung gelten, denn wir fanden die darin aufgezeigte Konstellation nur
in einigen der von uns untersuchten Verwaltungen. Wir haben dieses
Beispiel trotzdem gewählt, weil hier der Zusammenhang zwischen
Entstehungsprozeß und Ergebnis dadurch besonders deutlich wird,
daß hier Legitimations- und Durchsetzungsaspekte im Vordergrund
standen - was immerhin typisch war für die Situation von zentralen
Organisationsabteilungen in der Mitte der 70er-Jahre.

Die Einführung war bestimmt durch die Organisationsabteilung. Sie war der eigentliche Initiator des Projekts. Ihre
Interessen daran waren geprägt durch ihre Stellung im betrieblichen Machtgefüge. Die sich daraus ergebenden Legitimations-
und Durchsetzungsnotwendigkeiten schlugen sich in dem gesamten Ablauf und in der Formulierung des Konzepts nieder. Ergebnis war ein arbeitsorganisatorisches Konzept, das vorrangig von

der Zielsetzung zentraler Kontroll- und Steuerungsmöglichkeiten bestimmt war und das den quantifizierbaren Nachweis des Erfolgs ermöglichte: die Anschlagsleistung pro Schreibkraft, die errechneten Kosten pro Briefseite. Bei der Umsetzung in die betriebliche Praxis wurden dann Anpassungen des Konzepts vorgenommen, wobei aber nicht etwa die spezifischen Bedingungen und Erfordernisse der Arbeitswirklichkeit, sondern eher betriebliche Einfluß- und Machtstrukturen berücksichtigt wurden. Folge waren Einschränkungen der Kompetenzen der Schreibdienstleitung, Ausnahmeregelungen.

Die negativen Konsequenzen einer unzureichenden oder mangelnden Kompetenzausstattung der Schreibdienstleitung blieben jedoch solange verdeckt, wie eine mächtige zentrale Organisationsabteilung hinter dem zentralen Schreibdienst stand; erst in dem Augenblick, in dem er sich selbst überlassen war, wurde die Diskrepanz zwischen den für die Erfüllung einer zentralistischen Aufgabenstellung notwendigen Kompetenzen und den de facto zugewiesenen Kompetenzen offenkundig. Dann allerdings wurden die auftretenden Schwierigkeiten nicht etwa auf die organisatorischen Mängel zurückgeführt, sondern sie konnten der Schreibdienstleitung und ihren mangelnden Führungsqualitäten angelastet werden.

Die Arbeitssituation in diesen Schreibdiensten widersprach ziemlich genau dem Anspruch der Organisierten Textverarbeitung, die ja zu einer Verbesserung nicht nur der Effizienz, sondern auch der Arbeits- und Beschäftigungsbedingungen der Schreibkräfte führen sollte.

Sie war gekennzeichnet durch:

- Intensivierung der physischen und psychischen Beanspruchungen;
- Leistungsdruck;
- Bedeutungsentleerung der Arbeit, Fehlen des sinnvollen Bezugs zum Arbeitsinhalt;
- geringe Möglichkeiten, Eigeninitiativen zu entwickeln, die Arbeit selbst zu gestalten;
- Entqualifizierung, indem alle nicht anschlagsbezogenen Arbeiten nicht zählen;
- Eingeschlossensein in eine von der übrigen Verwaltung abgetrennte Ghettosituation, reduzierte Aufstiegsmöglichkeiten. (74)

Die Schreibkräfte reagierten auf die restriktiven und schlechten Arbeitsbedingungen mit Verhaltensweisen, die nun ihrerseits die Leistungsfähigkeit des Schreibdienstes reduzierten:

- Mechanisches Abschreiben, ohne mitzudenken, Diktatfehler auszugleichen, über mögliche Fehler im vorgegebenen Text nachzudenken;
- Leistungsbegrenzung, d. h. Beschränkung des eigenen Arbeitsvolumens auf das vorgegebene Soll, auch in besonderen Notsituationen;
- geringe Hilfsbereitschaft, Kolleginnen bei der Arbeit zu helfen;
- Erhaltung eines gewissen Stapels von Rückständen, um sich vor der Zuweisung zusätzlicher Arbeiten zu schützen.

Schwerwiegende Folge der restriktiven und unbefriedigenden Arbeitsbedingungen war die drastische Verschlechterung der Rekrutierungssituation: Qualifizierte Schreibkräfte waren immer weniger bereit, unter solchen Bedingungen zu arbeiten. (75) Dies trug zu einer weiteren Qualitätsverschlechterung der geleisteten Arbeit und der Attraktivität solcher Schreibdienste bei.

Konsequenz dieser Reaktion der Schreibkräfte, der allgemeinen Demotivation wie der ungünstigen Rekrutierungssituation war, daß die 'Anschlagsfabriken' die ihr zugewiesenen Aufgaben nur unbefriedigend erfüllten, mochten auch die vorgegebenen Anschlagsleistungen eingehalten werden.

Paradoxerweise führten nun solche Reaktionsweisen, die man als Rache der Basis bezeichnen könnte, nicht zu einem Überdenken des gewählten arbeitsorganisatorischen Ansatzes, sondern wurden gerade als Beweis für dessen Richtigkeit gewertet, vor allem auch für die Notwendigkeit verstärkter Restriktionen (76): Leistungserfassung, Sollvorgaben, verstärkte Kontrollen und Aufsicht, etwa bezüglich der Einhaltung von Pausen, Prämienentlohnung. Durch all dies sollte die erwünschte Leistung erzwungen werden. Aber das Ergebnis war voraussehbar: Weitere Demotivation, Fluktuation, erhöhter Krankenstand, Verschlechterung der Arbeitsqualität - der Negativkreislauf war perfekt!

In einem zentralen Schreibdienst traten Schwierigkeiten bei der Erfüllung des Prinzips 'Jede schreibt für jeden' auf: Die Schreibkräfte schrieben weiter für die Sachbearbeiter, für die sie schon vor Errichtung des zentralen Schreibdienstes gearbeitet hatten. Es kam teilweise zu Rückständen. Daraufhin wurden Leistungserfassung und Sollvorgaben eingeführt. Aber statt die bestehenden Schwierigkeiten zu beseitigen, verschärften sie diese noch: Hatten die Schreibkräfte die tägliche Sollvorgabe erreicht, waren sie nur selten bereit, noch für andere Sachbearbeiter zu schreiben. Es wurde sodann Prämienentlohnung eingeführt. Ergebnis: Die Schreibkräfte schrieben nur noch für 'ihre' Sachbearbeiter, Aushilfen fanden überhaupt nicht mehr statt, weil sie nur durch das Schreiben von ihnen bekanntem Schriftgut auf ihre Prämien kamen. Darüberhinaus erreichte der Krankenstand eine Quote von 32 %. Um hier Abhilfe zu schaffen, plane man, so berichtete uns der Verwaltungsdirektor, nicht etwa die Abschaffung von Prämienentlohnung und Sollvorgaben, sondern sofern der Betriebsrat hier mitmache, eine Sonderprämie für Schreibkräfte, die nicht oder nur selten krank wären.

Teil dieses circulus vitiosus ist das Auseinanderklaffen zwischen Sein und Schein, zwischen den statistischen Leistungsdaten und der tatsächlichen Leistungskraft solcher Schreibdienste; zwischen den formal bestehenden Arbeitsregelungen und dem tatsächlichen Arbeitsgeschehen; zwischen der rechnerischen Arbeitskapazität und den langen Durchlaufzeiten, den ständigen Rückständen. Teilweise führte diese Scheinhaftigkeit zu kuriosen Mischsystemen, in denen unter dem formalen Gerüst eines zentralisierten Schreibdienstes sich Kooperationsformen und Arbeitsabläufe des alten dezentralen, naturwüchsigen Zustands erhielten. Solche Mischsysteme fanden wir vor allem dort, wo man zwar eine zentralisierte Organisationsstruktur 'erlassen', nicht aber für eine entsprechende Kompetenzzuweisung gesorgt hatte. Wenn solche Mischsysteme noch einigermaßen funktionieren, dann nicht wegen sondern trotz des formalen Regelwerks und der Bereitschaft der Beschäftigten, dieses zu unterlaufen.

In einem Unternehmen mit einem zentralen Schreibdienst verstießen die Beschäftigten folgendermaßen gegen das bestehende Regelwerk:

- Die Regelung, daß jede Schreibkraft alles schreibt, wurde von allen unterlaufen und "alle fühlen sich wohl dabei".

- Es war vorgesehen, daß die Sachbearbeiter ihr Schriftgut selber zum Schreibzimmer brachten, einen Botendienst gab es nicht. War das Schriftgut fertig, sollte der Sachbearbeiter vom Schreibzimmer aus angerufen werden.

Stattdessen organisierten die Schreibkräfte selber nach täglicher Absprache eine Art Botendienst, damit das Schreibzimmer nicht ununterbrochen gestört wurde.

- Alles sollte diktiert werden, auch Formulare, Akten sollten beim Sachbearbeiter bleiben. Der selbstorganisierte Botendienst nahm auch Akten und Vorgänge mit in das Schreibzimmer, die Schreibkräfte suchten sich daraus die notwendigen Daten. Formulare wurden grundsätzlich nicht diktiert.

"Unter der Hand machen wir das eben einfach so, wie es für unsere Arbeit besser ist. Allerdings steht und fällt das Ganze hier mit den Gruppenleiterinnen. Die da unten setzen sich souverän über all die Verordnungen weg. So können wir das informell regeln, was die BO vom grünen Tisch aus plant. Man kann schon sagen, daß wir hier loyal sind, loyal gegen oben." (Sachbearbeiter).

Durch informelle Kooperationsformen wurden also die formal bestehenden Regelungen stillschweigend außer Kraft gesetzt und auf diese Weise sozusagen subversiv eine Anpassung an die Erfordernisse der Arbeitswirklichkeit vorgenommen. Diese Anpassung wiederum stellte aber einen spezifischen Eigenbeitrag der Arbeitskräfte dar, ohne den das System zusammenbrechen würde. Pointiert formuliert: Wenn sich die Arbeitskräfte wirklich so verhielten, wie es die Prämissen einer restriktiven und arbeitsteiligen Arbeitsorganisation ihnen eigentlich unterstellen, dann würde diese auch nicht einen Tag funktionieren. Dieser 'systemwidrige' und unbezahlte Eigenbeitrag der Arbeitskräfte ist jedoch nicht nur mit besonders hohen Belastungen verbunden, weil der Umgang mit sinnwidrigen Arbeitsregelungen meist zusätzlichen Arbeits- und Zeitaufwand erfordert und zudem stets die Gefahr besteht, daß ein Fehler auf dieses subversive Unterlaufen zurückgeführt werden kann. Sein besonders tückischer Nebeneffekt liegt darin, daß er von den Beschäftigten subjektiv auch noch als Gratifikation empfunden wird, weil der erbrachte Eigenbeitrag unter Umständen in der reglementierten Arbeitssituation als Rest von Anreicherung, von Möglichkeiten zur Eigengestaltung, von direkter Kooperation erfahren wird.

Durch das regelwidrige Verhalten, mit dem die Beschäftigten das System am Laufen erhielten, blieben vielfach die Planungsdefizite und -fehler unaufgedeckt. Ob das entwickelte Konzept sich für das Unternehmen und die Aufgabenteilung auch tatsächlich als 'richtig' erwiesen hatte, wurde nicht geprüft; Haupt-

sache, die prognostizierten Einsparungseffekte stellten sich ein.
Stehen legitimatorische Interessen im Vordergrund, ist es nur
konsequent, daß eine 'Nachsteuerung' oder eine Nachbetreuung
entfällt. Traten Schwierigkeiten auf, waren dafür die Schreibdienstleitung und die Schreibkräfte verantwortlich, nicht aber
eine wirklichkeitsferne, formale Planung, die weniger an der
Arbeitswirklichkeit als an Machtgesichtspunkten und Einzelinteressen orientiert war.

Wir stellten eingangs fest, daß die hier beschriebenen Zusammenhänge nicht für alle Verwaltungen, die wir besuchten, zu-
trafen. Wir haben ein Extrem beschrieben, nicht aber einen
skurrilen Einzelfall. Die skizzierten Schwächen und Probleme
können als symptomatisch betrachtet werden für die Ursachen
dessen, was man als Krise der zentralisierten Textverarbeitung
bezeichnen könnte. Die Diskussion um alternative Formen der
Arbeitsorganisation, etwa die 'dynamische Gruppe', macht das
Unbehagen an dem orthodoxen, zentralistischen, arbeitsteiligen
Konzept, an dem die Organisierte Textverarbeitung ursprünglich orientiert war, deutlich. Fest steht aber - und dies wurde
in den bisherigen Diskussionen weitgehend vernachlässigt -,
daß die Realisierung solch alternativer Konzepte der Textverarbeitung auch Rückwirkung auf deren Entstehungsprozeß haben muß. Mit perfekten Planungen vom grünen Tisch zentraler
Organisationsabteilungen lassen sie sich offensichtlich nicht
verwirklichen. Nicht nur die Planungsziele, auch die Planungs-
verfahren selbst müssen anders werden.

11. Die Zeit nach der Umstellung

> "Ich bin davon überzeugt, wenn man
> wüßte, es gibt eine Nachkontrolle, die
> wirklich überprüft, was wir uns vorher
> ausgerechnet haben, dann bliebe manches
> Holz unzersägt." (Textverarbeitungs-
> organisator).

Gegenstand unseres Forschungsinteresses war der Einführungsprozeß der Organisierten Textverarbeitung und sein Ergebnis.
Die Projektökonomie erforderte, daß wir uns relativ enge Be-
grenzungen auferlegten: Wir verzichteten auf eine ausgedehn-
tere Auseinandersetzung mit der Vorgeschichte; als 'Ergebnis'
faßten wir jenen Zustand, der bei Projektende erreicht wurde.
Solche Begrenzung ist natürlich künstlich und unbefriedigend.
'Ergebnis' des Einführungsprozesses ist nicht ein Zustand, sondern seinerseits ein Prozeß, in dem nicht nur der Rationalisierungsprozeß fortgesetzt wird, sondern der auch gesehen werden kann als die Anpassung bestehender betrieblicher Strukturen an die Neuerung und die Anpassung der Neuerung an bestehende betriebliche Strukturen. So lohnend und wichtig es gewesen wäre, diesen Prozeß weiterzuverfolgen, es hätte den uns
vorgegebenen Rahmen gesprengt. Wir können hierzu nur An-
merkungen anfügen und einige weitgehend unsystematische Beobachtungen wiedergeben, die keinesfalls den Anspruch einer
wirklichen Auseinandersetzung mit dem Problem der Folgen-
entwicklung beinhalten.
Weiterentwicklungen nach der Einführung der 'Textverarbeitung' waren in vielen der besuchten Verwaltungen erkennbar,
wenn auch in sehr unterschiedlicher Richtung und Stärke.

In einigen Verwaltungen waren die eingerichteten Schreibdienste über längere Zeiträume ziemlich unverändert geblieben, in den meisten hatten sich aber erhebliche Entwicklungen vollzogen. Zum Teil hatte sich das ursprünglich konzipierte Organisationsmodell zurückentwickelt, war sozusagen degeneriert, etwa zu den beschriebenen Mischsystemen; zum Teil hatte die 'Textverarbeitung' sich ausgewei-
tet, neue Bereiche übernommen, sich in einer Art Zell-
teilung vervielfältigt, neue Technologien waren eingeführt
worden und mit ihnen Veränderungen in den Bearbeitungsverfahren.

In welche Richtung diese Entwicklungen liefen, dürfte vielfach von sehr personenbezogenen Gegebenheiten abgehangen haben - etwa ob sich eine tüchtige und couragierte Schreibdienstleiterin fand oder nicht. Häufig verwiesen die Folgeentwicklungen aber auch auf jene Ebene, die sich schon als für das Verständnis der Einführung wichtig erwiesen hat: die betriebliche Handlungskonstellation.

In manchen Verwaltungen schien uns die Folgeentwicklung vor allem innerbetriebliche Interessenauseinandersetzungen und Machtverhältnisse zu spiegeln. Einzelnen Diktanten oder Abteilungen gelang es, die neue Ordnung zu unterlaufen, alte Privilegien wieder herzustellen; starken Organisationsabteilungen gelang es, weitere Bereiche einzubeziehen, den Aufgabenbereich des Schreibdienstes auszuweiten.

Manchmal vermittelten diese macht- und interessenbezogenen Auseinandersetzungen den Eindruck, daß es sich hier um 'Rückfälle' in die alte Naturwüchsigkeit der Organisationsentwicklungen handelte. Mag dies auch übertrieben sein, so kann doch allgemein gelten, daß die Systematik des Vorgehens bei der Konzipierung und Implementierung der Organisierten Textverarbeitung nach dem Abschluß des Projekts oder der Einführung keine Fortsetzung fand.

Systematische, geplante Weiterentwicklungen waren eher die Ausnahme denn die Regel. In vielen Verwaltungen aber war erkennbar, daß man sich mit gezielten Korrekturen doch recht schwer tat - bezeichnenderweise gerade in solchen, wo die Textverarbeitung ein ungeliebtes Kind war, das man nur mühsam und nach vielen Wehen zur Welt gebracht hatte. Vor allem fanden wir nur selten Korrekturen, die nicht Konzessionen an bestehende Macht- und Einflußstrukturen waren, sondern Ergebnis systematischer Analysen, konsequente Reaktion auf funktionale Defizite der Neuerung.

In einigen Verwaltungen hatte man Versuche, einen zentralisierten Schreibdienst einzuführen, nach einiger Zeit aufgegeben und war mehr oder minder wieder zu dem alten dezentralisierten Zustand zurückgekehrt. Dabei handelte es sich nicht um Korrekturen im Sinne gezielter Versuche, einen unbefriedigenden Zustand zu verbessern, sondern um Reaktionen auf ein offenkundiges Scheitern bzw. die nachträgliche Durchsetzung von Widerständen, die gegen das Projekt bestanden.

In anderen Verwaltungen bestanden Schreibdienstlösungen, die allgemein als unbefriedigend empfunden wurden, weitgehend unkorrigiert fort.

Besonders augenfällig war das Fehlen gezielter Korrekturen bei Neuanschaffungen. Viele der beschafften Schreibsysteme oder anderen Maschinen waren ja, wir haben schon mehrmals darauf verwiesen, eindeutige Investitionsruinen, die kaum oder nicht zweckentsprechend genutzt wurden. Meist war dies offenkundig und bekannt. Trotzdem wurden keine Konsequenzen gezogen. Dies hatte zum Teil natürlich damit zu tun, daß man durch Leasing-Verträge gebunden war. Aber auch dort, wo Anschaffungs-Entscheidungen, vielleicht auch unter gewissen Kosten, korrigierbar gewesen wären, unterblieb dies oft.

"Das ist unser teuerstes Spielzeug", sagte die Sekretärin des Hauptabteilungsleiters, als wir im Vorzimmer warteten und das Telefaxgerät bewunderten. "Das benutze ich vielleicht dreimal im Monat. Aber das Ding ist ja nun mal da, so schnell wird das nicht wieder wegkommen."

Am ehesten wurde versucht, durch Anpassung im Umfeld eine Auslastung zu erreichen. Damit stellt sich eine kuriose Umkehrung der Zielsetzungen ein: Nicht die Kapazität der Maschine hat der Erledigung von Arbeitsvorgängen zu dienen, sondern die Organisation der Arbeitsvorgänge ist an der Auslastung der Maschinenkapazität ausgerichtet.

In einer schreibintensiven Großverwaltung wurde eine sehr leistungsfähige, aber auch sehr teure Druckanlage angeschafft. Diese erwies sich dann allerdings als für das anfallende Volumen als überdimensioniert. Organisatorische Maßnahmen waren nun im weiteren daran orientiert, wie sie zur Auslastung dieses Molochs beitragen könnten. So wurde geplant, den offensichtlich gut arbeitenden Schreibdienst, der bereits weitgehend mit Schreibsystemen ausgerüstet war, aufzulösen und das Schriftgut 'irgendwie' über die Druckanlage zu bearbeiten.

"Der eigentliche Ausgangspunkt scheint mir zu sein, daß sie dieses Riesending angeschafft haben. Die ist ein absolutes Minusgeschäft, die kann von uns gar nicht ausgelastet werden, die ist ein paar Nummern zu groß. Nun muß man sich was einfallen lassen, da steht man im Zugzwang. Es gibt nur die Frage: entweder auslasten oder weg. Da versucht man mit allen Mitteln, das Ding vollzukriegen. So kam das dann, daß der neue EDV-Chef auf die Ideee kam, wenn wir das ganze Schriftgut auf die Anlage überführen, dann ist das Ding ausgelastet." (Organisator).

Die Legitimation einer einmal getroffenen (Fehl-)Entscheidung wird zur Maxime der weiteren Planung. Um den vielen 'Management by-.....'-Formeln noch eine hinzuzufügen: 'Management by legitimation'.

Solches Ausbleiben von Korrekturen wurde erleichtert dadurch, daß eine Nachkontrolle im eigentlichen Sinn in keinem der von uns untersuchten Umstellungsfälle stattgefunden hat. Wir begegneten zwar des öfteren Zahlenwerken, durch die der 'Erfolg' der Umstellung nachgewiesen werden sollte. Meist handelte es sich um Gegenüberstellungen der vorher und nachher geleisteten Anschlagszahlen bzw. um Aufstellungen eingesparter Planstellen. Nachkontrollen waren dies aber nicht, sondern Erfolgsnachweise, die sich die Promotoren der Umstellung selbst ausstellten. Einer wirklichen Überprüfung der vorab auf der Basis von Ist-Analysen gemachten Berechnungen begegneten wir in keinem Fall.

Auf das Fehlen solcher Nachkontrollen wurden wir selbst von einigen unserer Gesprächspartner hingewiesen.

"Ich habe meinen Boß gefragt, wer denn unsere Berechnungen später nachprüft, und der hat mir ehrlich gesagt: 'Keiner'. Eine solche Kontrolle gehörte auch ganz hoch aufgehängt, bei der Geschäftsleitung. Natürlich haben wir auch einen Controller, aber der macht lediglich Budget-Kontrolle, der vergleicht die Etatansätze, die geplant waren, und was tatsächlich verbraucht wurde. Der macht keine Erfolgskontrolle der Rationalisierung im eigentlichen Sinne. Der schaut nur nach, ob der Etat wächst und warum, unter Umständen gibt er auch Hinweise auf Rationalisierungsmöglichkeiten." (Organisator).

"Wir haben den Nutzungsgrad der Texthandbücher kontrolliert, den Auslastungsgrad der Bildschirme, wieviel über Phono angesagt wurde und ob die Diktatregeln eingehalten werden. Aber wir haben alles selbst gemacht, und das waren ja auch nur einzelne Vorgaben, die wir da überprüft haben. Eigentlich müßte es einen Revisor geben, der die Ziele mit den Ergebnissen vergleicht. Aber dazu ist die Revision bei uns nicht in der Lage, die können das fachlich gar nicht beurteilen. Die sind darauf gedrillt, einzelne Vorgaben abzuhaken: Auslastungsgrad einer Maschine oder so. Aber dieser Abhak-Mechanismus versagt gegenüber so einer umfassenden Organisation. Eigentlich müßten die da ja eine Philosophie kontrollieren. Da ist echt eine Lücke im System." (Organisator).

"Bei solchen Projekten ist es doch immer dasselbe: Es wird geplant, es werden Prämissen aufgestellt, es wird eine Kosten- analyse durchgeführt und es werden Einsparungen errechnet. Dann wird eingeführt - eine Kontrolle der wirklichen Ergeb- nisse erfolgt nicht mehr. Das, was vorher behauptet wurde, wird nicht noch einmal nachvollzogen. Die Behauptung steht für die Realität; da gibt es dann keine Weiche mehr: Ich brau- che Geld für eine Rationalisierung, ich muß genau nachwei- sen, wozu ich das Geld brauche und daß die Investition sich lohnt, d.h. zu Einsparungen führt. Der, der mir das ge- nehmigt hat, der verlangt dann später nie mehr Rechenschaft darüber, ob sich das wirklich gelohnt hat. Das ist im System nicht vorgesehen. Wenn sich wirklich erweisen sollte, daß die Berechnungen, von denen man ausgegangen ist, nicht zu- getroffen haben, dann müßte man ja das Projekt abdrehen, und das wäre doch eine Prestigeeinbuße für alle Beteiligten." (Leiter der Textverarbeitung).

Die am Projekt Beteiligten, so ließe sich der Tenor dieser und ähnlicher Äußerungen auf eine Formel bringen, sind nicht daran interessiert, den 'Erfolg' der von ihnen getragenen Maßnah- men in Zweifel zu ziehen, Außenstehende sind kaum in der Lage, diesen wirklich zu überprüfen. Im formalisierten Verwaltungs- geschehen bleibt auch die Kontrolle formal und kann unterlaufen werden, solange der Schein gewahrt bleibt.

"Wenn es mir nur gelingt, das rhetorisch überzeugend dar- zustellen, dann kann ich am grünen Tisch ewig lang bewei- sen, daß das Ding läuft, und keiner steigt dahinter." (Organisator).

Nichts scheint den Charakter von Ist-Analysen und Wirtschaftlich- keitsberechnungen als Durchsetzungsinstrumente besser zu il- lustrieren als dieses Fehlen von Nachkontrollen, durch die ja eigentlich der ganze Aufwand von Erhebungen und Berechnungen seine Berechtigung erfahren müßte. Eben jener Durchsetzungs- aspekt aber wirkt auch nun, nach der gefällten Entscheidung, weiter und macht sie schwer korriegierbar. Ein Abrücken von dem unter Umständen schwer erkämpften Ergebnis käme einem Gesichtsverlust gleich.
   Gerade die Arbeitsteiligkeit der Entscheidungsverfahren mag zu der mangelnden Korrekturfähigkeit beigetragen haben: aus dem Kreis der an der Entscheidung Beteiligten wird ein Klub zu

deren Verteidigung, ein "Kartell zur Verhinderung der Wahrheitsfindung", wie es einer unserer Gesprächspartner nannte.

Ein klassisches Beispiel, wie sehr 'Theorie' und Praxis dank solcher Zensur- und Verdrängungsprozesse auseinanderklaffen können, fanden wir in einer Bank, wo man uns in der Zentrale recht stolz von der Entwicklung eines Organisationskonzepts berichtete, das man als zukunftsweisend betrachte. Man habe dies bereits in einer Filiale realisiert. Diese solle im weiteren als Modell dienen. Unser Besuch in der Filiale, Gespräche mit Filialleiter, Sachbearbeitern, Schreibkräften ergaben ein Bild, das mit dem geschilderten Modell kaum in Einklang zu bringen war. Unsere Rückfragen in der Zentrale lösten dort Überraschung aus. Ein Mitarbeiter der Organisationsabteilung, mit dem wir uns einige Zeit später unterhielten, schilderte uns das Zustandekommen dieser Informationslücken. "Ich habe mir die Berichte angeschaut. Die in der Filiale waren schon unter Zugzwang, die mußten natürlich melden: 'Bei uns läuft es.' Aber immerhin konnte man da noch erkennen, daß sie das nicht ganz so machen, wie wir das geplant hatten. Aber von Ebene zu Ebene wurden die Berichte immer glatter, und am Schluß war das eben das 'Modell'. Das kann natürlich katastrophale Auswirkungen haben."

Angesichts solcher Blockaden fällt es schwer, von einem Trial-and-Error-Verfahren zu sprechen, durch das der Entwicklungsprozeß in der Verwaltung gesteuert werde. Dieses setzte ja Lerneffekte voraus, d.h. eine systematische Verarbeitung einmal gemachter Fehler. Dies hieße auch, daß der gleiche Fehler nicht häufiger gemacht werden dürfte. Dies ist nicht der Fall. Wir waren im Gegenteil beeindruckt von der Fähigkeit der Betriebe, gleiche Fehler immer wieder zu machen, und zwar gerade die gleichen Fehler. Man möchte fast sagen: Jeder Betrieb hat seine Fehler, auf die er eingespielt ist. Es wäre verlockend, eine Typologie von Verwaltungen zu schreiben nach der Art der Fehler, die in ihnen vorwiegend gemacht werden.

Bei der rückschauenden Bewertung der Einführung eines zentralen Schreibdienstes meinte der Organisator, ein Kardinalfehler sei gewesen, daß man die Schreibkräfte und vor allem die Schreibdienstleiterin ungenügend und zu spät miteinbezogen habe. Daran sei man damals fast gescheitert. Ein Besuch bei der Schreibdienstleiterin ergab, daß man gerade die Anschaffung eines neuen Schreibsystems plane, sie aber nicht einbezogen sei. Diese Angabe wurde dann vom Organisator bestätigt.

Solcher Wiederholungszwang, solche Affinität zu bestimmten 'Fehlern' erscheinen einsichtig, wenn man in ihnen nicht nur das Resultat von Inkompetenz und mangelnder Sorgfalt sieht, sondern sie als systematischen Ausdruck betrieblicher Verhältnisse, unter anderem von Handlungskonstellationen, begreift. Es ist nur konsequent, wenn diese sich immer wieder in ähnlicher Weise im Handeln der betrieblichen Akteure niederschlagen.

Unsere Darstellung der Folgeentwicklung mag überzogen und einseitig erscheinen; tatsächlich bedürfte sie der Korrektur durch eine Beschreibung jener Fälle, denen wir auch begegneten, wo ein Schreibdienst systematisch und gezielt weiterentwickelt und den sich verändernden Anforderungen angepaßt wurde. Es kam uns hier vor allem darauf an, die Nachwirkungen des Stils des Rationalisierungsvorgehens zu charakterisieren, den wir bei unserer Analyse des Einführungsprozesses kennengelernt haben: eines stark an Legitimations- und Durchsetzungsaspekten ausgerichteten Rationalisierungsansatzes. Es kam uns weiter darauf an, zu verdeutlichen, daß diese Art des Vorgehens nicht nur das 'Ergebnis' vorstrukturierte, sondern auch wesentlich die weitere Entwicklung.

Es wäre nun verführerisch, im einzelnen den Querbezügen nachzugehen, die zwischen diesen Beobachtungen und dem Verlauf von Rationalisierungsabläufen in Verwaltungen bestehen mögen. Wie wirkt sich die eingeschränkte Korrekturfähigkeit von Verwaltungen aus? Hat die Schwerfälligkeit und Sprunghaftigkeit, die viele Rationalisierungsprozesse im Verwaltungsbereich kennzeichnet, unter Umständen auch hier eine Erklärung? Wir können es hier nur bei diesen Fragen belassen. Ihre Beantwortung bedürfte nicht nur einer genaueren Kenntnis der Zusammenhänge, die wir hier nur andeutungsweise beschreiben konnten; sie würde vor allem auch eine erheblich längere Auseinandersetzung erfordern, als sie hier geleistet werden kann.

Exkurs 1: Promotor, Change Agent

In der wissenschaftlichen Diskussion um betriebliche Innovationsprozesse kommt den Konzepten des Promotors und des Change
Agents große Bedeutung zu. Wir wollen uns nun abschließend,
auf der Grundlage unserer Auseinandersetzung mit dem Einführungsprozeß Organisierter Textverarbeitung, kurz damit befassen, wie fruchtbar sich diese Konzepte für das Verständnis des
Einführungsprozesses erwiesen haben.

Von besonderem Interesse ist hier die Unterscheidung von
Macht- und Fachpromotor. (77) Betriebliche Innovationsprozesse
werden danach klassifiziert, ob sie von Fach- oder Machtpromo-
toren bzw. von beiden gemeinsam vorangetrieben werden; Innovationsprozesse, die sowohl von einem Fach- als auch einem
Machtpromotor getragen werden, haben am ehesten Aussicht auf
Erfolg. Dabei wird 'Erfolg' mit der Reichweite der getroffenen
Innovationsentscheidung gleichgesetzt, wozu wiederum die Größe
der Investitionssumme als Maßstab gilt. Wir wollen uns hier nicht
damit auseinandersetzen, wie zulänglich dieses Kriterium ist -
der Ansatz scheint uns symptomatisch für eine Betrachtungsweise,
wie sie in der Betriebswirtschaft vielfach zu finden ist: Innovation erscheint an sich als Positivum. Die Frage, wie notwendig
und angemessen sie war, rückt in den Hintergrund. Auch die
Frage, wohin eine solche Allianz von Fach- und Machtpromotor
führt, wie weit sie fremde Reißbrettlösungen befördert ohne das
heilsame Gegengewicht korrigierender Kontrolle, tritt in solcher
Betrachtungsweise kaum auf.

Auf den ersten Blick scheint sich die Gegenüberstellung von
Fach- und Machtpromotor gut in die von uns gemachten Erfahrungen zu fügen. Die Geschäftsleitung als Machtpromotor, der Organisator als Fachpromotor, wenn beide an einem Strang ziehen,
geht die Einführung Organisierter Textverarbeitung reibungslos
vonstatten, die volle Entsprechung zu den Witteschen Feststellungen scheint gegeben. Bestätigt unser Konzept der Interessen-
pluralität nicht solch personenbezogene Betrachtungweise, umso
mehr, als sie ja auch von einem Teil unserer Gesprächspartner
in den Betrieben geteilt wurde? "In jeder Verwaltung gibt es eini-

ge, wenige, die etwas bewirken; die anderen sind nur Gummi-
bärchen, mit denen gespielt wird."

Dieser Glaube an die Bedeutung der Persönlichkeit steht
häufig völlig beziehungslos neben den Erfahrungen betrieblicher
Tagesarbeit, die bestimmt werden durch die Auseinandersetzung
mit Regelungen der Zuständigkeiten, durch die Arbeitsabläufe
und -verfahren, die Menge der anfallenden Arbeit, die Möglichkeiten zur Selbstentfaltung und den Belastungen. Natürlich spielt
dabei eine Rolle, wie kooperativ und verantwortungsbereit sich
die Menschen verhalten, mit denen man zu tun hat, insbesondere
die Vorgesetzten; durch sie können Zwänge und Belastungen ver-
schärft oder gemildert werden. Aber letztlich geht man doch
davon aus, daß "wir alle in einem Boot sitzen", was hier heißt,
daß alle Teil desselben Systems sind, mit seinen Zwängen und
Restriktionen.

Auf der einen Seite also der Mythos der großen Persönlich-
keiten, der Macher, auf der anderen Seite die Übermacht des
Systems. Ein Widerspruch? Wir meinen, daß dieses Nebeneinander sich scheinbar ausschließender Interpretationsmuster betrieblichen Geschehens genau jenes komplexe Ineinanderwirken
von systematischen und personenbezogenen Momenten spiegelt,
mit denen wir uns bei der Analyse des Einführungsprozesses
Organisierter Textverarbeitung herumzuschlagen hatten.

Das Interpretationsgerüst des Promotorenmodells versperrt
genau den Blick auf eben diese Komplexität; die griffige Gegenüberstellung von Fach- und Machtpromotor erschließt nicht das
Verständnis der Besonderheiten des Innovationsprozesses in
modernen Unternehmen, sondern versperrt eher den Blick auf
wesentliche Zusammenhänge. Macht erscheint in diesem Konzept als etwas Einheitliches, eindeutig Zuzuordnendes; Entscheidungen sind isolierbare Akte, die gefällt oder nicht gefällt werden, und entsprechend kommt Innovation zustande oder nicht.

Es ist aber gerade das Ineinanderwirken von fachlich und
hierarchisch begründeter Kompetenz, das den Ablauf des Innovationsprozesses steuert. Der subtile Prozeß, in dem die Organisationsabteilung durch die Schaffung von 'Sachzwängen' die
Entscheidungen der Geschäftsleitung vorstrukturiert; die Möglichkeiten der Geschäftsleitung, diese Sachzwänge zu ignorieren
oder zu befolgen; die daraus resultierende Macht oder Ohnmacht
der Organisationsabteilung; die Rolle der Interventionen der
Fachabteilungen - all diese Momente, die die Entstehungskonstellation zentral charakterisieren, lassen sich mit dem Be-
griffspaar Fach- und Machtpromotor nicht fassen. Unberück-

sichtigt bleiben auch die Machtrelevanz der 'Sachzwänge' und ihre Tendenz, sich zu verselbständigen und damit zum Zwang auch für jene zu werden, die sie zur Durchsetzung ihrer Einzelinteressen eingesetzt haben.

So konnten wir in unserer Untersuchung bei manchem Organisator eher von einer 'grauen Eminenz' sprechen, deren Rolle charakterisiert war durch die große Diskrepanz zwischen offiziell zugeordneter und tatsächlich ausgeübter Macht. Wir waren in unseren Gesprächen bisweilen fasziniert, wie sehr das Selbstverständnis und auch die Selbstdarstellung manches Organisators an eben jenem Rollenbild orientiert war, bis hin zu jenem Fall, wo wir diesen Begriff in die Diskussion brachten und er, lächelnd, als voll zutreffend bezeichnet wurde.

Die definitive Zuordnung von 'Macht' auf bestimmte Beteiligte des Innovationsprozesses geht also vielfach an der Realität vorbei. Kennzeichen dieses Prozesses ist stattdessen, daß die reale Macht nicht ein für allemal einer bestimmten Person/Position zukommt, sondern daß im Rahmen der jeweiligen betrieblichen Handlungskonstellation wechselnde Personen/Positionen einmal mehr, einmal weniger Macht haben, d.h., wem Macht zukommt, das wechselt im Prozeß des Zusammenspiels von offiziell zugewiesenen Fach- und Entscheidungskompetenzen.

Selbstverständlich begegneten wir bei unserem Versuch, die Einführung Organisierter Textverarbeitung zu rekonstruieren, der Bedeutung der Initiative, der Durchsetzungskraft und der Risikobereitschaft einzelner Personen. Dem Bild eines 'Promotors' entsprachen jedoch nur wenige.

Symptomatisch dafür waren die Schwierigkeiten bei unseren Recherchen, den Beitrag einzelner Personen bei der Einführung Organisierter Textverarbeitung zuverlässig zu fassen. Nur in einigen, vorwiegend kleineren Betrieben war der entscheidende und dominierende Beitrag eines Einzelnen erkennbar. Vor allem in den größeren Unternehmen erwies sich dies als schwierig, schon weil wir meist von den einzelnen Beteiligten recht divergierende Darstellungen erhielten.

Denn charakteristisch für den innovatorischen Prozeß ist ja gerade seine Arbeitsteiligkeit: Impulse, die ihn vorantreiben, sind letztlich immer ein Konglomerat recht unterschiedlicher, schwer isolierbarer Beiträge.

Eigenartig berührte uns gerade auf diesem Hintergrund ein Gespräch, das wir mit einem ehemals für die Organisation zuständigen Vorstandsmitglied eines größeren Versicherungsunternehmens führten. Aus seiner Erzählung war deutlich spürbar, daß er sich in der Tat noch als 'Promotor' im eigentlichen Sinne fühlte, sozusagen als 'Organisationsunternehmer', als Erfinder, durch den die Entwicklung vorangetrieben wird. Bestimmt war dieses Gespräch durch die Einsicht, daß sein Vorgehen, so, wie er es während seiner Dienstzeit praktiziert hatte, heute nur noch schwer möglich sein würde. "Das ist heute ja alles anders geworden. Die Mitbestimmung stört mich nicht so sehr, weil sie von den Sozialisten kommt, sondern weil sie den Innovationsprozeß behindert. So, wie ich bei der Innovation vorgehe, wenn es etwas Neues zu entwickeln gilt, da können die nicht mit, zumindestens nicht gleich am Anfang, wenn jemand auf dem Reißbrett plant. Da geht es, aber nicht, wenn man stärker intuitiv vorgeht, etwas wirklich Neues entwickeln will. Der organisatorische Innovationsprozeß entsteht ja nicht auf dem Reißbrett, wie eine technische Konstruktion. Es kann nicht gehen, weil sie im Kopf entsteht. Wenn ich auf der Reise bin oder in der Kirche, im Konzert oder auf einem Spaziergang, ich denke immer darüber nach und beschäftige mich mit dem Problem, das gerade ansteht. Und plötzlich fällt mir etwas ein. Ich habe auch immer Zettel in der Tasche, da schreibe ich mir dann die Stichworte auf, so geht das dann weiter. Das geht mehr durch Intuition, danach wird das dann logisch systematisch verarbeitet. Die Intuition ihrerseits kommt wieder aus der langen betrieblichen Erfahrung, der langen Beschäftigung mit dem Problem. Die Lösung muß dann systematisch in die Praxis eingepaßt werden. Ich habe selbst alles an der Front ausprobiert. Ich bin zu der Stenotypistin oder dem Operator gegangen und habe mich mit denen unterhalten, mit ihm selbst Überlegungen ausgetauscht und ausprobiert. So hatte ich das Fachwissen, das Detailwissen, das notwendig war. Heute haben das nur noch wenige, können das auch nur noch wenige haben. Damals waren wir zwei, drei Mann im Team, heute sind das 300."

In diametralem Gegensatz zu diesem Selbstverständnis eines echten 'Promotors' steht etwa jenes des Leiters der Datenverarbeitung einer anderen Versicherung, die wir besuchten, der ebenfalls in erheblichem Maße die organisatorische Entwicklung in seinem Unternehmen, insbesondere auch die der Textverarbeitung, bestimmt hat. Hier tritt die Person ganz hinter der "Sache" zurück, d.h., der Entwicklung der Datenverarbeitung, die als logisch und "zwanghaft" vorgezeichneter Weg begriffen wird. Er spricht nicht als 'Promotor', als Erfinder, sondern als Vollstrecker einer fest vorgezeichneten Entwicklung; sein Beitrag ist nicht die Erfindung, sondern das Weitertreiben eben jener Entwicklung, deren Grundrichtung fest vorgegeben erscheint. Immer wieder taucht das Wort "zwanghaft" im Gespräch auf: "90 % der Projekte sind zwanghaft vorgezeichnet, sie müssen realisiert werden." "Das ist doch verbindlich, ich kann ja auch nicht sagen, morgen soll die Sonne im Westen aufgehen." Über ein betriebliches Verteilungsproblem: "Da müssen sich die Anwender über die Kapazitäten raufen. Sollen wir da etwa die Entscheidung treffen? Das soll am Tisch ausgehandelt werden. Aber andererseits ist der Prozeß auch zwanghaft, soviel gibt es da gar nicht mehr zum Aushandeln."

Das Konzept des 'Promotors' erscheint eher am Bild des Unternehmers des 19. Jahrhunderts orientiert, der die industrielle Entwicklung 'zu neuen Ufern' vorantreibt, dessen Werk die Firma ist, deren Erfolg von seiner Initiative abhängt. Sein unternehmerisches Handeln bestimmt den 'Fortschritt'.

In gewissem Gegensatz dazu steht das Konzept des 'Change Agent'. Dieser wird gesehen als eine Art Geburtshelfer eines Innovationspotentials, das es in der betrieblichen Praxis zu verwirklichen gilt. Statt selber Unternehmer zu sein, der die Entwicklung bestimmt, ist er eher Sachwalter, Katalysator, durch den bestehendes Veränderungspotential umgesetzt wird. Prototyp eines solchen Change Agents ist der außenstehende Berater (unter Umständen auch der Hersteller, soweit er aktiv in das betriebliche Geschehen eingreift).

Als Geburtshelfer des technischen Fortschritts erscheint der Change Agent als neutrale Instanz, ohne Eigeninteressen. Kann das Promotorenmodell als letzter Ausläufer des Persönlichkeitskults der frühen Industrialisierung gesehen werden, so spiegelt

das Konzept des Change Agents den Glauben an die sachliche Vor-
gegebenheit des 'technischen Fortschritts' wider, der mit Hilfe
des Change Agents zu seiner wahren Form kommt. Damit wird
aber auch hier das Wesentliche verdeckt: die Verstricktheit
außenstehender Berater in das Geflecht des betrieblichen Interessenpluralismus und die Interessenbezogenheit des Handelns
betrieblicher Akteure gerade auch bei der Realisierung des
Innovationspotentials.

II. TEIL:
TEXTVERARBEITUNG IM BETRIEBLICHEN KRÄFTEFELD

Der Ablauf der Einführung der Organisierten Textverarbeitung, so wurde deutlich, hängt entscheidend von den Stellen (Personen/Positionen) ab, die an der Einführung beteiligt sind. Diese Stellen wiederum müssen eingebunden in den Rahmen der jeweiligen innerbetrieblichen Handlungskonstellation gesehen werden, die bestimmt wird durch Macht- und Interessenauseinandersetzungen und die damit verbundenen Durchsetzungs- und Legitimationsnotwendigkeiten.

Die Verknüpfung der Einführung der Organisierten Textverarbeitung mit diesen innerbetrieblichen Vermittlungsmechanismen wollen wir im folgenden nicht aus der Perspektive des zeitlichen Ablaufs, sondern aus der Perspektive verschiedener Akteure darstellen und damit die - sozusagen quer zum zeitlichen Ablauf liegenden - strukturellen Komponenten des Geschehens herausarbeiten.

Im einzelnen werden wir zunächst an der Projektorganisation, wie wir sie in den Verwaltungen vorfanden, die für die Einführung der Organisierten Textverarbeitung relevanten Strukturen aufzuzeigen versuchen.

Im weiteren soll dann die Rolle einer Reihe der Akteure gesondert behandelt werden: der Betriebs- und Personalräte, der Hersteller und der externen Berater. Abschließend steht mit dem Verhältnis von Textverarbeitung und Datenverarbeitung jener innerbetriebliche Strukturzusammenhang zur Diskussion, der vor allem auch für die Einschätzung der zukünftigen Entwicklung von besonderem Interesse ist.

1. Die Projektorganisation

"Projektorganisation? Das war bei uns
der Herr Matthiesen." (Bereichsleiter)

Projektorganisation - durch sie wird bestimmt, wer was bei der
Einführung der Textverarbeitung zu sagen und zu tun hat - oder,
im Bezugssystem unseres Ansatzes: durch sie wird die betriebliche Handlungskonstellation für den spezifischen Umstellungsfall festgelegt. Indem Projektorganisation die Handlungsbedingungen für die Durchführung der Maßnahme strukturiert und
etabliert, ist sie nicht nur wichtige Voraussetzung für deren
'Erfolg', sie wird sich auch in den Zielsetzungen niederschlagen. Verkürzt ausgedrückt: Die Projektorganisation bestimmt
das Projekt - inhaltlich und prozessual.

Gemessen an dem Stellenwert der Projektorganisation überrascht das geringe Gewicht, das ihr in der Literatur zur Organisierten Textverarbeitung, die ja ansonsten gerade formalen
Aspekten große Aufmerksamkeit widmet, beigemessen wird.

Steinhilper verliert in seinem 'ABC der Textverarbeitung'
kein Wort über die Projektorganisation. (78) G. Scheloske
führt dazu aus: "Es wird zunächst eine Projektgruppe gebildet, die je nach Unternehmensgröße 6 bis 12 Monate
mit der Planung und Vorbereitung beschäftigt ist und der
Geschäftsleitung monatlich über den Arbeitsfortgang berichtet". (79)

Döring und Krüger weisen in ihrer Schrift 'Realisierung
der organisierten Textverarbeitung' darauf hin: "Wenn Sie
diese reorganisieren wollen, brauchen Sie ein sachkundiges
Team. Die beratende Tätigkeit solcher Spezialisten bieten
einige Hersteller gegen Berechnung an. Außerdem unter-
stützen Sie die betriebswirtschaftlichen Beratungsstellen
der regionalen Sparkassen- und Giroverbände". (80) Projektorganisation heißt hier also: Beratung durch die Hersteller. Im AWV-Stufenplan schließlich ist das "Ernennen
des TV-Projektleiters" der achte Schritt in der Vorgangs-
liste, wobei zwischen einem internen TV-Projektleiter

(Organisator) und einem externen TV-Projektleiter (Berater)
unterschieden wird. Als zehnter Schritt - nach Erlassung
eines Einstellungsstopps (!) - ist das "Bilden der TV-Pro-
jektgruppe" vorgesehen. (81)

Der Gehalt dieser Ausführungen zur Projektorganisation kann
nicht anders als dürftig bezeichnet werden, vor allem, wenn man
sie mit den detaillierten Anweisungen etwa zur Ist-Analyse oder
der Raumaufteilung vergleicht. Nicht nur fehlen genauere Angaben über die Zuweisung von Zuständigkeiten, die Verteilung der
Kompetenzen oder über verschiedene Formen von Projektorganisation, es fehlen vor allem Überlegungen zur 'richtigen' Projektorganisation für die Projektdurchführung. 'Projektorganisation'
wird meist gleichgesetzt mit der Einsetzung einer Projektgruppe.
    Es mag vieles dafür sprechen, die Einführung Organisier-
ter Textverarbeitung in die Hände einer Projektgruppe zu legen -
wir werden auf ihre besondere Funktion noch zu sprechen kommen.
Tatsächlich handelt es sich aber nur um eine Alternative möglicher Formen der Projektorganisation - zudem um eine, die in
der Praxis durchaus nicht die Regel darstellt, zumindest wenn
wir von den von uns untersuchten Verwaltungen ausgehen.
    In eine vereinfachende Typologie zusammengefaßt begegne-
ten wir folgenden Formen der Projektorganisation:

a) Die Organisationsabteilung erhält von der Geschäftsleitung den
Auftrag zur Einführung der Organisierten Textverarbeitung. Sie
führt das 'Projekt' von Anfang bis Ende - eventuell unter Einbeziehung der jeweiligen Fachabteilungen - durch und übergibt es
nach Abschluß an die Fachabteilungen oder gliedert es ihrem Zuständigkeitsbereich an.

Im Zuge der Neubauplanung für die Hauptverwaltung eines
Dienstleistungsunternehmens erhielt die Organisation von
der Geschäftsleitung den Auftrag zur Reorganisation des
Schreibbereichs. Sie entwickelte für das ganze Haus das
Konzept: Zentraler Schreibdienst und Gemeinschaftssekre-
tariate. Der zentrale Schreibdienst wird der Organisation
unterstellt.

b) Die Organisationsabteilung führt im Auftrag der Geschäftsleitung die ersten Phasen des Projekts (Ist-Erfassung, eventuell
auch noch Planung) alleinverantwortlich durch. In der folgenden
Phase wird die Realisierung einer Projektgruppe übertragen.

In einem mittelgroßen Maschinenbaubetrieb erhielt die Organisation von der Geschäftsleitung den Auftrag, die Schreibsituation zu untersuchen. Nach der Präsentation der Ist-Erhebung und des Sollkonzepts (Zentrales Büro für Textverarbeitung) erteilte der Vorstand den Auftrag zur Einführung der Organisierten Textverarbeitung. Es wurde ein Projektteam gebildet, das aus dem Textverarbeitungs-Organisator, einer Sekretärin, zwei Schreibkräften und zwei Diktanten bestand. Nach der Realisierung zog sich die Organisation aus der Textverarbeitung zurück.

c) Eine Projektgruppe, die sich aus Vertretern von Zentralabteilungen (Organisation, Personal) und der betroffenen Fachabteilungen, eventuell auch externen Beratern und Betriebsräten zusammensetzt, wird zu Beginn des Projekts gebildet und trägt nun im weiteren die eigentliche Projektarbeit.

Nachdem in einer großen Bank die Geschäftsleitung den Entschluß gefaßt hatte, Organisierte Textverarbeitung einzuführen - die Hardware-Entscheidung für die Textsysteme war bereits gefallen (der Hersteller war einer der besten Kunden dieser Bank) -, wurde ein Mitarbeiter in der Zentralen Organisation mit der Einführung beauftragt. Die erste Abteilung, in der die Organisierte Textverarbeitung eingeführt werden sollte, war die Kreditabteilung. Es wurde ein Projektteam gebildet, bestehend aus dem externen Berater, dem Textverarbeitungsorganisator, einem Vertreter aus der Personalabteilung, einem Vertreter des Betriebsrats und verschiedenen Vertretern der Fachabteilungen. Der Auftrag der Gruppe bezog sich zunächst nur auf die Ermittlung der Ist-Situation und die Erarbeitung des Soll-Vorschlags. Nachdem der Vorstand der Kreditabteilung und der Vorstand Organisation dem Soll-Vorschlag zugestimmt hatten, wurde die Gruppe mit der Realisierung des Konzepts beauftragt. Das Konzept sah die Bildung eines Textverarbeitungs-Sekretariats und von drei Verwaltungssekretariaten vor.

d) Die Einführung der Organisierten Textverarbeitung wird von der höchsten Führungsebene vorangetrieben, wobei die Organisationsabteilung als Erfüllungsgehilfe bei der Realisierung agiert. Der zentrale Schreibdienst wird entweder der Organisation unterstellt oder mehr oder weniger direkt an den 'starken Mann' gebunden.

184

In ein großes Industrieunternehmen trat als neuer Personal- und Verwaltungschef ein ehemaliger Mitarbeiter einer großen Versicherung ein. Als in dem Bereich Einkauf vier Schreibkräfte ausfielen, erarbeitete dieser Direktor eine Vorstandsvorlage mit dem Vorschlag, das Schreiben im Bereich Einkauf zu zentralisieren. Dieser Vorschlag wurde als Pilot-Projekt eingestuft und vom Vorstand verabschiedet. Die Realisierung des Organisierte-Textverarbeitung-Konzepts für das ganze Haus erfolgte dann im Rahmen des Neubaus eines Verwaltungsgebäudes. Es wurde ein Neubauausschuß gegründet, der sich aus Vertretern der technischen Abteilungen, der kaufmännischen Abteilungen, der Organisation und des Betriebsrats zusammensetzte. Leiter des Neubauausschusses war der Verwaltungsdirektor. Die Textverarbeitung wurde dem Ressort Allgemeine Verwaltung als Abteilung angegliedert.

e) Die Organisationsabteilung betreibt die Einführung der Organisierten Textverarbeitung sozusagen in eigener Regie. Sie versucht entweder über die Realisierung eines Pilot-Projekts in einem Teilbereich einen 'Zugzwang' auf andere Abteilungen auszuüben oder den Auftrag von der Geschäftsleitung zu erreichen. Sie führt die Planung und Realisierung des Projekts allein durch.

Auf Veranlassung des Leiters der Organisationsabteilung in einer großen Bank wurde in seiner Abteilung eine Gruppe 'Textverarbeitung' eingerichtet. Auf Antrag des Leiters einer Niederlassung erarbeitete diese Gruppe ein Textverarbeitungs-Konzept, das die Errichtung von 'dynamischen Gruppen' vorsah. Die Realisierung dieses Konzepts in der Niederlassung wurde von der Gruppe Textverarbeitung als Pilot-Projekt eingestuft. Der Versuch, dieses Konzept auch in der zentralen Verwaltung der Bank zu realisieren, scheiterte zunächst am Widerstand der Fachabteilungen. Als in einem seit Jahren bestehenden zentralen Schreibpool eines bestimmten Ressorts die bereits seit längerem bestehenden Schwierigkeiten sich so zuspitzten, daß dieser faktisch nicht mehr arbeitsfähig war (es bestand eine Fluktuationsrate von über 30 %), schaltete sich die Gruppe Textverarbeitung ein und stellte dem zuständigen Bereichsleiter ihr Konzept vor. Zugleich informierte sie den Betriebsrat, der aufgrund der hohen Fluktuationsrate in diesem Schreibpool aufmerksam geworden war. Im Anschluß an diese Präsentation forderte der Betriebsrat die Geschäftsleitung auf, eine Reorganisation des Schreibpools in dem betreffenden Ressort vorzunehmen. Erreicht wurde schließlich die Präsentation des Organisierte-Textverarbeitung-Konzepts durch die Organisation vor dem Gesamtvorstand. Ergebnis dieser Vorstandspräsentation war nicht nur der Auftrag an die Organisation, in dem betreffenden Ressort die Organisierte Textverarbeitung einzuführen, sondern die Geschäftsleitung sprach sich zugleich für die Realisierung dieses Konzepts für die Gesamtbank aus, womit zugleich die Investitionssumme von 1,4 Millionen DM für die Anschaffung der Hardware für die nächsten vier Jahre bewilligt wurde.

f) Ein externer Spezialist - Berater oder Hersteller - erhält den Projektauftrag, den er dann - in Zusammenarbeit mit betrieblichen Stellen - federführend durchführt.

Vom Vorstand eines Großunternehmens erhielt ein Schreibdienstberater den Auftrag, die Voraussetzungen für die Einführung Organisierter Textverarbeitung in einem Teilbereich zu erarbeiten. Es wurde eine Projektgruppe gebildet, der Berater mit deren Leitung beauftragt, die eine Ist-Analyse durchführte und einen Sollvorschlag erstellte.

g) Die Einführung der Organisierten Textverarbeitung erfolgt auf Initiative einer Fachabteilung und wird von dieser durchgeführt. Dies geschieht vorwiegend in Verwaltungen, in denen es entweder nur eine schwache oder gar keine zentrale Organisationsabteilung gibt. Ergebnis dieser Form der Projektorganisation ist dann zunächst eine bereichsbezogene Lösung. In einem weiteren Schritt kann diese dann dadurch Breitenwirkung gewinnen, daß entweder an den bestehenden Schreibdienst weitere Bereiche angegliedert werden oder die Abteilung, der der Schreibdienst angegliedert ist, Beratungsrecht für die Textverarbeitung des ganzen Hauses erhält.

In einem mittelgroßen Industrieunternehmen traten in der Abteilung Revision, die keine zentrale Organisationskompetenz besitzt, Engpässe bei der Erledigung des Schriftguts auf. Sie wurde von sich aus tätig und suchte sich auf der Großraumetage 'Gleichgesinnte'. Gemeinsam wurde ein Investitionsantrag an die Geschäftsleitung erarbeitet. Das Konzept sah eine 'Teilzentralisierung' der Textverarbeitung vor, d.h. jeweils eine Mitarbeiterin aus drei Abteilungen wurde in einer Art Unterzentrum zusammengefaßt, dem mit Hilfe von Textsystemen die Erledigung des gesamten Schriftguts der drei Abteilungen oblag. Da die Abteilung Revision keinen Einfluß auf die anderen Fachabteilungen hatte, versuchte sie durch Informationsveranstaltungen ihr Know-How den anderen Fachabteilungen zur Verfügung zu stellen.

h) Es besteht ein Interventionsautomatismus, der der Organisationsabteilung die Möglichkeit bietet, ohne gesonderten Auftrag durch die Geschäftsleitung in die Fachabteilungen hineinzuwirken. Es ist deshalb auch keine spezifische Projektorganisation notwendig, wenn auch häufig Projektgruppen, in denen Organisationsabteilung und Fachabteilung vertreten sind, zur Abstimmung gebildet werden.
Ein solcher Interventionsautomatismus ist etwa dort gegeben, wo die Bewilligung neuer Planstellen von der Organisationsabteilung mitbegutachtet wird und im Zweifelsfalle an die Durchführung von Organisationsuntersuchungen geknüpft werden kann.

In der Stadtverwaltung einer Großstadt wurde durch Stadtratsbeschluß festgelegt, daß zusätzliche Stellenanforderungen nur nach Durchführung einer Prüfung durch das Personalreferat bzw. der ihm angegliederten Organisationsabteilung zu genehmigen sind. Nachdem eine Hauptabteilung für das kommende Haushaltsjahr neue Stellen beantragte, wurde von der Organisationsabteilung in der betreffenden Hauptabteilung eine Ist-Analyse des Schreibdienstes durchgeführt mit dem Ziel der Einführung eines zentralen Schreibdienstes. "Die wirtschaftlichste und arbeitsmäßig wirksamste Organisationsform in Bereich der Schriftguterledigung ist der zentrale Schreibdienst."

i) Die Einführung Organisierter Textverarbeitung steht im Zusammenhang mit einem umfassenden Rationalisierungsvorhaben, wie etwa der Gemeinkosten-Wert-Analyse (GWA).

In einem großen Industrieunternehmen wurde aus der GWA für die Administration als einer der Schwerpunkte neben dem verstärkten Einsatz der EDV der Einsatz von Textsystemen festgelegt. Ein Mitarbeiter aus der Organisation wurde mit der Auswahl der Textsysteme betraut. Formal müssen die Fachabteilungen nach wie vor der Organisation den Auftrag zur Reorganisation erteilen; nachdem aber nicht nur die Personalanforderungen grundsätzlich über den Tisch der Organisationsabteilung gehen, sondern die Organisationsabteilung durch die GWA "auch genau wußte, was in der Abteilung an Administration gemacht wurde", konnte diese Abteilung faktisch Druck auf die Fachabteilung zur Reorganisation des Schreibbereichs ausüben.

Diese skizzierten Formen der Projektorganisation stellen sozusagen Grundtypen dar, die wir in der Praxis in vielfacher Weise modifiziert vorfanden. In einigen Verwaltungen ging man im zeitlichen Ablauf der Einführung der Organisierten Textverarbeitung von einer Form der Projektorganisation auf eine andere über, etwa dort, wo der Impuls zur Einführung der Organisierten Textverarbeitung von einer Fachabteilung gekommen war, im weiteren Verlauf aber dann von dem zunächst begrenzten Bereich auf die ganze Verwaltung ausgedehnt worden war.

Die beschriebenen Formen der Projektorganisation unterscheiden sich zunächst einmal dadurch, daß es einen offiziellen Auftrag der Geschäftsleitung gibt oder nicht, und durch den Adressaten dieses Auftrags. Bei einem Teil der Umstellungsfälle, die wir untersuchten, hatte es einen offiziellen Auftrag und damit eine formal institutionalisierte Projektorganisation überhaupt nicht gegeben. Auch hier war aber meist der 'Träger' der Umstellungsmaßnahme, bei dem die faktische Zuständigkeit lag, klar erkennbar.

Mit dieser Typisierung der Projektorganisation in der Dimension der offiziell über einen Auftrag ausgewiesenen Zuständigkeit oder faktischen Zuständigkeit ist allerdings noch wenig gesagt über die tatsächliche Einflußverteilung bei der Einführung der Organisierten Textverarbeitung und über den 'Beitrag', der von verschiedenen betrieblichen und außerbetrieblichen Akteuren im Entscheidungs-, Planungs- und Einführungsprozeß geleistet wurde. Denn selbst aus der 'offiziellen' Definition der Zuständigkeiten konnte keineswegs geradlinig auf die tatsächliche Handlungssituation geschlossen werden. Auch hinter weitgehend gleichen Formen 'offizieller' Projektorganisation konnten sich recht unterschiedliche Einflußverhältnisse verbergen.

Dies hing zum Teil damit zusammen, daß die Kompetenzen der 'Projektträger' sehr unterschiedlich umfassend und vor allem sehr unterschiedlich präzise festgelegt waren. Wir haben dies bereits aufgezeigt. (82) Kennzeichnend für einen großen Teil der Projektaufträge war, daß sie die Aufgabenstellung eher global und vorläufig, die Kompetenzen des 'Projektträgers' eher ungenau definierten.

Eben jene Offenheit der Projektaufträge macht das Durchsetzungsgeschick einerseits, den vorhandenen Machtrückhalt des 'Projektträgers' andererseits zur wesentlichen Bestimmungsgröße seiner Handlungsmöglichkeiten. Aber selbst dort, wo im Auftrag Aufgabenstellung und Kompetenzen relativ detailliert und verbindlich festgelegt waren, unterschieden sich ähnlich definierte Projektorganisationen unter Umständen beträchtlich voneinander, denn damit war ja nur wenig ausgesagt über die tatsächlichen Einflußverhältnisse, die Handlungsmöglichkeiten und die Auswirkungen. Diese Dimensionen verweisen vielmehr auf die jeweilige betriebliche Handlungskonstellation, in die die Projektorganisation eingebettet war. Wie die faktischen Handlungsmöglichkeiten im Rahmen der jeweiligen betrieblichen Handlungskonstellation die Wirkungsweise der Projektorganisation prägen, sei am Beispiel der Projektgruppe illustriert. Diese stellt ja nach 'Lehrmeinung' die klassische Organisationsform für die Einführung der 'Textverarbeitung' dar. Dafür lassen sich recht plausible Gründe anführen. Prinzipiell kann die Projektgruppe als Instrument gesehen werden:

- Das Know-How, vorhandenes Spezialwissen aus verschiedenen Gebieten (neben der Organisationsabteilung, Personalabteilung, EDV, betroffene Fachabteilungen, externe Berater etc.) institutionalisiert einzubeziehen;
- den notwendigen Interessenausgleich zwischen den Promotoren des Projekts und den von ihm Betroffenen in ein Gremium zu verlagern, also sozusagen eine Zentralisierung der Austragung von Interessenkonflikten zu erreichen.

Die Erfüllung dieser beiden Funktionen hängt, so läßt sich ableiten, von einigen Vorbedingungen ab, etwa:

- frühzeitige Einsetzung der Projektgruppe, sodaß diese auf die entscheidenden Phasen des Projekts - Problemdefinition, Ist-Analyse, Konzeptentwicklung - aktiv einwirken kann;
- ausreichende Gelegenheit aller Projektgruppenmitglieder zur Mitarbeit, um die jeweiligen Fachkompetenzen und Interessen auch einbringen zu können,
- ausgewogene Gewichtsverteilung innerhalb der Projektgruppe, sodaß diese nicht zum Akklamationsgremium für eine dominierende Instanz wird.

In der Arbeitsrealität der meisten Projektgruppen, die wir kennenlernten, waren diese Voraussetzungen nicht erfüllt.

Ein Teil der Projektgruppen wurde erst relativ spät im Einführungsablauf zusammengestellt, so daß die entscheidenden Weichenstellungen bereits erfolgt waren. In solchen Fällen handelte es sich bei der Projektgruppe um wenig mehr als um ein Instrument zur wirksameren Verbreitung von Informationen in der Umsetzungsphase oder zur Ausarbeitung von Detailregelungen.

Nachdem die Organisationsabteilung in einem mittelgroßen Maschinenbaubetrieb die Ist-Erhebung und das Soll-Konzept (zentrales Büro für Textverarbeitung) erstellt hatte und von der Geschäftsleitung den Auftrag zur Realisierung erhalten hatte, wurde ein Projektteam gebildet, in dem ein Mitglied der Organisation, eine Sekretärin, zwei Schreibkräfte und zwei Diktanten zusammensaßen. Als Zielsetzung dieses Arbeitsteams wurde beschrieben: 'Die Erstellung von Schreibrichtlinien und die Diktatfibel'. "Wir haben damals versucht, möglichst alle Betroffenen möglichst stark in den Prozeß einzugliedern, um eine höhere Identifikation zu erreichen".

Ebenso wie der Zeitpunkt der Einsetzung der Projektgruppe deren Wirkungsbereich bestimmte, so strukturierte auch der unterschiedliche Zeitaufwand der verschiedenen Projektgruppenmitglieder die Projektarbeit, kam doch allein schon von daher den Beiträgen der Gruppenmitglieder ein unterschiedliches Gewicht zu.

Scheloske sieht lediglich für den Projektleiter, d.h. also in der Regel für den Organisator, und seinen Stellvertreter (d.h. die zukünftige Schreibdienstleiterin) vor, daß sie ihre volle Arbeitskraft dem Projekt widmen. Für die anderen Mitglieder der Projektgruppe, die Phonotypistin (als "Sprachrohr der Schreibdamen"), den Verbindungsmann zu den jeweiligen Fachabteilungen, den Mitarbeiter der Personalabteilung und den Vertreter des Betriebsrats werden jeweils nur 20 % ihrer Arbeitszeit in Anschlag gebracht. (83)

In den von uns besuchten Unternehmen, in denen es eine Projektgruppe gab, waren es fast ausschließlich die Vertreter der Organisationsabteilung, die ihre volle Arbeitszeit dem Projekt widmen konnten, während die übrigen Mitglieder der Projektgruppe die Projektarbeit nur neben ihrer normalen Arbeit erledigen konnten. Es war offensichtlich, daß jenen Projektgruppenmitgliedern, die ihre volle Arbeitskraft dem Projekt widmeten, ganz automatisch gegenüber den 'Zeitkräften' ein gestalterisches und initiatives Übergewicht zuwuchs. Sie waren es, die im Regelfall die Vorlagen, die dann in den einzelnen Gruppensitzungen besprochen wurden, ausarbeiteten. Damit waren die Grunddaten weitgehend vorgegeben, die nur in Ausnahmefällen dann in der Diskussion noch grundsätzlich in Frage gestellt werden konnten. Letztendlich ging es nur noch um die Korrektur von Details.

Am stärksten wurde wohl die Funktionsweise der Projektgruppe durch das unterschiedliche Gewicht, das von den Projektgruppenmitgliedern eingebracht wurde, bestimmt.

Für die Hauptverwaltung eines größeren Industrieunternehmens wurde ein Neubau beschlossen. Dies war wesentlich auf die Initiative des Leiters des Personalwesens und der Inneren Verwaltung zurückzuführen, wobei ein wichtiges Argument die zu erzielenden Personaleinsparungen waren. Im Zuge der Neubauplanung, die dem Personalleiter unterstellt wurde, konzipierte dieser die Einführung zentralisierter Abteilungsschreibdienste, um eine Reduzierung der Schreibkräfte zu erreichen. Bei der Umsetzung seines Konzepts wurde nun der bereits bestehende Neubauausschuß, sozusagen als Projektausschuß, eingeschaltet. In diesem waren neben dem Personalchef als Leiter die Leiter der allgemeinen Verwaltung, der Systemplanung und der Organisationsabteilung sowie ein Sachbearbeiter der Organisationsabteilung vertreten. Diese Projektgruppe hatte dann mehr oder minder den Stellenwert eines Informationskränzchens, in dem der Promotor Informationen schnell und breit streuen konnte, über das sozusagen Marktforschung betrieben und das entwickelte Konzept zur Diskussion gestellt wurde. "Das Konzept für die Organisierte Textverarbeitung stand ja hier von vornherein fest. Das Planungsteam, das war bei uns der Neubauausschuß, bestand aus 11 oder 12 Herren. Die einzelnen Sitzungen wurden von uns in taktischen Gesprächen vorbereitet. Wir wußten, was die anderen sagen oder einwenden würden, und wir haben in diesen Gesprächen vor den Sitzungen den Schlachtplan festgelegt. Das Ergebnis der Teamsitzungen war von vornherein klar. Hauptaufgabe des Teams war das Diskutieren und Luftablassen." (Organisator).

Das geschilderte Beispiel erscheint insofern besonders aufschlußreich, als die Gewichtsverteilung nicht so sehr die hierarchische Stellung der Projektgruppenmitglieder reflektierte - die Projektgruppe war ja insgesamt recht hochkarätig besetzt -, sondern das eingebrachte Interesse, das taktische Geschick und die persönliche Durchsetzungsfähigkeit des 'primus inter pares'.

Insgesamt läßt sich sagen, daß die Arbeit der meisten Projektgruppen durch die Dominanz der Organisatoren bzw. der Schreibtischplaner gekennzeichnet war, daß sich der Einfluß der Vertreter der Praxis weitgehend auf Randphänomene beschränkte. Nur selten wurden wirklich die unterschiedlichen Fachkenntnisse genutzt und die unterschiedlichen Interessen berücksichtigt. Die Einbeziehung der unmittelbar betroffenen Arbeitskräfte spielte sich im wesentlichen auf der Ebene der 'Information', der 'Motivation' und Identifikationssicherung ab. Vielen Projektgruppen kam damit lediglich legitimatorische Bedeutung zu. Lagen Konzept und Vorgehensweise schon bei Einrichtung der Projektgruppe fest, beschränkte sich ihre Funktion auf die im Rahmen des innerbetrieblichen Interessenpluralismus wichtige Aufgabe der Legitimierung der durchführenden Abteilung. Durch sie sollte der Nachweis erbracht werden, daß die im Betrieb vorhandenen unterschiedlichen Interessen und Spezialkenntnisse berücksichtigt worden waren. Hinter der offiziellen Aufgabenzuweisung an die Projektgruppe waren also vielfach noch andere Funktionen zu erkennen, die sie faktisch erfüllte.

Diese Unterscheidung zwischen offizieller Aufgabe und faktischer Funktion läßt sich jedoch nicht nur für die Projektgruppe feststellen; sie gilt für die Kompetenzzuweisung allgemein: In einer Reihe von Unternehmen gab es neben der 'offiziellen Kompetenzzuweisung' eine Art 'verdeckte Projektorganisation', bei der faktisch die Kompetenzen lagen und die die offizielle Projektorganisation unterlief. (84)

In einem Großbetrieb wurde eine Projektgruppe gebildet, in der Sachbearbeiter der Organisationsabteilung, der Personalabteilung und die Schreibdienstleiterin vertreten waren und in der lange Zeit über das Zielkonzept diskutiert wurde, ohne daß man zu einer Einigung kam, weil sehr unterschiedliche Interessen eingebracht wurden. Bei einem informellen Treffen des Leiters der Organisationsabteilung, des Bereichscontrollers und des für die Textverarbeitung zuständigen Abteilungsleiters wurde dann "über einem Glas Bier" ein Kompromiß ausgehandelt, der dann der Projektgruppe praktisch als Rahmenvorgabe für die Ausarbeitung einer Vorstandsvorlage diente.

Solch doppelte Projektorganisation, die charakterisiert ist durch ein Auseinanderklaffen von offizieller Kompetenzzuweisung und faktischer Einflußverteilung, fanden wir nicht nur dort, wo Projektgruppen eingesetzt worden waren, sondern auch in anderen Typen von Projektorganisationen. Diese doppelte Projektorganisation war am deutlichsten dort ausgeprägt, wo offizielle Kompetenzzuweisungen und die faktischen Machtverhältnisse miteinander nicht in Einklang standen.

In diesen Fällen war die Aufgaben- und Kompetenzzuweisung an die Träger der offiziellen Projektorganisation gezielt unpräzise oder widersprüchlich gehalten, sei es, weil sich der Auftraggeber aus dieser Offenheit besondere Durchsetzungsmöglichkeiten versprach, sei es, daß man unter Legitimationsgesichtspunkten die Verantwortlichkeit bewußt undeutlich halten wollte. Kann dieses Auseinanderklaffen somit betriebspolitisch als Ausdruck einer bestehenden Handlungskonstellation - etwa der begrenzten Durchsetzungsfähigkeit des Initiators eines Projekts - interpretiert werden, so hatten wir manchmal den Eindruck, daß es auch Ergebnis eines taktischen Vorgehens gewesen sei.

Ist die Wirkungsweise der Projektorganisation demnach weitgehend durch die bestehenden betrieblichen Machtstrukturen bestimmt, so beeinflußt die Projektorganisation jedoch auch ihrerseits durch die Machtrelevanz der verwirklichten Projekte die vorhandenen betrieblichen Machtstrukturen.

So wuchs bei einer Reihe der von uns untersuchten Einführungsfälle mit der erfolgreichen Durchführung des Projekts der Einfluß- und Funktionsbereich des 'Promotors' - also in den meisten Fällen der Organisationsabteilung -, wodurch sich seine Handlungssituation im Rahmen der betrieblichen Handlungskonstellation veränderte.

Die Beziehung der Projektorganisation zur Machtdimension ist folglich prozessual zu sehen: Ebenso, wie sie Ausdruck bestehender Machtstrukturen sein kann, kann sie diese auch ihrerseits modifizieren.

Dieser Zusammenhang stellte sich vor allem für zentrale Organisationsabteilungen ein, unter Umständen aber auch für die Abteilungen, denen ein zunächst bereichsbezogener zentraler Schreibdienst unterstellt war, und die im weiteren Verlauf Beratungsrecht und -pflicht für das ganze Haus erhielten.

"Wir sind hier neben der zentralen Organisationsabteilung eine kleine Organisationsinsel in unserer Hauptabteilung (Rechnungswesen und Verwaltung). Bei Organisationsauf-

trägen brauchen wir jetzt gar nicht mehr raus an die zentrale
Organisation. Wir müssen jetzt hier nur sehen, daß wir
unsere Position festigen, d.h. also die Textverarbeitung
hier komplett in den Griff bekommen, um dann, wenn man
es politisch sieht, eine Macht zu sein, um der zentralen
Organisation sagen zu können: 'Nee, Kinders, mit Textverarbeitung habt ihr nichts am Hut'." (Leiter der Textverarbeitung).

Bisweilen hat sich auch ein Schreibdienst, der zunächst nur für
einen begrenzten Bereich arbeitete, Zug um Zug als zentrale
Organisationsinstanz etabliert.

In einigen Unternehmen war zu erkennen, daß für den Organisator die Einführung der Organisierten Textverarbeitung überhaupt erst jene Machtposition herstellte, von der aus der Aufbau einer eigenständigen Organisations- und Rationalisierungsinstanz neben der EDV-Abteilung, die bislang diese Funktion
wahrgenommen hatte, möglich wurde. Der Organisator interessierte sich also für Organisierte Textverarbeitung, weil er
sich dadurch selbst behaupten konnte; das hieß aber auch, daß
er an der Organisierten Textverarbeitung festhalten mußte, um
sich gegenüber der EDV-Organisation profilieren zu können.

Diese neuen, durch den Prozeß der Einführung entstandenen
faktischen Machtkonstellationen wurden in einigen Verwaltungen
nachträglich durch die Zuweisung formaler Zuständigkeiten
sanktioniert: Die Stelle, die die Reorganisationsmaßnahme
durchgeführt hatte, sei es die Organisation, sei es eine Fachabteilung, wurde offiziell als Innovationsinstanz für die Gesamt-
verwaltung eingesetzt.

Neben diesen Fällen, bei denen die durch die Einführung der
Organisierten Textverarbeitung faktisch entstandene Innovationsinstanz auch formal institutionalisiert wurde, trafen wir
auch auf Unternehmen, in denen diese als 'graue Eminenz' mit
erheblichen Einflüssen wirkte.

"Ich gelte hier als höhere Führungskraft. Ich kann bei Vor-
standsgesprächen dabei sein. Dabei bin ich gar nicht offiziell Abteilungsleiterin. Die haben mich hier schlicht vergessen. Aber ich brauche mich nicht zu beklagen. Mein
Wort hat hier in der Firma großes Gewicht. Das läuft
phantastisch. Ich bin nach wie vor Alleinherrscher in meinem Bereich." (Schreibdienstleiterin).

Auch diese Stellen konnten dadurch, daß sie nun ihr Know-How über die Organisierte Textverarbeitung den anderen Fachabteilungen zur Verfügung stellten, allmählich ihren Einflußbereich ausbauen.

Abweichungen von diesem Grundmuster der Herausbildung oder Stärkung zentraler Innovationsinstanzen durch die Organisierte Textverarbeitung fanden wir charakteristischerweise in Unternehmen, in denen die innovatorische Kompetenz schwerpunktmäßig von den Fachabteilungen wahrgenommen wurde.

Dies scheint typisch für mittelgroße Produktionsunternehmen zu sein. Gegen eine zentrale Instanz mag hier zum einen von der Größenordnung her die besondere Flexibilität eines Mittelbetriebs sprechen; zum anderen mochte hier die ausgeprägte innovative Kompetenz der Produktionsabteilungen zum Zuge kommen, die ihre 'Verwaltung' sozusagen nebenher erledigten. Hier kam der Impuls für die Organisierte Textverarbeitung in der Regel von den Fachabteilungen. War eine zentrale Organisationsabteilung vorhanden, so stellte diese lediglich ihr Know-How zur Verfügung; die Entscheidungskompetenz verblieb in der Fachabteilung. Nach Abschluß des Projekts zog sich die Organisation ganz zurück. Realisiert wurden Konzepte der Organisierten Textverarbeitung, die sich durch Aufgabenorientierung, Bereichs- oder Abteilungsbezogenheit und Flexibilität auszeichneten. Von einem unmittelbaren Machtzuwachs der einführenden Stelle konnte meist nicht gesprochen werden.

Projektorganisation, so läßt sich zusammenfassend sagen, muß also immer im Zusammenhang mit der betrieblichen Handlungskonstellation gesehen werden, und zwar in einer dynamischen Wechselbeziehung: Einerseits werden Zusammenhang und Wirkungsweise der Projektorganisation durch die bestehende Interessen- und Machtkonstellation geprägt, andererseits strukturiert die Projektorganisation ihrerseits die betriebliche Handlungskonstellation dadurch, daß sie Innovationskompetenzen festlegt und über die Machtrelevanz der realisierten Projekte die bestehenden Macht- und Interessenkonstellationen verändert.

2. Die betriebliche Arbeitnehmer-Interessenvertretung

> "Wir haben das mit der Textverarbeitung
> ja damals, als uns der Wind noch nicht
> so ins Gesicht blies, als die wirtschaft-
> liche Situation noch günstiger war, wohl
> total verschlafen; auch von Gewerkschafts-
> seite. Man kann nur hoffen, daß es uns
> bei der Bildschirmarbeit nicht genauso
> geht." (Personalrat)

Wir haben bislang die Rolle des Betriebsrats/Personalrats bei
der Einführung der Organisierten Textverarbeitung nur sehr am
Rande und unzureichend behandelt. Dies rührt sicher nicht daher, daß wir die Beteiligung der Arbeitnehmervertreter für
nebensächlich hielten, sondern ist auf zwei Gründe zurückzuführen: Einmal, daß wir diesen Komplex in sich geschlossen behandeln wollten, zum anderen aber, daß wir bei unserer Untersuchung der Einführungsverläufe nur relativ selten mit den Aktivitäten von Betriebs- und Personalräten konfrontiert wurden.

Prinzipiell bietet sich die Einführung Organisierter Textverarbeitung als Interventionsfeld für die betriebliche Arbeitnehmer-Interessenvertretung an:

- Neue Technologien und Organisationsverfahren werden eingesetzt;
- sie greift unter Umständen in den Arbeitsablauf der gesamten Verwaltung ein und erfordert neue Arbeitsabläufe;
- sie bewirkt tiefgreifende Veränderungen der Arbeitssituation bis hin zu Konsequenzen auf die langfristigen Beschäf-
  tigungsaspekte;
- vorhandene Qualifikationen werden entwertet, unter Umständen neue erforderlich;
- die Zugriffs- und Kontrollmöglichkeiten auf die Arbeitslei-
  stungen werden vergrößert;
- die erzielten Rationalisierungseffekte machen Personalum-
  setzungen erforderlich und können schließlich zu Personaleinsparungen führen.

Gerade die Bedingungen und Handlungskonstellationen, wie sie
für die Einführung der Organisierten Textverarbeitung, insbesondere der zentralisierten Schreibdienste, zunehmend auch der
neuen Textverarbeitungstechnologien, charakteristisch waren,
wiesen der Aktivität betrieblicher Arbeitnehmervertretung besondere Bedeutung zu: als Korrektiv wirklichkeitsfremder

Schreibtischplanungen, zum Schutz der Betroffenen vor restriktiven und belastenden Formen der Arbeitsgestaltung.

Wird durch all dies die Notwendigkeit des Eingreifens der Betriebs- und Personalräte unterstrichen, so erscheinen auf der anderen Seite die Erfolgsvoraussetzungen nicht ungünstig:

- Die Einführung der Organisierten Textverarbeitung greift in die "Ordnung des Betriebs" und das "Verhalten der Arbeitnehmer" ein (BetrVG, §87, Abs. 1,1, entsprechend BPersVG, §75, Abs. 3,15), verändert unter Umständen die "betriebliche Lohngestaltung" (BetrVG, §87, Abs. 1,10, entsprechend BPersVG, §75, Abs. 3,4), betrifft "Arbeitsverfahren und Arbeitsabläufe" oder die "Arbeitsplätze" (BetrVG, §90, entsprechend BPersVG, §87, Abs. 3,16 und §78, Abs. 5) usw., woraus breit gefächerte Beteiligungsrechte des Betriebs- oder Personalrats abzuleiten sind.
- Die großen Rationalisierungsgewinne, die durch die Organisierte Textverarbeitung meist zu realisieren sind, erweitern den Konzessionsspielraum des Unternehmens gegenüber der Arbeitnehmer-Interessenvertretung.
- Die Organisierte Textverarbeitung wurde vielfach bereits zu einem Zeitpunkt in Angriff genommen, als der Druck auf die Verwaltungsrationalisierung noch nicht so stark war, wodurch die Konzessionsbereitschaft des Unternehmens ebenfalls noch vergleichsweise hoch war.
- Bei der Einführung der Textverarbeitung ist das Unternehmen wegen der Verletzlichkeit und Konfliktträchtigkeit seiner Maßnahme auf die Unterstützung des Betriebs- oder Personalrats angewiesen, wobei hier weniger die rechtliche als die betriebsklimatische Situation angesprochen ist. Gerade deswegen wird auch von den meisten Schreibdienstberatern und Herstellern die frühzeitige Einbeziehung des Betriebs- und Personalrats bei der Einführung Organisierter Textverarbeitung empfohlen.
- Der breite Widerstand gegen die Organisierte Textverarbeitung (insbesondere die Zentralisierung der Textverarbeitung) auf vielen Ebenen des Unternehmens ermöglicht es dem Betriebs- oder Personalrat, für die Durchsetzung seiner Forderungen Verbündete zu finden.

Allerdings darf hier nicht übersehen werden, daß die Bedingungen für eine offensive Vertretung der Arbeitnehmerinteressen in der Verwaltung härter geworden sind. Schlaglichter einer solchen Entwicklung sind beispielsweise der Tabu-Katalog der

Arbeitgeber und das Moratorium der Ministerpräsidenten-Konferenz 1977, in dem sich Bund, Länder und Gemeinden verpflichten, keine Zusatz- oder Sonderregelungen zu gewähren, die über die öffentlichen Tarifverträge hinausgehen. Der Konzessionsspielraum, der in der Frühphase der Einführung Organisierter Textverarbeitung vielfach bestanden hat, ist wohl enger geworden. (85)

Gemessen an der Notwendigkeit und den Möglichkeiten der Intervention nahmen sich die Aktivitäten der Betriebs- und Personalräte in vielen von uns besuchten Verwaltungen eher bescheiden aus. (86)

Vielfach beschränkten sich die Aktivitäten der Betriebs- und Personalräte auf die klassischen Interventionsfelder wie Arbeitsplatzsicherung und Besitzstandswahrung.

"Unsere wesentlichen Bedenken gegen das Schreibbüro haben sich auf die Arbeitsplatzsicherung bezogen. Von dem Arbeitgeber ist uns dann aber gesagt worden, daß diese Arbeitsplätze im Gegenteil ausgebaut werden würden. Wir haben den Personalstand tatsächlich erst in den vergangenen Jahren über die natürliche Fluktuation leicht abgebaut." (Betriebsrat).

"Wir haben hier unsere anfängliche Skepsis dem Büro für Textverarbeitung gegenüber aufgegeben, nachdem wir über die Besitzstandswahrung, die wir ohne Probleme von der Geschäftsleitung zugesichert bekommen haben, keine Abgruppierungen gehabt haben." (Betriebsrat).

Relativ intensiv setzte man sich mit der Ausstattung von Schreibdiensten und den ergonomischen Aspekten der Arbeitsplatzgestaltung auseinander: Schreibmaschinentypen ("Wir haben damals die sogenannten Flüstermaschinen vorgeschlagen, zum Schutz der Damen und der Umgebung"), Höhe der Trennwände im Großraum, Mobiliar, Schalldämmung, Gestaltung der Pausenräume etc.

Sofern Fragen der Arbeitsgestaltung überhaupt angesprochen wurden, erstreckte sich dies fast ausschließlich auf die Pausenregelung; bei Bildschirmarbeitsplätzen zusätzlich noch auf die Begrenzung der Arbeitszeit. (87)

Auf diesen klassischen Interventionsbereichen konnten durchaus faßbare Ergebnisse erzielt werden, die z. T. auch in Betriebs- oder Dienstvereinbarungen normativ abgesichert wurden. (88) Hier war die Konzessionsbereitschaft der Arbeitgeber (zumindest zu Beginn der 70er-Jahre) vergleichsweise hoch. Die Einbeziehung des Betriebs- oder Personalrats auf diesem Feld hatte manchesmal auch geradezu legitimatorischen Charakter: Seine Beteiligung diente sozusagen als Ausweis dafür, daß die Maßnahme 'mitarbeiterfreundlich' wäre.

Die begrenzte Einflußnahme durch Betriebs- und Personalräte dürfte zum Teil der 'Erfolg' jener betrieblichen Durchsetzungsstrategien gewesen sein, die wir in Teil I. beschrieben haben. So etwa dort, wo die Textverarbeitung in so kleinen Schritten eingeführt wurde, daß die Maßnahme nicht nur unterhalb der Beteiligungsrechte des Betriebs- oder Personalrats lag, sondern daß dieser nicht einmal Kenntnis davon erhielt. Dies galt insbesondere für den Einsatz von Textverarbeitungsautomaten.

"Ich wußte überhaupt nicht, daß wir hier einen Textautomaten haben. Per Zufall bin ich da draufgestoßen; als ich nämlich in meiner Eigenschaft als Wahlvorstand die Einladungen zu den Aufsichtsratswahlen schrieb, sagte mir einer, ich könnte das doch über den Automaten im zentralen Schreibbüro laufen lassen." (Betriebsrat).

"Die Probleme, die damit verbunden sind, merken die Betriebsräte erst gar nicht." (Gewerkschaftsvertreter).

Sprach ein Betriebs- oder Personalrat die Arbeitgeberseite doch auf den Einsatz von Automaten an, wurde darauf verwiesen, daß diese Apparate ja nur 'probeweise' aufgestellt seien, wobei dieser Probelauf sich dann manchmal über Jahre erstreckte!

Auf solche Strategien mögen auch die Klagen von Betriebs- und Personalräten hinweisen, zu spät und nicht umfassend informiert worden zu sein. (89)

In einem Produktionsbetrieb wurde im Januar von der Unternehmensleitung die Zentralisierung des Schreibbereichs angekündigt und dem Betriebsrat die Durchführung einer Ist-Erfassung mitgeteilt. Im März erhielt die Unternehmensleitung von der die Ist-Erfassung durchführenden Abteilung einen zehnseitigen detaillierten Bericht mit den "rein rechnerisch" zu erwartenden Personaleinsparungen. Erst im September erhielt der Betriebsrat ein zweiseitiges Papier derselben Abteilung, das sich von der Ankündigung im Januar lediglich durch

die Mitteilung unterschied, welche Abteilungen sich bereit-
gefunden hätten, Mitarbeiterinnen abzustellen.

In der Regel wurden die Betriebs- und Personalräte erst im Zusammenhang mit der Ist-Erfassung von der Maßnahme informiert. Wie wir gezeigt haben, war vielfach die grundsätzliche
Entscheidung für die Reorganisation im Laufe der Prozesse,
die der Ist-Erfassung vorangehen, bereits gefallen; die Ist-
Erfassung hatte dann letztlich die politische Funktion, durch
scheinobjektive Zahlenwerke die Notwendigkeit der Maßnahme
darzulegen. Das heißt hier konkret, auch die Betriebs- und Personalräte zu überzeugen. Diese standen solchen Zahlenwerken
oft hilflos gegenüber, suggerierten sie doch eine stringent logische, objektiv-wissenschaftliche Beweisführung, deren Scheinhaftigkeit und Fehlerhaftigkeit nur schwer nachzuweisen waren,
zumal dann, wenn nicht rekonstruiert werden konnte, wie diese
Zahlen zustande gekommen waren.

In einer mittelgroßen öffentlichen Verwaltung wurde auf
Anregung des Behördenleiters durch einen großen Hersteller eine Analyse durchgeführt, die zu einem "Vorschlag
der Reorganisation der Verwaltungsbasisfunktionen" führen sollte. Die Analyse enthielt nicht nur eine beträchtliche
Zahl von methodischen Fehlern und Ungenauigkeiten, sondern es bestand vor allen Dingen zwischen den 'Ergebnissen'
der Analyse und dem Organisationsvorschlag kein stringen-
ter Bezug. Stattdessen wurde von einem von vorneherein
bereits feststehenden Organisationskonzept ausgegangen,
die Analyse hatte lediglich die quantitative Besetzung des
Schreibdienstes zu liefern, d.h. die zu erzielenden Einsparungseffekte zu berechnen. Der hier angewandte Berech-
nungsmodus wiederum ging von einer Reihe weitgehend beliebig gesetzter Prämissen aus. Die beeindruckende Wissenschaftlichkeit der Beweisführung war also letztlich nicht
viel mehr als ein Taschenspielertrick, durch den ein bereits eingangs mehr oder minder feststehendes Ergebnis
unterbaut werden sollte. Diesem Gutachten stand der Personalrat zunächst hilflos gegenüber. Für die Mitglieder des
Personalrats waren die dann stattfindenden Verhandlungen
praktisch die erste Begegnung mit dem Thema Textverarbeitung. Erst im Laufe der Zeit, vor allem auch in der
Konfrontation mit den Auswirkungen des Gutachtens in der
Praxis, eigneten sich die Personalräte das Fachwissen
an, das es ihnen erlaubte, bei nachfolgenden Diskussionen

um eine Dienstvereinbarung nachdrücklich ihren Standpunkt zu vertreten.

Es waren aber nicht nur betriebliche Strategien, auf die zurückzuführen war, daß so selten eine ins Gewicht fallende Einflußnahme von Betriebs- und Personalräten bei der Einführung der Organisierten Textverarbeitung festzustellen war.

Dazu beigetragen haben unter anderem noch folgende Gründe:

- unzureichende Kenntnisse über die Organisierte Textverarbeitung;
- keine Identifikation mit der besonderen Problemsituation von Arbeitskräften in der Textverarbeitung;
- mangelnde Unterstützung durch die Betroffenen;
- diffuse oder falsche Zielvorstellungen über die Arbeit in der Textverarbeitung und schließlich
- eine äußerst 'bescheidene' Einschätzung der rechtlichen Möglichkeiten der Einflußnahme.

Bei der Organisierten Textverarbeitung wie beim Einsatz der neuen Textverarbeitungstechnologien werden umfangreiche und vor allem neue Fachkenntnisse erfordert. Wir haben ja darauf bereits verwiesen. Dabei geht es nicht allein um die Einsatzmöglichkeiten und Besonderheiten der neuen organisatorischen und maschinellen Verfahrensweisen, sondern auch um die Kenntnis arbeitorganisatorischer Gestaltungsmöglichkeiten und insbesondere deren Auswirkungen auf die Arbeitssituationen von Schreibkräften, Sekretärinnen und Sachbearbeitern. Die Frage ist nicht: Ist die Zentralisierung 'gut' oder 'schlecht'?, sondern: Welche Regelungen und Schutzbestimmungen müssen beachtet werden, daß sie sich nicht nachteilig und belastend für die Schreibkräfte auswirken? Zur Beantwortung dieser Fragen ist eine solide Kenntnis des Angebots an maschinellen Kapazitäten und organisatorischen Verfahren Vorbedingung.

Solches Wissen fehlte bei vielen Betriebs- und Personalräten, mit denen wir uns unterhielten. Erkennbar wurde dies auch bei Seminaren, die wir mit Betriebs- und Personalräten durchführten. Am geringsten waren die Wissensdefizite bei der ergonomischen Gestaltung von Bildschirm- und Schreib-Arbeitsplätzen; am ausgeprägtesten bei der Kenntnis der arbeitsorganisatorischen Alternativen und ihrer Auswirkungen für die Beschäftigten. (90) Die Situation der Betriebs- und Personalräte wurde dadurch erschwert, daß sie sich bei der Aneignung des notwendigen Fachwissens weitgehend auf sich selbst gestellt fühlten. Die erwartete Hilfestellung durch die Gewerkschaften wurde als unzureichend empfunden.

> "Wir hatten gehofft, da Informationen von unserer Gewerkschaft zu bekommen, aber da kam überhaupt nichts."

> "Der Betriebsrat ist doch überfordert mit den Dingen, es fehlt hier ganz breit die Unterstützung durch Sachverständige. Der Betriebsrat hat keine Zeit, sich wissenschaftlich auseinanderzusetzen. Das müßte die Aufgabe der Gewerkschaften sein, aber das wird nicht erfüllt. Ich habe aber noch keine Schulung gesehen, wo auf wissenschaftlicher Basis versucht wurde, aufzuarbeiten, wie man den Rationalisierungsprozeß in die richtige Richtung steuern könnte."

Die von der Gewerkschaft angebotenen Weiterbildungsmöglichkeiten und Informationsschriften waren nicht bekannt oder wurden als zu unspezifisch empfunden, um als wirkliche Hilfeleistung dienen zu können.

Für die Hilflosigkeit gegenüber den neuen Problemstellungen spricht auch, daß nur sehr selten von dem Recht Gebrauch gemacht wurde, Sachverständige zur Beratung heranzuziehen (BetrVG, §80, Abs. 3; das BPersVG sieht eine solche Möglichkeit nicht vor). Oft war man sich nicht einmal bewußt, daß hier Wissensdefizite bestanden.

Die mangelnden fachlichen Kenntnisse wirkten sich umso gravierender aus, als zum großen Teil eine beträchtliche Ferne der Betriebs- und Personalräte zu der Arbeitssituation von Schreibkräften festzustellen war. Nur selten hatten wir den Eindruck, daß die Betriebs- und Personalräte wirklich wußten, was es heißt, Maschine zu schreiben, welche Belastungen damit verbunden sind, welche Qualifikationen eingebracht werden müssen. Nicht selten hatten sie das Vorurteil, Maschineschreiben sei eine rein mechanische Tätigkeit; man sprach von den "Damen da unten", mit dem Zusatz: "Wir haben von da keine Klagen gehört. Das läuft gut."

Daß wir bei vielen Betriebs- und Personalräten auf die gängigen Vorurteile über die Schreibarbeit stießen, ist nicht zuletzt auf ihre große Distanz zur Arbeit von Schreibkräften und Sekretärinnen zurückzuführen. Schließlich handelte es sich bei

der Mehrheit der Betriebs- und Personalräte um männliche
Sachbearbeiter bis hin zu Abteilungsleitern, die den Bereich
der Textverarbeitung aus der Sicht der Auftraggeber, der Diktanten, sahen, was die Identifikation mit den betroffenen Schreibkräften erheblich erschwerte.

Dazu beigetragen haben dürfte auch, daß die von der Organisierten Textverarbeitung betroffenen Arbeitskräfte in den betrieblichen Arbeitnehmer-Interessenorganen kaum vertreten
waren. Selbst in Verwaltungen, in denen Frauen die Überzahl
der Beschäftigten stellen, waren diese nur selten in den Be-
triebs- und Personalräten vertreten. (91)

So waren Einschätzungen wie die folgende nicht verwunderlich:

"Schauen Sie, das ist doch so mit der Rationalisierung in
der Verwaltung: Der Markt erfordert die Rationalisierung.
Die betrifft dann eben solche Abteilungen, wo nicht so qualifizierte Arbeitskräfte beschäftigt sind und deren Arbeit
leicht quantifizierbar ist. Und da sitzen eben meistens
Frauen."

Die Identifikation mit der besonderen Situation von Schreibkräften, die Auseinandersetzung mit den besonderen Beanspruchungen, den hohen Qualifikationsvoraussetzungen und den hohen
Konzentrationsleistungen, fiel offenbar den Betriebsräten aus
dem Produktionsbereich besonders schwer. Hier trafen wir
häufig auf eine gewisse Unwilligkeit, sich über die Situation in
der Textverarbeitung überhaupt zu unterhalten. Dahinter stand
der Eindruck, daß es "den Mädels in dem zentralen Schreibdienst doch gut geht. Wenn wir erst mal in der Produktion solche Bedingungen hätten, wie die da oben ...". Nachdem 'Schreiben' quantifizierbar sei, seien dort doch ebenso wie in der Produktion Leistungserfassung und Leistungsentlohnung nur recht
und billig.

Der geringen Identifikation eines Teils der Betriebs- und Personalräte entsprach ein Desinteresse vieler Schreibkräfte ihrer
betrieblichen Interessenvertretung gegenüber, was sich nicht
nur aus der besonderen beruflichen Situation dieser Frauen erklärt, sondern auch aus dem Gefühl, durch diese nicht wirklich
vertreten zu werden.

"Ach, lassen Sie uns doch mit dem Betriebsrat in Ruhe. Damals, als die von oben mit der Leistungserfassung kamen,
haben wir gleich den Betriebsrat gerufen. Wir haben doch

gedacht, der könnte uns helfen. Stattdessen hat der gesagt, daß man da nichts machen kann. Jetzt ist der für uns gestorben." (Schreibkraft).

Folge dieser wechselseitigen Distanz war, daß der Informationsfluß von der Basis fehlte: Der Fremdheit der Betriebs- und Personalräte der Arbeitssituation von Schreibkräften und Sekretärinnen gegenüber entsprach der geringe Druck, dem sie ausgesetzt waren, die besonderen Interessen dieser Gruppe zu vertreten.

Paradoxerweise mag auch gerade die Kampagne der Gewerkschaften zum Thema 'Zentralisierte Schreibdienste', die die Arbeit in zentralen Schreibdiensten als entqualifizierend, mechanisch und monoton darstellte, nicht nur dazu geführt haben, daß sich die Schreibkräfte und Schreibdienstleiterinnen diskreditiert fühlten, sondern auch die Distanz der Betriebs- und Personalräte zum Schreibdienst und ihre Fehleinschätzung der besonderen Anforderungen eher vergrößert haben.

Fehlende Fachkenntnisse, fehlende Vertrautheit und Identifikation mit der Situation der Betroffenen schlugen sich auch in den Zielvorstellungen der Betriebs- und Personalräte nieder. Diese Zielvorstellungen reichten von einer glatten Zustimmung zu Zentralisierung, Leistungsefassung und Prämie:

"Wir haben über die Zentralisierung nichts Schlechtes gehört. Warum sollten wir dagegen sein, wenn die Kolleginnen ihren Ausgleich für ihre höhere Leistung bekommen?" (Betriebsrat)

bis hin zur massiven persönlichen Ablehnung der Reorganisation des Schreibbereichs und dem Pädoyer für die Beibehaltung des status quo, weil man selber auf das Privileg einer eigenen 'Vorzimmerdame' nicht verzichten wollte.

"Mit den sogenannten Schreibpools ist das doch schlecht. Es gibt da keinen direkten Kontakt mehr von den Auftraggebern zu den Schreibkräften. Ich kann dort jetzt jederzeit in mein Vorzimmer gehen, wenn ich z.B. was Eiliges habe, und das schreibt mir die Frau schnell runter. Oder ich sage ihr, sie soll mal an den oder den schreiben." (Betriebsrat).

Bisweilen unterschied sich die Sichtweise, aus der die Einführung zentraler Schreibdienste beurteilt wurde, kaum von der der betrieblichen Promotoren.

"Die Einrichtung des Schreibbüros war schnell klar, auch für uns als Betriebsrat gab es da kein Problem. Wir haben keine Klagen mit dem Schreibbüro. Wenn Sie fragen, welche Gedanken sich der Betriebsrat dabei gemacht hat, so sind wir davon ausgegangen, daß es für das Haus gut und vernünftig ist. Wir haben dabei darauf geachtet, daß die Mitarbeiterinnen gut untergebracht sind. Wir haben auch keine Klagen aus dem Bereich. Die Mitarbeiterinnen bewerben sich von außen, die wissen genau, was auf sie zukommt. Sie wissen, daß sie stupide arbeiten müssen. Der persönliche Kontakt zu den Diktanten besteht hier, das ist ja unsere Aufgabe als Betriebsräte, über Feste und Veranstaltungen. Das geht hier wirklich ganz gut. Ich selbst bin auch zwei- bis dreimal im Schreibbüro gewesen." (Betriebsratsvorsitzender).

Wichtiges Kriterium war, ob Klagen laut wurden. War dies nicht der Fall bzw. drangen diese nicht bis nach 'oben' zum Betriebs- oder Personalrat durch, bestand offensichtlich auch keine Veranlassung für eine kritische Auseinandersetzung mit der bestehenden Schreibdienstlösung. Die Problematik ließ sich auf die Besitzstandswahrung reduzieren - und nicht einmal diese war gegeben, wenn Schreibdienste von außen besetzt wurden.

"Das Hauptproblem mit der Einrichtung eines solchen Schreibbüros liegt darin, daß Arbeitskräfte aus dem alten Stamm herausgelöst und woanders hin verpflanzt werden müssen. Die eine oder andere Mitarbeiterin, die vielleicht nichts anderes gemacht hat, als nur zu schreiben, fühlt sich vielleicht als Sachbearbeiterin. Diese Probleme bestehen nicht so sehr für neue Mitarbeiter, die von außen kommen, die auch wissen, was im Schreibbüro auf sie zukommt. Die haben keine andere Erwartung, als daß sie im Schreibdienst arbeiten. Bei denen haben Sie auch nicht das Problem der Besitzstandswahrung." (Betriebsratsvorsitzender).

Ein Teil der Betriebs- und Personalräte befürwortete Leistungserfassung und -entlohnung im zentralen Schreibdienst, weil sie darin eine Chance verbesserter Verdienstmöglichkeiten sahen; der belastenden Auswirkungen solcher Anreizsysteme schien man sich nicht bewußt zu sein. Dabei tendierten gerade routinierte und starke Betriebsräte aufgrund ihrer Erfahrungen aus dem Produktionsbereich dazu, Regelungen anzustreben, die letztlich auf eine Zementierung von Arbeitssituationen hinausliefen, die in der allgemeinen Gewerkschaftsdiskussion gerade als besonders belastend und dequalifizierend dargestellt wurden.

Der Betriebsratsvorsitzende eines mittelgroßen Produktionsbetriebs mit einem rigide zentralisierten und entmischten Schreibbüro: "Ohne uns geht hier nichts. Ohne uns - nee, das können die ja bei uns nicht machen. Wir waren da von Anfang an dabei, wir haben hier seit drei Jahren ein zentrales Schreibbüro, und da gibt es Akkord. "

Setzt man beispielsweise niedrige Vorgabeleistungen mit einer Verbesserung der Arbeitsbedingungen gleich, dann scheint es nur folgerichtig, das Hauptgewicht auf die Festlegung einer von jeder Mitarbeiterin leicht zu erreichenden Sollvorgabe zu legen. Damit wird aber zugleich die Schreibkraft zur reinen Anschlagsproduzentin degradiert und ihre 'Dequalifizierung' vorprogrammiert.

Mehr als alles andere dürfte solche Ziel- und Problemorientierung erklären, warum in einer doch recht beträchtlichen Zahl von Verwaltungen zentrale Schreibdienste mit sehr restriktiven Arbeitsregelungen, die in klarem Widerspruch zu den gewerkschaftlichen Zielvorstellungen standen, weitgehend unbeeinflußt von Interventionen der betrieblichen Arbeitnehmervertretung eingeführt werden konnten.

Begreiflicherweise war es aber weniger die beschriebene Ursachenkonstellation, die von Betriebs- und Personalräten selbst als ausschlaggebend für die geringe Rolle der Arbeitnehmer-Interessenvertretungen bei der Einführung der Organisierten Textverarbeitung angesehen wurde; meist wurde von ihnen auf die eingeschränkten rechtlichen Einflußmöglichkeiten hingewiesen. Wir können uns hier nicht mit dem rechtlichen Rahmen der betrieblichen Arbeitnehmer-Interessenvertretung bei Rationalisierungsmaßnahmen auseinandersetzen. Wir wollen hier nur darstellen, wie Betriebs- und Personalräte die rechtliche Basis ihrer Interventionsmöglichkeiten einschätzen bzw. zu nutzen suchten. (92)

Wurde die rechtliche Basis für die Einflußnahme auf den Rationalisierungsprozeß in der Verwaltung insgesamt als äußerst schwach eingeschätzt (93), so erst recht für die Einführung Organisierter Textverarbeitung. Gerade in diesem Bereich fehlte der Arbeitnehmervertretung aufgrund des mangelnden Organisationsgrads die Durchsetzungskraft und starke Position, die notwendig wäre für einen offensiven Umgang mit den Gesetzen.

So könnte beispielsweise angesichts der eingeschränkten rechtlichen Möglichkeiten nur ein starker Betriebs- oder Personalrat eine Mitbeteiligung bei der Ist-Erfassung erreichen:

"Dem Arbeitgeber kann ja nach geltender Rechtsprechung das Recht zur Feststellung der Wirtschaftlichkeit seines Unternehmens nicht abgesprochen werden. Da kommt es dann schon auf die Stärke des Betriebsrats an, daß er es durchsetzen kann, da mitzureden." (Gewerkschaftsvertreter).

Die besondere Problematik einer derartigen recht defensiven Einschätzung der rechtlichen Basis liegt nach unseren Erfahrungen zum einen darin, daß offensichtlich übersehen wird, daß gerade die offensive Nutzung auch beschränkter rechtlicher Möglichkeiten die Stärke und Durchsetzungsfähigkeit eines Betriebs- oder Personalrats begründen und den Organisationsgrad erhöhen kann. (94) Zum anderen verdeckt eine solche Sichtweise möglicherweise einen der wesentlichen Gründe für den mangelnden Organisationsgrad der Beschäftigten und die schwache Durchsetzungskraft der Arbeitnehmer-Interessenvertretung im Bereich der Textverarbeitung, nämlich das beschriebene wechselseitige Vertretungsdefizit: Aus Unkenntnis der Folgen und Distanz zu den Betroffenen versäumen Betriebs- und Personalräte die Mobilisierung der Basis; die Betroffenen selbst sehen keine Veranlassung, sich zu organisieren, weil sie sich durch die Interessenvertretung ohnehin nicht repräsentiert fühlen; der notwendige Druck von unten für die Aktivierung und Stärkung der Stellung von Betriebs- und Personalräten entfällt.

Auf der Grundlage der genannten Besonderheiten im Bereich Textverarbeitung verschärften sich offensichtlich auch die Probleme, die für die Arbeit von Betriebs- und Personalräten im allgemeinen bestehen. Wir wollen dies an zwei Beispielen zeigen:

o   Ein allgemeiner Grundsatz der Betriebsrats- bzw. Personalratsarbeit ist, daß man am ehesten etwas erreicht, wenn man rechtzeitig im Vorfeld aktiv wird. Gerade solch frühzeitige Aktivität war aber bei der Einführung der Organisierten Textverarbeitung nur selten festzustellen, nicht zuletzt wegen der beschriebenen Distanz von Betriebs- oder Personalräten zum Schreibbereich. Dies wirkte sich umso nachteiliger aus, als offenbar gerade bei der Einführung der Orga-

nisierten Textverarbeitung häufig von Arbeitgeberseite genau
dann die Rationalisierungsmaßnahme getroffen wurde, wenn
die Schreibkräfte unter akuter Überbelastung standen.

"Man muß die Leute aktivieren, ehe die Arbeitgeber mit
den Maßnahmen kommen. Dann ist es meistens nämlich
schon zu spät. Solche Rationalisierungsmaßnahmen kommen doch genau dann auf den Tisch, wenn die Kollegen
unter Überlastung leiden. Dann erscheint ihnen die Rationalisierung nur willkommen. Hat der Personalrat da
noch nichts getan, kann er vom Arbeitgeber leicht als der
hingestellt werden, der die Erleichterung für die Kollegen verhindert. Deshalb ist für uns die Überlastung einer
Abteilung das wichtigste Warnsignal, etwas zu tun. Aber
davon müssen Sie als Personalrat erst mal Wind kriegen,
um die Konfliktbereitschaft der Betroffenen aufzubauen."
(Personalrat).

Entfiel dieses Aktiv-Werden im Vorfeld, bestand kaum mehr
die Möglichkeit der Nutzung des im Betriebsverfassungsge-
setz vorgesehenen individuellen Mitwirkungsrechts des Ar-
beitnehmers (BetrVG, §§81 und 82), wodurch eine Beeinflus-
sung des Rationalisierungsprozesses zu erreichen gewesen
wäre.

"Hat der Betriebsrat das institutionelle Informationsrecht
nicht genützt, so liegt ein gewisser Einflußspielraum für
ihn beim individuellen Informationsrecht. Über diese zweite Ebene könnte der Betriebsrat auch abblocken. Das setzt
allerdings voraus, daß der Betriebsrat den Widerstand von
der Basis aus aufgebaut hat." (Gewerkschaftsvertreter).

o Gerade im Bereich der Textverarbeitung wurde von dem für
   die Arbeitnehmer-Interessenvertretung bestehenden Initiativ-
   recht noch weniger Gebrauch gemacht als im allgemeinen.
   Wir stießen oft auf die Furcht vor dem Aktiv-Werden von
   seiten des Betriebs- oder Personalrats, um nicht als der
   'bessere Rationalisierer' dazustehen. (95) Während im allgemeinen hinter dieser Furcht vermutlich der Legitimationsdruck von Betriebs- und Personalräten der Belegschaft gegenüber steht, so haben wir bei der Organisierten Textverarbeitung den Eindruck gewonnen, daß hier ein Aktiv-Werden
   deshalb entfiel, weil eben kaum konkrete Vorstellungen
   darüber bestanden, wie die Arbeit in der Textverarbeitung

aussehen könnte bzw. sollte. Die Fremdheit der Schreibtätigkeit gegenüber verhindert sowohl das Initiativ-Werden von seiten des Betriebs- und Personalrats als auch die Entwicklung von Alternativen (oder gar Utopien) zu den von der Arbeitgeberseite vorgeschlagenen Maßnahmen.

Unsere Gespräche mit Betriebs- und Personalräten vermittelten uns insgesamt den Eindruck eines Aktionsvakuums betrieblicher Arbeitnehmer-Interessenvertretung bei der Einführung Organisierter Textverarbeitung. Mit Nachdruck hervorgehoben werden muß allerdings, daß wir auch einer ganzen Reihe von Betriebs- und Personalräten begegneten, die entschieden gegen die Einführung zentraler Schreibdienste oder die Prämienentlohnung Stellung bezogen und damit teilweise auch Erfolg hatten. Vereinzelt stießen wir auch auf Fälle aktiver Interessenvertretung, aus denen ersichtlich wurde, welche Chancen für die Intervention der Betriebs- und Personalräte sich gerade auch bei der Einführung der Organisierten Textverarbeitung boten. Grundlage solch aktiver und erfolgreicher Vertretung der Interessen der Betroffenen war in der Regel die Kombination von Fachkenntnissen, Identifikation mit den Betroffenen, offensiver Nutzung der rechtlichen und anderer Möglichkeiten betrieblicher Auseinandersetzung und vor allem aktiver Vorbereitung einer starken Handlungsbasis.

In einer Dienststelle ging es um den Einsatz von Textsystemen. "Wir haben hier von Personalratsseite aus schon lange gewußt, daß das irgendwann einmal kommt. Wir haben uns hier mit der Bürorationalisierung schon viel früher auseinandergesetzt, ehe der Arbeitgeber sich um konkrete Rationalisierungsmaßnahmen gekümmert hat. Nachdem wir bei der damaligen Schreibdiensterhebung feststellten, daß nicht nur die Schriftgutmenge, sondern auch wiederholendes Schriftgut analysiert worden ist, haben wir ja gewußt, daß es mit der Zentralisierung um die Vorbereitung für den Technologieeinsatz der Zukunft geht. Und so haben wir damals die Debatte um die Zentralisierung des Schreibdienstes schon im Hinblick auf die weitergehende Rationalisierung geführt. Unser Gedankenaustausch, unsere Argumente waren nie ein Geheimnis. Wir haben unsere Auseinandersetzung offensiv in den Betrieb hineingetragen. Wir haben die Arbeitgeberseite gezwungen, ihre Argumente bei einer Betriebsversammlung mit den Betroffenen vorzutragen. Da konnten wir dann dagegen argumentieren. Durch die früh-

zeitige und jahrelange Auseinandersetzung haben wir nicht
nur die Konfliktbereitschaft bei den Betroffenen geschaffen,
sondern auch viele Sachbearbeiter mobilisieren können. Zudem ist es ja so, daß nach meiner Erfahrung gerade zu Beginn einer Rationalisierungsmaßnahme die Chancen für die
Personalrats-Politik nicht ungünstig sind. So wurde hier
von der Arbeitgeberseite bei der ersten Rationalisierungswelle das Moment der Freiwilligkeit eingebracht. Und da
mußte sich der Arbeitgeber beim Wort nehmen lassen, wenn
er nicht gleich die Freiwilligkeit als Farce hinstellen wollte.
Wir konnten also sagen, wenn wir nicht informiert sind,
wird sich keine Kollegin freiwillig melden. Eine solche Möglichkeit, Druck zu erzeugen, geht ja weit über die rechtlichen Möglichkeiten des Personalvertretungsgesetzes hinaus. Wir haben hier also eine Art Doppelstrategie verfolgt:
Wir waren einerseits durch die Basis und durch die Vertrauensleute informiert, und die Basis war über unsere
Schritte informiert. Andererseits waren wir auch durch
die Arbeitgeberseite informiert. Nur so konnten wir damals
die Zentralisierung verhindern - wir haben stattdessen Sach-
bearbeiter-Gruppen zugeordnete Schreib- und Verwaltungs-
gruppen, die die Arbeitsverteilung intern regeln - und eine
breite Mobilisierung für die Durchsetzung einer internen
Regelung für den Einsatz von programmierter Textverarbeitung erreichen. Die interne Regelung sieht unter anderem
vor: 'Kein Beschäftigter darf mehr als 50 % seiner Arbeitszeit am Datensichtgerät tätig sein; es findet keine mechanische Leistungskontrolle statt'. Nur so konnten wir auch
verhindern, daß uns der Arbeitgeber als diejenigen hinstellen konnte, die eine Arbeitsentlastung der Betroffenen brem-
sten, denn die Gefahr ist doch, daß die Rationalisierungsmaßnahme meist dann kommt, wenn die Betroffenen überlastet sind und dann von der neuen Technologie begeistert
sind. Bei uns wußten die Kollegen aber schon lange vorher,
was da auf sie zukommt, und sie haben uns in den langen
und zähen Verhandlungen den Rücken gestützt." (Personalrat).

Eine Personalrätin, die aufgrund ihrer früheren Tätigkeit
als Schreibkraft sehr genaue Vorstellungen von der Arbeit
einer Schreibkraft hatte, schuf durch eine Politik präventiven Pokerns eine Position, von der aus Konzessionsmöglich-
keiten bestanden, ohne daß zentrale Zielsetzungen aufgegeben werden mußten. Angesichts der von der Organisationsabteilung geplanten Zentralisierung des Schreibbereichs mit

Automaten-Einsatz und Phono-Diktat wurde von ihr in einer
Stellungnahme unter anderem durch eine Fülle sehr tragfähi-
ger Argumente der Einsatz des Phono-Diktats prinzipiell
abgelehnt. "Wir haben jetzt erst einmal das Phono-Diktat in
Bausch und Bogen abgelehnt. Wenn wir jetzt schon den kleinen Finger reichen, nehmen die gleich die ganze Hand. Einen
Kompromiß werden wir sowieso schließen müssen. Da können
wir dann im zweiten Schritt unser Entgegenkommen an bestimmte Forderungen knüpfen, z.B. eben daran, daß die Kolleginnen nicht den ganzen Tag mit den Stöpseln in den Ohren
da sitzen müssen. Für bestimmte Sachen haben wir ja prinzipiell nichts gegen das Phono-Diktat. Aber das sagen wir
jetzt noch nicht, damit wir dann etwas zum Konzedieren
haben, und dafür können wir etwas für uns herausholen."
(Personalrätin).

Besonders wirkungsvoll waren die Interventionen von Betriebs-
und Personalräten dort, wo sie die jeweilige Konstellation betrieblicher Einzelinteressen nutzen konnten. Wie wir gezeigt
haben, war ja gerade die Organisierte Textverarbeitung Gegenstand innerbetrieblicher Interessenauseinandersetzung. Die
Front von Befürwortern und Gegnern war keineswegs einheitlich, selbst auf der Ebene der Geschäftsleitung nicht.

In einem Industrieunternehmen kam von der Organisationsabteilung der Vorschlag zur Reorganisation des Schreibbereichs; geplant war als Pilot-Projekt die Ist-Aufnahme in
einem Teilbereich. Beraten von einem Betriebsratsmitglied,
das über umfangreiche Kenntnisse auf dem Gebiet der Textverarbeitung verfügte, entschied sich der Betriebsrat intern
gegen eine Zentralisierung und für kleine, abteilungsbezogene
Service-Centren. Trotzdem stimmte er der geplanten Pilot-
Erhebung zu. Denn dem Betriebsrat war von vorneherein
klar, daß aufgrund der schwachen Stellung der Organisationsabteilung gegenüber den anderen Abteilungen, insbesondere
auch gegenüber dem Personalwesen, kaum Durchsetzungschancen bestanden. "Wir wußten doch, daß der Widerstand
gegen ein solches Vorhaben weit verbreitet war. Uns war
auch klar, daß die Organisationsabteilung eine viel zu
schwache Stellung hat gegenüber den anderen Abteilungen
und daß sie deshalb keine Durchsetzungsmacht hat. Wir haben also der Organisation ihre Spielwiese gelassen." Als
dann das Ergebnis der Untersuchung durch die Organisationsabteilung in Form eines großen Berichts vorgelegt wurde,

hieß es: "Das ist ja ganz schön, was die Organisation da gemacht hat. Aber das können wir jetzt sowieso nicht gebrauchen. Wir strukturieren nämlich diesen Teilbereich von Grund auf neu. Wenn das gelaufen ist, dann schauen wir mal, was wir von der Untersuchung noch gebrauchen können." Dieser Plan zur Umstrukturierung war dem Betriebsrats-Vorsitzenden längst bekannt; die Organisationsabteilung dagegen hatte davon nichts gewußt. Folge dieses Leerlaufen-Lassens der Organisationsabteilung war, daß "jetzt, nachdem die Organisation mit so einem Riesending auf den Bauch gefallen war, viel kleinere Brötchen gebacken werden. Jetzt wird abteilungsweise vorgegangen mit dem Ziel der Errichtung von abteilungsbezogenen Service-Centren. Die Geschäftsleitung steht voll dahinter." (Betriebsrat).

Aus solch widersprüchlichen Interessenskonstellationen ergaben sich besonders günstige Chancen für den Betriebs- oder Personalrat, Koalitionen einzugehen, mit deren Gewicht er seine Durchsetzungsmacht erhöhen konnte.

In einem Dienstleistungsunternehmen erhielt die Betriebsorganisation den Auftrag, in einer Abteilung den bestehenden zentralen Schreibdienst zu reorganisieren. Lange Zeit versuchte die Betriebsorganisation vergeblich, ihr Konzept durchzusetzen; sie war damit bislang am Widerstand der Geschäftsleitung und des betroffenen Mittelmanagements gescheitert. Dieses Konzept sah nicht zuletzt in Antizipation des Widerstands des Betriebsrats gegen eine Zentralisierung abteilungsbezogene Gruppensekretariate vor. Der Organisator dazu: "Wenn der Betriebsrat im Vorfeld bereits die Signale setzt, daß er Bedenken gegen Zentralisierung hat, dann werde ich den Teufel tun, gegen den Betriebsrat etwas zu tun. Wir haben hier vielleicht Glück gehabt, daß wir einen so harten Betriebsrat haben, dem wir mit der Zentralisierung nicht mehr kommen können. Die Einrichtung solcher Gruppen ist ja schwieriger, als mir-nichts-dir-nichts zu zentralisieren. Aber wegen des Betriebsrats sind sie auch einfacher einzurichten." Nach einer Präsentation durch die Organisationsabteilung vor dem Gesamtbetriebsrat war dieser von dem "Konzept begeistert" (Organisator) und übte in der Folge Druck aus auf die Geschäftsleitung, insbesondere auf den Leiter der betreffenden Abteilung. In einem Schreiben wurde die Einführung des Konzepts in der Abteilung X. gefordert. Resultat: Die Organisationsabteilung erhielt den offiziellen

Auftrag von der Geschäftsleitung, in der Abteilung X. ihr Konzept zu verwirklichen.

An diesem Beispiel werden zugleich die Chancen wie die Gefahren solcher Koalitionen deutlich: Interessengegensätze innerhalb des Managements lassen sich vom Betriebs- oder Personalrat für die Durchsetzung der Interessen der Betroffenen nutzen. Aber - wie wir gesagt haben - hinter dem Widerstand gegen eine Zentralisierung des Schreibdienstes stand häufig als Beweggrund die Erhaltung bestehender Privilegien. Nutzte die Arbeitnehmer-Interessenvertretung diesen Widerstand, geriet sie in Gefahr, mit dem falschen Koalitionspartner auch falsche Positionen zu vertreten: die Erhaltung eines Status quo, der für Schreibkräfte und Sekretärinnen recht handfeste Nachteile haben konnte.

An diesem Beispiel wird aber noch ein anderer wesentlicher Aspekt der Aktivitäten von Betriebs- und Personalräten deutlich: ihre präventive Wirkung. In mehreren Unternehmungen wurde uns berichtet, daß man von bestimmten Maßnahmen Abstand genommen habe, weil man befürchtet hatte, mit der Arbeitnehmer-Interessenvertretung in Konflikt zu geraten. Selbst wenn man eine Durchsetzung auf rechtlicher Basis für möglich gehalten hatte, verzichtete man auf die Maßnahme, sei es wegen befürchteter zeitlicher Verzögerungen, sei es wegen negativer Folgen für die Akzeptanz. Gerade solche präventiven Wirkungen, so scheint es uns, wurden von Betriebs- und Personalräten häufig unterschätzt, die ihre Interventionschancen pessimistisch einschätzten.

Diese Beispiele aktiver Einflußnahme zeigen, daß bei der Einführung Organisierter Textverarbeitung ein beträchtlicher Aktionsspielraum für die Interessenvertretung der Arbeitnehmer bestand. Auch in anderen Verwaltungen konnten wir Ansatzpunkte für eine aktivere Interessenwahrnehmung erkennen.

Bezeichnend für dieses Aktivierungspotential war der Verlauf einiger Gespräche mit Betriebs- oder Personalräten. Zunächst erhielten wir eine relativ glatte Darstellung der Situation, in der sich gewissermaßen die Sichtweise der betrieblichen Organisatoren widerspiegelte. Erst im Laufe des Interviews wurden sich unsere Gesprächspartner zunehmend der besonderen Vertretungsprobleme bewußt, ohne daß dies etwa von uns vorgegeben wurde.

Gerade die Auseinandersetzungen der vergangenen Jahre um die Arbeit am Bildschirm hat bei vielen Betriebs- und Personalräten einen Lern- und Mobilisierungsprozeß in Gang gesetzt. Manchem Betriebs- oder Personalrat wird mit einem Mal klar, daß ja die Einführung der Organisierten Textverarbeitung der Vorreiter für diese Entwicklung war. Es wird bedauert, damals, als die Aussichten für eine aktive Arbeitnehmer-Interessenvertretung noch günstiger waren, nicht aktiv geworden zu sein.

Am deutlichsten wird diese veränderte Einstellung wohl bei der Diskussion um die ergonomische Gestaltung der Bildschirm-Arbeitsplätze.

Wir begegneten einer Reihe von Betriebs- und Personalräten, die sich in relativ kurzer Zeit zu Experten ausgebildet hatten, die teilweise auf diesem Gebiet ihren betrieblichen Verhandlungspartnern deutlich überlegen waren. Wir haben zwar bereits auf die Problematik der Beschränkung auf die ergonomischen Aspekte hingewiesen, dabei sollen aber die weitreichenden Lerneffekte, die aus solch intensiver Auseinandersetzung mit den Problemen der Arbeitsplatzgestaltung erwachsen, nicht übersehen werden. Sie zeigen nämlich nach unserer Meinung, daß bei entsprechender fachlicher Qualifizierung durchaus Einflußspielraum für Betriebs- und Personalräte besteht, wobei allerdings im Bereich der Ergonomie die "Berücksichtigung gesicherter arbeitswisschenschaftlicher Erkenntnisse" leichter abforderbar erscheint als etwa im Bereich der Arbeitsorganisation.

Diese Mobilisierung rührt sicherlich nicht zuletzt daher, daß nunmehr männliche Arbeitskräfte von der neuen Technologie betroffen sind, die traditionsgemäß in der Arbeitnehmer-Interessenvertretung stark repräsentiert sind.

So waren in einem Betrieb Klagen über die Bildschirmarbeit schon seit Ende der 60er-Jahre immer wieder an den Betriebsrat herangetragen worden. "Dies hat aber den Betriebsrat nicht bewegt, sich mit den Problemen auseinanderzusetzen, selbst dann nicht, als die Frauen wie die Hühner in den Sälen an den Bildschirmen saßen. Erst als dann die Männer an die Bildschirme kamen, da kam die große Aktivität bei uns hier im Betriebsrat. Das hängt natürlich auch damit zusammen, daß die Frauen im Betriebsrat nicht vertreten waren. Man kann schon sagen, Bildschirmarbeit wurde für den Betriebsrat erst zum Problem, als die Männer dran waren." (Betriebsrat).

Darin liegt allerdings die Gefahr, daß die gegenwärtige Auseinandersetzung vorwiegend zur Absicherung männlicher Arbeitskräfte geführt wird und die Frauen - wieder einmal - zur 'Kon-
zessionsmasse' werden.

3. Die Berater

"Aber das ist mein Brot: Ich bin Feuerwehrmann, Bestätiger, wenn jemand wissen
will, daß er etwas richtig gemacht hat,
Kloakenentleerer, der Mist kommt mir
schon zu den Ohren raus - immer nur hören, wie etwas nicht klappt. Das kostet
schon Überwindung. Aber dafür werde ich
halt gut bezahlt." (Textverarbeitungs-
berater)

Bei der Rekonstruktion der Einführung Organisierter Textverarbeitung begegneten wir immer wieder der Präsenz externer
Berater: bei der Entwicklung des Soll-Konzepts, bei der Durchführung der Ist-Analyse, bei der 'Motivation' und Schulung der
Diktanten und Schreibkräfte, bei der Erstellung von Texthandbüchern oder bei der Lösung von Problemen, die sich beim Einsatz neuer Textsysteme stellten. Der Berater als 'Change Agent',
der 'Rationalität' hergestellt, der den technischen und organisatorischen 'Fortschritt' im Betrieb weiterbringt, der seinen Fachverstand dort einbringt, wo er noch fehlt - diese 'klassische'
Auffassung von der Rolle des Beraters schien sich auf den ersten Blick zu bestätigen, auch durch die Angaben der Berater
selbst.
Auf die Frage, weshalb man sie rufe, bezogen sie sich darauf,
daß man ihren Sachverstand benötige.

"Man holt mich, wenn man zwar grundsätzlich etwas will,
aber nicht weiß, was und wie. Man will dann hören, was
opportun ist."

"Normalerweise holen sich die Unternehmen Berater, weil
sie selbst keine Ahnung haben, niemanden haben, der etwas
davon versteht und sie sich nicht einem Hersteller anver-
trauen wollen. Die wollen den Fachmann."

Andere Aufgaben, die genannt wurden, waren:

- die betriebliche Personalkapazität für die Dauer des Projekts vergrößern, um sich nach seiner Beendigung wieder
  zurückzuziehen;
- Know-How einbringen für die Entwicklung von organisatorischen Konzepten, den Einsatz neuer Technologien, die
  Analyse des Ist-Zustands, die Realisierung des Konzepts
  etc.

- und Sachverstand weitervermitteln, Mitarbeiter 'motivieren' und schulen.

Oder man wurde in Verwaltungen gerufen, in denen Textsysteme standen, die nicht richtig liefen.

Ein Berater wurde über eine Oberste Behörde in ein kleineres Verwaltungsgericht geschickt, um dort die Textverarbeitung zu reorganisieren. Hintergrund dieses Beratungsauftrags war es, daß hier sieben Textsysteme angeschafft worden waren, die aber offensichtlich unrentabel liefen, denn dieses Verwaltungsgericht forderte erneut Stellen von der Obersten Behörde an. "Die Textsysteme waren damals angeschafft worden, weil noch freie Haushaltsmittel vorhanden waren. Organisatorisch haben die damals aber dort überhaupt nichts gemacht."

In diesem Zusammenhang beklagten viele Berater die Praxis, daß gewaltige Summen in die Anschaffung der Technik gesteckt würden, man aber keinen Pfennig für 'Organisation' ausgeben wollte. Dabei steige doch gerade mit der neuen Technik die Notwendigkeit sorgfältiger organisatorischer Vorbereitung. Auch die Hersteller "wollen nur ihre Maschinen verkaufen". Dem konnten einige Berater allerdings auch positive Seiten abgewinnen, vergrößert sich doch dadurch der Markt für ihre Tätigkeit:

"Ich sage immer: 'Freunde, kauft nur Maschinen, um die Organisation kommt ihr nicht herum!'."

Die Funktion, so wurde aber sehr deutlich, beschränkte sich nicht auf solch fachliche Hilfestellung, d. h. die Einbringung von Sachverstand. Daneben ging es offensichtlich um Leistungen, bei denen der Fachverstand nur sehr indirekt eine Rolle spielte:

"Die Firmen kaufen sich meine Erfahrungen, Dinge durchzusetzen, taktische Spielchen zu spielen und damit etwas durchzusetzen. Meist agiert ja die Geschäftsleitung wie ein Elefant im Porzellanladen und macht strategische Fehler."

"An sich verstehe ich meine Rolle darin, die Geschäftsleitung in die Lage zu versetzen, sich zu entscheiden. Stattdessen aber fragen die mich, wie ich entscheiden würde. Die wollen mit der Entscheidung nichts zu tun haben."

"Der Organisator holt sich einen Berater, damit der seine Ansicht gegenüber der Geschäftsleitung oder den Mitarbeitern unterstützt. Der Prophet ist ja nichts im eigenen Land. Ein Außenstehender hat eine größere Akzeptanz."

"Ich bin Feuerwehrmann; vor allen Dingen aber Bestätiger für jemanden, der wissen will, ob er es richtig gemacht hat."

Diese Bemerkungen lassen ahnen, daß hier die Sachkompetenz des Beraters weniger zur Lösung fachlicher Probleme der Textverarbeitung als im betrieblichen Entscheidungs- und Durchsetzungszusammenhang gefordert war. Der Berater soll als außenstehender und deshalb neutraler Vertreter des Sachverstands betriebliche Entscheidungen herbeiführen und absichern helfen, wie auch ihre Durchsetzung erleichtern, indem er ihnen den Schein von Rationalität verleiht. Die besondere betriebliche Handlungskonstellation hat dem Berater in einigen Unternehmen eine - wenn auch zeitlich meist begrenzte - Schlüsselrolle bei der Einführung (oder vielfach auch der Nichteinführung) der Textverarbeitung zugewiesen.

Solche entscheidungsbezogenen Funktionen waren unter anderem:

- Die Geburtshelferfunktion: Der Berater soll helfen, die Entscheidungssituation des Auftraggebers zu strukturieren und die Durchsetzung der Innovation zu erleichtern.

- Die Blitzableiterfunktion: Der Berater soll die Aggressionen und Widerstände, die durch die Innovation hervorgerufen werden, auf sich kanalisieren und für die betrieblichen Promotoren als Puffer vor unliebsamen Konfrontationen fungieren.

- Die Alibifunktion: Der Berater soll beweisen, daß die betrieblichen Promotoren alles Notwendige getan haben, um die Innovation sachgerecht einzuführen, bzw. deren Nichtrealisierung legitimieren.

- Die Schwarze-Peter-Funktion: Der Berater soll bei einem Mißlingen des Projekts dafür geradestehen und dadurch die betrieblichen Promotoren von möglichen negativen Folgen freihalten.

Wir haben beim Ablauf des Einführungsprozesses dargestellt, wie zwiespältig man in vielen Verwaltungen der Organisierten

Textverarbeitung gegenüberstand. Die Gründe, weshalb das Projekt häufig nicht richtig in Gang kommen wollte, waren äußerst vielfältig. In dieser spezifischen Handlungskonstellation der betrieblichen Initiatoren wurde der Berater als Geburtshelfer zu einer entscheidenden Figur: Er erhöhte die Durchsetzungschancen der gewünschten Maßnahme. So stießen wir immer wieder auf Betriebe, in denen bereits seit langer Zeit die Einführung der Organisierten Textverarbeitung beabsichtigt war, aber nie zur Ausführung kam. Erst mit der Hinzuziehung eines Beraters kam das Projekt in Gang.

In einer Bank hatte der Leiter der Organisationsabteilung schon vor drei Jahren einen Projekt-Vorschlag erarbeitet. Dieser Vorschlag kam immer wieder an letzte Stelle der Tagesordnung der Vorstandssitzungen. Beim Golfspielen lernte dann ein Vorstandsmitglied einen Berater kennen und lud ihn zu einem Gespräch mit dem Vorstandsvorsitzenden ein. Dabei wurde man sich grundsätzlich einig, daß der Berater einen Organisationsauftrag übernehmen sollte. In einem zweiten Gespräch, bei dem auch der für die Organisation zuständige Vorstand zugegen war, mußte sich dieser gegenüber den anderen Vorstandskollegen rechtfertigen, weshalb man hier nicht schon längst in die Organisierte Textverarbeitung gegangen sei. Er konnte dann nur darauf verweisen, daß sein Ressort bereits seit drei Jahren vergeblich darauf gewartet habe, vom Vorstand grünes Licht für die Reorganisation zu erhalten.

In einem mittelgroßen Produktionsbetrieb plante der Abteilungsleiter, der für die Organisierte Textverarbeitung in seinem Bereich zuständig war, die Einführung der PTV für das ganze Haus, nachdem er nach eingehender Prüfung zu der Auffassung gekommen war, daß ca. 60 % des anfallenden Schriftguts für die PTV geeignet seien. Diese Zahl wurde ihm von der Geschäftsleitung nicht geglaubt, sein organisatorisches Konzept und die Anschaffung von Textsystemen wurden nicht genehmigt. Stattdessen wurde von der Geschäftsleitung ein externer Berater beauftragt, zu prüfen, wie hoch der Anteil des PTV-fähigen Schriftguts im Betrieb sei. Als auch dessen Zahlen sehr hoch ausfielen, erhielt der Abteilungsleiter den Auftrag, Textprogrammierung im ganzen Haus einzuführen.

Daß durch den Berater die Chancen für die Durchsetzung der Maßnahmen steigen, hängt eng damit zusammen, daß durch ihn der
Verantwortungsdruck reduziert wird. Bei eventuellem Scheitern
kann ihm der 'Schwarze Peter' zugeschoben werden, ihn allein
trifft die Verantwortung.

> "Derjenige, der beraten wird, der verkauft das Projekt und
> hat den Erfolg. Nur wenn Schwierigkeiten auftreten, muß
> er seinen Kopf hinhalten."

> "Was wir vorschlagen, soll ja deren Konzept sein, die sollen
> es akzeptieren. Der Erfolg muß denen gehören. Nur wenn es
> schlecht geht, dann sind wir wieder da. Wir haben dann den
> Schwarzen Peter in der Hand."

Wichtige 'Qualifikation' des Beraters für die Erfüllung seiner
Schwarze-Peter-Funktion ist, daß man die Möglichkeit hat, sich
von ihm und seinen Vorschlägen zu distanzieren, ohne das Gesicht zu verlieren. Das geht unter Umständen sogar so weit,
daß er auch für Fehler geradestehen muß, die betriebliche Stellen und nicht er selbst zu verantworten haben.

> "Der Berater muß heiße Kartoffeln für die Geschäftsleitung
> aus dem Feuer holen. Ich spiele bewußt gegenüber den Mit-
> arbeitern den Bösewicht, nehme die Schuld auf mich."

In seiner Blitzableiterfunktion soll der Berater die negativen Reaktionen, die die Innovation hervorgerufen hat, auf sich ziehen
und damit die betrieblichen Promotoren entlasten. Dieser Aspekt spielt gerade im Büro eine besondere Rolle: Anders als in
der Produktion, in der zwischen Betroffenen und Akteuren der
Rationalisierung meist eine beträchtliche räumliche und funktionale Distanz besteht, ist dies in der Verwaltung nicht im
gleichen Maß gegeben. Vor allem, wenn das Mittelmanagement
negativ betroffen ist, fordert die Durchsetzung von Rationalisierungsmaßnahmen von den Akteuren Widerstandskraft und
Durchstehungsvermögen. Der Verweis auf den Berater kann vor
persönlicher Konfrontation abschirmen.

Schließlich kommt dem Berater bei der Einführung Organisierter Textverarbeitung noch eine Alibi-Funktion zu: Gerade
die Halbherzigkeit, gerade die Versuche der Anpassung der
Maßnahmen an bestehende Machtstrukturen und die Inkonsequenz,
mit der die Maßnahmen durchgeführt werden - die ja die Einführung der Textverarbeitung vielfach kennzeichnen -, erfor-

dern den Nachweis, daß alles Notwendige getan wurde, um eine
'gute', d. h. unanfechtbare Lösung zu finden. Das Engagement
eines Beraters ist hierfür der handgreiflichste und konkreteste
Beweis.

"Unsere Arbeit in den Unternehmen ist eine Art Beruhigungs-
pille für alle Beteiligten: Wenn man uns hinzuzieht, dann
dokumentiert man damit, daß man sich auf bestes Fachwissen
stützt, das schafft Vertrauen."

Die betriebspolitische Qualität dieser entscheidungsbezogenen
Funktionen barg häufig Probleme und Konfliktstoff, die die Tätigkeit der Berater belasteten. Im Verlauf seiner Tätigkeit
wurde er zunehmend mit widersprüchlichen, häufig unausgewie-
senen Interessen und Erwartungen konfrontiert, die bei der
Auftragserteilung kaum absehbar gewesen bzw. in diese nicht
explizit eingegangen waren. Ungenaue Aufgabendefinitionen, fehlende Vorstellungen über Zielsetzungen waren Defizite, über
die Berater im Zusammenhang mit der Auftragserteilung klag-
ten und die sie bisweilen durch Mitwirkung an der Auftragsformulierung auszugleichen suchten.

"Meistens formuliere ich den Auftrag nochmals von mir aus.
Der Auftrag von denen ist so Wischi-Waschi, darauf können
Sie sich nicht verlassen. Das ist mittlerweile so üblich
bei den Beratern. Der Auftraggeber weiß ja anfangs auch
noch gar nicht, was er eigentlich von Ihnen will. Deshalb
beschäftigte er Sie dann ja auch. Und Sie müssen ihm dann
erst im Detail sagen, was Sie machen wollen."

Hinter dieser scheinbaren Ungenauigkeit und Unentschlossenheit
des Auftraggebers verbargen sich aber sehr wohl recht spezifische Erwartungen über den 'Beitrag' des Beraters - Erwartungen allerdings, in denen die Fachkompetenz des Beraters weniger für die Entwicklung von Konzepten und Lösung von fachlichen Problemen ihr Gewicht erhielt, denn als Größe im betrieblichen Entscheidungs- und Durchsetzungszusammenhang.
Die Formulierung des Auftrags und die hinter ihr stehenden
Absichten und Erwartungen wichen also nicht selten beträchtlich voneinander ab. Bisweilen schien der Auftraggeber gar nicht
an der Verwirklichung des Soll-Konzepts interessiert, im Gegenteil: Der Berater wurde hinzugezogen, um die Verzögerung oder
Blockierung von Aktionen zu legitimieren.

"Es gibt Fälle, da wollen die nur eine Expertise, um sich bestätigen zu lassen, daß etwas nicht geht."

Hierher gehört auch die Erfahrung, die Berater bisweilen mit dem besonderen Umgang des Auftraggebers mit verbalen oder schriftlichen Äußerungen machten: Die Zielkonzeption des Beraters wurde, solange sie auf rein verbaler oder schriftlicher Ebene blieb, voll unterstützt; ihre Umsetzung in die Realität war dann aber offensichtlich etwas ganz anderes.

"Solange Sie erheben und Konzepte entwickeln, ist alles wunderbar. Wenn es aber dann an die Umsetzung geht, will man all das nicht wahrhaben."

Man erschrickt über die Konsequenzen dessen, was man da eingeleitet hat.

"Wir haben eine Erhebung gemacht und unser Konzept entwickelt. Als wir den Bericht geschrieben hatten, hieß es, wir sollten ihn lesbar machen, humaner schreiben. Die Leute waren empört, daß dort das Wort Arbeitsteilung fiel. Selbst bei äußerst vorsichtiger Schätzung hatten wir einen Rationalisierungseffekt von 50 % errechnet! Da stand aber plötzlich das ganze Amt auf. Das ging hin bis zu psychologischen Kriegsführung, wir wurden in der Zeitung diffamiert. Eine Realisierung war unmöglich."

"Ich nenne Ihnen hier das Beispiel einer Maklerfirma, die wollte einen Textautomaten einführen. Sie waren sehr vorsichtig und haben zunächst eine Untersuchung gemacht. Wir haben alle hervorragend zusammengearbeitet. Als aber klar wurde, daß die Einführung eines Textautomaten heißt, daß sie hier auch eine ganz normale Organisation einführen mußten, da haben die die ganze Sache abgeblasen. Sie waren nicht bereit, die Umstellung zu machen, umzudenken. Als ich dann einmal einen Tag nicht da war, da haben die eine Sitzung anberaumt, in der sich die Geschäftsleitung nicht durchsetzen konnte gegen den Vorstoß von unten gegen den Textautomaten. Genau weiß ich bis heute nicht, wie das gelaufen ist. Ich merkte nur immer deutlicher, daß denen die Arbeit für die Umstellung viel zu lästig wurde. Die hatten ständig Terminprobleme, die Sache wurde verschoben, verschoben, verschoben. Von oben sagten sie immer: 'Machen Sie doch weiter'. Und ich habe dann auch weitergemacht. Das war für mich schrecklich frustrierend. Ich habe so viel Mühe reingesteckt, und letztlich ist es dann doch geplatzt."

So trat im Verlauf der Beratungstätigkeit häufig eine deutliche Verschlechterung der Beziehungen zwischen Berater und Auftraggeber ein. Die scheinbare Identität der Interessenlage zerbracht. Die Tätigkeit des Beraters, der konsequent das entwickelte Konzept weiterverfolgen wollte, wurde zunehmend lästig. Hinter solchen Schwierigkeiten stand meist das gespaltene Verhältnis des Auftraggebers zur geplanten Rationalisierungsmaßnahme 'Organisierte Textverarbeitung': Man wollte die ökonomischen Effekte, ohne aber den arbeitsorganisatorischen Preis dafür zu bezahlen; dies galt insbesondere dann, wenn das privilegierte Mittelmanagement betroffen war. In dieser Situation geriet der Berater zunehmend in die Rolle des Zauberlehrlings, den man gerufen hat, der nun aber Aktivitäten entwickelt, die man gar nicht mehr wünscht.

"Ich empfinde mich häufig wie der Geist, den man gerufen hat, den man nun nicht mehr los wird. Ich habe Entwicklungen in Gang gesetzt, von denen der Auftraggeber wohl zunächst gar nicht übersehen hat, was sie wirklich bedeuten und wohin sie letztlich führen. Wenn sich dann in der Praxis die Konsequenzen abzeichnen, würde man am liebsten den einmal gegebenen Auftrag wieder zurücknehmen."

"Diese Erfahrung, daß das Management plötzlich Angst bekommt, wenn es an die Realisierung geht, habe ich auch schon gemacht. Das ist äußerst unangenehm. Jetzt prüfe ich schon am Anfang, bevor ich den Auftrag übernehme, sehr genau, ob die auch wirklich an der Realisierung interessiert sind. Wenn ich da irgendwo den Eindruck gewinne, daß da festgefahrene Meinungen bestehen, die gar nicht wirklich wollen, dann lehne ich den Auftrag von vorneherein ab."

"Wir werden zu Plagegeistern, die man nicht mehr los wird."

Der Berater steht hier vor einem Dilemma: Einerseits wäre es für ihn wohl die bequemste Lösung, sich voll den Erwartungen seines Auftraggebers anzupassen; andererseits steht er aber unter Erfolgszwang: Er muß für seinen eigenen beruflichen Erfolg Referenzkunden vorweisen können, d.h. abgeschlossene und funktionierende organisatorische Lösungen.

"Nur bis zum Soll-Vorschlag, das bringt für den Berater nichts! Um einen Auftrag zu bekommen, muß ich Referenzen angeben! Wenn ich sagen kann, daß ich bei (es folgt die Aufzählung verschiedener renommierter Betriebe) organisiert habe, dann ist es eigentlich klar, daß die mich nehmen."

Teilweise haben solche Schwierigkeiten zu einer vorsichtigeren Acquisitionspraxis von Beratern geführt:

"Natürlich gibt es Situationen, wo man nicht mehr weiterkommt. Das hat dazu geführt, daß ich vielfach lieber Kurzaufträge übernehme bis zu dem Punkt, an dem ich dann weitersehen kann. Ich will mir ja keine Negativ-Referenzen holen. Am Anfang habe ich alle Aufträge angenommen, ich merkte dann aber bald, daß mich das nicht weiterführt. Ich bekam keine Referenzkunden. Ich bin ja auch zu engagiert. Natürlich möchte ich etwas zu Ende führen. Ich versuche jetzt vorher herauszufinden, ob man da Lorbeeren holen kann, sonst übernehme ich den Auftrag nicht."

Diese komplexe und vielfach widersprüchliche Beziehung zwischen Auftraggeber und Berater barg nicht nur Konfliktpotential zwischen den beiden, sondern brachte einen Teil der Berater auch in Schwierigkeiten mit ihrem Selbstverständnis. Ein Teil der Berater hat klare Vorstellungen über die 'richtige' Form der Organisierten Textverarbeitung. Organisierte Textverarbeitung ist für sie nicht begrenzt auf ein bestimmtes Segment der Verwaltungstätigkeit, sondern steht für die Durchsetzung der Vernunft an sich; sie ist nicht Rationalisierung sondern Rationalität. Wie mancher Organisator verstehen sie sich als Vertreter des Prinzips der Vernunft und der Ordnung. Und ebenso wie manchem Organisator haftet auch ihnen etwas Missionarisches an: Die Einführung Organisierter Textverarbeitung ist die Verbreitung der 'wahren Lehre'. Jeder Kompromiß, zu dem sie durch den Auftraggeber gezwungen werden, stellt deshalb nicht einen Schönheitsfehler sondern ein Abweichen vom wahren Glauben dar. In diesem Selbstverständnis ist kaum Platz für den Widerspruch zwischen Rationalisierung und den Interessen der Betroffenen. Wird das Konzept nur vollständig und richtig durchgeführt, dann schlägt es auch zum Wohle der Beschäftigten aus. Kein Zweifel, daß dieser Glaube die Herstellung von 'Motivation' - der Zauberformel moderner Organisationsberatung - erleichtert. Der Berater organisiert mit dem Menschen und nicht gegen ihn.

Mit diesem grundsätzlichen Verständnis ihrer Tätigkeit stoßen sie sich zwangsläufig an der Realität, denn hier geht es nicht um die Verbreitung der 'Vernunft', sondern zunächst und vor allen Dingen um Einsparungen.

"Die erste Priorität haben meist die Personaleinsparungen. Wirtschaftlichkeit wird nur in Köpfen gerechnet. Ich persönlich möchte nicht nach Köpfen bezahlt werden."

"Unsere Lösungen sind mitarbeitergerecht, organisatorisch-funktionell und wirtschaftlich. Alles drei ist wichtig. Wenn wir gerufen werden, geht es denen aber meistens nur um das Letzte."

Hier werden nicht 'Ideale' verwirklicht, sondern Konzepte an die Realität, d.h. meistens die betriebliche Machtstruktur, angepaßt.

"Zwischen dem Sollkonzept und dem, was realisiert wird, besteht ein großer Unterschied. Wir können keine Ideale verwirklichen, die Konzepte werden verwässert, der Widerstand ist so groß, es gibt zu viele, die Macht haben. Das klafft immer auseinander, was das Ideal ist und was sich dann einspielt."

Der Change Agent als Rädchen im Gliederwerk des betrieblichen Entscheidungs- und Durchsetzungszusammenhangs!
Fragt man sich nun, wie sehr die Berater durch ihre Tätigkeit den Prozeß der Einführung Organisierter Textverarbeitung tatsächlich beeinflußt haben, so beeindruckt wieder die außerordentliche Spannbreite unterschiedlicher Beispiele, der wir allein in der doch begrenzten Zahl von uns besuchter Verwaltungen begegneten.
Da war jene Verwaltung, in der ein Berater sowohl die Konzeption als auch deren Realisierung maßgeblich geprägt hatte, in der der Schreibdienst auch noch nach einigen Jahren seinen Einfluß erkennbar widerspiegelte. Da waren jene Verwaltungen, in denen ein oder mehrere Berater tätig waren, ihre Rolle aber eindeutig auf ihre entscheidungsbezogene Funktion beschränkt blieb, d.h. sie letztlich Figuren in dem Schachspiel betrieblicher Interessenauseinandersetzung waren, die zwar ihren 'Beitrag' zum Ausgang dieses Spiels lieferten, worin dieser aber bestand und vor allem, wie dauerhaft er war, wurde letztlich eben von der übergeordneten Spielkonstellation bestimmt. Und

da waren jene Unternehmen, in denen Berater nach Berater verschlissen wurde ohne erkennbaren 'Fortschritt' bei der Einführung Organisierter Textverarbeitung.

So beschäftigte ein Großunternehmen im Laufe mehrere Jahre nacheinander sieben externe Berater, z.T. mit recht umfangreichen Aufträgen (Durchführung von Ist-Analysen, Ausarbeitung von Soll-Konzepten), ohne daß deren Tätigkeit zu irgendeiner realen Veränderung in der Organisation des Schreib- und Sekretariatsbereichs geführt hätte.

Wir begegneten auch jenen Fällen, wo der Berater in der Phase der Ist-Analyse und der Konzeptentwicklung eine zentrale Rolle gespielt hatte, in der er das Geschehen mitgestaltet und vorangetrieben hatte; die nachfolgende Realisierung unterblieb dann aber oder wurde ohne ihn ausgeführt - häufig mit dem Ergebnis, daß vieles, was er entwickelt hatte, auf dem Papier blieb.

"Als Schöpfer der Idee müssen Sie dabei bleiben, sonst bleibt davon nicht mehr viel übrig."

Insgesamt führten uns unsere Erfahrungen zu einer eher skeptischen Einschätzung der Rolle externer Berater als 'Change Agents'. Ihre Wirksamkeit als Katalysatoren des technisch-organisatorischen 'Fortschritts' war zumeist vorbestimmt durch die betriebliche Handlungskonstellation, wie sie durch diese gestützt oder blockiert wurden. Nur in wenigen Fällen war erkennbar, daß Berater ihrerseits durch ihre Aktivität diese Handlungskonstellation in nennenswerter Weise verändert hatten.

4. Die Hersteller von Büromaschinen

> "Das ist ja so, wenn die ABC im Haus ist, dann
> ist das genau so, wie wenn Sie einen Ameisenhaufen
> in Ihrem Haus haben, und dann gehen Sie daran,
> jede Ameise allein umzubringen. Wo die ABC ein-
> mal drin ist, da bleibt sie. ...
> Die ABC kommt prinzipiell über die Rechenzentren
> in die Unternehmen, das ist schon erschreckend zu
> sehen, wie unser ganzer Dienstleistungsbereich in
> der Hand der ABC ist." (Textverarbeitungsorganisator)

Die Geschichte der Organisierten Textverarbeitung wurde nicht
zuletzt von den Herstellern von Büromaschinen geschrieben.
Auch wenn die Organisierte Textverarbeitung ursprünglich vorwiegend ein organisatorisches Konzept war und die Einführung
zentraler Schreibdienste meist nicht unmittelbar mit dem Einsatz neuer Büromaschinen in Zusammenhang gebracht werden
kann, so waren doch schon sehr früh Herstellerinteressen spürbar. (96) Fast überall begegneten wir bei der Rekonstruktion
der Einführung Organisierter Textverarbeitung früher oder später der Präsenz eines oder mehrerer Hersteller.

Mit der technologischen Entwicklung gewannen, besonders
gegen Ende der 70er-Jahre, der Einsatz von Textverarbeitungsmaschinen und damit auch die Einwirkung der Hersteller von
Büromaschinen auf den betrieblichen Innovationsprozeß zunehmend an Bedeutung. Umgekehrt wurde auch die Textverarbeitung für die Hersteller ein immer interessanterer und wichti-
gerer Absatzmarkt.

Die Hersteller sahen sich einer veränderten Beschaffungssituation gegenüber, die sie mit neuartigen Vertriebsproblemen
konfrontierte. (97) Für die Unternehmen trat mit dem Hersteller ein neuer Mitspieler im betrieblichen Entscheidungs- und
Einführungsprozeß auf, der ganz eigene Interessen in die betriebliche Handlungskonstellation einbrachte.

Wie hat das Auftreten dieses Akteurs die betriebliche Handlungskonstellation verändert? Wie haben die betrieblichen Hand-
lungsträger diesen neuen 'Partner' genutzt? Wie hat sich dessen
Auftreten auf das Ergebnis des Innovationsprozesses ausgewirkt? Und umgekehrt: Wie sind die Hersteller in ihren Vertriebsstrategien auf diese betriebliche Handlungskonstellation
eingegangen? Wie haben sie das betriebliche Interessengefüge
genutzt und ihrerseits zu beeinflussen gesucht? Und wie hat sich
dies auf ihre Vertriebsstrategien ausgewirkt?

Die Auseinandersetzung mit der betrieblichen Präsenz der
Hersteller ist nicht nur für das Verständnis der innerbetrieb-

lichen Zusammenhänge bei der Einführung Organisierter Textverarbeitung relevant, sondern sie ist auch deshalb notwendig,
weil die Hersteller doch gewissermaßen einen Teil jenes Außen-
drucks verkörperten, der die betriebliche Handlungskonstellation mitbestimmte. Nicht zuletzt dies macht die Beschäftigung
mit der Rolle der Hersteller zu einem politischen Thema, steht
dahinter doch implizit die Frage, wie weit der Prozeß organisatorischer und vor allem maschineller Innovation von Herstellerinteressen beeinflußt oder gesteuert wurde, d.h. also letztlich,
wie weit betriebliche Organisationsgestaltung auch die Absatz-
interessen der Hersteller reflektierte.

Grundsätzlich war die Situation bestimmt durch die hohe Rate
der Produktinnovation einerseits, die vielfach unvorbereitete
und diffuse Aufnahmesituation auf der Anwenderseite andererseits. Die Hersteller sahen sich mit einem sehr weiten, aber
noch weitgehend unstrukturierten und unerschlossenen Absatzmarkt konfrontiert.

Zu den Strategien, sich dieses Feld zu erschließen, gehörte
zweifellos - durch Beiträge auf Kongressen und Fachseminaren,
durch Unternehmerseminare und Anzeigen in den Massenmedien -,
jenes 'Maschinisierungsklima' zu schaffen, durch das suggestiv
die Vorstellung vermittelt werden sollte, daß die Maschinisierung der Textverarbeitung ein klar vorgezeichneter Weg der Rationalisierung der Verwaltung sei. Die Wirkung dieser Aktivitäten war beträchtlich:

"Früher mußten wir uns doch noch über Philosophen unterhalten, heute können wir über die Technik sprechen. Die Leute sind durch Werbung und Publikationen aufgeschlossener.
Rationalisierung ist in aller Munde, man weiß mittlerweile
auch, daß man durch Textverarbeitung die Qualität des
Schriftguts verbessern kann. Die Idee der Textverarbeitung
ist heute im Markt bekannt." (Vertreterberater).

Auf dem Hintergrund dieser Kampagne, der maschinellen Textverarbeitung allgemein, den eigenen Produkten im besonderen,
Bekanntheit und Attraktivität zu vermitteln, müssen die gezielten Versuche gesehen werden, sich das Absatzpotential einzelner Verwaltungen zu erschließen. Dabei wurden ganz unterschiedliche Vorgehensweisen genutzt: Direct Mailing, Einladungen zu
Produktdemonstrationen, Ausstellungen, Telefonkontakte bis hin
zum klassischen 'Klinkenputzen', d.h. dem Vertreterbesuch
beim Kunden.

Auch wenn die Publizitätskampagne es den Herstellern erleichterte, in Kontakt mit den Kunden zu kommen, so gab es noch viele Betriebe, bei denen beträchtliche Schwierigkeiten bestanden, 'reinzukommen', bei denen Textverarbeitung noch kaum bekannt war.

"Machen wir uns doch nichts vor, draußen auf dem Land läuft das doch noch wie vor hundert Jahren. Da hat jeder Abteilungsleiter seine Sekretärin. Daran können Sie kaum rütteln. Denen können Sie auch nicht mit dem Argument kommen, daß da jede Schreibseite 27,50 Mark kostet. Je weiter Sie von den Großstädten wegkommen, desto weniger sind die Leute bereit, über Rationalisierung nachzudenken." (Vertriebsberater).

Die Mehrzahl der Kontakte kam durch die Initiative der Hersteller zustande, wenn auch in den letzten Jahren immer mehr Kunden von sich aus gezielt an einen Hersteller herantraten. Dies geschah vor allem dann, wenn sich der Anwender in einer besonderen Drucksituation befand oder wenn man sich schon relativ gezielt und überlegt mit den Möglichkeiten des Einsatzes von Textverarbeitungssystemen auseinandergesetzt hatte.

"Der Kontakt zu uns kommt dann zustande, wenn die Arbeit plötzlich zu viel wird, wenn der Kunde vor der Situation steht, daß man mit der Arbeit nicht mehr fertig wird." (Verkaufsleiter eines Händlers).

Von großem Interesse für unsere Fragestellung sind die Strategien, die die Hersteller verfolgten, um die Entscheidung für die Anschaffung der eigenen Geräte herbeizuführen. Diese Strategien spiegeln im wesentlichen die betriebliche Handlungs- und Entscheidungskonstellation bei der Beschaffung von Textverarbeitungsmaschinen wider. (98)
Ein Weg, der mit der zunehmenden Größe der zur Entscheidung anstehenden Objekte an Bedeutung gewann, war der Einstieg von oben über die Geschäftsleitungsebene. Einige Hersteller haben sehr gezielt auf diese Strategie gesetzt.

"Kontakte auf höchster Ebene werden von uns bewußt ausgebaut. Unsere Vorstände und die Vorstände der Großanwender treffen sich doch zu den verschiedensten Gelegenheiten, sei es gesellschaftlich oder bei regionalen oder überregionalen Zusammenkünften von Arbeitgeberseite, etwa im Wirt-

schaftsklub. Diese Verbindungen müssen wir ausnützen."
(Vertriebsleiter).

Manch einsamer Beschluß, der eine mehr oder minder überraschte Basis mit der Anschaffung eines Textsystems 'beglückte',
ließ sich auf solche Kontakte zurückführen.
Der häufigste Einstieg war wohl der über die Organisationsabteilung oder andere Zentralabteilungen, die mit Rationalisierungsaufgaben betraut waren. Eindeutig an Bedeutung als Ansprechpartner verloren hat der Einkauf. Dieser mochte später
bei der Abwicklung, bei der Aushandlung der Konditionen eingeschaltet worden sein, erste Anlaufstation war er nur noch selten. Eher scheinen noch Fachabteilungen, deren Schriftgut auf
Textsysteme übernommen werden sollte, Gesprächspartner der
Herstellervertreter gewesen zu sein, wenngleich auch im allgemeinen diesen Kontakten deutlich weniger Gewicht beigemessen
wurde als denen zu Organisationsabteilungen. Darin reflektiert
sich, daß letztlich die Entscheidung über die Anschaffung meist
in den Zentralabteilungen getroffen wurde.

"Mit Abteilungsleitern sprechen wir normalerweise nicht. Der
Abteilungsleiter läßt sich ja nur Prospekte schicken, er kann
ja nicht entscheiden. Ich frage dann gleich beim ersten Gespräch, ob er den Kauf entscheiden kann oder nicht. Sonst
nehme ich mit dem den Kontakt gar nicht erst auf. Normalerweise muß die Abteilung ja nehmen, was die Organisation
will. Die Organisation unterschreibt, der Einkauf steigt erst
bei den Preisverhandlungen ein." (Vertriebsleiter eines Herstellers).

Es spricht für die begrenzte Entscheidungsbefugnis der Schreibdienstleiterinnen, daß diese als Ansprechpartnerinnen von Herstellervertretern relativ selten genannt wurden, obwohl doch
- wir wiesen bereits darauf hin - die Bedeutung der 'Akzeptanz'
durch die Basis für den Verkaufserfolg immer wieder betont
wurde.

"Das Wichtigste bei den Textsystemen ist die Akzeptanz.
Wenn die Mädchen nicht wollen, dann können Sie sich auf den
Kopf stellen. Deshalb können Sie heute von oben nichts mehr
reindrücken. Wenn Sie nicht einen in der Firma haben, der
sich um die Textsysteme kümmert, der die Mädchen anleitet und betreut, dann ist alles Asche, dann können Sie die
Textverarbeitung vergessen." (Vertriebsberater).

Aus schlechten Erfahrungen hatte man zwar gelernt, den Widerstand der Basis miteinzukalkulieren, und man wußte, daß langfristig die Kooperation der Basis über den 'Erfolg' der installierten Systeme mitentscheidet, letztlich aber ging es nur um die 'Akzeptanz' bereits gefällter Entscheidungen, nicht um die Entscheidung selbst.

Das zentrale Problem der Hersteller für einen erfolgreichen Einstieg in den betrieblichen Anschaffungsprozeß war es, den kompetenten Verhandlungspartner zu finden, d.h. denjenigen, der entscheiden konnte, der von der Fachproblematik etwas verstand und der sich letztlich auch für einen einsetzte. Diesen zu finden schien besonders in Großbetrieben vielfach schwierig gewesen zu sein.

"Das ist schwierig. Wir müssen zunächst erst rauskriegen, wie kompetent unser erster Ansprechpartner ist. Erfahrungsgemäß haben ja Abteilungsleiter wenig Entscheidungsbefugnisse. Ähnliches gilt unter Umständen auch selbst für die Organisationsleitung. Im ersten Gespräch kriegt man dann schon raus, wer eigentlich der Entscheider ist. Wenn der Gesprächspartner sagt, das ist ja ganz toll, das würde ich auch ganz gerne haben, dann wissen wir, daß das der falsche Mann war. Da lohnt sich dann ein weiteres Gespräch kaum. Es gibt immer wieder Leute, die sich in hoher Position darstellen, die aber überhaupt nicht entscheiden können." (Vertriebsberater).

"Das ist unsere schwierigste Aufgabe, herauszufinden, wer der Mann ist, der entscheiden kann. Das hängt ja meistens gar nicht mit den Positionen zusammen, sondern mit den Personen. Wenn bei mir da ein Interessent stundenlang am Telefon Blah-Blah macht, dann kann der ein noch so hohes Tier sein, da weiß ich gleich, der hat nichts zu tun, also kann der auch nichts entscheiden." (Vertriebsleiter).

Hinter diesen Schwierigkeiten, in einem Unternehmen den 'entscheidenden' Gesprächspartner zu finden, stand nicht nur die Undurchsichtigkeit, die Entscheidungsstrukturen vieler Betriebe für Außenstehende haben, sondern auch deren tatsächliche Komplexität, um nicht zu sagen Chaotik. Wir haben bei der Darstellung des Anschaffungsprozesses aufgezeigt, daß die Entscheidung über den Einkauf einer Textverarbeitungsmaschine nur in Ausnahmefällen von einer Stelle getroffen wurde, daß das Vorgehen vielfach keineswegs klar vorstrukturiert war.

Wichtig für den Herstellervertreter wurde deshalb das Engagement des Verhandlungspartners, inwieweit er sich für das Produkt des Herstellers einsetzte. Angesichts der komplexen Entscheidungsstrukturen wird die Bedeutung, die dem Engagement beigemessen wurde, verständlich.

"Wir versuchen immer über die Geschäftsleitung zu gehen. Aber, wissen Sie, die Entscheidungen fallen ja eigentlich nicht da, wo unterschrieben wird. Deshalb ist für mich so wichtig, daß in der Firma einer ist, der für mich dort verkauft. Wenn ich den gefunden habe, egal wer das ist, dann läuft es." (Vertriebsberater).

Bedeutung gewann das persönliche Engagement des betrieblichen Partners natürlich auch durch die Vielfalt der angebotenen Produkte, die die Auswahl erschwerten. Deshalb erhielt die Entscheidung vielfach eine stark subjektive Qualität, sie wurde zur 'Vertrauensfrage'.

"Die Entscheidung für ein bestimmtes Produkt ist nie die Entscheidung für den Hersteller, sondern immer eine Persönlichkeitsentscheidung, eine Entscheidung auf der Grundlage guter persönlicher Beziehungen zwischen Kunden und Vertriebsmann. Ich würde sagen, daß die meisten Entscheidungen für unsere Produkte Entscheidungen für mich waren." (Vertriebsberater).

Zugute kamen dabei den Herstellern Identifikationsprozesse bei den Anwendern ihrer Produkte.

"Wenn ein Betrieb über längere Zeit mit einem Hersteller zusammengearbeitet hat, dann entwickelt sich da eine Herstellergläubigkeit, die nehmen dann alles ab." (Organisator).

"Da ist auch viel Selbstschutz dabei: Natürlich verteidigt der Käufer seine Kaufentscheidung, das wäre ja sonst eine Fehlentscheidung gewesen. In dem Bereichsvorgesetzten hat der Hersteller jeweils einen Offizier, der seine Geräte verteidigt; der hält die Fahne hoch, selbst wenn er die Schwächen des Geräts genau kennt. Dadurch kommt es auch zu dem Konkurrenzdruck, wo einzelne Bereiche mit verschiedenen Geräten arbeiten." (Leiter der Textverarbeitung).

Neben der Entscheidungskompetenz des Verhandlungspartners wurde dessen Fachkompetenz als wichtig angesehen, nicht zuletzt auch deshalb, weil diese notwendig sei, um die Anschaffungsentscheidung im Unternehmen zu vertreten.

"Die Hauptaufgabe bei uns ist, beim Kunden einen Mann schlau zu machen und uns beim Kunden selbst schlau zu machen über das Branchenwissen." (Vertriebsberater).

Dabei galt als 'Fachkompetenz' nicht selten die einseitig maschinenbezogene Denkweise, die für viele Herstellervertreter selbst typisch war.

"Wir sprechen grundsätzlich zuerst einmal die Organisatoren an. Die sind eher in der Lage, abstrakt zu denken, die sind begeistert von dem, was unser System kann." (Vertriebsberater).

Um das betriebliche Entscheidungsgeschehen zu beeinflussen, benutzte man verschiedene 'Argumentationshilfen', durch die die Anschaffung eigener Geräte plausibel gemacht werden sollte. Ursprünglich bezog man sich dabei mehr oder minder ausschließlich auf sehr grobschlächtige Wirtschaftlichkeitsberechnungen, die im wesentlichen darauf hinausliefen, daß durch den Einsatz von Textsystemen Arbeitskräfte eingespart werden könnten. Dies hat nicht nur auf Gewerkschaftsseite, sondern auch im Kundenkreis negative Reaktionen erzeugt. Zudem stellten sich viele dieser Wirtschaftlichkeitsberechnungen später als falsch heraus und führten dadurch zum Teil zu einer deutlichen Ernüchterung. So erscheint es einleuchtend, daß man mehr und mehr von Wirtschaftlichkeitsberechnungen abrückte.

"Wir machen keine Rentabilitätsberechnungen, sondern nur Rentabilitätsbetrachtungen. Eine Berechnung ist ja immer anrüchig, es ist ja jedem klar, daß wir besonders günstige Berechnungen machten, weil wir unsere Maschinen verkaufen wollen." (Gruppenleiter in der Zweigniederlassung eines Herstellers).

"Wirtschaftlichkeitsberechnungen machen wir nicht. Wir lavieren uns damit in eine gefährliche Situation, wenn wir mit solchen Zahlen operieren. In den großen Unternehmen ist ja meistens der Betriebsrat dabei. Unsere Aufgabe sehen wir darin, die Problemstellung zu lösen. Die Berechnungen sollen die intern machen. Arbeitsplätze wegzurationalisieren ist heute kein Thema mehr." (Verkaufsleiter eines Herstellers).

Dieser Verzicht auf Wirtschaftlichkeitsberechnungen spiegelt natürlich auch die veränderte Marktsituation:

"Früher, als wir noch philosophieren mußten, sind wir von solchen rechnerischen Wirtschaftlichkeitsberechnungen ausgegangen. Da haben wir jedem Gespräch vorangestellt, was ein Brief mit oder ohne Technikeinsatz kostet. Heute weiß jeder, daß Textverarbeitung Geld und Zeit spart. Solche Milchmädchenrechnungen wie früher haben wir nicht mehr nötig. Wir können uns heute auf Erfahrungswerte stützen. Jeder sieht die Effekte. Das hängt damit zusammen, daß der Anwender heute viel besser informiert ist durch die öffentlichen Publikationen. Wahrscheinlich gibt es auch einen Druck der Hersteller auf die öffentlichen Medien, das könnte ich mir schon vorstellen." (Vertriebsberater).

Als Argumentationshilfen können auch die organisatorischen Konzepte verstanden werden, die von den Herstellern entwickelt wurden. Gerade in der Frühzeit der Organisierten Textverarbeitung wurden ja in sehr dogmatischer Weise bestimmte organisatorische Modelle als die richtige Lösung vorgegeben. Das Verkaufsargument, das die meisten Hersteller heute vertreten, lautet demgegenüber: Beibehaltung bestehender Organisationsstrukturen.

"Sie brauchen keine Organisationsumstellung und keine Zentralisierung des Schreibens zu befürchten. Das System kann an jedem Arbeitsplatz eingesetzt werden, wo heute eine Schreibmaschine steht." (Bitsy).

"Wir sagen Ihnen, wie Sie mit unserem Textsystem Ihre Schreibarbeit organisieren. Das setzt in Ihrem Büro keine Veränderung voraus." (Siemens).

"Organisatorische Umstellungen sind für den Einsatz des Textsystems nicht nötig. Es paßt sich reibungslos an die vorhandene Organisationsstruktur an." (Nixdorf).
etc.

Dies organisatorische Enthaltsamkeit kann nicht nur mit dem veränderten maschinellen Angebot in Verbindung gebracht werden; dahinter steht sicher auch die Erfahrung, daß organisatorische Umstellungen häufig mit erheblichen betrieblichen Problemen verbunden waren und daß mancher Kunde gerade diese Probleme scheute. Insofern kann das neue Verkaufsargument durchaus auch

als Konzession an die Durchsetzungsschwierigkeiten verstanden
werden, die die alten arbeitsorganisatorischen Konzepte hervorgerufen haben.

"Wir brauchen heute organisatorisch nichts mehr vorzulegen.
Das hat in der Vergangenheit viel böses Blut gemacht, wenn
wir da mit organisatorischen Vorstellungen kamen. Uns kann
deshalb nicht mehr interessieren, was der Kunde mit unserer Technik macht." (Vertriebsberater).

Man versteht sich - wieder - als Lieferant von Maschinen, die
organisatorische Einbindung ist Sache des Kunden.

"Da mischen wir uns gar nicht ein. Das betrifft uns ja weniger, das ist doch wohl mehr etwas für den Organisator."
(Vertriebsberater).

"Wir verkaufen Maschinen und keine Organisation. Wenn wir
Beratung machen, dann immer nur maschinenbezogen."
(Vertriebsberater).

Auf diesem Hintergrund ist auch die Tatsache zu verstehen, daß
einige große Hersteller, die früher eigene Beratungsdienste
anboten, diese aufgelöst haben und heute lediglich die Dienste
einzelner 'unabhängiger' Berater vermitteln. Sicher haben dabei auch ökonomische Gründe mit eine Rolle gespielt: In der Auf-
bauphase konnten die Beratungsleistungen zum Teil noch als
Acquisitionskosten vertreten werden. Mit der Ausweitung des
Marktes wurde die Beratung dann zu teuer.
  Die Versuche, die betrieblichen Entscheidungsprozesse zugunsten des eigenen Produkts zu beeinflussen, blieben jedoch
nicht darauf begrenzt, einen betrieblichen Interessenvertreter
zu gewinnen. Man suchte der Komplexität und 'Arbeitsteiligkeit'
betrieblicher Entscheidungsprozesse dadurch gerecht zu werden,
daß man auf mehreren Ebenen zugleich ansetzte. Solchen 'kon-
zertierten Aktionen' begegneten wir insbesondere bei Großbetrieben mit unübersichtlichen und komplexen Entscheidungsstrukturen.

"Wir als Vertriebsberater gehen von der Basis ran, das ist
meist die Organisation. Wir geben den entsprechenden Tip
an unsere Geschäftsleitung, die dann versucht, ein Geschäfts-
leitungsmitglied des potentiellen Kunden anzusprechen, und
dann sitzen wir zu viert zusammen." (Vertriebsberater).

Dabei blieb es nicht immer bei 'Verkaufsgesprächen'. Zuweilen suchte man die betriebliche Handlungskonstellation auch ganz massiv im eigenen Sinne zu beeinflussen, d. h., man mischte in den innerbetrieblichen Auseinandersetzungsprozessen um die Anschaffung von Textsystemen recht wacker mit. Dies galt vor allem dort, wo ein Hersteller in der Datenverarbeitung bereits präsent war und damit schon über eine gewisse Hausmacht verfügte. Die Einflußnahme auf betriebliche Entscheidungsprozesse dürfte dabei bisweilen recht handfester Natur gewesen sein.

"Der Hersteller unserer Datenverarbeitungsanlage entfaltet eine unheimliche Aktivität. Alle dreiviertel Jahre ist da wieder etwas fällig. Letztens wurde ich von unserem Vorstand zu einem Gespräch mit einem ABC-Direktor gebeten. Ich sollte da rechtfertigen, warum wir keine ABC-Maschinen in der Textverarbeitung einsetzen. Ich habe das abgelehnt. Ich habe mich geweigert, mich gegenüber der ABC zu rechtfertigen, das ist für mich ein Lieferant. Sowas kann man sich nicht bieten lassen, dann kann ich gleich gehen. Mein Vorstand hat das eingesehen, und das Gespräch hat nicht stattgefunden." (Schreibdienstleiterin).

"Die Abhängigkeit von den Computerherstellern ist ungeheuer stark. Der kann doch heute jede Menge Druck ausüben. Dann wird eben zu verstehen gegeben, daß, wenn wir uns für einen anderen Hersteller bei der Textverarbeitung entscheiden, der Kundendienst für die EDV nicht mehr so schnell klappt." (Organisator).

Der Expansionsdrang der Datenverarbeiter und die Verkaufsinteressen der Hersteller scheinen vielfach parallel gelaufen zu sein und zu recht engen Koalitionen geführt zu haben. Unter diesem Aspekt erscheint das 'integrierte' Konzept einiger Hersteller, das im Endzustand eine völlig auf den Zentralcomputer bezogene Textverarbeitung vorsieht, nicht nur aus seinem maschinellen Angebot, sondern auch unter Durchsetzungsaspekten verständlich: Von der Datenverarbeitung, die man im Griff hat, erhofft man sich eine starke Basis für den Zugriff auf den Bereich der Textverarbeitung.

Verstärkt wurde solche Interessenidentität vielfach noch durch persönliche Verbindungen, Erfahrungen und Qualifikationen. So fanden wir, daß in vielen Unternehmen nicht nur leitende Positionen in der Datenverarbeitung, sondern vielfach auch in der Organisationsabteilung von ehemaligen Angehörigen von Herstellern besetzt waren. Die Auswirkungen solcher Besetzungspraktiken waren unverkennbar und, wiederum, recht einleuchtend: Der persönliche Erfahrungs- und Qualifikationshintergrund ließ diesen Positionsinhabern Lösungen, die das machinelle Angebot ihrer früheren Firma favorisierten, attraktiver erscheinen.

Sicher handelt es sich bei folgendem Beispiel um einen Extremfall, aber es zeigt doch, was möglich ist, allerdings auch, welche Gegenreaktionen durch zu offene Intervention ausgelöst werden können.
"Der dickste Hammer bei uns war, als der Hauptabteilungsleiter für Organisation und Datenverarbeitung damals ging. Das war gerade eine Phase, wo eine Reihe wichtiger Entscheidungen anstanden. Und nun stand dieser Posten leer. Da hat der ABC-Hersteller angeboten, einen qualifizierten Mitarbeiter von sich kostenfrei für einige Monate auf den Sessel zu setzen. Das haben die doch tatsächlich angenommen. Der sollte also weiter Angestellter von ABC bleiben, aber die Befugnis haben, über die Anschaffung von Erzeugnissen seiner Firma zu entscheiden. Der Mann hat dann tatsächlich hier neun Monate regiert. Aber das ging dann für ihn voll in die Hose. Es wurden zwei große Entscheidungen gefällt, die eine über drei Millionen, die andere über vier Millionen DM. Es wurden in beiden Fällen andere Fabrikate genommen; ich glaube, weil alle da so hellwach und kritisch waren. Selbst unser Aufsichtsrat hat da die Ohren hochgestellt. Ich habe ihn selbst gezwungen, einen Brief zu unterzeichnen, in dem nachgewiesen wurde, daß ein anderes Fabrikat für uns besser ist und es nicht ratsam ist, eine ABC-Anlage zu beschaffen."
(Leiter der Textverarbeitung).

Konnte sich dieses Unternehmen durch Gegenstrategien offenbar wehren gegen die direkte und umfassende Einflußnahme eines Herstellers, so war bei anderen Verwaltungen deutlich erkennbar, daß sie mehr oder minder voll im Griff eines Herstellers waren. In manchen Unternehmen schienen Hersteller eine so starke Position zu haben, daß von ihnen nicht nur Anschaffungsentscheidungen bestimmt wurden, sondern auch die Entwicklung organisatorischer Konzepte in erheblichem Maß beeinflußt wurde.
Paradoxerweise hat zu der Abhängigkeit von einzelnen Herstellern gerade das große Tempo der Produktinnovation beigetragen. So stellt das Leasing von Geräten, dem wir sehr häufig

begegneten, zwar einen Versuch dar, sich nicht zu lang und irreversibel an ein Modell zu binden und sich offenzuhalten für neue Produktentwicklungen; gerade damit ging man aber unter Umständen eine Bindung ein, aus der man sich nur schwer wieder lösen konnte.

"Der Einfluß des Herstellers ist immens. Das ist wie in einer Ehe, man kennt sich, man ist sich vertraut. Natürlich gibt es dauernd Probleme, aber man gibt eben eine solche Ehe ohne Not nicht auf. So eine Textverarbeitung wächst doch organisch, die entsteht doch nicht von heute auf morgen. Da stehen nicht plötzlich zehn Maschinen da, das werden allmählich mehr. Wenn man dann, wie wir, mit Leasing arbeitet, ergeben sich ganz unterschiedliche Laufzeiten für die Verträge bei den einzelnen Maschinen. Das ist dann unheimlich verzahnt, das können Sie kaum durchbrechen. Wenn Sie das auf einen Schlag auswechseln, müssen Sie einen Riesenverlust in Kauf nehmen, oder Sie müssen über ein paar Jahre zwei- oder dreigleisig fahren. Und wenn dann die Datenträger nicht austauschbar sind, dann kriegen Sie die größten Personalprobleme. Da ist der Teufel los." (Leiter der Textverarbeitung).

Folge solcher Bindung konnte sein, daß man sich mehr oder minder auf Gedeih oder Verderb an einen Hersteller, an seine Produkt- und Marktpolitik ausgeliefert sah. So trafen wir in einer ganzen Reihe von Unternehmen auf ausgeprägte Unzufriedenheit mit den eingesetzten Textsystemen, ohne daß dies zu konkreten Auswirkungen geführt hätte.

Typisch für eine solche Situation mag jenes Unternehmen sein, das sich auf einen Fünfjahres-Leasing-Vertrag mit einem Hersteller eingelassen hatte. "Damit saßen wir in der Patsche. Wir kamen aus den Verträgen nicht mehr raus. Damals, als wir einstiegen, schien das ein gutes Geschäft. Wir konnten aber nicht wissen, daß XY bei der Produktentwicklung eingeschlafen ist. Es war wohl ein Fehler, daß wir uns auf den Leasing-Vertrag eingelassen haben, bei dem natürlich der Preis umso günstiger ist, je länger die Laufzeit ist. Da haben wir bittere Erfahrungen gesammelt. Natürlich ist es so, daß ein Kaufmann in so einer Situation zuerst auf die Zahlen sieht. Ich glaube aber, daß irgendwann der Punkt erreicht ist, wo dann die Preise egal sind."
(Technischer Leiter einer mittelgroßen Firma).

Jedoch auch ohne vertragliche Fixierung bestand vielfach eine
starke Bindung an den Hersteller, die nicht nur durch die oben
beschriebene eheähnliche Vertrautheit zustande kam. Einer der
Gründe lag in den 'Zwängen', die von dem Produkt selbst ausgehen: Bestimmte Datenmengen sind in ein System eingegeben,
Bearbeitungsgänge sind auf seine Arbeitsweise abgestellt,
Speichermedien sind inkompatibel ..., jede Umrüstung wird zu
einer aufwendigen Angelegenheit.

"Haben Sie mal Tausende in die Software-Entwicklung gesteckt, kommen Sie da nicht mehr runter." (Vertriebsberater).

"Wir haben hier das System X. mit ca. 1000 Cassetten.
Wenn wir jetzt das System Y. anschaffen mit Magnetplatten,
müßten die alle umgepolt werden. Mir wird Angst und Bange,
wenn ich daran denke." (Organisator).

Wir trafen aber auch Unternehmen, in denen es gelungen war,
sich relativ unabhängig von dem dominierenden Einfluß eines
Herstellers zu halten, zumindest was die Textverarbeitung betraf. Zum Teil mochte eben jene Inkompetenz, die wir bei der
Auseinandersetzung mit dem Anschaffungsprozeß beschrieben
haben, dazu beigetragen haben. Die komplexen und widersprüchlichen Entscheidungsstrukturen, schlicht die Entscheidungsun-
fähigkeit mancher Unternehmen, wirkten als 'Schutz' gegenüber
der Einmischung von Herstellern. Zum Teil waren aber auch gezielte Gegenstrategien erkennbar, sich nicht voll einem Hersteller auszuliefern. Auch hier spielten innerbetriebliche Ausein-
andersetzungsprozesse eine Rolle, etwa zwischen den Bereichen
der Datenverarbeitung und der Textverarbeitung.
    Der Aufbau der Textverarbeitung wurde zum Teil auch als
Chance begriffen, sich von der Abhängigkeit von der zentralen
Datenverarbeitungsabteilung zu emanzipieren. Wir werden im
folgenden Kapitel näher darauf eingehen.
    Fassen wir zusammen: Die Aktivitäten der Hersteller haben
die Verbreitung der Organisierten Textverarbeitung, insbesondere auch zentraler Schreibdienste, in den 70er-Jahren vorangetrieben. Es scheint kaum denkbar, daß ohne ihre Aktivität, insbesondere die der IBM, die Organisierte Textverarbeitung jenen
Bewegungscharakter angenommen hätte, den wir eingangs beschrieben haben. Sie lieferten den betrieblichen Organisatoren
jenen Rückhalt, jene Argumentationshilfen, die ihnen die Durchsetzung erleichterten.

Andererseits waren die Hersteller aber eigentlich erstaunlich lange relativ wenig erfolgreich in der Eröffnung neuer Absatzmärkte für ihre Textverarbeitungsprodukte. Dies geht schon daraus hervor, daß bis in die späten 70er-Jahre hinein die Absatzerwartungen und Prognosen bei weitem nicht erfüllt wurden. Zwar führten die Interventionen der Hersteller in einzelnen Verwaltungen zu deutlichen Übermaschinisierungen, als Investitionsruinen wirkten sich diese jedoch eher als Bumerang aus: Sie trugen zu der deutlichen Desillusionierung gegenüber den Möglichkeiten maschineller Textverarbeitung bei, die in der zweiten Hälfte der 70er-Jahre unverkennbar war.

Gemessen an der Verbreitung der EDV, etwa in den 60er-Jahren, vollzog sich die Einführung maschineller Textverarbeitung erstaunlich mühsam und langsam, vor allem, wenn man den jeweiligen technologischen Entwicklungsstand mit in Betracht zieht.

Eine Erklärung - neben anderen (99) - muß auch in den betrieblichen Handlungskonstellationen gesucht werden: Die Hersteller scheinen bei dem Vertrieb von Textsystemen wesentlich größere Schwierigkeiten gehabt zu haben, mit den komplexen betrieblichen Entscheidungs- und Interessenstrukturen zurecht zu kommen, als bei der Datenverarbeitung. Dort ging es um die Anschaffung von Verarbeitungskapazitäten, die nun sukzessive aufgefüllt wurden, wobei man jeweils bei den Bereichen anfangen konnte, die sich relativ leicht in die elektronische Verarbeitung übernehmen ließen. Die 'zentral' von der Geschäftsleitung gefällte Anschaffungsentscheidung betraf zunächst nicht unmittelbar erkennbar bestehende betriebliche Interessen- und Arbeitsstrukturen, diese wurden erst Zug um Zug mit der Einbeziehung in die elektronische Verarbeitungsweise berührt. Die Anschaffung von Textsystemen und vor allem die Arbeitsweise der Organisierten Textverarbeitung berührten jedoch offenkundig und unmittelbar bestehende Interessen. Sie erforderte eine Neuordnung nicht nur existierender Arbeitsweisen, sondern auch von Einflußverhältnissen. Die Anschaffungsentscheidung berührte somit immer auch betriebliche Einflußverteilungen. Kein Wunder, daß sie auf Widerstände stieß!

Die Vertriebsorganisationen der Hersteller erwiesen sich offensichtlich als erstaunlich wenig fähig, mit diesem arbeitsorganisatorischen und interessenbezogenen Geflecht fertig zu werden. Die auf die Maschinenlogik bezogene Denkweise der Vertriebsberater bzw. der organisatorische Dogmatismus, der bisweilen vertreten wurde, verhinderten eher, dieses Geflecht zu durchdringen. Selbst dort, wo eine starke Datenverarbeitungsabteilung eigentlich eine gute Ausgangsbasis geboten hätte, in den Bereich Textverarbeitung einzudringen, konnte dies oft nur ungenügend genutzt werden. Zwar gelang es in einigen der Verwaltungen, durch einen Kraftakt von oben extensive Maschinisierung zu erreichen, aber viele Unternehmen, bei denen man an sich eine stärkere Maschinisierung der Textverarbeitung hätte erwarten können, blieben den Herstellern verschlossen.

Die Umstellung auf 'die neue Flexibilität', d.h. der Verzicht auf jeglichen organisatorischen Dogmatismus, kann als Reaktion auf diese Situation gesehen werden. Sie hat aber zugleich dazu beigetragen, daß die Beschäftigung mit den notwendigen arbeitsorganisatorischen Voraussetzungen, die in den späten 70er-Jahren gerade eben erst eingesetzt hatte, wieder in den Hintergrund trat. Die Fasziniertheit von der Lösbarkeit betrieblicher Probleme durch den Einsatz von Maschinen perpetuiert jene naiven und übersteigerten Erwartungen, die immer wieder an die technologische Entwicklung geknüpft werden.

Welche Auswirkungen nun diese maschinellen und auch verkaufsstrategischen Entwicklungen haben werden, ist im Augenblick schwer abzuschätzen. Vieles deutet darauf hin, daß der Einfluß der Hersteller auf die betrieblichen Innovationsprozesse zunehmen wird, daß es ihnen gelingen wird, in den Verwaltungen die Logik der von ihnen vorangetriebenen maschinellen Entwicklung durchzusetzen. Gerade die arbeitsorganisatorische Abstinenz mag dies erleichtern. Nicht zuletzt aber spielt hier die Auseinandersetzung zwischen Datenverarbeitung und Textverarbeitung mit hinein, die in vielen Unternehmen zunehmend an Aktualität gewinnt. Wir wollen uns im Folgenden damit befassen.

5. Textverarbeitung und Datenverarbeitung

"Die EDV, das ist wie ein Strandläufer,
der pickt alles auf, muß alles in den
Schnabel nehmen. Was ihm dann nicht
schmeckt, das läßt er fallen. So ging
das lange mit der Textverarbeitung. Das
hat sich jetzt geändert."
(Schreibdienst-Berater)

Die Funktionen der Organisierten Textverarbeitung und der Datenverarbeitung bei der Informationsverarbeitung in der Verwaltung weisen eine Reihe von Parallelitäten auf: Beide stellen Dienstleistungen für die Verwaltungsprozesse zur Verfügung, beide greifen damit organisierend in diese Prozesse ein, beide nutzen dabei die Verarbeitungskapazität von Maschinen. Mochten sich auch die angebotenen Verarbeitungskapazitäten in einem Fall auf Daten, im anderen auf Texte beziehen, so war die 'Schnittstelle' zwischen beiden Bereichen von Anfang an nicht eindeutig definiert. Diese 'Schnittstellenproblematik' war nicht nur wegen möglicher Überschneidungen des Leistungsangebots von Organisierter Textverarbeitung und Datenverarbeitung gegeben, sondern auch, weil sich hier zwei konkurrierende Rationalisierungsansätze gegenüberstanden - auch wenn dies in den betrieblichen Auseinandersetzungen nicht immer zum Ausdruck kam. Mit den organisatorischen und technologischen Entwicklungen vor allem in den letzten Jahren wurden diese Überschneidungen zunehmend größer.

Die Übertragung von Verwaltungsarbeiten in die EDV ist an bestimmte arbeitsorganisatorische Voraussetzungen gebunden. Dies hat dazu geführt, daß in vielen Verwaltungen 'Datenverarbeitung' und 'Organisation' identisch waren, in der Kompetenzzuweisung wie in der Verfahrensweise. Die Logik der Computerisierung bestimmte die Logik der Organisationsentwicklung. Zentrale Bezugspunkte waren die Leistungskraft und die Arbeitsanforderungen des Computers.

Organisierte Textverarbeitung kann demgegenüber verstanden werden als die systematische Organisation der besonderen Anforderungen, die bei der Kommunikation über Text in der Verwaltung entstehen. Der Anspruch der Organisierten Textverarbeitung beschränkt sich dabei nicht auf eine rationellere Gestaltung des Schreibdienstes, sondern zielt implizit oder explizit auf größere Transparenz und Steuerbarkeit der Verwaltungsarbeit allgemein, also auch der Sachbearbeitung. 'Textverarbeitung' eignet sich damit vorzüglich als ein Instrument, mit dem eine Verwaltung organisatorisch 'in den Griff' zu bekommen ist. Sie wurde - wie wir gezeigt haben - als Vehikel genutzt, um sich verfahrensmäßig und institutionell eine eigenständige Basis zu verschaffen - auch gegenüber der Datenverarbeitung. Diese besondere betriebspolitische Qualität der Textverarbeitung, der wir bei der Nachzeichnung des Einführungsablaufs wie bei der Beschreibung der Projektorganisation begegneten, hat in der Vergangenheit überraschend selten zu direkten Auseinandersetzungen zwischen Datenverarbeitungs- und Textverarbeitungsbereich geführt.

In den meisten Verwaltungen bestand zwischen den beiden Bereichen wenig Berührung. Zwar wurde in einigen Verwaltungen ein Teil des Schriftguts in die computerunterstützte Textverarbeitung (CTV) überführt, aber daraus ergab sich kaum eine kooperative Annäherung. Von der Datenverarbeitung wurde lediglich leicht standardisierbares Massenschriftgut übernommen, ohne daß dies dazu geführt hätte, sich mit den Problemen und Möglichkeiten der Textverarbeitung zu befassen. Auch ergaben sich daraus kaum Auseinandersetzungen oder Schwierigkeiten wegen der Kompetenzabgrenzung. Die Datenverarbeitung schien wenig daran interessiert zu sein, die Textverarbeitung in ihren eigenen Zuständigkeitsbereich einzugliedern.

Dieses Nebeneinander galt im wesentlichen auch für die Hersteller, die sowohl Datenverarbeitungsanlagen als auch Maschinen für die Textverarbeitung anboten. Beide Bereiche operierten weitgehend nebeneinander, ja zum Teil konkurrierend. (100)

In einigen wenigen Verwaltungen stießen wir auf integrierte Rationalisierungskonzepte, die sowohl die Datenverarbeitung als auch die Textverarbeitung umfaßten.

In einem mittelgroßen Unternehmen der Versicherungswirtschaft war bereits 1969 ein derartiges integriertes Konzept vom Leiter der EDV-Abteilung, dem zugleich auch die Organisation unterstand, entwickelt worden. "Unsere Philosophie, die wir damals in die Textverarbeitung gebracht haben, war, daß alles, was logisch entscheidbar ist, über Datenverarbeitung abzuwickeln ist. Wir haben damals schon die Textverarbeitung als Datenverarbeitung gesehen. Texte sind ja nichts anderes als Daten. Wir haben damals damit begonnen, die Textverarbeitung als automatisierten Prozeß in

die Datenverarbeitung einzubauen. Zielsetzung war, daß nicht
der Sachbearbeiter entscheidet, sondern das Programm,
welcher Text in Frage kommt, der dann automatisch über
die Anlage ausgedruckt wird. Über diesen automatisierten
Prozeß sollten 75 % der Korrespondenz bei der Lebensver-
sicherung von der Maschine realisiert werden. Voraussetz-
zung war natürlich, daß die Vorgänge standardisiert wurden.
Komplizierte Vorgänge mußten in Standardvorgänge umge-
wandelt werden."

Im Zuge eines Neubaus wurde ein zentraler Schreibdienst er-
richtet. Die Zentralisierung des Schreibens war die logische
Konsequenz des integrierten Konzepts, denn nur über Entmischung ließ sich das Schriftgut so transparent machen, daß
es für eine Standardisierung und die nachfolgende Übernahme
auf PTV bzw. für die Rückverlagerung an den Sachbearbeiter-
Arbeitsplatz geeignet war. "Durch die Einführung unseres
zentralen Schreibdienstes wurde das Schriftgut erfaßt, das
vorher noch vorsintflutlich war. Das Schriftgut wird dadurch
transparent gemacht. Es erfolgt eine Vorformalisierung, um
die wir dann später bei der Übernahme des Schriftguts auf
EDV froh sind." Der zentrale Schreibdienst wird hier als
notwendige Übergangslösung für die umfassende Computerisierung der Sachbearbeitung gesehen - Endstadium ist die
computerisierte Verwaltung.
(Alle Zitate vom Leiter des Rechenzentrums).

Die Entwicklung solcher Konzepte wurde vielfach vorangetrieben,
ohne daß der Bereich Textverarbeitung auch nur darüber informiert worden wäre. In einer Reihe von Verwaltungen lagen umfassende Planungen der Datenverarbeitung vor, die weitreichende
Konsequenzen für die Textverarbeitung hatten, ohne daß diese
Konzepte den für die Textverarbeitung Zuständigen bekannt gewesen wären.

Symptomatisch für dieses Nebeneinander mag der Verlauf unseres Gesprächs mit dem Personalchef und der Schreibdienstleiterin in dem o. g. Betrieb sein: Als der Personalchef die
Stufen des integrierten datenverarbeitungsorientierten Rationalisierungskonzepts vortrug und dabei feststellte, daß
der zentrale Schreibdienst lediglich die Übergangsphase für
die letzte Stufe der automatischen, computergesteuerten
Korrespondenz darstellt, entgegnete die Schreibdienstleiterin erstaunt: "Ach, so ist das? Aber bis dahin bin ich dann

wohl schon in Pension?". Der Personalchef erwiderte: "Aber nein, Frau X., das haben wir in zwei Jahren!" Hinterher betonte die Schreibdienstleiterin, wie wichtig es für sie gewesen sei, bei dem Gespräch dabeigewesen zu sein, denn: "Von all dem, was die planen, höre ich ja sonst nichts!".

Die Einführung der 'Textverarbeitung' wird sozusagen zum Trojanischen Pferd für die Datenverarbeitung: Über Entmischung und Zentralisierung des Schriftguts soll die für die Übernahme auf CTV erforderliche Transparenz und Standardisierung erreicht werden, mit der dann in einem weiteren Schritt die Sachbearbeitung rationalisiert werden kann.

Ein solch gezielter Einsatz der Textverarbeitung als Trojanisches Pferd stellte jedoch eher die Ausnahme dar. In den meisten Verwaltungen fanden wir eine zweispurige Entwicklung: Die Bereiche der Datenverarbeitung und der Textverarbeitung trieben weitgehend unabhängig voneinander Rationalisierungsprozesse voran. Beide Prozesse wiesen insofern eine Ähnlichkeit auf, als sukzessive neue Aufgaben in das eigene Bearbeitungsverfahren übernommen wurden. Das Medium allerdings, auf das sich dieser Expansionsprozeß bezog, unterschied sich: In dem einen Fall ging es darum, Tätigkeiten auf den Computer zu übertragen, also zu automatisieren. Im anderen Fall ging es darum, Schreibarbeiten dem besonderen Qualifikationsangebot des zentralen Schreibdienstes zu übertragen. Beide Male wurden Dienstleistungen angeboten: Aber in einem Fall als maschinelle Verarbeitungskapazitäten, im anderen Fall als menschliche Qualifikationen.

Waren 'Übergriffe' der Textverarbeitung in die Datenverarbeitung und umgekehrt zunächst eher Einzelfälle, so scheint sich dies in den letzten zwei Jahren geändert zu haben. Aus dem Nebeneinander wurde ein Durcheinander, um nicht zu sagen ein Gegeneinander. Ausgelöst wurde dies, so heißt es vielfach, durch die Hardware-Entwicklung. Die zunehmende Leistungsfähigkeit der Textverarbeitungsanlagen einerseits, der Datenverarbeitungsanlagen andererseits, die Entwicklung neuer Softwareprogramme, hätten zu diesen Überschneidungen geführt. Dies ist zweifellos richtig, insbesondere, wenn man nicht nur die Leistungsfähigkeit der Technologie berücksichtigt, sondern auch die Wirtschaftlichkeit ihres Einsatzes. Die Entwicklung der Technologie allein vermag aber nicht zu erklären, weshalb sich die Abgrenzungsprobleme zwischen beiden Bereichen nicht schon wesentlich früher stellten. Hier müssen auch Aspekte in die Erklärung eingehen, die auf die betriebliche Handlungskonstellation und die dahinterliegende Interessenstrukturen verweisen.

"Wer weiß schon normalerweise etwas über Textverarbeitung? Was machen die denn da? Das ist immer noch zwangsläufig der Eindruck, na ja, die schreiben! Das alte Image von den Tippsen, das ist weiterhin da. Was sich dahinter alles verbirgt, dringt ja gar nicht durch, auch nicht bis in die Datenverarbeitung. Nun, mittlerweile bin ich über dieses Understatement fast froh. Denn wenn das nicht da wäre, hätten die uns von der Datenverarbeitung schon längst geschluckt." (Leiter der Textverarbeitung).

"Wir haben es in der Vergangenheit geschafft, daß die Datenverarbeitung so hoch bewertet wird: Organisatorisch, von den Gehältern her und der Ausbildung. Die EDV hat ein recht hohes Niveau. Alle anderen Organisatoren werden daneben stiefmütterlich behandelt, sie haben ein niedrigeres Niveau. Der normale EDV-Organisator will nicht in die Textverarbeitung. Die ist ihm nicht fein genug. Die Innovation der EDV bewirkt, daß er immer genügend Arbeit hat. Der muß neue Betriebssysteme auslasten, neue Anwendungen finden. Die Textverarbeitung ist da nicht besonders attraktiv für ihn, die bringt wenig, ist relativ kompliziert. Er muß da zu den Schreibkräften hin, er muß sich mit einer ganz neuen Materie beschäftigen. Außerdem besteht eine Geringschätzung dem ganzen Schreibbereich gegenüber." (Textverarbeitungs-Berater).

In beiden Bemerkungen ist ein weiteres Moment angesprochen, das als 'Schutz' für die Textverarbeitung wirkte: fehlendes Fachwissen der Datenverarbeiter.

"Der normale EDV-Mann hat doch gar nicht erkannt, was man mit Textverarbeitung alles machen kann. Der war doch beschränkt auf die Vorstellung, daß da 'bloß' geschrieben wird." (Schreibdienstberater).

Darüberhinaus hinderte auch die begrenzte Programmierkapazität der Datenverarbeitung daran, in den Bereich der Textverarbeitung einzudringen.

"Die Datenverarbeitung war bei uns total voll. Die hatten weder vom Personal noch von der Speicherkapazität her die

Möglichkeit, sich mit dem Schreiben zu befassen. "
(Organisator).

In dieser Situation konnten sich Organisatoren und Berater mit
der Textverarbeitung eigenständig gegenüber der Datenverarbeitung profilieren.

"Gegenüber dem Datenverarbeitungsmann war der allgemeine
Organisator ja ein armes Würstchen. Mit der Textverarbeitung konnte er aber Erfolge verbuchen, mit denen er sich
gegen die Datenverarbeitung behaupten konnte. " (Textverar-
beitungs- Organisator).

"Solange sich die EDV nicht mit Texten beschäftigt hat oder
sich dabei nicht auskannte, war das unsere Chance. "
(Schreibdienstberater).

Zum Teil führte dies dazu, daß die Textverarbeitung, gestützt
auf die größere Leistungskapazität der neuen Textsysteme,
mehr oder minder unmerklich in Bereiche der Datenverarbeitung hineinwachsen konnte.

"Die Textverarbeitung war bei uns in den letzten Jahren insgesamt expansiv, nicht zuletzt, weil die Datenverarbeitung
in ihrer Programmierkapazität überlastet war und froh war,
Dinge abgeben zu können. So haben wir eine Reihe von Arbeiten übernommen, die bereits in den Bereich der Datenverarbeitung hineinführen. Und Arbeiten, die ohne weiteres
ganz auf den Bildschirm übertragbar wären, inklusive der
ganzen Textverarbeitung, scheiterten bis jetzt an der begrenzten Programmierkapazität. " (Leiter der Textverarbeitung).

Nachstehendes Beispiel illustriert diesen Prozeß des schrittweisen Hineinwachsens in Aufgaben, die eigentlich kaum mehr
der Textverarbeitung zuzuordnen sind.

"Es ging um die Ausstellung von Policen. Da wurde eine
Schriftgutanalyse gemacht und ein Texthandbuch erstellt. Im
wesentlichen ging es dann darum, Zahlen anzugeben, wenn
einer einen Schaden hatte. Diese Zahlungen wurden dann auf
Überweisungsträgern oder Schecks vorgenommen, die im
Fachbereich geschrieben wurden. In unseren Texthandbüchern
stand dann: Der Betrag fügt sich so und so zusammen, und

dahinter standen dann undefinierbare Zahlen. Da habe ich dann gefragt: 'Was passiert eigentlich mit diesen Zahlen da hinten?' Die sagten, die gehen in die Buchhaltung, werden in Kopie hintereinander abgelegt, je nach Fall. Dann gehen sie in die EDV. Es werden da nochmals neue maschinenlesbare Belege ausgefüllt. Wir haben dann ein Briefformular entworfen mit einem vorgeschalteten Scheck, so daß der Überweisungsträger im Bereich nicht mehr ausgefüllt werden mußte, sondern der Scheck gleich beim Schreiben aus dem Texthandbuch geschrieben wurde. Es ging also zunächst nur um das ganz banale Schreiben des Schecks, das jetzt mit Texthandbuch gemacht wurde. Die nächste Folge war aber, daß wir gefragt haben, was passiert jetzt mit diesen komischen Zahlen dahinter? Sie sagten, ja, da machen wir jetzt einen Markierungsbeleg. Ich sagte, gut, den Markierungsbeleg schreiben wir. Den können wir also gleich hier mit erfassen. Das wurde auch akzeptiert. Dann haben wir festgestellt, daß dort Konten angesprochen wurden und daß die Sachbearbeiter entsprechend der Verschiedenheit der Policen und den Jahren, in denen der Schaden aufgetreten war, Eintragungen machten, die auch programmierbar waren. So haben wir diese Arbeiten des Abgleichens bei den Sachbearbeitern ebenfalls übernommen. Die mußten jetzt also nicht mehr in Konten wühlen. Das heißt, wir machten also Datenerfassung für die Datenverarbeitung, der Markierungsbeleg fiel weg. Das bewegte sich aber erst alles auf der Ebene der Datenerfassung. Dann wurde abgefragt, was tut denn die Buchhaltung mit diesen Zahlen? Da saß eine Dame, die für den Bereich insgesamt 123 Stunden im Monat Buchungslisten erstellte. Wir hatten die Datensätze sowieso in der Maschine, so haben wir sie genommen und werteten sie nach buchhalterischen Erfordernissen aus, so daß am zweiten Tag nach Monatsschluß die jeweiligen für den Monat gültigen Buchungslisten vorlagen und am nächsten Tag bis 10 Uhr jeweils die Daten des Vortages auch buchungsfähig daliegen." (Leiter der Textverarbeitung).

Häufiger und auch gewichtiger als solches Hineinwachsen der Textverarbeitung in Bereiche, die der Datenverarbeitung vorbehalten schienen, waren allerdings Prozesse in umgekehrter Richtung. Nachdem in der Textverarbeitung zunächst vorwiegend über organisatorische Mittel (Zentralisierung, Entmischung) Rationalisierungserfolge zu erzielen versucht wurde, läuft nun offensichtlich eine zweite Welle der Rationalisierung an, bei der über den Einsatz von Technologie, d.h. vor allem Textverarbeitung über Computer, die Produktivität gesteigert werden soll.

Diese Entwicklung wird vor allem durch den Datenverarbeitungs-Bereich vorangetrieben. Die Datenverarbeitung scheint die Textverarbeitung als 'Okkupationsgebiet' erkannt zu haben. Eine wichtige Rolle spielt dabei der Druck von Herstellern und das allgemeine Maschinisierungsklima für das Büro. Der Druck war bezeichnenderweise in den Unternehmen am größten, in denen ein bestimmter Hersteller von Büromaschinen, der vor allem auch Großcomputer vertreibt, über die Datenverarbeitung in die Textverarbeitung einzusteigen versuchte. (101)

Die Neigung, sich mit der Textverarbeitung zu beschäftigen, scheint sich dabei aus der gegenwärtigen Situation der Datenverarbeitung heraus zu ergeben, die sich durch immer größer werdende Kapazitäten mit der Notwendigkeit konfrontiert sieht, sich neue Aufgabenbereiche zu erschließen.

"Der Computer nimmt laufend die Qualifikationsressourcen der Abteilung in Beschlag. Er bindet die vorhandenen Skills und zieht sie magnethaft an. Jeweils bei der Einführung eines Computers werden diese total in Beschlag genommen. Wenn man dann mit den Einführungsarbeiten halbwegs durch ist, daß alles zu 70 % laufen kann, dann ist der Computer bereits wieder überholt, dann steht die nächste Generation an und wird schon wieder die Vorbildung für die nächste Generation notwendig. Dabei geht es immer wieder um die Eröffnung neuer Anwendungsgebiete für die EDV. Die Textverarbeitung ist eines der letzten Gebiete, das übernommen werden kann. Die EDV steht im ständigen Zugzwang, sich zu überlegen, was als nächstes übernommen werden kann. Sie muß dauernd die Palette der Anwendungsmöglichkeiten vergrößern." (Hersteller-Vertreter).

Aus dieser neuen Handlungskonstellation ist erklärbar, weshalb in fast allen Unternehmen, die wir besuchten, die Verbindung von Datenverarbeitung und Textverarbeitung ein zentrales Thema war. In einigen Betrieben bestanden offenbar recht konkrete Absichten der Datenverarbeitung, sich die Textverarbeitung einzuverleiben.

"Die Organisation hat sich bisher bei uns hauptsächlich mit der Entwicklung der EDV befaßt. Die haben sich wenig dafür interessiert, was wir hier machen. So konnte ich hier im

Vertriebsbereich die Servicegruppe 'Technische Korrespondenz' weitgehend unabhängig von der Organisationsabteilung aufbauen. Ich bin in der Zwischenzeit zum Abteilungsleiter befördert worden, aber ich kann damit nicht recht froh werden, denn mein Konzept ist gegenwärtig bedroht. Über kurz oder lang wird sich die Organisation die Textverarbeitung unter den Nagel reißen und versuchen, sie mit der EDV zu verkabeln. Ich verhandle hier seit einiger Zeit mit der Geschäftsleitung über die Anschaffung eines neuen Textsystems. Die Entscheidung darüber wird aber immer wieder hinausgezögert, weil der Hersteller X. der Geschäftsleitung eingeflüstert hat, die Textverarbeitung wäre langfristig schneller und wirtschaftlicher über Bildschirm und Großrechner abzuwickeln. Dieser Hersteller versucht jetzt über den Computer wieder im Markt Fuß zu fassen, indem man die Textverarbeitung als Zusatzdienstleistung der EDV darstellt. Ich halte das für eine Katastrophe, wenn mir mein neues Textsystem nicht bewilligt wird und ich stattdessen an die EDV ausgegliedert werde." (Leiter des Schreibdienstes in einem mittelgroßen Maschinenbaubetrieb).

"Im letzten Jahr hat sich hier die Tendenz verstärkt, den Schreibdienst aufzulösen. Wir sollen hier jetzt wohl an die Groß-EDV angeschlossen werden, deswegen ist auch meine Anforderung eines neuen Textsystems blockiert worden. Es heißt, die Textverarbeitung über EDV ist billiger und besser. Wir haben jetzt hier einen neuen Chef in der EDV, der will alles unter einem Hut haben. Die Druckerei, die EDV und die Textverarbeitung. Da wurde jetzt ein Projektteam gebildet aus dem EDV-Chef, noch einem anderen Mitarbeiter der EDV, dem Chef der Unternehmensplanung und einem Herrn aus der Organisation. Ich als Schreibdienstleiterin weiß offiziell davon überhaupt nichts. Ich habe nur gefragt, warum bekommen wir unsere Maschine nicht, und da habe ich den Bescheid bekommen, daß das eben wegen der Zukunftsplanung jetzt nicht opportun ist." (Schreibdienstleiterin in einem mittelgroßen Betrieb).

Textverarbeitung und Datenverarbeitung wachsen also aufeinander zu. Der Konflikt scheint vorprogrammiert. Über den Ausgang der Auseinandersetzung scheint wenig Zweifel zu bestehen. Dem Goliath der Datenverarbeitung steht der David der Textverarbeitung gegenüber, und, wie in der Bibel, spricht alles für den Sieg des Giganten. Er verfügt über gewaltige maschinelle

Ressourcen mit einer enormen Verarbeitungskapazität, über
Dienste von Spezialisten, über hohes betriebliches Ansehen,
meist über den direkten Zugang zur Geschäftsleitung, wenn er
nicht überhaupt in dieser vertreten ist. Er verkörpert Moder-
nität, Effizienz, Rationalität. Ihm steht als David der Bereich
gegenüber, in dem Frauen mit geringem betrieblichem Ansehen
einfache Arbeiten an einfachen Maschinen verrichten, vertreten durch eine Schreibdienstleiterin, die meistens allenfalls im
Rang einer Gruppenleiterin eingestuft ist.

Symptomatisch für das unterschiedliche Gewicht der beiden
Bereiche mag die Bedeutung angesehen werden, die Rückständen zugemessen wird. Bei der Datenverarbeitung werden
Verzögerungen mehr oder minder als in der Natur der Sache
gelegen hingenommen und auf die immanente, unabänder-
liche Inflexibilität des Systems bezogen. Wenn etwa die Ein-
gabe von Änderungen in das System drei Monate dauert, wofür vormals einige Tage notwendig waren, dann sind es nicht
die Datenverarbeiter, es ist die Datenverarbeitung selbst,
die diese Verzögerungen bedingt. Demgegenüber werden
Rückstände beim Schreibdienst fast durchweg auf ungenügende Leistung, mindere Qualifikation, mangelnde Motivation
der Schreibkräfte oder mangelnde Führungsqualifikationen
der Schreibdienstleiterin zurückgeführt. Hier ist es der
Mensch, der Fehler und Rückstände verursacht, nicht das
System.

Aus ihrer 'maschinenorientierten' Sicht scheint für EDV-Leute
Textverarbeitung lediglich ein Problem des Einsatzes von Bildschirmen und der Auslastung von Speicherkapazitäten zu sein,
die ja ohnehin vorhanden sind. "Das bißchen Tippen wird nebenher erledigt".

"Ich werde hier fürchterlich hinterher sein, die CTV aus-
zubauen. Wir können ja heute schon in unserem Programm-
paket TEXID die freie Texteingabe machen. Kommen Sie mir
nicht mit der Wirtschaftlichkeit. Das System TEXID ist spott-
billig. Wir haben das hier für 1200,- DM im Monat. Ich habe
ja alles da, den Drucker, den Operator. Das Auslösen des
Briefes über den Sachbearbeiter, selbst mit zusätzlicher
Texteingabe, kostet mich ja eigentlich nichts mehr. Heute
haben wir im Monat ca. 5000 Briefe über TEXID. In einem
halben Jahr können wir 7000 bis 8000 Briefe haben. Und

rechnen Sie dann mal aus, wieviele Schreibkräfte wir dafür bräuchten." (Organisator in einer Versicherung).

Grundsätzlich wird die weitere Ausdehnung der Datenverarbeitung von den Datenverarbeitern als 'zwanghaft' vorgegeben gesehen, d. h. die sukzessive Eingliederung aller Bereiche der Verwaltungsarbeit in ein geschlossenes System.

"90 % der Projekte hier in der EDV sind doch zwanghaft, die müssen realisiert werden. Früher gab es da mehr Freiheiten, da konnten noch Entscheidungen ausgehandelt werden; aber heute ist der Prozeß doch vorgegeben, da gibt es nichts mehr zum Aushandeln. Das ist doch heute längst zur Restriktion geworden. Organisatorisch ist das hier doch auch schon alles gelaufen. Das System steht jetzt so! Das ist eine Restriktion nicht nur für meine Abteilung, sondern für alle im Haus - bis hin zum Vorstand. Das ist doch verbindlich. Ich kann ja nicht sagen, morgen soll die Sonne im Westen aufgehen!" (Leiter der EDV-Abteilung).

Zielvorstellung ist die einstufige Sachbearbeitung, d. h. die Vereinigung aller Bearbeitungsschritte an einem Arbeitsplatz, an dem nach einem weitgehend vorgegebenen Regelwerk der gesamte Verarbeitungsgang erledigt wird. Textverarbeitung ist eine 'Restgröße', die über kurz oder lang zwangsläufig in die maschinelle Bearbeitung überführt wird.

"Das eigentliche Schreiben wird über kurz oder lang nur ein Krümel am Rande sein. Für mich gehört Textverarbeitung einfach zur Sachbearbeitung, genauso wie zum Maurer die Kelle. Es ist ein Unding, wenn man dem Maurer die Kelle wegnimmt. Ebenso ist es vom Prinzip her ein Unding, daß man dem Sachbearbeiter das Schreiben wegnimmt. Dazu ist es nur gekommen, weil die Sachbearbeiter nicht in der Lage sind, ihre 400 Anschläge zu schreiben. Wenn die Sachbearbeiter einmal 400 Anschläge schreiben sollten, dann wäre die Textverarbeitung überhaupt kein Problem mehr. Insofern ist eigentlich klar, daß die Textverarbeitung, wie immer sie dann aussehen mag, letztlich an den Sachbearbeiterplatz zurückverlagert wird. Die Trennung von Sachbearbeitung und Textverarbeitung mag geschichtliche und gesellschaftspolitische Gründe haben, ich sehe aber nicht ein, warum nicht der Sachbearbeiter selbst schreiben kann, am Bildschirm selbst einen Brief komponieren kann." (Organisator).

Für die Übernahme der Textverarbeitung auf die EDV scheinen sich aus der Sicht des DV-Mannes kaum Schwierigkeiten zu stellen.

"Texte sind ja auch nichts anderes als Daten. Textverarbeitung ist nur eine Variante der Sachbearbeitung und damit der Datenverarbeitung. Textverarbeitung ist die Verarbeitung nicht formalisierter Daten. Es sollte vom Medium her gesehen keine Differenzierung gemacht werden, ob die Daten aus der Datenverarbeitung oder der Textverarbeitung kommen. Die Textverarbeitung ist für uns eine ganz simple.Sache, DV-seits ist das überhaupt kein Problem. Was soll daran das Individuelle sein? Wenn Sie die Möglichkeiten erkannt haben, dann können Sie die Textverarbeitung vergessen. Der Aufwand liegt nicht in der Textverarbeitung, sondern in der programmtechnischen Lösung." (Leiter der Datenverarbeitung).

Die Suggestivkraft solcher Visionen wurde offensichtlich nicht zuletzt dadurch gestützt, daß sie sich so 'schön' einleuchtend und überzeugend darstellen lassen. Die Berichte einiger unserer Gesprächspartner aus ihren Betrieben bestachen zugleich durch die Eleganz und Plausibilität des Vorgehens. Sie bestachen aber auch dadurch, daß darin der Mensch mit seinen Qualifikations- und Motivationsproblemen weitgehend ausgeschaltet wird. Arbeitsverhalten wird durch die Maschine vorstrukturiert und kann daher nicht mehr zu Schwierigkeiten führen.

"Wir brauchen mit unserem System keine qualifizierten Sachbearbeiter. Wir können billigere Mitarbeiter von der Straße auflesen. Bei qualifizierten Sachbearbeitern gelangen nur noch Ermessenssachen zur Bearbeitung. Bei der Erarbeitung dieser Ermessenssachen wiederum kann auch er mit dem automatisierten Hintergrund arbeiten. Demgegenüber braucht der Standardsachbearbeiter weder vom Versicherungswesen noch vom System sehr viel zu verstehen." (Leiter der Datenverarbeitung).

Hinweise auf die Verletzlichkeit und Anfälligkeit, unter Umständen auch Schwerfälligkeit eines solchen integrierten Systems werden entweder als 'Kinderkrankheiten' abgetan, die mit der weiteren Perfektion des Systems verschwinden würden, oder auf 'menschliche Schwächen' zurückgeführt.

> "Das mit der Verletzbarkeit unseres Systems - das ist doch ganz personenabhängig. Man muß eben versuchen, noch mehr zu normieren. Die Gefahr des individuellen Durchbruchs von Sachbearbeitern am Bildschirm können wir doch durch Kontrollen vermeiden." (Leiter der EDV-Abteilung).

Probleme werden in diesem Zusammenhang von den EDV-Leuten stattdessen vorwiegend in der geringen personellen und qualifikatorischen Kapazität der EDV-Abteilung gesehen, die bei weitem nicht ausreiche, um alle notwendigen Projekte zu erledigen.

> "Wir haben hier in der EDV 23 Mitarbeiter, das sind 3 bis 5 Mitarbeiter pro Fachgebiet. Unsere Personalkapazität ist viel zu gering für den Anpassungsaufwand, den wir bei unserem integralen Konzept betreiben müßten. Die EDV ist doch der Flaschenhals. Die Verletzlichkeit liegt doch vor allem darin, daß wir nur die 23 Mitarbeiter haben. Und die müssen natürlich hochqualifizierte Mitarbeiter sein. Denn das Fachwissen ist jetzt im Gesamtsystem. Die Fachabteilungen sind ausgehöhlt. Dadurch wird es auch schwer für uns, in den Fachabteilungen die kompetenten Gesprächspartner zu haben. Das normale Know-How liegt jetzt im System."
> (Leiter der EDV-Abteilung).

Bezeichnend für die Unbeirrbarkeit, mit der an der Faszination derartiger integrierter Konzepte festgehalten wird, war für uns der Besuch einer Versicherung, die sich durch einen sehr fortgeschrittenen Stand der Überführung in die Datenverarbeitung auszeichnet.

> Während wir im Besuchszimmer auf unseren Gesprächspartner, den Leiter der Datenverarbeitung, warteten, wurde durch den Lautsprecher durchgegeben, daß heute kein Bestandsführungslauf in der EDV gefahren werden könnte. Kommentar des bereits anwesenden Personalleiters: "Da können jetzt die Sachbearbeiter wieder die Bleistifte spitzen." In dem nachfolgenden Gespräch nahm der Leiter des Rechenzentrums auf diese 'Panne' im Zusammenhang mit der gegenwärtig begrenzten maschinellen Kapazität der EDV Bezug; unsere direkten Fragen nach der Verletzbarkeit und Anfälligkeit der

großen EDV-Lösung wies er jedoch immer wieder weit von sich. Durch das ganze Gespräch zog sich aber wie ein roter Faden die enorme Abhängigkeit aller von dem einmal etablierten Konzept. "Hier ist die Notwendigkeit, daß wir unser System transparent machen. Dazu haben wir aber keine Chance! Wir waren stattdessen immer gezwungen, weiterzumachen, weitere Bereiche zu integrieren. ... Wir haben hier vielleicht einen Rennwagen, der nicht mehr zu bremsen ist. ... Natürlich hat jeder DV-Mann die Angst vor dem großen Zusammenbruch, daß alles einmal ausfällt. Aber das hat es in den letzten Jahren nicht gegeben, warum soll es dann jetzt irgendwann kommen? ... Wenn ich nicht daran glaubte, daß es machbar ist, dann müßte ich verzweifeln." (Leiter des Rechenzentrums).

Demgegenüber stehen die Vertreter der Textverarbeitung - Schreibdienstleiterinnen, Organisatoren, Benutzer, Vertriebsberater von Herstellern - der Realisierbarkeit solch integrierter Konzepte skeptisch gegenüber.
Es wurde eine Fülle von Argumenten vorgebracht, weshalb derartige Vorstellungen in absehbarer Zeit nicht zu verwirklichen seien.

o Der Verbund ist technisch noch nicht möglich:

"Der Verbund ist unheimlich schwer. Nachdem unsere Maschinen so unwahrscheinlich kompatibel sind, ist das schon ein Fluch: Der Interessent denkt, wir könnten schon alles, aber in Wirklichkeit können wir den Verbund nicht herstellen. Wir haben hier die gleiche Hardware für Datenverarbeitung und Textverarbeitung. Ich sage immer, unsere Maschinen sind wie ein Fahrrad, auf dem einmal der eine fahren kann und einmal der andere. Ein Tandem haben wir aber nicht." (Hersteller-Vertreter).

"Sie können sich ja gar nicht vorstellen, welche Probleme der EDV-Mensch hat, ein 'ü' zu schreiben." (Schreibdienstleiterin).

"Das mit dem Verbund ist ja jetzt ganz große Mode. Aber fragen Sie doch mal bei Ihrem Rechenzentrum an, ob die technisch überhaupt schon so weit sind!" (Schreibdienst-Berater).

o Die Datenverarbeitung ist zu unflexibel:

"Die Datenverarbeitung ist eine Autobahn: Man kommt
schnell voran, man kann aber nur an den vorgesehenen
Stellen ausweichen. Da ist Textverarbeitung flexibler."
(Hersteller-Vertreter).

"Das Problem bei der Textverarbeitung ist, daß alles so
verflucht flexibel und unterschiedlich ist. Sind Unterschriften nötig oder nicht? Kann man das durch Fern-
schreiben erledigen? Wer ist zeichnungsberechtigt?."
(Schreibdienstberater).

o Datenverarbeitung kann das Individuelle nicht erhalten:

"Natürlich kann ich Textverarbeitung auch über den Computer machen. Aber es gibt doch immer noch den besonderen Kunden, dem wir keinen Datenverarbeitungsbrief
zuschicken können. Bei uns hier, der Großkunde z. B.,
der wird doch heute direkt vom Vorstand angeschrieben -
auf Büttenpapier! Das können Sie auf der Datenverarbeitung überhaupt nicht machen." (Textverarbeitungs-
Organisator in einer Bank).

"Groß- und Kleinschreibung ist für den Computer ja heute
kein Problem mehr, das kann man umsetzen. Die Frage
dabei ist dann nur, welche Fehlerrate man dabei in Kauf
nimmt. Es gibt einen Müller mit 'ue' und einen Müller
mit 'ü'. Das kann man gar nicht feststellen, wie er sich
schreibt. Man wollte es hier dann trotzdem probieren.
Ich habe dann den Zeitaufwand berechnet: Reinholen der
Adresse, Einschreiben der Mitgliedsnummer, Orientieren des Blicks auf den Bildschirm, Absuchen nach Möglichkeiten, wie der Name geschrieben ist, wie schreibt
sich der Ort usw. In Kauf nehmen müßte man dann in Zukunft auch verstümmelte Namen, weil der EDV-Satz ja
nur eine bestimmte Länge hat. Das alles frißt dann mehr
Zeit, als wenn das flüssig runtergeschrieben würde.
Diese Lösung ist jetzt bei unserem derzeitigen Stand gestorben. Bis unsere Mitgliederkartei mal textverarbeitungsgerecht laufen kann, das dauert Jahre." (Leiter der
zentralen Textverarbeitung).

o Textverarbeitung über Datenverarbeitung ist zu teuer:

"Wir überleben deswegen, weil wir billiger sind. Wenn Sie

an die Probleme jetzt mal tatsächlich Programmierer ransetzen würden, wenn die alles aufbereiten wollten, um es textverarbeitungsgerecht zu machen, dann kommt das viel zu teuer. Das kostet ein immenses Geld. Und da ernähre ich mich ein paar Jahre davon hier." (Leiter der zentralen Textverarbeitung).

o Textverarbeitung über Datenverarbeitung dauert zu lange:

"Das ist ja unvorstellbar, wieviel Rechenzeit eine Korrektur von drei Zeichen auf einer Seite braucht!" (Hersteller-Vertreter).

"Wir haben in Hamburg gerade unser Konzept vorgestellt, zugleich auch die Technik und das damit beabsichtigte Mehrplatzsystem. Von der Leitung dort ist dann gesagt worden: 'Wenn wir das schon machen, dann wollen wir auch eine Kundendatei eingebaut haben'. Der Aufbau einer solchen Datei ist mit der mittleren Datentechnik überhaupt kein Problem. Dagegen hat sich aber die Datenverarbeitungs-Abteilung in der Zentrale gestellt: 'Das ist unsere Domäne'. Der Zugriff auf die Daten der Datenverarbeitung ist aber sehr viel langwieriger, als es für den Bedarf einer Bank mit Standort in Hamburg notwendig ist. Dort ist es eben erforderlich, daß bestimmte Daten z.B. innerhalb von drei Stunden zur Verfügung stehen. Jetzt ist es so, daß neben der Datenverarbeitung eine Handkartei besteht, in der nachgesehen wird, wenn es schnell gehen soll. Über unsere Adreßkartei in der Textverarbeitung können wir den schnellen Zugriff zur Verfügung stellen." (Textverarbeitungs-Organisator in einer Bank).

"Die dezentralen Kleinmaschinen haben eine größere Flexibilität. Natürlich könnte das die Datenverarbeitung auch jederzeit machen. Aber nicht mit dieser Flexibilität. Überall kommen Fehler vor. Fehlerkorrekturen sind aber in der Datenverarbeitung nicht ganz einfach. Für bestimmte Aufgaben lohnt es sich auch nicht, die große Datenverarbeitung anzuwerfen. Das kostet immer auch Rüstzeiten, und jede Datenverarbeitungsminute kostet einen Haufen Geld. Wir können da wirtschaftlicher arbeiten." (Textverarbeitungs-Organisator).

o Es fehlen die qualifikatorischen Voraussetzungen:

"Textverarbeitung ist ein Instrument, das gegenüber

Erschütterungen sehr empfindlich ist. Erschütterungen sowohl vom personellen Bereich als auch von der Technologie her. Sie können hier natürlich einen Computer reinsetzen, das ist überhaupt kein Problem. Nur brauchen Sie dann einen Operator, Sie brauchen keine Schreibkräfte mehr. Das Heranführen des Personals an die neuen Technologien und Aufgaben ist wahnsinnig schwierig, bedarf eines sehr großen Einfühlungsvermögens und kann nur in der täglichen Arbeit geschehen. Ich vertrete die Auffassung, daß derjenige, der für die Reorganisation zuständig ist, sie einführt, auch das selbst auslöffeln muß. Er muß das, was er einführt, technologisch beherrschen. Das kann er aber nur, wenn er permanent an der Front ist und nicht von Objekt zu Objekt, von Projekt zu Projekt geschubst wird: Heute machst Du Stellenplanung, und morgen machst Du Textverarbeitung, übermorgen untersuchst Du die Abteilung X. Aber das ist das Los eines heutigen Organisators." (Leiter der Textverarbeitung).

o Die Datenverarbeitung ist nicht innovationsfähig:

Mehrmals wurde von unserem Gesprächspartner in Geschäftsleitungen und Organisationsabteilungen auf die mangelnde Innovationsfähigkeit der zentralisierten Datenverarbeitungsabteilungen hingewiesen. Gerade die ständige Produktinnovation bei der Hardware habe zu einer weitgehenden Blockierung der Handlungsfähigkeit der EDV geführt. (102)

"80 % unserer Datenverarbeiter sind mit der Verarbeitung oder dem Test der Umstellung auf neue Anlagen beschäftigt, mit der sogenannten Programmpflege oder auf Schulung. Zu etwas wirklich Neuem kommen die ja kaum mehr." (Mitglied der Geschäftsleitung).

Wir haben hier Vorbehalte aufgezählt, die von Seiten der Textverarbeiter gegen eine Expansion der Datenverarbeitung vorgebracht wurden. Tatsächlich scheinen diese Schwierigkeiten bislang die Textverarbeitung vor dem Zugriff der Datenverarbeitung geschützt zu haben. Mit unverhohlener Schadenfreude berichteten uns Textverarbeitungsleute darüber, wie schnell die Datenverarbeitung die Lust an der Textverarbeitung verlöre, wenn sie mit deren besonderen Anforderungen konfrontiert worden sei.

"Ich gebe Ihnen hier das Beispiel der Firma X. Da kam die EDV und sagte, das ist alles programmierbar. Die EDV war sehr mächtig im Haus. Wir haben dann mit denen die Textverarbeitung durchgesprochen. Da haben die dann nur gesagt: Ach so ist das? Das war denen dann viel zu kompliziert. Der Verbund Textverarbeitung/Datenverarbeitung ist da kein Thema mehr." (Schreibdienst-Berater).

"Ich hatte in meinem Textverarbeitungsteam auch einen Datenverarbeitungsmann, der wollte das alles an sich reißen. Als ich ihm dann aber klarmachte, was Textverarbeitung ist, da hat er nur gesagt: 'Ach du lieber Gott, das will ich ja gar nicht alles machen'". (Textverarbeitungs-Organisator).

Was bei diesen Auseinandersetzungen besonders ins Auge fällt, ist, daß von Vertretern der Textverarbeitung gegen die Datenverarbeitung und ihr Vorgehen gerade das ins Feld geführt wird, was sie selbst bei der Einführung der organisierten Textverarbeitung vielfach vernachlässigten: die Arbeitswirklichkeit. In unseren Gesprächen mit Textverarbeitungs-Experten wurde bei der Rekonstruktion der Einführung der Organisierten Textverarbeitung auf die Betroffenen, auf die tatsächlichen Gegebenheiten in den Bereichen meist kaum Bezug genommen; beim Thema 'Datenverarbeitung und Textverarbeitung' wurde dann aber mit einem Mal von den Sekretärinnen, den Schreibkräften, den Sachbearbeitern gesprochen, für die das Vorgehen der Datenverarbeitung doch eine Zumutung sei, und betont, welche großen Probleme die Datenverarbeitung bei der Bewältigung der konkreten Arbeitsprobleme habe.

"Das Problem des Datenverarbeiters ist doch, daß er die Denkungsweise der Sekretärin in die Software reinbringen muß." (Leiter der Textverarbeitung).

"Die Datenverarbeitungsleute denken maschinenbezogen; sie wollen ihre Maschinenkapazitäten vollkriegen. Sie übertragen Realitäten auf die Maschine. Sie gehen von dem Loch aus, das gestopft werden muß. Die Textverarbeitung geht da tendenziell umgekehrt vor." (Organisator).

Bis zu einem gewissen Grad wird hier von der Textverarbeitung eben jene Taktik angewandt, mit der sich die Datenverarbeitung selbst in der Vergangenheit gegenüber Eingriffen von außen abgeschirmt hat: Die eigene Funktion wird zu einer Geheimwissenschaft hochstilisiert:

"Das sind doch Leute mit Scheuklappen, die keine Vorstellung vom Schreiben haben. Was wissen die schon über DIN-Regeln?" (Schreibdienst-Berater).

"Jetzt kommen die Head-Eggs, ich meine die EDV-Leute, die ihre Macht benützen. Die kennen die Hardware, aber die haben keine Ahnung von Organisation." (Schreibdienst-Berater).

In der Expansion der Datenverarbeitung wird eine Gefährdung der betrieblichen Funktionsfähigkeit gesehen.

"Jetzt gibt es diese Sogwirkung von der EDV auf die Textverarbeitung. Die Gefahr ist, daß sich jetzt hier das wiederholt, was wir bei der Einführung der EDV gesehen haben. Der entscheidende Fehler aller deutschen Banken war doch, daß EDV-Leute die Bank-Organisatoren waren. Deren Frage war doch nur: Was machen wir mit der EDV? Die kamen mit Systemen von der EDV her, haben keine Rücksicht genommen auf Kunden und Mitarbeiter." (Organisator).

Interessant sind diese Argumentationen nicht allein wegen ihres realen Gehalts, sondern auch wegen der Sichtweise, die in ihnen zum Ausdruck kommt: Während die Vertreter der Datenverarbeitung von der theoretischen Leistungsfähigkeit der maschinellen Anlagen ausgehen, diese logisch und konsequent, sozusagen rechnerisch auf die Erledigung verschiedener Aufgabenbereiche transponieren, betonen die Vertreter der Textverarbeitung demgegenüber die Anforderungen der betrieblichen Praxis. Während die einen aus den zur Verfügung stehenden Verarbeitungskapazitäten ihrer Maschinen Einsparungseffekte errechnen, gehen die anderen von den Qualifikationen der Schreibkräfte und Sachbearbeiter aus. Hier die Faszination an den Möglichkeiten der Technologie, dort an der Vielfalt betrieblicher Problemstellungen. Hier die tendenzielle Unterschätzung der in der täglichen Praxis auftretenden Einzelprobleme, dort deren tendenzielle Übergewichtung.

Unverkennbar sind diese Argumentationen bestimmt durch ihre legitimatorische Funktion: In Abgrenzung zur Datenverarbeitung stellt man sich als Vertreter der betrieblichen Arbeitswirklichkeit dar, als Realist gegenüber dem Dogmatiker - und gerät dabei nicht selten in Widerspruch zu eigenem Vorgehen und eigenen Zielvorstellungen.

Zugleich kann aber solch interessenbedingte Abgrenzung als Chance eines neuen Selbstverständnisses von Textverarbeitungsorganisatoren gesehen werden: eben als Promotor einer realitätsnahen Organisationsentwicklung im Gegensatz zu dem 'abstrakten', maschinenorientierten Vorgehen der Datenverarbeitung.

"Die Datenverarbeitungsleute haben doch meist von Organisation keine Ahnung. Die sind doch eigentlich mehr oder weniger Maschinenbediener. Die werden über kurz oder lang untergehen, wenn sie nicht auch die Organisation berücksichtigen." (Organisator).

"Die Datenverarbeitung hat doch immer um die Technik herum organisiert, statt mit dem Menschen gegen ihn. Die Gefahr besteht jetzt auch für die Textverarbeitung. Es muß doch endlich klar werden, daß Textverarbeitung ebenso wie Datenverarbeitung nur Instrument des Organisierens ist. Als ich das neulich unseren Systemanalytikern in einem Vortrag klarmachen wollte, daß die EDV nur ein Instrument ist, waren die Leute alle empört." (Sachbearbeiter für Textverarbeitung).

Daß in einem solchen Selbstverständnis der Ansatzpunkt für eine - auch für die Betroffenen - wichtige Funktion läge, muß nach unseren Schilderungen der Auswirkungen rein planungsorientierter Vorgehensweisen nicht weiter betont werden.
Ob und inwieweit es der Textverarbeitung gelingen wird, sich als eigenständiger Bereich neben der Datenverarbeitung zu behaupten, die Beantwortung dieser Frage scheint heute recht schwierig und muß wohl auch je nach den besonderen betrieblichen Bedingungen anders ausfallen. Diese werden natürlich wesentlich durch die jeweilige Aufgabenstellung der Verwaltung konstituiert, ob etwa die massenhafte Erledigung standardisierbarer Fälle im Vordergrund steht, wie in einer Versicherung, oder eher individuelle Bearbeitungsvorgänge. Neben dieser wird die weitere Entwicklung auch von der Wahl unterschiedlicher Rationalisierungsstrategien abhängen, etwa eines 'zentralistischen', stromlinienförmigen Bearbeitungskonzepts, das sich primär an der enormen Leistungskapazität der Großcomputer und der Potentialität der Vernetzung der Kooperationsprozesse orientiert, oder eines 'dezentralen' Konzepts.
Die Realisierungswahrscheinlichkeit des einen oder des anderen Konzepts wird dabei nicht allein von der Leistungsfähigkeit

der Technologien bestimmt - etwa der Lösungen des Problems der Kompatibilität von Textverarbeitungs- und Datenverarbeitungssystemen -, sondern auch von der Durchsetzungskraft der Interessen, die mit ihnen verbunden sind. Für den - tendenziell schwächeren - Bereich der Textverarbeitung wird es dabei wohl darauf ankommen, ob es gelingt, Verbündete zu finden. Als solche bieten sich - neben der Organisationsabteilung - vor allem die Fachabteilungen an. Deren Unterstützung wird nicht zuletzt davon abhängen, ob sich der Textverarbeitungsbereich als handhabbare und flexible Dienstleistungsalternative darstellt. Dies dürfte tendenziell weniger für die zentralisierten, entmischten Schreibdienstlösungen gelten, als für die abteilungsnahen 'kleineren' Lösungen. Daraus ließe sich folgern, daß langfristig die Überlebenschancen der 'Textverarbeitung' als eigenständiger Bereich umso größer sind, je eher es gelingt, stabile 'alternative' Lösungen zu etablieren, die fähig sind, auf die je besonderen Bedürfnisse der Fachbereiche gezielt einzugehen. Möglicherweise kommt der Textverarbeitung eine gewisse Datenverarbeitungsmüdigkeit zugute, eine unverkennbare Desillusionierung über den tatsächlichen Leistungsbeitrag der EDV, wie auch eine sinkende Bereitschaft, die Abhängigkeit von der 'Geheimwissenschaft der EDV' hinzunehmen. (103)

"Wir waren die ersten, die mit der EDV anfingen, aber den Erpressungen der EDV-Leute wollten wir uns nicht beugen. Das war auch ein Grund, warum wir damals die EDV rausgeschmissen haben. Wir sagten, die ständige Erpressung durch die Operators lassen wir uns nicht mehr gefallen. Die haben uns ja voll erpreßt. Die sagten: 'Das geht nicht, das geht nur so.' Da haben wir gesagt, die schmeißen wir lieber wieder raus, wir begeben uns nicht in die Abhängigkeit von diesen Leuten. Ich konnte dann natürlich nicht beweisen, wie es geht, weil ich dazu das Wissen nicht hatte. Jetzt kommt eine Generation von Maschinen, die praktisch keine Kapazitätsbegrenzung mehr haben, die einfach zu bedienen und zu verstehen sind. Das kann auch ein Halbgebildeter überblicken, was geht und was nicht geht." (Geschäftsführer).

Lassen sich so vereinzelt Ansätzes einer gewissen EDV-Müdigkeit oder sogar -resistenz erkennen, so dürfte gerade in den letzten Jahren die Technikeuphorie, der Glaube an die Problemlösungsfähigkeit der Computertechnologien stark zugenommen haben. Die Aussicht, das letztlich ja meist doch ungeliebte Kind

'Textverarbeitung' nun über die Technik loszuwerden, erscheint verlockend. Wie demgegenüber die 'Textverarbeitung' nicht nur als eigenständiger Bereich, sondern vor allem als eigenständiger arbeitsorganisatorischer Ansatz zu bestehen vermag, hängt nicht nur davon ab, wieweit sie ihre Leistungsfähigkeit zu demonstrieren vermag, sondern auch davon, ob es ihr gelingt, die Leistungsversprechungen der EDV auf ihren tatsächlichen Realitätsgehalt zurückzuführen.

In der Großverwaltung eines Dienstleistungsunternehmens wurde in den frühen 70er-Jahren in einem Teilbereich ein zentralisierter Schreibdienst eingeführt, wobei dessen Entstehung auf Initiative aus dem Bereich zurückging. Die Zuständigkeit für den Schreibdienst blieb im Bereich. In den nächsten Jahren entstanden in anderen Bereichen weitere vier Schreibdienste, die der Fachaufsicht der Leitung des zuerst entstandenen Schreibdiensts unterstellt waren. 1979 erhielt die Datenverarbeitungsabteilung den Auftrag, ein Programm zu erstellen, durch das die Textverarbeitung eines Teilbereichs, in dem große Mengen standardisierbares Schriftgut anfielen, auf die zentrale Datenverarbeitungsanlage übernommen werden könnte. Der Schreibdienst dieses Bereichs sollte dann aufgelöst werden. In langfristiger Perspektive zeichnete sich als Ziel die weitgehende Überführung der Textverarbeitung in die Datenverarbeitung ab bis hin zur Auflösung der Textverarbeitung als eigenständigem Bereich. Nach eineinhalbjähriger Bearbeitungszeit wurde ein fertiges Programm abgeliefert. Bei Überprüfung dieses Programms wurde allerdings festgestellt, daß mit einem Mehraufwand gegenüber dem bisherigen Zustand zu rechnen sei. Da bei der Bearbeitungszeit jedes Schriftstücks mit einer zweiminütigen Wartezeit zu rechnen sei, ergäbe sich allein hieraus eine Verschlechterung der Produktivität. Das Projekt wurde daraufhin abgebrochen. Die Leitung der Textverarbeitung erhielt den Auftrag, den Stand der Textverarbeitung in der ganzen Verwaltung zu überprüfen und Vorschläge für die weitere Entwicklung auszuarbeiten.

In der Vertriebsabteilung einer mittelgroßen Maschinenfabrik war, zurückgehend auf Initiativen aus dem Fachbereich, ein Schreibdienst entstanden, der auch dem Vertriebsleiter unterstellt blieb. 1981 liefen die Verträge über die geleasten Schreibsysteme aus. Von der Schreibdienstleitung wurde der Vorschlag zur Anschaffung eines Mehrplatzsystems eines anderen Herstellers ausgearbeitet und der Bereichsleitung vorgelegt. Diese erklärte sich mit der Wahl einverstanden. Auf Intervention des für Controlling, Datenverarbeitung und Organisation zuständigen Prokuristen wurde dann allerdings von der Geschäftsleitung entschieden, es seien die Produkte des ABC-Herstellers zu übernehmen, da von diesem bereits die zentrale Datenverarbeitungsanlage stamme und man 'Insellösungen' vermeiden wolle. Dem Leiter der Textverarbeitung wurde auf seine Gegenvorstellung bedeutet: 'Wir machen das, entweder mit Ihnen oder ohne Sie!' Immerhin wurde erreicht, daß das zur Anschaffung vorgesehene System zunächst nur probeweise installiert wurde. Die Testläufe verliefen unbefriedigend. Es traten lange Wartezeiten auf, die die Bearbeitung verzögerten und von den Schreibkräften als äußerst belastend empfunden wurden. Außerdem konnte von den Leuten der Textverarbeitung nachgewiesen werden, daß von dem System bestimmte Bearbeitungsgänge - entgegen den Angaben des Herstellervertreters - nicht gelöst werden konnten. Daraufhin wurde das ursprünglich vorgesehene System zunächst in einem anderen Unternehmen besichtigt und dann - ebenfalls zunächst zur Probe - angeschafft. Nachdem die Erprobung erfolgreich verlief, wurden nach relativ kurzer Zeit zu den ursprünglich vorgesehenen Bildschirmen weitere drei hinzubestellt.

Die dargestellten Beispiele erscheinen außerordentlich aufschlußreich: In beiden Fällen wurde von der Datenverarbeitung unter Verweis auf die überlegene Leistungskraft EDV-bezogener Lösungen ein Konzept vorgelegt, das auf eine Einbeziehung der Textverarbeitung in die Datenverarbeitung hinauslief. Die Entscheidung über die Anschaffung neuer Maschinen bzw. die Einführung neuer Programme betraf zugleich das Gewicht, das die Textverarbeitung in Zukunft als eigenständiger Bereich haben würde. In beiden Fällen kam zwar in der Auseinandersetzung dem Nachweis der 'Wirtschaftlichkeit' eine wichtige Bedeutung zu, zugleich wurde aber deutlich, daß die herkömmlichen Verfahren und Kriterien hier nur schwer anwendbar bzw. aussagekräftig waren. In beiden Fällen vermochte sich letztlich doch die Textverarbeitung mit ihren Vorstellungen durchzusetzen, weil es ihren Vertretern gelang, frühzeitig nachzuweisen, daß der theoretisch errechnete Leistungsvorsprung der EDV-bezogenen Lösung in Wirklichkeit nicht eingelöst werden konnte. Dabei erwies sich die Möglichkeit der Erprobung als äußerst wichtig. Die bedingte Funktionsfähigkeit der EDV-bezogenen Lösungen konnte so empirisch nachgewiesen werden.

In dieser Situation gewinnen Fachkenntnisse nicht nur auf dem eigenen Gebiet, sondern auch auf dem der EDV unter Umständen entscheidende Bedeutung.

So konnte in dem zweiten von uns geschilderten Fall der Leiter der Textverarbeitung den Vertretern des ABC-Herstellers in einer Besprechung bei der Geschäftsleitung nachweisen, daß bestimmte wichtige Leistungen nicht oder nur sehr aufwendig erbracht werden könnten. Dies ergab den Ausschlag dafür, daß die Erprobung des anderen Fabrikats beschlossen wurde.

Hier zeichnet sich eine Schwierigkeit ab, die sich mit zunehmender Komplexität und Größe solche EDV-bezogener Lösungen stellen kann: Probestellungen werden teurer, erfordern in beträchtlichem Umfang Vorarbeiten und Vorinvestitionen. Die Nichteinlösung des Leistungsanspruchs, das Auseinanderklaffen von Theorie und Praxis werden erst nach einiger Zeit nachgewiesen werden können. "Wenn es klappt, war es Praxis, wenn es nicht klappt, war es ein Probelauf". Es besteht also die Gefahr, daß, bis ein solcher Nachweis erbracht werden kann, die Situation irreversibel verändert ist: die getätigten Investitionen, die veränderten Arbeitsstrukturen schaffen nun die 'Sachzwänge', die eine Weiterverfolgung der eingeschlagenen Richtung nahelegen. Dies wurde von unseren Gesprächspartnern in der Textverarbeitung zum Teil auch gesehen und befürchtet.

"Wir haben damals Glück gehabt, daß das mit den Wartezeiten so schnell deutlich wurde und eindeutig gegen die EDV-Lösung sprach. Eine Gegenrechnung, die zu unseren Gunsten ausgegangen wäre, hätte ich zu dem Zeitpunkt nicht aufmachen können. Ich hätte mir dann nur sagen können, ich halte still und harre der Dinge, die da kommen, und warte, bis die auf den Bauch fallen. Dann hätte ich denen Ärger machen können. Nur ist die Frage: Hätte es mich dann noch gegeben?" (Leiter der Textverarbeitung).

Wird die Textverarbeitung das Schicksal früherer, dezentraler Formen der Büroorganisation teilen, die sie selbst abgelöst hat: daß sie ihre Nützlichkeit sozusagen posthum nachweist? Beispiele wie die angeführten zeigen, daß dies nicht notwendigerweise der Fall sein muß.

6. Fortschritt in die Sackgasse?

Die Formulierung signalisiert Polemik, wenn auch das Frage-
zeichen Offenheit bekundet. Die Polemik ist gewollt, ebenso wie
die Offenheit.

Die Polemik richtet sich gegen ein Vorgehen bei der Einführung der Organisierten Textverarbeitung, einen 'Fortschritt',
der mit 'Taylorisierung' nur unzureichend und plakativ umschrie-
ben wäre. Ein Vorgehen, das nicht nur gekennzeichnet ist durch
strikte Trennung von Disposition und Ausführung, von Planern
und Verplanten, durch Ausrichtung an arbeitsteiligen, kontrol-
lier- und steuerbaren Arbeitsvollzügen, sondern auch durch die
Ignorierung der Arbeitswirklichkeit, durch Legitimations- und
Durchsetzungsüberlegungen.

Die Polemik richtet sich gegen ein Rationalisierungsverständnis, das gekennzeichnet ist durch Zahlengläubigkeit, Methoden-
fetischismus, Technikeuphorie und Planungsperfektionismus.

Solches Vorgehen, so ergaben unsere Betriebsbesuche und
Expertengespräche, hat die Einführung der Organisierten Textverarbeitung in vielen Verwaltungen geprägt, mit teilweise recht
problematischen Folgen.

Warum Fortschritt in die Sackgasse? Hat nicht gerade unsere
Analyse aufgezeigt, daß es sich bei der Organisierten Textverarbeitung um einen historisch notwendigen Schritt im Übergang von
der 'naturwüchsigen' zur systematischen Verwaltungsinnovation
gehandelt hat, um einen weitgehend erfolgreich vollzogenen
Schritt?

Sackgasse, weil dieser 'erfolgreich' beschrittene Weg der
Rationalisierung Kosten hat - nicht nur in, wie wir meinen, vielfach unnötigem Arbeitsleid, in Demotivation und Identifikations-
entzug, sondern in Scheinwirtschaftlichkeit, in Leerlauf, in Inflexibilität und letztlich Unfähigkeit zur Innovation. Die 'naturwüchsig' organisierte Verwaltung hat sich mit der laufenden Anpassung an neue Anforderungen und Ressourcen schwer getan.
Die 'systematisch' organisierte Verwaltung steht ihr da, so
scheint es, an Schwerfälligkeit nicht nach, wobei zu fragen ist,
welchen Beitrag die 'Verwissenschaftlichung' und 'Systematisierung' der Rationalisierung dazu liefern.

Die Perfektionierung des Rationalisierungsvorgehens, der zunehmend umfassende Systemcharakter organisatorischer und
technischer Rationalisierungsmittel erschließen ohne Zweifel
neue und bisher kaum absehbare Rationalisierungsmöglichkeiten.
Aber sie tragen den Keim ihrer eigenen Pervertierung in sich:

Die Methodik des Vorgehens, die abstrakte und in sich schlüssige Planungslogik werden zu bestimmenden Orientierungsgrößen bei Organisationsentwicklung und Technikeinsatz. Resultat: Planungswirklichkeit und Arbeitswirklichkeit weichen voneinander ab, es kommt zu Scheinsystematik und Scheinwirtschaftlichkeit. Und gerade diese Scheinhaftigkeit, die solche Rationalisierung erzeugt, trägt zur Immobilisierung bei. Sie sichert das Netz von Regelungen und Zwängen, auf das ihre Entstehung zurückzuführen ist, zusätzlich ab. Die Geschlossenheit des Systems begründet seine Resistenz gegen korrigierende Einflüsse. Mangelndes Funktionieren wird nicht auf Fehler im Konzept zurückgeführt, sondern auf Lücken in seiner Umsetzung; es führt folglich nicht zu Korrekturen, sondern wird nach dem Rezept 'mehr vom gleichen' beantwortet: mehr Technik, mehr Organisation, mehr Restriktion. Wir haben die Immobilität, die mangelnde Korrekturfähigkeit solchen Rationalisierungsvorgehens aufgezeigt. (104)

'Perfekt' geplante Systeme funktionieren nur, wenn sie 'perfekt' funktionieren, und sie blieben deshalb im Regelfall Utopie - eine gefährliche Utopie, weil sie die Funktionstüchtigkeit und Anpassungsfähigkeit einer Verwaltung lähmt und zugleich den Blick auf die wirklichen Ursachen der Funktionsdefizite verstellt.

Sackgasse - nun auf die Textverarbeitung bezogen -, weil der Schreib- und Sekretariatsbereich einen Beitrag zur Funktionsfähigkeit der Verwaltung leistete, der weit über die Produktion möglichst vieler Anschläge hinausgeht. Seine Funktion bestand vor der Einführung der Organisierten Textverarbeitung nicht zuletzt darin, die kleinen tagtäglichen Anforderungen der Arbeitswirklichkeit, die in der 'offiziellen' Organisation nicht berücksichtigt waren und auch nicht berücksichtigt werden könnten, zu erfüllen. Die Erfüllung dieser Funktion entfällt in einer 'systematisch' organisierten Verwaltung keineswegs, sie gewinnt sogar noch an Bedeutung. Gerade in der maschinisierten und systematisierten Verwaltung sind jene Anpassungsfunktionen erforderlich.

"Eine Verwaltung, in der diese Funktion wegrationalisiert wird, wird dies teuer mit Schematisierung, mangelnder Flexibilität, Leerläufen und Doppelarbeit - kurz den ganzen verdeckten Folgen scheinwirtschaftlicher Extremlösungen bezahlen". (105) Insofern kann eine tayloristische Perfektion der Schreibdienstorganisation, die Entmischung und Zentralisierung zur Maximierung der Anschlagsproduktivität benutzt, als Weg in die Sackgasse gesehen werden; ein Weg, auf dem nicht nur die 'Krise der Textverarbeitung' vorprogrammiert ist, sondern auch eine schematische Nutzung zukünftiger organisatorischer und technischer Rationalisierungsmittel.

Aber, so sagten wir, unser Titel soll auch Offenheit signalisieren: Wir meinen, daß dieser 'Fortschritt in die Sackgasse' nicht vorgezeichnetes Schicksal ist. Wir haben immer wieder betont, daß es sehr unterschiedliche Formen des Rationalisierungsvorgehens wie auch recht unterschiedliche Lösungen ähnlicher Probleme gibt. Wir haben Alternativen beschrieben.

Wir sind uns bewußt, daß wir den Stellenwert solch 'alternativer' Beispiele nicht überschätzen dürfen. Sie verdanken ihre Entstehung und ihren Erfolg häufig eher zufälligen Konstellationen, sie liegen keinesfalls im gegenwärtigen Trend der Verwaltungsrationalisierung. Aber sie zeigen immerhin, daß Alternativen möglich und auch funktionsfähig sind.

Aber welches sind die Realisierungschancen solcher Alternativen? Diese Frage verweist zurück auf den eigentlichen Ansatzpunkt unserer Analyse: die betriebliche Handlungskonstellation.

Die besondere Form des Vorgehens bei der Einführung Organisierter Textverarbeitung sahen wir als Ausdruck der jeweiligen innerbetrieblichen Handlungskonstellation. Natürlich sehen auch wir, daß vieles für eine Verschärfung der Rationalisierungsproblematik spricht, die Perfektion von Steuerungs- und Kontrollmechanismen, die Stärkung der zentralen Rationalisierungsabteilungen, die Vertretungsschwäche der Betroffenen, Technikeuphorie und Planungsgläubigkeit bei den Planern und Machern. Aber es gibt auch Anhaltspunkte, an denen sich Hoffnungen auf andere Entwicklungen festmachen könnten: Lernprozesse bei den Betroffenen, das offenkundige Nichtfunktionieren perfekter Lösungen wie das ebenso offenkundige Versagen der Planer, die sich diese ausgedacht haben, solche Funktionsdefizite zu korrigieren.

Auch aus der betrieblichen Handlungskonstellation könnten sich gewisse Möglichkeiten für neue Formen der Rationalisierungsgestaltung ergeben. Wir haben den Schematismus und die Scheinhaftigkeit, die die Einführung vieler zentralisierter und entmischter Schreibdienste bestimmt haben, mit dem besonderen Legitimations- und Durchsetzungsdruck in Verbindung gebracht, dem die Initiatoren dieser Form der Organisierten Textverarbeitung gegenüberstanden.

Diese Situation hat sich, wie wir gezeigt haben, zumindest in einem Teil der Verwaltungen verändert. Die gestärkte Situation der Rationalisierungsabteilungen, das neue Instrumentarium könnten auch als Entlastung der Handlungssituation gesehen werden, durch die der Zugang nicht nur zu flexibleren Formen der

Arbeitsorganisation, sondern auch zu offeneren Formen des Rationalisierungsvorgehens erleichtert wird. Ob und wie diese Chance genutzt wird, dürfte nicht zuletzt von den Reaktionen der Betroffenen abhängen.

1. Organisator: Meine Erfahrung ist es, daß es zunächst wichtig
ist, Neuerungen mit den Mitarbeitern zu diskutieren, was sie
belastet, was zusätzliche Arbeit erzeugt, und daran anknüpfend,
daß man dann die Maßnahmen entwickelt. Dann kommt man auch zu
vernünftigen, tragfähigen Lösungen.

2. Organisator: Das ist doch utopisch; bei den Mitarbeitern
fehlt doch das Know-How. Man kann doch nicht Blinde zum Führer
machen. Nach meiner Erfahrung kommt von unten nichts. Das habe
ich noch nie erlebt. Die Abteilungsleiter verteidigen ihren Bereich, die Mitarbeiter haben Angst vor der EDV.

1. Organisator: Man soll die Mitarbeiter nicht für dumm verkaufen. Die Ängste sind ja zum Teil nicht unberechtigt. Mein Problem ist eigentlich: Die älteren, erfahrenen Mitarbeiter, die
seit 30 Jahren das Unternehmen getragen haben. Die lehnen natürlich die EDV ab, aber gerade die brauche ich. Der Weg über die
Mitarbeiter ist natürlich der langsamere, zumindest am Anfang.
Anfangs ist das unheimlich viel Zeit; dafür ist es nachher umso wirkungsvoller. Bei der normalen Ist-Analyse geht das genauso umgekehrt.

2. Organisator: Das muß doch alles professionell gemacht werden,
von den Organisatoren. Und dann ist es wichtig, daß man die volle
Unterstützung von oben, vom Vorstand, hat, daß da ein sanfter
Druck ausgeübt wird. Wir müssen ja doch die Abläufe vorschreiben,
z.B. bei Vertretungen, sonst klappt doch nichts. Auch müssen wir
aufpassen, ob die Maßnahmen wirklich eingehalten werden.

1. Organisator: Oder Sinn haben.

Zentrale analytische Bezugsebene unserer Rekonstruktion des
Einführungsprozesses Organisierter Textverarbeitung war die
innerbetriebliche Handlungskonstellation. Auf sie suchten wir
die Besonderheiten einzelbetrieblicher Einführung und Gestaltung von 'Textverarbeitung' zu beziehen. Vernachlässigt haben
wir dabei zweifellos - neben den allgemeinen betrieblichen Handlungsbedingungen - die subjektiven Orientierungen, d.h. die
Zielvorstellungen, Konzepte und Annahmen, die in das Handeln
der beteiligten Akteure eingegangen sind. Diese Lücke kann und
soll dieser Exkurs nicht füllen; die hier angesprochene Thematik ist zu umfangreich und komplex, als daß wir sie im Rahmen
unseres Projekts vollgültig hätten behandeln können. Allein die

Auseinandersetzung mit dem Vermittlungszusammenhang, der
zwischen subjektiven Orientierungen einerseits, der betrieblichen Handlungskonstellation andererseits besteht, wie auch die
Einbeziehung vorliegender Untersuchungen zu dieser Thematik
hätten den uns hier gesetzten Rahmen gesprengt. In welchem
Maße reflektieren subjektive Zielvorstellungen positionsbezogene Interessen? Wieweit sind sie Reflex von Ausbildung, Berufsweg, Erfahrungen? Inwieweit spiegeln sich in ihnen allgemeine
Normvorstellungen, die gleich Modeströmungen relativ abgehoben von der jeweiligen betrieblichen Situation übernommen
werden? Solche Fragen müssen hier unbeantwortet bleiben.

Was wir hier leisten konnten, war lediglich eine sehr vorläufige Charakterisierung von subjektiven Orientierungsmustern,
die in den Äußerungen unserer Gesprächspartner erkennbar
wurden. Unsere Interviews waren nicht auf die systematische
Ermittlung subjektiver Einstellungsmuster angelegt, diese traten uns vielmehr durch die Beschreibung des Einführungsprozesses der Organisierten Textverarbeitung sozusagen als Nebenprodukt entgegen.

Auf diesem Hintergrund müssen die folgenden Ausführungen
gelesen werden: nicht als Auswertung systematischer Erhebungen, vielmehr als impressionistische Wiedergabe von Eindrücken, die uns von ihrer Gesamtheit her so interessant schienen, daß wir auf ihre Darstellung nicht verzichten wollten. Wir
wollen dabei zunächst von den Angaben ausgehen, die unsere
Gesprächspartner über die Ziele, die sie mit der Textverarbeitung verbanden, machten. Auf einer allgemeineren Ebene setzen wir uns mit dem Rationalisierungsverständnis auseinander,
d.h. den Vorstellungen darüber, was Rationalisierung zu bewirken habe und wodurch dies zu erreichen sei. Schließlich beschäftigen wir uns noch mit den Grundannahmen über die Bestimmtheit menschlicher Arbeit, die - ausgesprochen oder unausgesprochen - diesen Zielvorstellungen und dem Rationalisierungsverständnis zugrundeliegen.

a) Zielvorstellungen

"Verbesserung der Wirtschaftlichkeit", "Kosteneinsparung",
"Erhöhung der Produktivität", so oder ähnlich lauteten viele
Antworten auf unsere Frage nach den Gründen der Einführung
Organisierter Textverarbeitung. Sehr rasch wurde uns klar,
daß wir mit diesen Antworten wenig mehr als Leerformeln gefaßt hatten, die für sich genommen noch wenig aussagten und

durch die hindurch es nun zu den konkreten Vorstellungen vor-
zudringen galt.

Der Versuch, aussagekräftigere Angaben zu erlangen, erwies sich dann vielfach als überraschend schwierig. Erschwe-
rend war dabei, so schien es uns, weniger die mangelnde Bereitschaft, mit uns offen zu diskutieren, als eine bestimmte
argumentative Eigenheit. Hierzu gehörte zunächst eine gewisse
Vorliebe für Tautologien. So wurde etwa "Erhöhung der Wirtschaftlichkeit" durch "Kosteneinsparung" konkretisiert, oder
auch umgekehrt.

Häufig stand auch die Maßnahme für die Zielsetzung. Die
Überlegenheit des angestrebten organisatorischen Zustands erschien so selbstevident, daß er zum Ziel an sich wurde.

Man ging von bestimmten, nicht weiter in Frage gestellten
Prämissen aus und leitete aus diesen unmittelbar das 'Ziel' ab:
etwa

"Die Ansage des Schriftguts über Diktiergeräte ist wirtschaftlicher, also ist ein hoher Anteil an Phonodiktaten
zu erreichen."

Oder:

"Zentrale Schreibdienste sind produktiver, also ist die
Zentralisierung der Schreibarbeiten ein wichtiger Schritt
der Verwaltungsrationalisierung."

Oder:

"Zentrale Schreibdienste sind produktiver, wir mußten
Kosten sparen, also war die Einrichtung eines zentralen
Schreibdienstes das Gebot der Stunde."

Dieses Argumentationsschema wiederholte nur, was in vielen
öffentlichen Diskussionen, Seminarveranstaltungen oder auch
Herstellerpublikationen vorgegeben wurde: Zentralisierung erhöht die Produktivität, also: Wer Kosten sparen will, zentralisiert.

Neben solch tautologischen oder verkürzten Argumentations-
mustern begegneten wir solchen, bei denen der rechtfertigende
Tenor dominierte. Mehr damit beschäftigt, mögliche Kritik zu
widerlegen, als eigene Ziele zu definieren, reflektierte sich in
ihnen die polemische Diskussion um die 'Zentralisierung'.

Besondere legitimatorische Bedeutung wurde dabei dem 'Hu-
manaspekt' zugemessen: Indem der zentralisierte Schreibdienst
den begrenzten Erwartungen von Frauen, die ja meist gar kein

weitergehendes berufliches Engagement wünschten, entgegenkomme, stelle er einen Beitrag zur 'Humanisierung' der Arbeit dar.

In einigen Gesprächen wurde die allgemeine oder legitimatorische Argumentationsebene zugunsten präziserer Aussagen über die mit der 'Textverarbeitung' verbundenen Zielsetzungen aufgegeben.

"Erst etwas, was transparent ist, ist organisierbar. Erst dann ist die Produktivität überwachbar. Erst dann kann gezielt das abgeschafft werden, was die Produktivität beeinträchtigt. Erst dann kann man Schreiben zurückverlagern. Die zentralen Möglichkeiten, die eigentlich die bessere Lösung sind, sind erst dann möglich, wenn Sie Transparenz haben. Der umgekehrte Weg ist bei der Rationalisierung nicht möglich. Das war also die wichtigste Funktion der Zentralisierung: daß die Tätigkeit transparent wurde und damit organisierbar. Erst jetzt kann ich drangehen, zu überlegen, was automatisiere ich. Wahrscheinlich hat sich diese Zentralisierung auch in Köpfen ausgedrückt. Aber das war nur theoretisch wichtig. " (Organisator).

Es schälten sich im wesentlichen fünf Zielkomplexe heraus:

- Einsparungen von Personal bzw. vor allem größere Unabhängigkeit des Betriebs von dem Angebot qualifizierter Schreibkräfte und Sekretärinnen;
- Herstellung größerer Transparenz;
- Durchsetzung einheitlicher Regelungen;
- Ausbau der Steuerungs- und Kontrollmöglichkeiten durch die Zentralabteilung, auch auf die Tätigkeit der Sachbearbeiter;
- Schaffung von Voraussetzungen für verstärkten Einsatz neuer Technologien.

Gemeinsam ist diesen Vorstellungen, daß 'Textverarbeitung' als Instrument nicht nur zur unmittelbaren Kosteneinsparung, sondern im allgemeineren Rahmen der Verwaltungsrationalisierung begriffen wird.

Bei vielen Gesprächspartnern allerdings stießen wir mit Fragen, die sich auf 'betriebspolitische' Zielsetzungen bezogen, ins Leere, auch dort, wo die Planung der Maßnahme wie ihre Durchsetzung durchaus konsequent und folgerichtig die Verfolgung bestimmter Zielrichtungen erkennen ließen. Es bedürfte eingehender Sondierungen, wollte man feststellen, ob diese Ziele tatsächlich weitgehend 'blind' verfolgt wurden, sozusagen als bedingter Reflex auf die Handlungskonstellation, ohne daß man sie sich bewußt vergegenwärtigt hätte.

Teilweise scheint dies der Fall gewesen zu sein, wie etwa bei jenem Organisator, der in einem mittelgroßen Unternehmen die Einführung eines Schreibdienstes maßgeblich gestaltet hatte und bei dem in der Interviewsituation erzeugte Denkanstöße ein ausgesprochenes Aha-Erlebnis auslösten.

Frage: Stand bei der Einführung der Textverarbeitung auch die Zielsetzung, die Arbeit der Sachbearbeiter besser in den Griff zu bekommen, mit Pate?

Antwort: Nein, da waren ausschließlich ganz knallharte Kostenüberlegungen bestimmend. Außerdem die Arbeit unserer Sachbearbeiter, die ist dafür nicht geeignet, zumindest die der Mehrheit nicht.

Frage: Hat man versucht, über die 'Textverarbeitung' auch die Arbeit der Sachbearbeiter mitzusteuern?

Antwort: Ich glaube nich. Oder doch? Wenn ich es so bedenke, für den Vertrieb und den Einkauf trifft das eigentlich durchaus zu. Da haben wir über die Textverarbeitung durchaus den Einstieg in die Sachbearbeitertätigkeiten geschafft. Da haben Sie mich aber auf etwas gebracht, darüber habe ich noch gar nicht nachgedacht. Aber so gesehen trifft das durchaus zu. In den Bereichen sind wir über die PTV an die Arbeit der Sachbearbeiter herangekommen. Zuvor habe ich mich da nicht rangetraut.

Nicht überall darf natürlich aus der Tatsache, daß betriebspolitische Aspekte bei der Diskussion der Zielsetzungen bei der Einführung der Textverarbeitung kaum oder gar nicht genannt wurden, auf solchen Mangel an Bewußtheit geschlossen werden. Hier waren auch die Grenzen der Interviewersituation erkennbar, in der es zunächst naheliegt, auf der Ebene 'offizieller' Zieldefinitionen zu bleiben. (106)

Diese Vermutung wurde durch die Erfahrung bestätigt, daß in dem Maß, in dem wir mit einzelnen unserer Gesprächspartner im Laufe der Untersuchung ein vertrautes Verhältnis gewannen, jene 'inoffiziellen' betriebspolitischen Aspekte in den Darstellungen an Bedeutung gewannen.

b) Das Rationalisierungsverständnis

Insgesamt erwies sich die direkte Diskussion der Zielvorstellungen als relativ unergiebig. In den meisten Fällen erschöpfte sie sich in der Wiedergabe plausibler und naheliegender Argumente, die im wesentlichen auf der Ebene eingefahrener Begründungsschemata blieben. Aber auch dort, wo begründete und reflektierte Angaben über die Zielvorstellungen gemacht wurden, trugen diese kaum wesentlich bei zum Verständnis etwa der Frage, warum man so vorgegangen war und nicht anders. Vor allem aber schien auf der Basis dieser Zielangaben nur eine eher oberflächliche und zufällige Differenzierung unterschiedlicher Orientierungen möglich. Gleichwohl vermittelte ein großer Teil der Gespräche mit Organisatoren, Datenverarbeitern oder Mitgliedern der Geschäftsleitung den Eindruck, daß den einzelnen Äußerungen bestimmte unterschiedliche Orientierungsmuster unterlagen, aus denen sie ihre besondere Bedeutung bezogen.

Ein solches Orientierungsmuster könnte man als Rationalisierungsverständnis bezeichnen, welches die Vorstellungen darüber wiedergibt, was Rationalisierung zu bewirken habe und wie dieses Ziel zu erreichen sei. Hier fanden wir recht konsistente Strukturen. Diese umfaßten sowohl das Rationalisierungsinstrument, an dem man vorrangig orientiert war, als auch die Vorstellungen über bestehende Rationalisierungsdefizite und die komplementären Rationalisierungsaufgaben. Darin enthalten waren schließlich auch die Vorstellungen über den Weg, auf dem eine rationalisierte Verwaltung zu erreichen sei.

Als Grundtypen solchen Rationalisierungsverständnisses waren zu erkennen:

Das Technikorientierte:
    Instrumenteller Bezugspunkt: Die Möglichkeiten der installierten oder möglicherweise verfügbaren Technik, insbesondere natürlich die EDV-Anlage, ihre Leistungsfähigkeit, ihre 'Logik', ihre Erfordernisse.

    Das Rationalisierungsdefizit:
    Die ungenügende oder nicht systemgerechte Nutzung des installierten technologischen Leistungssystems der EDV; ungenügendes Angebot maschineller Kapazitäten.

Die Aufgabe:
Maximale Nutzung bzw. Erweiterung der Kapazität des technologischen Leistungssystems; d. h. vor allem sukzessive Überführung möglichst vieler betrieblicher Arbeitsvorgänge in das EDV-System, damit Maximierung der Wirtschaftlichkeit.

Der Weg:
Weitgehende Substitution menschlicher Arbeit durch die Maschine.

Das Organisationsorientierte:
Instrumenteller Bezugspunkt: Das Leistungssystem des Angebots organisatorischer Verfahren, die durch sie herzustellende Transparenz, Ordnung, Steuerbarkeit, Einheitlichkeit betrieblicher Arbeitsvorgänge.

Das Rationalisierungsdefizit:
Der 'naturwüchsige' Zustand des betrieblichen Arbeitsgeschehens, seine mangelnde 'Ordnung' und Steuerbarkeit, seine Intransparenz und Vielfalt.

Die Rationalisierungsaufgabe:
Herstellen maximaler Transparenz. Einheitlichkeit, Regelhaftigkeit und damit Steuerbarkeit betrieblicher Arbeitsvorgänge durch den Einsatz organisatorischer Verfahren.

Der Weg:
Erhöhung der Produktivität menschlicher Arbeit durch den Einsatz von Organisationsverfahren und technischen Hilfsmitteln, zentrale Steuerung und Kontrolle.

Das Arbeitsorientierte:
Instrumenteller Bezugspunkt: Die Arbeitsaufgabe, der für ihre Erledigung notwendige Arbeitsaufwand, die Gestaltung des jeweiligen Arbeitszusammenhangs.

Das Rationalisierungsdefizit:
Umständliche, aufwendige Erledigung bestimmter Arbeitsaufgaben, Doppelarbeit, zusätzliche Belastungen durch übertriebene oder nicht aufgabengerechte Reglementierung.

Die Rationalisierungsaufgabe:
Einsatz organisatorischer und technischer Hilfsmittel zur 'besseren', d. h. wirksameren und einfacheren Gestaltung von Arbeitsaufgaben.

Der Weg:
Unterstützung menschlicher Arbeit durch organisatorische
und technische Hilfsmittel.

Die drei beschriebenen Orientierungen unterscheiden sich wesentlich durch die Vorstellung des 'perfekten Betriebs', also
die leitende Utopie.
Für den Technikorientierten ist der Endzustand der voll in
die EDV überführte Betrieb, in dem das Geschehen ganz EDV-
gerecht abläuft und ein Maximum an Wirtschaftlichkeit erreicht
ist. Menschliche Arbeit besteht für ihn darin, das EDV-System
mit Informationsrohmaterial zu füttern; nur eine kleine Elite
wird mit der Steuerung des EDV-Systems befaßt sein.
Für die Textverarbeitung heißt dieses, daß sie als eigener
Bereich mehr oder minder verschwindet. Sie wird nur ein Teilschritt im Prozeß integrierter Informationsverarbeitung und
-übermittlung sein. Die Lösung des Problems 'Textverarbeitung'
ist schlicht eine Frage EDV-gerechter Systematisierung und
sukzessiver Überführung ins EDV-System.
Der Organisationsorientierte sieht im 'perfekten' Betrieb
durch den 'rationalen' Einsatz organisatorischer Verfahren
volle Transparenz hergestellt; das betriebliche Geschehen ist
voll erfaßt, kontrollierbar und gesteuert. Dadurch wird für den
Einsatz menschlicher Arbeit höchste Wirtschaftlichkeit erreicht,
natürlich auch durch den extensiven Einsatz technischer Hilfsmittel.
Textverarbeitung kann dabei durchaus als eigene Stufe in dem
arbeitsteiligen Produktionsprozeß der Verwaltung erhalten bleiben, nämlich dort, wo sich der Aufwand einer Übertragung in
das standardisierte EDV-System nicht lohnt. Dabei ist die Frage der Organisation dieses Bereichs - zentral oder dezentral -
nicht notwendigerweise prädeterminiert.
Dem Arbeitsorientierten fehlt meist ein gleichermaßen grif-
figes utopisches Modell, ein ähnlich klares Zielbild vom 'perfekten' Betrieb. Darin liegt wohl eine wesentliche Schwäche
seines pragmatischen Ansatzes gegenüber den wesentlich dogma-
tischeren anderen Ansätzen, seine geringere Attraktivität für
Lehrmeinungen, die Schwierigkeit, ihn als Alternative plastisch
anschaulich zu machen. Zielbild ist im wesentlichen ein Betrieb,
in dem die jeweiligen Arbeitsbereiche 'aufgabengerecht' gestaltet sind und dadurch menschliche Arbeit produktiv eingesetzt ist.
Dies wird natürlich von Fall zu Fall sehr unterschiedlich aussehen, daher das diffusere Zielbild des 'perfekten' Betriebs.

Für die Textverarbeitung bedeutet dies eine schrittweise Weiterentwicklung des Einsatzes maschineller und verfahrensmäßiger Hilfsmittel, etwa der Standardisierung, soweit diese durch den Charakter des Schriftguts, also der Arbeitsaufgabe, nahegelegt sind. Standardisierung und Maschinisierung erscheinen dabei nicht als eigenständige Zielsetzungen.

Deutlich unterscheiden sich diese drei Orientierungsmuster durch ihre Auffassung von dem Stellenwert menschlicher Arbeit als Gegenstand der Rationalisierung.

In technikorientierter Sicht scheint menschliche Arbeit schlicht als ein Störfaktor, den es durch Ausweitung und Perfektion des technischen Systems möglichst weitgehend zu reduzieren gelte.

In organisationsorientierter Sicht erscheint menschliche Arbeit sozusagen als ein Wildwasser, dessen Energien es durch Reglementierung, Kontrolle und Steuerung zu zähmen und zu kanalisieren gelte.

In arbeitsorientierter Sicht wird die Qualität und Produktivität menschlicher Arbeit wesentlich abhängig von den jeweiligen Arbeitsbedingungen und Arbeitsregelungen gesehen.

Die Konsequenzen dieser unterschiedlichen Auffassungen von der betrieblichen Rolle menschlicher Arbeit für deren Steuerung und Kontrolle sind offensichtlich. Selbstorganisation oder Selbststeuerung, jene heute zunehmend gebrauchten Modeworte, können in der technikorientierten wie in der organisationsorientierten Zielkonzeption letztlich wenig mehr bedeuten als durchaus reglementierte Erfüllung einer Arbeitsaufgabe, bei der lediglich unmittelbare Kontrolle bzw. die gesteckten Zielvorgaben etwas weniger 'hautnah' spürbar sind.

Beeindruckend war insgesamt, wie ausgeprägt die beschriebenen Orientierungsmuster uns entgegentraten. Frappierend auch, wie einleuchtend sie auf bestimmte betriebliche Positionstypen zugeschnitten waren. Es überrascht nicht, daß technikorientierte Konzeptionen vorwiegend von EDV-Leuten vertreten wurden, daß wir dem organisationsorientierten Argumentationsmuster vor allem bei Organisatoren begegneten. Arbeitsorientierte Vorstellungen waren weniger eindeutig einem bestimmten Positionstyp zuzuordnen.

Die beschriebenen Orientierungen sind also recht offenkundig auf die jeweiligen 'positionalen' Aufgaben und Interessen zugeschnitten. Indem diese subjektiven Orientierungen verfolgt werden, wird scheinbar immer auch das objektiv Notwendige getan; sie können als das übergeordnete Betriebsinteresse identifiziert werden, was ihrer Verwirklichung so starken Nachdruck verleiht. Daß dies bei der Durchsetzung von Maßnahmen von Wert ist, leuchtet ein.

Überraschend allerdings dann, wie prägend diese 'positionalen Interessen' gewesen sein müssen. Ganz offensichtlich wurden Einflüsse, die durch Herkunft, Ausbildung und früheren Erfahrungshintergrund gegeben sein mochten, relativ rasch durch diese zugedeckt.

Wir konnten das in einigen Fällen während der Laufzeit dieser und der vorangegangenen Studie in unserem eigenen Erfahrungsfeld beobachten: Etwa, wie sich die Sicht- und Argumentationsweise einer Schreibdienstleiterin, die in eine rein organisierende Tätigkeit übergewechselt hatte, allmählich und fast unmerklich von einer eher arbeitsbezogenen zu einer stärker organisationsbezogenen Orientierung verschob.

c) Das Menschenbild

Das Rationalisierungsverständnis bezieht sich auf Ansatzpunkte und Aufgaben von Rationalisierung, also auf die Voraussetzungen und die Gestaltung betrieblicher Maßnahmen. Nun enthalten all solche Gestaltungsvorstellungen - explizit oder implizit - bestimmte Grundannahmen über menschliches Verhalten. Jede arbeitsorganisatorische Regelung, jedes System des Leistungsanreizes oder der Leistungskontrolle arbeitet stillschweigend mit gewissen Prämissen darüber, wie menschliches Verhalten im Arbeitszusammenhang bestimmt wird.

Natürlich konnte es nicht Ziel unserer Gespräche sein, diese sozial-psychologischen Grundannahmen zu ermitteln, die den organisatorischen Konzepten und Zielvorstellungen unserer Gesprächspartner zugrundelagen, oder zu klären, wie weit diese bewußt reflektiert wurden. Aus einer Fülle von Einzeläußerungen und Anhaltspunkten entstand jedoch in vielen Gesprächen ein recht plastisches Bild von den Vorstellungen unserer Gesprächspartner darüber, wie menschliches Arbeitsverhalten bestimmt und wie es zu beeinflussen sei.

Wenn wir hier ein solches 'Menschenbild', wie es uns in einer Reihe von Gesprächen bemerkenswert einheitlich entgegentrat, kurz zu beschreiben versuchen, dann selbstverständlich nicht mit dem Anspruch einer gültigen Analyse, sondern lediglich als Versuch einer recht vorläufigen Skizze. Uns erschien die Beschreibung dieses 'Menschenbildes' wichtig, weil wir den

Eindruck gewannen, daß es einen recht zentralen Bezugspunkt
für die Zielvorstellungen und wohl auch für das Handeln vieler
unserer Gesprächspartner darstellte, insbesondere von Organisatoren. Selbstverständlich trafen wir auch abweichende
Menschenbilder - ihre Darstellung würde den Rahmen spren-
gen und muß späteren Untersuchungen vorbehalten bleiben.

Dominierend in diesem Menschenbild ist eine recht pessimi-
stische Einschätzung des Verhältnisses der Menschen zu ihrer
Arbeit: Arbeitsverhalten erscheint von der Neigung bestimmt,
möglichst wenig zu tun und möglichst wenig Verantwortung zu
übernehmen; weniger bestimmt durch ein an der Sache orien-
tiertes Interesse oder durch Eigenmotivation, als durch materielle Anreize. Gemessen wird dabei Verhalten an dem Zielbild des 'idealen' Mitarbeiters: Er ist vernünftig, d.h. er
spricht auf Anreize und Regelungen, mit denen man ihn konfrontiert, auf berechenbare Weise an; er ist einsichtig, d.h. er
sieht die Dinge nicht von seiner eigenen Position, sondern vom
Betrieb her; er ist umgänglich, d.h. er stellt das betriebliche
Herrschaftssystem nicht in Frage. Eigeninitiative oder Phantasie sind nur in engen Grenzen gefragt: Dort, wo Lücken des
betrieblichen Regelwerks zu füllen und wo Fehler zu korrigieren sind. 'Motivation' ist wichtig, nicht Selbständigkeit. Wenig
Verständnis besteht für die individuelle Interessenlage der Mitarbeiter; Verhalten, das aus dieser resultiert, wird leicht mit
Unvernunft gleichgesetzt.

Dieses Menschenbild bleibt allerdings nicht frei von Widersprüchen: Einerseits erscheint der Mensch als unerwachsen,
der Leitung bedürftig, andererseits verfolgt er doch als 'homo
oeconomicus' konsistent seine Interessen, vor allem beim Reagieren auf materielle Anreize.

Bestimmend ist eine biologistische Auffassung menschlichen
Verhaltens; es erscheint durch Grundbedürfnisse vorgegeben.

Diese mechanistische Denkweise wird besonders deutlich
bei der Diskussion um Prämiengestaltung. Viele Differen-
zierungen in der Prämiengestaltung haben ja nur ihren
Sinn, wenn die betroffenen Schreibkräfte auch entsprechend,
d.h. berechenbar darauf reagieren. Zugrundegelegt wird
ein starres Reiz-Reaktionsschema: Mehr Geld - mehr Leistung. Das heißt beispielsweise, daß man davon ausgeht,
daß nach oben abgeflachte Kurven auch dazu führen, daß
Höchstleistungen nicht mehr attraktiv sind. Andere Formen
der Verhaltenssteuerung, etwa soziale Kontrolle in der Gruppe, Stärke des Verdienstdrucks, Mißtrauen gegenüber dem

Betrieb etc. - werden dabei erstaunlich wenig ins Kalkül gezogen.

In diesem mechanistischen Grundverständnis erscheint menschliches Verhalten nicht als Ergebnis früherer Lernprozesse und Erfahrungen, sondern wird schematisch auf als weitgehend unveränderlich betrachtete Bedürfnisse zurückgeführt. Aus dieser Sicht muß der Mensch als kaum lern- und entwicklungsfähig erscheinen. Der Mensch ist, wie er ist, darauf hat man sich einzurichten.
Versucht man nun den Querbezug dieser Auffassung von menschlichem Verhalten zu organisatorischen Konzepten herzustellen, so verweisen sie fast zwangsläufig und logisch auf arbeitsteilige und restriktive Organisationsformen, die

- vor allem negative Eventualitäten ausschließen;
- 'richtiges' Verhalten möglichst genau vorgeben;
- die Kontrolle dieses Verhaltens möglichst weitgehend ermöglichen;
- möglichst wenig der Eigeninitiative, viel mehr ökonomischen Anreizen überlassen;
- 'undynamisch' sind, d.h. Verhalten definitiv und dauerhaft vorstrukturieren.

Die unsoziologische, biologistische Auffassung menschlichen Verhaltens ermöglicht - und dies ist wohl der entscheidende Zusammenhang - eine Umkehrung von Ursache und Wirkung. Da der Blick für die Bestimmtheit menschlichen Verhaltens durch die soziale und institutionelle Situation fehlt, bleibt man auch blind für die Auswirkungen der Arbeitsorganisation. Demotiviertes Verhalten wird als Bezugsgröße, nicht als Folge organisatorischer Gestaltung gesehen. Aus dem "die sollen nicht denken" wird ein "die wollen nicht denken".
Und damit ist ein Regelkreis hergestellt: Man schafft eine Arbeitsorganisation, die demotiviertes und desinteressiertes Verhalten erzeugt; mit diesem Verhalten rechtfertigt man dann die Arbeitssituation, die man geschaffen hat. Durch arbeitsteilige, taylorisierte Arbeitsorganisation erzeugt man eben jene Interessenlosigkeit und Motivationsdefizite, die dann ihrerseits zur Demonstration der Notwendigkeit der gewählten Arbeitsorganisation herangezogen werden können. Damit entfällt auch die Notwendigkeit, sich mit anderen Gestaltungsformen auseinanderzusetzen. Indem man die Arbeitssituation gemäß bestimmter Verhaltenserwartungen strukturiert, stellt man sicher, daß diese auch erfüllt werden. Auf die Schreibsituation bezogen heißt dies

dann: Der zentrale Schreibdienst käme der Interessenlage der
Frauen, die ohne großes berufliches Engagement eben Geld verdienen wollten, genau entgegen. Diese Frauen richteten an ihre
Berufstätigkeit keine höheren oder weiterführenden Erwartungen. Die Arbeit im Schreibdienst, bei der keine Eigeninitiative
oder gedankliches Engagement erforderlich sei, entspräche daher ihren Bedürfnissen. Vorurteile über die weibliche Berufs-
auffassung und Arbeitsmotivation werden zur Rechtfertigung
von Formen der Arbeitsorganisation und des Beschäftigungs-
verhältnisses herangezogen, die man Kritik ausgesetzt sieht:

> "Wir sollten diejenigen Mitarbeiterinnen, die ja tatsächlich
> meinen, sie seien mit dieser oder jener Arbeit überfordert,
> durchaus diese oder jene automatische Arbeit machen las-
> sen." (Organisator).

> "Ich stelle das in meiner Praxis immer wieder fest, daß
> diese Mitarbeiterinnen durchaus befriedigt sind, wenn sie
> nicht überfordert werden. Denn es gibt junge Menschen,
> die gar nicht in der Lage sind, diese Qualifikationen zu er-
> reichen." (Beitrag zur Podiumsdiskussion: Teamarbeit im
> Büro heute und morgen; KTV 1978).

Aus der besonderen Beanspruchung der Frau durch die Doppel-
rolle in Beruf und Familie, durch ihren Doppelberuf in Betrieb
und Familie, wird ihr Desinteresse an verantwortlicher und
qualifizierter Arbeit abgeleitet. Aus dem Verzicht auf Karriere
wird auf die Bereitschaft zu monotoner Arbeit geschlossen. (107)
Bisweilen wird auch der 'biologische' Nachweis geführt, Frauen
seien für bestimmte Tätigkeiten ungeeignet. Aus der größeren
Fingerfertigkeit der Frauen einerseits, ihrer 'Unfähigkeit zur
Abstraktion' andererseits ergibt sich zwingend, daß sie am
besten als Schreibkräfte einzusetzen seien. (108)

> "Sie haben ja sicherlich auch festgestellt, daß in der Text-
> verarbeitung, also dem urweiblichen Beruf, die Damen die
> Ausführenden sind und über die Gruppenleiterfunktion in den
> seltensten Fällen rauskommen. Die, die was zu sagen ha-
> ben, sind die Männer. Das ist aber sicherlich nicht nur die
> Schuld der Männer, die die lukrativen Jobs an sich ziehen,
> sondern im wesentlichen ein Desinteresse bzw. - um es ganz
> hart zu sagen - ein Fehlen von, na ja, logischen Denkpro-
> zessen bei den Frauen. Es ist nicht angewöhnt oder nicht
> geschult, dieses in dieser Art zu Denken. Aber ich sehe das

sehr, sehr selten, daß sich Frauen dafür so interessieren, so intensiv... Und da ist die Scheu vor der Technik. Das ist eines der wesentlichen Merkmale, aber ganz gravierend. Selbst wenn das überwunden ist, ... fehlt dann im wesentlichen die Verknüpfungslogik vom Programm. Sehen Sie, Frau X., sie könnte programmieren ... Und sie interessierte das auch sehr stark... Nur wenn es darum geht, mehr als 10 Labels miteinander zu verknüpfen, da fehlt der Überblick." (Textverarbeitungsorganisator).

Die Einführung arbeitsteiliger, tayloristischer Organisationskonzepte, wie die des zentralisierten Schreibdienstes, wird so zum sich selbst verstärkenden, geschlossenen Prozeß:

- Sie bewirkt Verhalten, das sie rückwirkend notwendig erscheinen läßt;
- sie schafft damit ihre eigene Legitimation;
- sie reduziert damit Korrekturchancen, da die nachteiligen Folgen, die sie erzeugt, in der 'geschlossenen' Argumentation zur Selbstbestätigung uminterpretiert werden können.

Abgesichert wird dieser Zirkelschluß durch eine Reihe von Ableitungen, etwa:

- Das Fehlen von Kündigungen wird als Indikator der Zufriedenheit interpretiert, wobei unberücksichtigt bleibt, ob tatsächlich Beschäftigungsalternativen bestehen;
- fehlende Motivation führt zu der Folgerung, "eigentlich zählt für die nur das Geld", wobei unberücksichtigt bleibt, ob die Arbeitssituation überhaupt Motivation ermöglicht;
- wo Interesse an der Arbeit fehlt, wird nicht auf den Inhalt oder die Gestaltung der Arbeit geschlossen, die vielleicht keine Chance lassen, daran Interesse festzumachen, sondern es heißt: "Die wollen es ja gar nicht anders, die sind eigentlich an der Arbeit gar nicht interessiert";
- wo nicht mitgedacht wird, heißt es: "Die verstehen davon nichts", ohne zu überprüfen, ob überhaupt die Chance zum Mitdenken gegeben wurde;
- fehlender Widerstand wird mit 'Akzeptanz' gleichgesetzt und: "Dem Wollenden geschieht kein Unrecht", wie uns der Organisator einer großen Behörde sagt.

Solche Position kann sich als 'realistisch' verstehen, da sie Verhaltenspotentiale nicht mit in Rechnung zieht. Gegenpositionen, die das tun, werden als idealistisch abgetan. Man selbst bedauert am meisten, daß man sich nicht an solch optimistischen Verhaltenserwartungen orientieren könne, aber die Erfahrungen hätten ja gezeigt, daß dies nicht möglich sei.

So wird das Scheitern von 'Experimenten', die halbherzig und ungeschickt durchgeführt wurden, als Beweis ihrer grundsätzlichen Undurchführbarkeit herangezogen.

So trafen wir z.B. häufig auf folgenden Zusammenhang: Versuche der Aufgabenbereicherung scheiterten, weil die notwendige qualifikatorische Vorbereitung unterblieb. Daraus wurde dann auf mangelndes Interesse oder mangelnde Fähigkeit der Schreibkräfte geschlossen.

So scheiterte der Übergang von Schreibkräften in Vorzimmerpositionen sehr häufig an mangelnder Vorbereitung. Die plötzliche Umstellung überforderte die Schreibkräfte, reduzierte natürlich auch meist die Bereitschaft, sich in solch eine Situation zu begeben. Daraus wurde dann auf grundsätzliches Desinteresse der Schreibkräfte an anderen Tätigkeiten geschlossen.

In einem Schreibdienst wurde bei einer Arbeitsgruppe der Versuch gemacht, daß Urlaubs- und Krankmeldungen von ihnen selbst abgegeben werden sollten, ohne jedoch entsprechende informatorische Vorbereitungen. Als dann eine Krankmeldung unterblieb, wurde das Experiment als mißglückt abgeblasen.

Eine weiterer Mechanismus, mit dem diese 'realistische' Sicht sich selbst bestätigt und verstärkt, ist die Behandlung von Einzelfällen. Die Ausnahme wird zur Regel. Am abweichenden Einzelfall wird die Unmöglichkeit liberaler Regelungen 'bewiesen'.

So wurde z.B. die Unmöglichkeit von Verfahren der Selbstaufschreibung oder Selbstkontrolle aus einzelnen Fällen des Mißbrauchs abgeleitet. Daß es sich dabei um Einzelfälle handelte, die quantitativ kaum ins Gewicht fielen, blieb dabei unberücksichtigt.

Es gibt also offensichtlich eine Reihe von Mechanismen, die das 'realistische' Verständnis menschlichen Verhaltens vor alternativen Betrachtungsweisen absichern und ihm auch eine hohe argumentative Durchsetzungskraft verleihen. Trotzdem fragt sich, wie ein solch geschlossenes und künstliches Interpretationsmuster zustandekommen bzw. erhalten bleiben kann. Zu untersuchen wäre hier die Ausbildung der Organisatoren, die zweifellos in hohem Maße eben jene Künstlichkeit und Geschlossenheit erzeugt. Das zunehmende Raffinement von Methoden und Instrumenten, die gelehrt werden, trägt dazu bei. Nicht mehr die Arbeitswirklichkeit, sondern ihre methodengerechte Erfassung ist Gegenstand des Interesses. Gerade mit der zunehmenden Akademisierung, mit dem besseren Ausbildungsgrad der Organisatoren erhöht sich die Gefahr einer künstlichen und realitätsfernen Interpretation der sozialpsychologischen Gegebenheiten.

Diese Feststellungen erscheinen kaum haltbar angesichts des großen Gewichts, das gerade der Vermittlung sozialpsychologischer Theorien in der Organisatoren- und Management-Ausbildung in den letzten Jahren beigemessen wird. Unsere Erfahrungen deuten jedoch darauf hin, daß eben diese Ausbildung für die organisatorische Praxis wie für das Führungsverhalten weitgehend folgenlos geblieben ist. Dies erscheint bei genauerer Überlegung nicht überraschend. Aufgenommen in diese Ausbildung wurden ja weitgehend nur derartige Ansätze, die ihrerseits menschliches Verhalten mehr oder weniger mechanistisch auf feste Bedürfnisse zurückführen.

So sind auch handlungstheoretische Ansätze zur Ermittlung von Arbeitszufriedenheit, in denen neben dem 'Bedürfnis' nach Entlohnung die Bedeutung intrinsischer Arbeitsmotivationen hervorgehoben wird, nicht wesentlich über das behavioristische Reiz-Reaktions-Schema hinausgegangen. Beispielsweise werden sowohl bei Herzbergs Zwei-Faktoren-Theorie als auch bei Maslows Theorie der Wachstumsmotive der Selbstverwirklichung bestimmte Grundbedürfnisse als vorgegeben angenommen. Diese vorgegebenen menschlichen Bedürfnisse gehen dann als Datum in die Forschung ein, werden zu Kategorien eines Fragebogens, der von den Arbeitskräften zu beantworten ist. Für die gesellschaftliche Entstehung und Veränderung dieser Bedürfnisse ist hier kein Raum mehr.

Gelernt wird die Bedeutung menschlicher Grundbedürfnisse und Methoden, wie diese besser oder schlechter erfüllt werden können - unberücksichtigt bleibt die soziale Vermittlung dieser Bedürfnisse und der Prozesse ihrer Befriedigung. Zweifellos hat dieser mechanistische Grundzug die Lehrbarkeit dieser Theorien wie ihre Aufnahme in Management-Konzepte ('Management by Motivation') erleichtert; zugleich haben diese Theorien aber be-

stehende Auffassungen über die 'Natur des Menschen' eher ver-
festigt als abgebaut.

Einschneidende Bedeutung für die Ausprägung dieser künstlichen und mechanistischen Sichtweise menschlichen Verhaltens
kommt neben der Ausbildung zweifellos den Erfahrungen der
Organisatoren mit ihrer Funktion im Betrieb zu. Derjenige,
dessen Aufgabe vorwiegend darin besteht, Konzepte zu entwik-
keln, mit denen Arbeitsvollzüge 'rationeller', und das heißt
in der Regel schneller und kostengünstiger zu organisieren sind,
der folglich letztendlich immer daran gemessen wird, wieviele
Köpfe eingespart werden können durch seine Arbeit, muß ja
beinahe zwangsläufig zu einer Haltung kommen, in der Arbeitskräfte ebenso wie Maschinen Investitionssummen bzw. Kosten-
faktoren sind, wobei Arbeitskräfte im Gegensatz zur Maschine
immer noch den Mangel an Berechenbarkeit und Zuverlässigkeit
aufweisen.

Wir begegneten einer Reihe von Organisatoren, die sich in
ihrem Unternehmen als nicht beliebt definierten. Nur wenige
von ihnen schafften es, die Ablehnung, auf die sie bei Mitarbeitern stießen, nicht auf ihre Person, sondern eben auf ihre Aufgabe zu beziehen. Und nur sehr wenige konnten für diese Ablehnung Verständnis aufbringen:

"Das Mißtrauen der Mitarbeiter gegen die Betriebsorganisation ist doch auch berechtigt. Denn was hat ihnen denn unsere Abteilung in den letzten fünf Jahren gebracht? Die haben doch gesehen, daß jede Neuerung eine Rationalisierung
war, die nichts anderes bedeutet hat als Entmischung ihrer
Arbeit. Es besteht doch dann die berechtigte Vermutung, daß
jede weitere Neuerung von uns zu einer weiteren Entleerung
ihrer Arbeit führt." (Organisator).

So hatten wir den Eindruck, daß sich mancher Betriebsorganisator wie das 'ungeliebte Kind' fühlte, und eine gewisse Neigung zu Selbstmitleid war bei ihnen relativ weit verbreitet. Eng
damit zusammen hing die Klage vieler Organisatoren, daß man
sie lediglich am Mißerfolg und selten am Erfolg messe:

"Als Organisator sind Sie doch ein ganz armes Würstchen.
Sie können 99 % richtig machen, aber wegen eines Prozents,
das daneben geht, stehen Sie am Pranger." (Organisator).

Daß dem so ist, wurde meist nicht als gegen die Position des Organisators gerichtet, sondern als Ausdruck persönlicher Mißachtung angesehen.

Eine mögliche Strategie, um mit dem Sich-persönlich-abgelehnt-und-mißverstanden-Fühlens zurecht zu kommen, liegt dann beispielsweise in dem oben beschriebenen pessimistischen Deutungsmuster menschlichen Verhaltens. Als weitere Strategie der persönlichen Stabilisierung läßt sich auch die im Zusammenhang mit dem Planungsprozeß beschriebene Beobachtung begreifen, daß viele Organisatoren offenbar eine Art 'Berührungsangst' vor der Arbeitswirklichkeit haben und Planung am grünen Tisch vorziehen. Man setzt sich lieber der Realität nicht aus, um nicht verletzt zu werden. Folge davon ist zwangsläufig eine zunehmende Entfernung vom Arbeitsgeschehen, was wiederum jene in sich geschlossenen, zugleich aber künstlichen und mechanistischen Interpretationsmuster befördert.

Pessimistisches Menschenbild und Distanz zur Arbeitswirklichkeit - beide Momente verstärken sich nach unseren Erfahrungen im Bereich der Textverarbeitung: Hier, wo meist Männer über die Arbeit von Frauen urteilen und entscheiden, herrscht teilweise nicht nur eine erschreckende Uninformiertheit über die besondere Situation der erwerbstätigen Frau, sondern auch ein weitverbreitetes Desinteresse daran. Zum Maßstab wird hier, wie man selber 'die Frau' und ihre Rolle in der Gesellschaft sieht, und was 'man' für richtig hält.

d) Abschließende Betrachtung

Eine Auseinandersetzung mit dem komplexen Zusammenhang zwischen subjektiven Orientierungen, betrieblicher Handlungskonstellation und Rationalisierungsgestaltung verbietet sich - so betonten wir eingangs - im Rahmen dieses Projekts. Diese abschließenden Bemerkungen sind mehr als Anregungen für eine genauere und empirisch fundiertere Beschäftigung mit den hier aufgeworfenen Fragen zu verstehen denn als Darstellung von Befunden.

Insgesamt war - und dies ist zunächst nicht sonderlich überraschend - eine weitgehende Entsprechung von subjektiven Vorstellungen und Vorgehen zu erkennen. Vereinfacht ausgedrückt: Technik- oder organisationsorientiertes Rationalisierungsverständnis und mechanistisches Menschenbild passen recht gut zu dem Vorgehen bei der Einführung Organisierter Textverarbeitung und deren Gestaltung in vielen Betrieben. Dabei würde, so meinen wir, die naheliegende Annahme, daß eben Zielvorstellungen Verhalten steuern, dem Wirkungszusammenhang nur verkürzt und unvollständig gerecht. Sicher wurde im konkreten Einzelfall die Wahl der Gestaltungsalternativen von den Zielvorstellungen und Orientierungen des Promotors bestimmt. Aber - und dieser Zusammenhang ist zwar weniger evident, aber letztlich wichtiger - diese Zielvorstellungen reflektieren die positionsbedingten Interessen und Zwänge des Akteurs.

Zielvorstellungen und Orientierungen einerseits, betriebliche Handlungskonstellation andererseits stehen also in einem komplexen Wechselverhältnis. Diese Wechselbeziehung erklärt, so meinen wir, eine Reihe von Widersprüchen, auf die man im Betriebsgeschehen und vor allem bei der Auseinandersetzung mit managerieller Selbstdarstellung immer wieder stößt: etwa den Widerspruch von 'Theorie' und Praxis, von Planungsvorstellungen und betrieblicher Realität; oder den Widerspruch zwischen Rationalisierungsverständnis und Humanisierungsrhetorik.

Angesichts des komplexen Systems von betrieblicher Handlungskonstellation, Rationalisierungsverständnis und Menschenbild muß der gedankliche Ansatz der 'Humanisierung', soweit er nicht sowieso zur reinen Motivationsmanipulation degeneriert ist, notwendigerweise weitgehend abgehoben von der betrieblichen Praxis bleiben.

Diese Wechselbeziehung erklärt auch, warum all die Aufklärungs- und Schulungsaktivitäten zur 'Menschenführung' und 'Motivation' für die betriebliche Praxis weitgehend folgenlos blieben, wenig mehr bewirkten als eine Perfektion legitimatorischer Rhetorik.

Die 'Lernprozesse', denen wir begegneten - die Anpassungen an veränderte Positionen, an veränderte Interessen -, und Durchsetzungskonstellationen sprechen nicht gegen diese stabilisierende Wirkung der Wechselbeziehung von subjektiven Orientierungen und Handlungskonstellation.

So bleibt die bemerkenswerte Anpassungsfähigkeit, die viele Organisatoren mit ihrem Nachvollzug des Übergangs von Zentralisierungs- zum Dezentralisierungsdogma beweisen, letztlich oberflächlich; sie ist weniger neuen Zielvorstellungen als veränderten Handlungsbedingungen zuzuschreiben. An den Grundzügen des Rationalisierungsverständnisses hat sich wenig geändert.

Allerdings begegneten wir in einzelnen Fällen 'Lernprozessen', die in anderer Richtung liefen und die zumindest gewisse Verunsicherungen in den geschlossenen Zirkel von Rationalisierungsorientierung und Humanisierungsrhetorik zu bringen schienen.

In einigen Gesprächen, die wir mit Organisatoren oder anderen Rationalisierungspromotoren führten, war gerade in jüngster Zeit eine gewisse Nachdenklichkeit herauszuspüren, die uns neu schien. Gesprächspartner, die sich früher noch recht markig und ungebrochen zu Zielsetzungen und Vorgehensweisen der Rationalisierung geäußert hatten, begannen nun über den Sinn ihres Tuns nachzudenken und Zweifel zu äußern. Nicht nur die Situation auf dem Arbeitsmarkt, auch die spürbaren Folgen des kontinuierlich dichter werdenden Maschenwerks des betrieblichen Kontroll- und Leistungssystems schienen zu Zweifeln über den Sinn der Entwicklung, zu der das eigene Tun beigetragen hat, geführt zu haben.

Ausschlaggebend für diese 'Lernprozesse' dürfte wiederum die eigene Betroffenheit gewesen sein: Die Zwänge des Systems, zu deren Perfektion man selbst beigetragen hat, schlagen auf einen selbst zurück. Das Netz 'versachlichter' Kontrollen und Leistungsvorgaben, das man selbst mit ausgebaut und genutzt hat, nimmt einen nun selbst gefangen. Beginnt die Rationalisierung ihre Väter zu fressen?

Es wäre natürlich naiv, aus solcher Umorientierung verbesserte Chancen für eine 'offenere', weniger zwanghafte Rationalisierungsgestaltung abzuleiten. Dies hieße in der Tat das Gewicht subjektiver Orientierungen überzubewerten. Immerhin müssen sie doch als Faktor für die weitere Entwicklung mit berücksichtigt werden.

Wir wiesen eingangs auf den weitgehenden impressionistischen Charakter unserer Auseinandersetzungen mit den subjektiven Orientierungen hin. Wir halten es für wichtig, dies abschließend noch einmal in Erinnerung zu rufen und zu betonen, wie wichtig hier eine fundierte, auf systematischeren empirischen Erhebungen basierende Analyse erscheint.

III. TEIL
DIE EINFÜHRUNG VON TEXTVERARBEITUNG ALS GEGEN-
STAND BETRIEBLICHER INTERESSENAUSEINANDER-
SETZUNGEN

1. Zum Konzept der Handlungskonstellation

> "Das ist doch hier eine echte Behörde. Alle ziehen
> am selben Strick, aber jeder in eine andere Richtung.
> Hier schießen alle gegeneinander. Hier hat jeder so
> viel Kompetenzen, wie er gerade braucht, und die gibt
> er schnell zurück, wenn's brennt." (Organisator)

Bei den Entscheidungs-, Planungs- und Durchsetzungsabläufen,
die zur Einführung Organisierter Textverarbeitung führten,
handelte es sich um komplexe, vielfach gebrochene und widersprüchliche Prozesse. Viele Abläufe, vor allem deren Resultate, ließen sich kaum geradlinig aus in den Betrieben bestehenden spezifischen Problemen ableiten; diese hatten meist
eher den Stellenwert eines Anstoßes oder Auslösers für den
Prozeß, eine 'Ursache' waren sie nur selten. Auch der Versuch, die Einführung der Organisierten Textverarbeitung auf
den allgemeinen Rationalisierungsdruck in der Verwaltung zurückzuführen, scheiterte, denn wann und wie sich dieser Veränderungsdruck tatsächlich in Initiativen umsetzte, war von
Unternehmen zu Unternehmen so verschieden, daß letztlich
gerade die Spannbreite, um nicht zu sagen die Beliebigkeit der
Reaktionen beeindruckte.
Für das Verständnis dieses Einführungsprozesses mußten
ganz offensichtlich betriebliche Vermittlungsprozesse mitberücksichtigt werden, die aus dem allgemeinen, übergeordneten betrieblichen Rationalisierungsinteresse nur sehr indirekt abgeleitet werden konnten, ihrerseits aber in erheblichem Maß auf
dieses einwirkten. Die Beschäftigung mit diesen Vermittlungsprozessen verwies uns auf innerbetriebliche Macht- und Interessenauseinandersetzungen, die ihrerseits Ausdruck spezifischer Handlungskonstellationen waren.
Diese innerbetriebliche Handlungskonstellation wird konstituiert durch ein komplexes Ineinanderwirken unterschiedlicher
Einflußgrößen. Hierzu gehört zunächst einmal die formale Kompetenzzuweisung, durch die Aufgabe, Zuständigkeit und Wei-
sungsbefugnisse sozusagen offiziell ausgewiesen werden. Daneben erweisen sich die realen Einflußmöglichkeiten, die den
Inhabern von Positionen offenstehen, als bedeutsam, die sich
durchaus nicht immer aus der offiziellen Kompetenzverteilung

ablesen lassen. Diese können abhängen von persönlichen Faktoren wie beispielsweise dem individuellen Verhandlungs- und Durchsetzungsgeschick, von der jeweilig zur Verfügung stehenden Hausmacht, die aufgrund persönlicher Faktoren und infolge früherer Prozesse und Konstellationen zustandekommt, von den Widerständen oder Hilfestellungen, die jeweils aktiviert werden können, etc.

Schließlich wird die Handlungskonstellation geprägt von den Interessen der verschiedenen betrieblichen Akteure. Dabei handelt es sich nicht nur um diejenigen Interessen, die der Positionsinhaber qua Stellenbeschreibung zu verfolgen hat, sondern diese erfahren gleichsam eine personenbezogene Brechung, denn in ihnen schlagen sich die eigenen Zielvorstellungen, die persönlichen Karriereambitionen, das jeweilige Selbstverständnis usw. nieder. Folglich kann jeder betriebliche Akteur sehr unterschiedliche Interessen verfolgen, je nachdem, welches betriebliche Problem zur Lösung ansteht.

Aus dem komplexen Zusammenwirken der verschiedenen Einflußgrößen der betrieblichen Handlungskonstellation ergibt sich, daß es von Fall zu Fall recht unterschiedlich ist, mit welchem Nachdruck und in welcher Weise man den Einfluß, über den man verfügt bzw. den man mobilisieren kann, jeweils nutzt, ob und in welcher Richtung man sich engagiert, um das betriebliche Geschehen zu beeinflussen. Dies wird wesentlich davon bestimmt, welchen Stellenwert das, was als betriebliches 'Problem' definiert und gelöst werden soll, für die eigene Position hat. Denn die Bestimmung dessen, was als betriebliches 'Problem' zu gelten hat und die 'Lösung' dieses Problems sind - in unterschiedlichem Ausmaß - machtrelevant, sie hängen ab von der bestehenden innerbetrieblichen Machtkonstellation. Umgekehrt verändern Problemdefinition und Problemlösung aber auch die bestehende Machtkonstellation.

Aus dieser Beschreibung der innerbetrieblichen Handlungskonstellation geht bereits hervor, daß es sich hierbei um keine feste Größe handelt, sondern daß sie sich verändert je nach dem, was als 'Problem' definiert wird und zur Lösung ansteht. Nicht nur sind jeweils andere Teilbereiche beteiligt - oder betroffen -, es werden auch jeweils andere Interessen mobilisiert, andere Einflußverteilungen berührt und andere Durchsetzungsmittel angesprochen.

Aus dieser Konstellation von Einzelinteressen, Kompetenzen und tatsächlichen Einflußmöglichkeiten, aus den sich daraus ergebenden Konflikten, Allianzen und Konkurrenzen und aus den damit verbundenen Durchsetzungs- und Legitimationsnotwendig-

keiten beziehen nun die innerbetrieblichen Vermittlungsmechanismen ihre Dynamik.

Die innerbetriebliche Handlungskonstellation und die aus ihr
ableitbaren Vermittlungsmechanismen heben selbstverständlich
die Wirksamkeit der allgemeinen Handlungsbedingungen nicht
auf - wie natürlich der innerbetriebliche Interessenpluralismus
nicht den grundsätzlichen Interessengegensatz von Kapital und
Arbeit aufhebt -, aber sie bestimmen doch, sozusagen quer zu
diesen, das betriebliche Geschehen in vielfältiger und subtiler
Weise.

2. Die Handlungskonstellation bei der Einführung zentraler
   Schreibdienste

Wir wollen im folgenden versuchen, das Konzept der Handlungskonstellation auf die Analyse des Einführungsprozesses zentraler Schreibdienste anzuwenden. Dabei muß es sich um eine typisierende Darstellung handeln, von der zweifellos ein Teil der
untersuchten Fälle in Einzelheiten abwich. In den wesentlichen
Grundzügen allerdings bestand eine bemerkenswerte Übereinstimmung.

Spezifische betriebliche Handlungskonstellation und dahinterliegende Interessen- und Machtstrukturen bestimmten bereits
die erste, der Reorganisationsmaßnahme vorausgehende Phase
der Definition des Problems. Während Fachabteilungen dabei
tendenziell ehe von akuten Problemen bei der Schriftguterstellung ausgingen, identifizierten Zentralabteilungen - etwa Organisation oder Personal - eher die rein quantitativ verstandene
Wirtschaftlichkeit des aus dem allgemeinen Zusammenhang der
Verwaltungsarbeit isolierten Bereichs 'Schreiben' als Problem.
In dieser verengten Sichtweise wurden Personaleinsparungen zu
dem entscheidenden Kriterium, demgegenüber qualitative Aspekte, wie Reaktionsfähigkeit, Flexibilität und Qualität der Dienstleistungen, in den Hintergrund traten. Mit einer solchen Akzen-
tuierung der Problemdefinition waren vielfach bereits von vorneherein die Weichen gestellt in Richtung auf arbeitsteilige, zentralistische Lösungen, deren Notwendigkeit und Effizienz in den
nachfolgenden Phasen des Einführungsprozesses zu belegen
waren.

Dabei spielten Durchsetzungs- und Legitimationsaspekte eine
große Rolle. So wurden, um von der Geschäftsleitung den Auftrag für die Durchführung eines umfassenden Textverarbeitungs-

Projekts zu erreichen, der Projektbeschreibung häufig detaillierte Berechnungen großer Leistungs- und Einsparungseffekte zugrunde gelegt, die dann im weiteren Verlauf für das Projekt praktisch zu Vorgaben wurden.

Das galt auch für die Phase der Planung, insbesondere, wenn sie vom grünen Tisch her erfolgte, und die Ist-Erhebung, der anstatt der Erfassung der betrieblichen Realität eher die betriebspolitische Funktion zukam, durch die scheinbar unwiderlegbare Dokumentation der Notwendigkeit der Maßnahme und der prognostizierten Einsparungseffekte die Durchsetzungschancen für das Projekt zu erhöhen.

Der Aspekt der Durchsetzung blieb auch nach der prinzipiellen Entscheidung der Geschäftsleitung wichtig, waren mit dieser doch die bestehenden Widerstände nicht immer ausgeschaltet, nicht die der Schreibkräfte und Sachbearbeiter, vor allem auch nicht die der mittleren und oberen Führungsebene.

Tatsächliche oder auch nur vermutete Widerstände beeinflußten die Konzipierung der Neuerung. Die Berücksichtigung ihrer 'Machbarkeit' führte in vielen Fällen zu erheblichen Modifizierungen des ursprünglichen Gestaltungskonzepts. Diese führten meist nicht, wie man vielleicht hätte erwarten können, zu einer stärkeren Berücksichtigung der Arbeitswirklichkeit und ihrer konkreten Erfordernisse, sondern wurden primär durch die Machtrealitäten bestimmt. So blieben vielfach bestehende Privilegien, die an sich bei einer konsequenten Umsetzung des Konzepts beseitigt hätten werden müssen, unangetastet. Kompetenzen, die an sich dem Schreibdienst hätten zugeordnet werden müssen, blieben diesem vorenthalten. Diese Anpassungen spiegeln wesentlich die bestehenden Machtkonstellationen bei der Durchsetzung Organisierter Textverarbeitung: die begrenzte Durchsetzungskraft des Organisationspromotors, vor allem aber des Schreibbereichs selbst.

Die Umsetzung der konzipierten Lösung in betriebliche Wirklichkeit war dann vielfach durch eine Reihe von Defiziten gekennzeichnet: Vor allem fehlende Einbeziehung und Schulung der betroffenen Schreibdienstleiterinnen, Schreibkräfte und Sachbearbeiter. Dabei handelte es sich meist nicht eigentlich um Pannen, sondern um die ganz konsequente Fortsetzung eines bestimmten Einführungsverlaufs, konsequente Resultate einer bestimmten Handlungskonstellation, nämlich einer klaren Trennung von Promotoren und Betroffenen, und bestimmter Zielkonzeptionen.

Insgesamt stellte sich der Einführungsprozeß als ein Geflecht von Initiativen und Widerständen, von divergierenden Interessen dar.

Zentraler Konfliktpunkt war dabei die Verfügung über Dienstleistungen: Wer kann über die Arbeitsleistung der Schreibkräfte und Sekretärinnen bestimmen? Dabei ging es nicht allein um die verfügbare Schreibkapazität, sondern vor allem um schwer vorschreibbare und definierbare Serviceleistungen.

Hinter diesem Auseinandersetzungspunkt war eine zweite Konfliktebene erkennbar, die zwar nur selten direkt angesprochen wurde, auf die sich aber die Interessen einerseits, die Widerstände und Befürchtungen andererseits zentral bezogen: Wer kontrolliert wen? Mit der Zentralisierung erhöhen sich ja nicht nur die Zugriffsmöglichkeiten auf die Arbeitsleistung und das Verhalten der Schreibkräfte, zugleich ergeben sich daraus auch verstärkte Kontroll- und Steuerungsmöglichkeiten der Arbeit der Fachabteilungen. Nach der Formel: Transparenz ermöglicht Kontrolle - Kontrolle ermöglicht Einflußnahme - Einflußnahme bedeutet Macht - verstärkt sich mit der Zentralisierung des Schreibdienstes tendenziell die Machtposition der Zentralabteilungen. Gerade dieser für die innerbetriebliche Handlungskonstellation entscheidende Aspekt bestimmte den Widerstand insbesondere auf der Führungsebene der Fachabteilungen; umgekehrt begründete er auch das besondere und nachdrückliche Interesse der Zentralabteilung an zentralistischen Lösungen des Schreibdiensts.

Dieser Zusammenhang verweist auf die herausragende Bedeutung der Kompetenzverteilung, wobei wir hier 'Kompetenzen' im Sinn von 'Zuständigkeiten' verstehen wollen. Vermutlich jede übergreifende organisatorische Innovation setzt gesonderte, für diese Veränderungsmaßnahme eigens ausgewiesene Kompetenzen voraus.

Für die Einführung der Organisierten Textverarbeitung waren derartige Veränderungskompetenzen besonders wichtig, da sie in die Zuständigkeiten und Arbeitsabläufe verschiedenster Bereiche eingreift und das bestehende Zuordnungs- und Einflußgefüge der Verwaltung verändert. Organisierte Textverarbeitung ist von ihrer Anlage her machtrelevant.

Die Schaffung einer zentralen Rationalisierungs- oder Innovationskompetenz in Form einer Organisationsabteilung oder die Zuordnung dieser Kompetenz an andere Positionen (unter Umständen auch eine Fachabteilung) war die entscheidende Voraussetzung dafür, daß sich ein bestehender Veränderungsdruck zu einer umfassenden Reorganisation des Schreibbereichs aktualisieren konnte. Zugleich bildete sich mit der Institutionalisierung derartiger zentraler Rationalisierungskompetenzen auch die spezifische Interessenlage heraus, die auf eine Lösung des Rationalisierungsproblems in Richtung einer Zentralisierung hinwirkte. So kam in den meisten von uns untersuchten Umstellungsfällen dem Organisator eine ausschlaggebende Stellung zu: Von ihm gingen die entscheidenden Impulse aus, sowohl als Initiator als auch als Gestalter der Rationalisierungsmaßnahmen. Selbst in Verwaltungen, in denen die erste Initiative von anderen, etwa einem Mitglied der Geschäftsleitung, ausging, war doch meist das Vorhandensein oder die Schaffung der Position des Organisators die wesentliche Voraussetzung für die Durchführung der Maßnahme: Nur über sie schien eine Realisierung denkbar. In vielen Verwaltungen bestand ein wechselseitiges Bedingungsverhältnis: Einerseits setzte die Einführung der Organisierten Textverarbeitung den Organisator voraus; andererseits erhöhte sich mit dem Organisator die Wahrscheinlichkeit, daß Organisierte Textverarbeitung eingeführt wurde.

In den meisten Verwaltungen waren die Aufgabenzuweisungen von Organisatoren eher allgemein und unspezifisch, wie etwa 'laufende organisatorische Überprüfung der Arbeitsabläufe', 'Entwicklung organisatorischer Planungsmodelle', 'Erhöhung der Wirtschaftlichkeit'. Diese Aufgabenbeschreibungen beinhalteten in der Regel keine Blanco-Vollmacht zur Durchführung von Veränderungen, die in die Zuständigkeiten der einzelnen Fachbereiche eingegriffen hätten. Hierzu bedurfte es meist eines gesonderten Auftrags der Geschäftsleitung.

Die Kompetenz des Organisators, aus der sich seine Handlungsmöglichkeiten ableiteten, beruhte also auf einer doppelten Basis:

- der allgemeinen Kompetenz, d.h. dem generellen Auftrag zur Weiterentwicklung des organisatorischen Rahmens der Verwaltung;

- der spezifischen Kompetenz, d.h. dem speziellen Auftrag zur Veränderung eines konkreten Teilbereichs, z.B. die Einführung Organisierter Textverarbeitung.

Während sich die allgemeine Kompetenz generell auf das Prinzip der Rationalisierung erstreckt, bezieht sich die spezifische Kompetenz auf eine konkrete Entscheidung der Geschäftsleitung; sie ist dadurch mehr oder weniger begrenzt und bedeutet, daß sie erlischt, wenn der Auftrag durchgeführt ist. Diese spezifische Kompetenz stellt gewissermaßen die inhaltliche Ausfüllung der allgemeinen Kompetenz dar.

Die Macht des Organisators ist folglich abgeleitete Macht: Zum einen nimmt er das generelle Prinzip der Rationalisierung wahr, zum anderen realisiert er einen spezifischen Auftrag - in beiden Fällen übernimmt er quasi kommissarisch Geschäftsleitungsfunktionen. Aus dieser besonderen abgeleiteten Machtbasis ergeben sich die für seine Handlungssituation charakteristischen Durchsetzungsprobleme und Interessen.

Aufgrund seiner abgeleiteten Machtbasis steht der Organisator als die zentrale Rationalisierungsinstanz unter dem Druck, die Notwendigkeit und vor allem die Effizienz der von ihm initiierten und durchgeführten Maßnahmen nachzuweisen. Erst mit diesem Nachweis schafft er die Legitimation nicht nur für die spezifische Maßnahme, sondern für seine Position und seine Tätigkeit.

Die Bedeutung des Legitimationsaspekts für die Handlungssituation des Organisators ergibt sich bereits daraus, daß er zur Ausübung seiner allgemeinen Rationalisierungskompetenz ja meist einen Auftrag der Geschäftsleitung benötigt. Diesen Auftrag zu erlangen, muß für ihn also der erste Schritt sein, d.h., er muß aus dem auf den Betrieb insgesamt bezogenen generellen Rationalisierungsinteresse ein identifizierbares, abgrenzbares Problem 'herausschneiden', ihm die Form eines wie immer gearteten 'Projekts' geben und für den Auftraggeber = die Geschäftsleitung belegen, daß die Durchführung dieses Projekts notwendig und vorteilhaft für den Betrieb ist. Die Dokumentation der Notwendigkeit der von ihm geplanten Maßnahme erweist sich als umso wichtiger, je eher Widerstände gegen diese zu erwarten sind. Dies gilt insbesondere für die Einführung Organisierter Textverarbeitung, die ja in hohem Maße 'machtrelevant' ist.

So wurde die Einführung der Organisierten Textverarbeitung argumentativ meist äußerst sorgfältig vorbereitet, häufig sorgfältiger als alles Nachfolgende!

Zentrale Dimension der Argumentation war die Verbesserung der 'Wirtschaftlichkeit'. Dabei ist folgender Zusammenhang zu berücksichtigen: Einerseits hatte der Nachweis der 'Wirtschaftlichkeit' für die Legitimation des Organisators zentrale Bedeutung, andererseits beeinflußte der Legitimationsaspekt seinerseits die Definition von 'Wirtschaftlichkeit': Was als 'Wirtschaftlichkeit' zu gelten habe und wie diese herzustellen sei, wurde nicht zuletzt von Legitimationsüberlegungen bestimmt.

Der 'Erfolg' muß nachweisbar sein, muß also meßbar gemacht werden (etwa im Vorher-Nachher-Vergleich oder im Vergleich verschiedener organisatorischer Einheiten).

Unter diesem Gesichtspunkt schienen solche 'Wirtschaftlichkeits'-Berechnungen besonders geeignet, die

- den erreichten 'Erfolg' eindeutig und quantifizierbar unter Beweis stellen;
- einen klaren Ursache-Wirkung-Zusammenhang herstellen, d.h. die erreichten 'Erfolge' eindeutig auf die unternommene Maßnahme beziehbar machen;
- den erreichten 'Erfolg' maximieren, d.h. möglichst günstig ausweisen.

Die Orientierung des Organisators an einer rein quantitativ gefaßten Wirtschaftlichkeit wird also erklärbar aus seinem besonderen Legitimationsbedarf, der charakteristisch war für seine betriebliche Handlungssituation. Von diesem Ausgangspunkt her wird auch das besondere Gewicht der Ist-Analyse verständlich: Sie diente nicht nur zur Herstellung von Transparenz als Voraussetzung für den zentralen Zugriff auf die Arbeitsleistung von Schreibkräften und Sachbearbeitern, sondern vor allem als Bezugsbasis für legitimatorische Erfolgsberechnungen und als Instrument für die Demonstration der eigenen Durchsetzungsfähigkeit. Verständlich wird auch das oftmals schwer begreifliche Beharren auf Anschlagserfassungen, deren begrenzten Aussagewert und Negativauswirkungen man selbst durchschaut: als scheinbar objektiver, allgemeiner Maßstab für die Leistungsfähigkeit des Schreibdienstes scheinen sie als Legitimationsinstrument unersetzlich.

Der Legitimationsaspekt bestimmte des weiteren auch die konzeptuelle Gestaltung der Maßnahme: Die 'gute' Innovation ist die rechenhaft nachweisbare Innovation. Dimensionen der Entscheidung für bestimmte Gestaltungsformen waren dabei folgende:

- Arbeitsteilige, 'entmischte' Gestaltungsformen waren attraktiver, weil sie die Quantifizierung der Leistung und den zahlenmäßig ausgewiesenen Nachweis von Einsparungseffekten erleichtern;
- Insellösungen waren attraktiver, weil sie die unmittelbare Ableitung des 'Erfolgs' aus der Maßnahme und die rechneri-

sche 'Erfolgs'-Maximierung ermöglichten, indem negative Effekte der Maßnahme auf andere Bereiche unberücksichtigt bleiben konnten;

- 'rasche' Lösungen waren attraktiver, weil sie schnell meßbare 'Erfolge' brachten. (109)

Es mußte für den Organisator entscheidend sein, inwieweit es ihm gelang, mit dem Nachweis der Legitimität der Maßnahme auch seine eigene Legitimation zu erreichen. Nicht nur erhöhte der Nachweis der Notwendigkeit und des Ertrags der Einführung der Organisierten Textverarbeitung die Durchsetzungschance für die Maßnahme bei der Geschäftsleitung oder den Fachabteilungen, sondern die Maßnahme hatte immer auch für ihn selber eine ganz persönliche Bedeutung. Ihr Erfolg war sein Erfolg, ihr Scheitern war sein Scheitern. Folglich mußte der 'Erfolg' nachweisbar sein; Mißerfolge durften nicht auf Fehler des Konzepts oder bei der Realisierung, sondern auf unvorhersehbare widrige Umstände zurückzuführen sein, weshalb eben Planung am grünen Tisch und Praxisferne bei der Einführung bevorzugt wurden.

Dieser Aspekt des persönlichen Erfolgs durch eine als erfolgreich eingestufte Maßnahme ist für den Organisator eng verknüpft mit dem Aspekt seiner Kompetenz: Ist die Zuweisung der Rationalisierungskompetenz für ihn die erforderliche Voraussetzung für erfolgreiches Arbeiten, so verstärkt die erfolgreiche Durchdringung von Fachbereichen seine Einfluß- und Zugriffsmöglichkeiten meist dauerhaft. Bezogen auf die Organisierte Textverarbeitung heißt dies, daß der Organisator nicht nur einer institutionell abgesicherten Kompetenzbasis bedurfte, um diese einzuführen, sondern daß sich mit der Einführung von Organisierter Textverarbeitung in der Regel auch die allgemeine Kompetenz- bzw. Machtbasis des Organisators erweiterte. Mit anderen Worten: Die abstrakt zugewiesene Rationalisierungskompetenz konkretisierte sich zu realer Macht. Die erhöhte Transparenz, die besseren Kontroll- und Steuerungsmöglichkeiten, die mit ihr verbunden waren, eröffneten verstärkte Zugriffsmöglichkeiten für den Organisator, wofür es nicht unbedingt notwendig war, daß der Schreibdienst nach Abschluß des Projekts direkt dem Organisator unterstellt blieb; die erreichte Transparenz sicherte die verbesserten Zugriffsmöglichkeiten auch ohne hierarchische Unterstellung. Diese besondere Handlungssituation der Rationalisierungsabteilungen - ehrgeizige Durchsetzungsinteressen bei noch relativ schwacher

Durchsetzungskraft - führte zu der konstitutiven Schwäche vieler solcher Schreibdienste: die Diskrepanz zwischen gestellter Aufgabe und zugewiesenen Kompetenzen. Das organisatorische Konzept der Zentralisierung erfordert ja, soll der zentrale Dienstleistungsbereich seinen Aufgaben gerecht werden, Durchsetzungskompetenzen gegenüber den Fachbereichen. Eben diese fehlen vielfach.

Aus dem beschriebenen Zusammenhang von Entstehungsprozeß und Ergebnis läßt sich nun die besondere Menschenfeindlichkeit und Restriktivität der 'klassischen' zentralistischen Schreibdienstlösungen verstehen:

> Die konzeptionelle Gestaltung solcher Schreibdienste ist primär an einer Verstärkung zentraler Steuerung und Kontrolle orientiert; Legitimations- und Durchsetzungsaspekte spielen eine große Rolle.

> Dies hat Schreibdienstlösungen gefördert, in denen die Arbeitswirklichkeit gegenüber einer gewissen Planungseleganz vernachlässigt wird. Die 'gute' Innovation ist nicht die funktionale Lösung, sondern jene, deren 'Wirtschaftlichkeit' sich am besten quantifizierbar nachweisen läßt.

> Die Bedeutung legitimatorischer Aspekte hat eine einseitige Ausrichtung auf rechnerische Wirtschaftlichkeitsansätze bewirkt, die ihrerseits wiederum tayloristische, arbeitsteilige Formen der Arbeitsorganisation als besonders geeignet erscheinen lassen.

> Durchsetzungsschwierigkeiten haben dann zwar vielfach zu einer Anpassung der Konzepte geführt, aber weniger an die Anforderungen der Arbeitswirklichkeit als an die Machtgegebenheiten des Betriebs.

Resultat sind häufig Lösungen, die durch eine hohe Diskrepanz zwischen formalen Regelungen und realen Anforderungen der Arbeitswirklichkeit gekennzeichnet sind und eine geringe 'offizielle' Problemlösungsfähigkeit aufweisen, d.h. um die Anforderungen, die sich aus den gestellten Aufgaben ergeben, zu erfüllen, muß das formale Regelwerk durchbrochen werden. Diese Diskrepanz zwischen formaler und realer Betriebswirklichkeit muß durch die inoffizielle Selbstorganisation der Betroffenen überbrückt werden, die so die Funktionsfähigkeit des Systems quasi subversiv gewährleisten.

Dort, wo dies nicht gelingt bzw. wegen fehlender Motivation unterbleibt, führt die mangelnde Problemlösungsfähigkeit des offiziellen Systems leicht zu zusätzlichen Restriktionen (Sollvorgaben, Anschlagszählungen, Verstärkung der Kontrolle, Prämienzahlung etc.).

In beiden Fällen führt das Auseinanderklaffen von Organisations- und Arbeitswirklichkeit zu besonderen Beanspruchungen für die Betroffenen.

Alternativen zu zentralistischen Lösungsmodellen und dem beschriebenen Vorgehen fanden wir folglich - sicher nicht von ungefähr - vorwiegend in Verwaltungen, in denen es entweder keine 'Organisation' gab oder diese nur eine untergeordnete, ausführende Rolle spielte. In diesen Unternehmen wurden Organisationsvorhaben meist ohne besonderen Auftrag der Geschäftsleitung durchgeführt; sie entstanden sozusagen unter der Hand aus einer besonderen Arbeits- und Problemsituation. Entsprechend richtete sich das Interesse der 'Promotoren' auch auf die adäquate Lösung der auf einen bestimmten Bereich eingrenzbaren Aufgabe, ohne daß Abteilungsgrenzen überschritten wurden. Eine offizielle Kompetenz wurde ihnen in den Fällen häufig erst im Nachhinein zugewiesen, womit in der Praxis bereits durchgesetzte Zuständigkeiten sozusagen nachträglich institutionalisiert wurden. Daß hieraus dann im Weiteren durchaus auch eine Ausdehnung von Kompetenzen für die Einführung der Organisierten Textverarbeitung im ganzen Haus erwachsen konnte, verweist nicht nur auf den engen Wechselbezug von Erfolg = Macht und Kompetenzzuschreibung, sondern auch darauf, daß derartige alternative Entstehungsabläufe eine Art Kompetenzvakuum voraussetzen, das durch die Initiative aus der Fachabteilung selber aufgefüllt werden konnte.

3. Versuch einer Typisierung der organisatorischen Gestaltung und der Entstehungskonstellation

Bislang haben wir uns mit den Einführungsprozessen Organisierter Textverarbeitung auseinandergesetzt, mit den betrieblichen Handlungssituationen und Vermittlungsmechanismen, die sie bestimmten. Dabei wurde deutlich, wie die jeweilige Konstellation von Einzelinteressen, die besonderen Durchsetzungserfordernisse nicht nur den Einführungsprozeß, sondern sein Ergebnis prägten. Unterschiedliche Ausgangssituationen haben unterschiedliche Typen von Textverarbeitungslösungen erzeugt.

Wir wollen nun zur Verdeutlichung des Zusammenhangs den umgekehrten Weg gehen: Wir wollen zusammenfassend jenes Phänomen, das eigentlich unser Ausgangsinteresse bestimmte, seinerseits auf den Entstehungsprozeß beziehen: die Gestaltung der Textverarbeitung. Wir wechseln also den Blickwinkel: Nicht mehr der Entstehungsprozeß, sondern die Gestaltungsformen von Schreibdiensten sind nun der Bezugspunkt. Natürlich handelt es sich dabei um eine typisierende, stark vereinfachende Zuordnung.

Zunächst wollen wir uns auf jene Gestaltungsvariante beziehen, die besonders restriktive und belastende Arbeitssituationen erzeugte: die klassische Form des zentralisierten Schreibpools, in dem ausschließlich geschrieben wird bei schematischer Arbeitszuteilung, 'jede schreibt für jeden', mit Leistungserfassung und Sollvorgaben, einer Schreibdienstleiterin, deren Durchsetzungskraft nach außen schwach, deren Autoritätsausübung nach innen stark ist. Häufig fehlt auch eine adäquate arbeitsorganisatorische Vorstrukturierung in den Auftraggeberbereichen.

In vielen dieser Schreibdienste begegneten wir einer offensichtlich inadäquaten maschinellen Ausrüstung. Eklatante Übermaschinisierung, d.h. der Einsatz teurer Textverarbeitungssysteme, deren Leistungskraft angesichts der Aufgabenstellung überdimensioniert erscheint, einerseits, deutliche Untermaschinisierung, d.h. Ausstattung mit veralteter oder zu leistungsschwacher Maschinerie, andererseits.

Erkennbar ist eine Nichtberücksichtigung der Arbeitswirklichkeit und der aus ihr resultierenden Detailprobleme zugunsten einer gewissen Planungseleganz, die die Entstehung von Scheinlösungen und Scheineffizienzen begünstigt.

Die Arbeitssituation in diesen Schreibdiensten wird bestimmt durch ein hohes Maß an Arbeitsdruck und Restriktivität einerseits, Bedeutungsentleerung der Arbeit und geringe soziale Kompensationen andererseits.

Die typische Entstehungskonstellation solcher Schreibdienste ist charakterisiert durch die zentrale Rolle eines Organisationspromotors mit zugleich hohen Durchsetzungsambitionen und schwacher Durchsetzungskraft, was ihn mit beträchtlichen Durchsetzungsschwierigkeiten und Legitimationsnotwendigkeiten konfrontiert.

Diesen Schreibpools wären nun als zweite Variante Schreibdienste gegenüberzustellen, die ebenfalls nach dem Konzept der Entmischung und Zentralisierung gestaltet wurden, die sich aber durch eine konsequentere Umsetzung der Konzepte auszeichnen, eine bessere organisatorische Durchdringung des Umfeldes wie eine funktionsgerechtere maschinelle Ausstattung. Die Schreibdienstleitung besitzt eine stärkere Durchsetzungskraft nach außen.

Die Arbeitssituation in diesen Schreibdiensten unterscheidet sich vor allem durch die besseren sozialen Kompensationen; der Arbeitsdruck ist vielleicht nicht geringer, so doch wenigstens berechenbarer und gleichmäßiger.

Die typische Entstehungskonstellation solcher Schreibdienste ist durch die starke Stellung eines Organisationspromotors bestimmt, für den die Organisierte Textverarbeitung Teil eines umfassenderen Rationalisierungskonzepts für die Verwaltung darstellt. Eine starke Machtstellung reduziert die Bedeutung von Legitimationsnachweisen und Durchsetzungsnotwendigkeiten bei der Einführung des Schreibdienstes.

Eine dritte Variante sind jene 'alternativen' Schreibdienste, die meist bestimmten Fachbereichen fest zugeordnet sind und in denen die Entmischung von schreibenden und anderen Dienstleistungstätigkeiten nicht konsequent durchgeführt wurde, die sich insgesamt durch eine flexiblere, weniger durchschematisierte Arbeitsgestaltung auszeichnen.

Die Arbeitssituation in diesen Schreibdiensten ist vor allem gekennzeichnet durch den stärkeren inhaltlichen Bezug zur Arbeit und die Vielfalt der Tätigkeiten sowie das Fehlen von quantitativen Leistungsvorgaben.

Die Entstehung solcher Schreibdienste läßt sich häufig auf Initiativen, die entweder aus dem Fachbereich oder dem Schreibbereich selbst kommen, zurückführen. Sie vollzieht sich häufig, quasi Schritt für Schritt, im Zuge der Lösung anfallender Arbeitsprobleme, meist ohne besonderen Auftrag durch die Geschäftsleitung. Dadurch ist auch eine weitgehend entlastete Entstehungssituation gegeben; Legitimations- und Durchsetzungsaspekte gewinnen meist erst in späteren Phasen an Bedeutung.

Eine vierte Variante von Schreibdiensten schließlich könnte als die 'offizielle' des eben beschriebenen Schreibdienstmodells bezeichnet werden. Sie trat erst in den letzten Jahren auf unter Bezeichnungen wie 'Gruppensekretariate', 'dynamische Gruppen', 'Abteilungssekretariat'. Sie ist ebenfalls gekennzeichnet durch die Zuordnung einzelner Arbeitsgruppen zu bestimmten Auftraggeberbereichen, kleinere Arbeitsgruppen, denen eine gewisse Selbständigkeit bei der Erledigung ihrer Aufgaben zugebilligt wird, und fehlende Entmischung. Von dem vorher beschriebenen Typ unterscheidet sie sich vor allem durch ihren offizielleren Bezug.

Für ihre Entstehung sind meist starke Organisationsabteilungen bestimmend, die durch ein ausgebautes Instrumentarium über eine dauerhafte Basis für Kontrolle und Steuerung des Geschehens in der Verwaltung verfügen (etwa Analysevorbehalt, Personalbemessungsverfahren, Kostentransparenz etc.), und für die damit die Organisierte Textverarbeitung als Mittel der Durchsetzung an Bedeutung verloren hat.

Spiegelten die beschriebenen Lösungsvarianten die besonderen Durchsetzungsinteressen und Legitimationsnotwendigkeiten, die sich aus der jeweiligen innerbetrieblichen Handlungskonstellation ergaben, so erschienen sie zugleich auch als Ausdruck des jeweiligen Entwicklungsstands der Institutionalisierung der betrieblichen Rationalisierung.

Eine der überraschendsten Erfahrungen, die wir bei der Durchführung dieses Projekts machten, war die Feststellung, daß es in vielen Verwaltungen zentral gesteuerte und vorausgeplante Rationalisierung erst seit relativ kurzer Zeit gibt, etwa seit drei bis sieben Jahren. Vorher war Verwaltungsrationalisierung weitgehend reaktiv erfolgt, als unmittelbare ad-hoc-Reaktionen auf auftretende Probleme. Umorganisation war in der Regel nur Antwort auf veränderte Gegebenheiten, etwa gewachsenes Arbeitsvolumen, und meist begrenzt.

Als Folge solcher begrenzter Veränderungen konnten sich durchaus allmählich neue organisatorische Strukturen herausbilden. So entstanden etwa in einzelnen Abteilungen durch sukzessive Neueinstellung kleine Schreibgruppen, die an die Stelle ursprünglich vorhandener Einzelschreibkräfte oder Einzelsekretärinnen traten.

Dieser Wandel veränderte aber nicht grundsätzlich das bestehende Arbeits- und Machtgefüge im Unternehmen. Vor allem wurde der Prozeß der Veränderung und Umorganisation nicht eigentlich als "Rationalisierung" thematisiert.

Solch 'reaktives' Vorgehen gilt bis zu einem gewissen Grad selbst noch für den ersten, durch die Einführung der EDV ausgelösten Rationalisierungsschub in der Verwaltung. Dieser war wesentlich gekennzeichnet durch die ebenfalls noch weitgehend pragmatische Übertragung von Arbeiten auf bereitgestellte Maschinenkapazitäten.

In diesem Stadium der Verwaltungsrationalisierung - Anfang bis Mitte der 70er-Jahre - mußte das Hauptinteresse vieler der noch relativ schwachen Organisationsabteilungen zunächst darin liegen, ihre Kompetenz- und Machtbasis im Rahmen der bestehenden betrieblichen Handlungskonstellation auszuweiten und zu konsolidieren. Ihr Hauptproblem lag darin, sich überhaupt als

eigenständige Rationalisierungs- und Organisationsinstanz zu
etablieren, oft neben oder gegen andere bereits bestehende In-
stanzen, wie beispielsweise die Revision, vor allem aber die
EDV-Abteilung. Um für sich Zugang zu dem Geschehen in den
Fachabteilungen zu eröffnen, mußte Transparenz hergestellt
werden, über die Kontrolle und Steuerung zu sichern waren. Als
eines der geeignetsten Instrumente hierfür bot sich die Organisierte Textverarbeitung, verstanden als entmischter und zentralisierter Schreibdienst, an, durch die nicht nur sozusagen 'von
unten' der Zugang in die Fachabteilung zu eröffnen war, sondern zugleich auch die erforderliche Transparenz der Arbeitsvollzüge sowohl des Schreibens als auch in gewissem Umfang
der Sachbearbeitung sichergestellt werden konnte. Er wurde
damit vielfach zum Vorläufer oder ersten Pilotfall der neuen
'aktiven' Verwaltungsrationalisierung.

Vieles deutet nun darauf hin, daß zumindest in Großverwaltungen die Verwaltungsrationalisierung mit dem Ende der 70er-
Jahre in ein neues historisches Stadium getreten ist: Der Rationalisierungsprozeß hat sich nicht nur erheblich beschleunigt,
sondern auch eine neue Qualität angenommen durch den Einzug
der Mikroelektronik, vor allem aber durch den Übergang von
einer eher 'naturwüchsigen' zu einer 'gesteuerten' Rationalisierung.

Aktive, gesteuerte Verwaltungsrationalisierung sucht nun
durch den systematischen und vorausgeplanten Einsatz organisatorischer und technologischer Mittel die Wirtschaftlichkeit zu
erhöhen. Vor allem soll durch Herstellung der Transparenz des
betrieblichen Geschehens, durch zentrale Steuerung und Kontrolle die Selbstorganisation in den Fachabteilungen einer integrierten Organisationsentwicklung weichen.

Träger dieser neuen Rationalisierungsstrategien sind meist
Zentralabteilungen (Organisationsabteilung, Controller, Revision, EDV, Personalabteilung etc.), die häufig erst im Zuge
oder als Teil dieser Rationalisierungswelle entstehen bzw. dort,
wo sie schon existieren, neues Gewicht erhalten. Sie sind also
zugleich Produkt wie Träger der neuen 'gesteuerten' Verwaltungsrationalisierung.

Durch diese Entwicklung haben sich auch die betriebliche Handlungskonstellation und die Handlungssituation des Organisators
weitreichend verändert: Durch die vorausgegangenen Entwick-
lungsphasen der Rationalisierung kam es offensichtlich zu einer
Konsolidierung der Machtstellung der Organisationsabteilung;
zugleich wurde durch den Ausbau neuer Instrumentarien der
Verwaltungsrationalisierung (wie Gemeinkosten-Wert-Analyse,

Kostenstellenrechnung, Analyse-Vorbehalt, Personalstellenge-
nehmigungsverfahren, Organisationsentwicklung, Arbeitsplatz-
und Stellenbeschreibung) der zentrale Zugriff auf das Geschehen
in den Fachabteilungen fest institutionalisiert. Damit verschoben sich auch die Durchsetzungs- und Legitimationsnotwendigkeiten. Nicht mehr die zentralen Rationalisierungsinstanzen
mußten Rationalisierungsvorhaben initiieren und deren Durchsetzung betreiben, vielmehr sind die Fachabteilungen selbst
durch das etablierte Rationalisierungsinstrumentarium, das
praktisch wie ein Rationalisierungsautomatismus wirkt, gezwungen, Rationalisierungsmaßnahmen zu initiieren und voranzu-
treiben, nicht mehr die Organisation muß die Notwendigkeit der
von ihr vorgeschlagenen Maßnahmen legitimieren, sondern die
Fachabteilungen die ihrer Personalanforderungen. Die Zentralabteilung kann ihre Aktivität darauf beschränken, Rationalisie-
rungsvorschläge zu unterbreiten und bei der Durchführung zu
assistieren. Ihre Aufgabe kann sich darauf beschränken, die
Wirksamkeit und den Nachdruck des eingeführten Instrumentariums zu überwachen.

Mit dem Ausbau dieses Instrumentariums sinkt nun auch die
betriebspolitische Bedeutung der Organisierten Textverarbeitung
als Mittel zentraler Kontrolle und Steuerung. In einer Verwaltung, die man 'im Griff hat', ist man auf eine zentralisierte
Textverarbeitung für die Herstellung von Transparenz, als Steue-
rungs- und Kontrollinstrument, als Medium der Rationalisierung
nicht mehr angewiesen. Der Weg ist offen für dezentrale Organisationsformen wie dynamische Gruppen, Bereichssekretariate,
flexible Sekretariatsgruppen etc., die der 'Selbstorganisation'
durch die Beschäftigten breiteren Raum bieten und damit eine
flexiblere Nutzung vor allem auch der neuen Technologie gewährleisten.

Natürlich spielt dabei das Angebot neuer, leistungsfähigerer
Textverarbeitungstechnologien, die auch schon bei geringerem
Auslastungsgrad wirtschaftlich eingesetzt werden können, mit
eine Rolle. Diese haben aber z. T. schon seit längerer Zeit zur
Verfügung gestanden. Vor allem zeigt auch ein Vergleich der
Unternehmen, die solche neuen, flexiblen Lösungen eingeführt
haben, mit anderen, die traditionelle Formen der Zentralisierung beibehalten haben, die ausschlaggebende Bedeutung be-
triebspolitischer Aspekte.

Von dieser Entwicklung sind für die Zukunft auch jene 'alternativen' Schreibdienstlösungen bedroht, die aus einem Vakuum
betrieblicher Rationalisierungskompetenz entstanden sind, etwa
dort, wo 'Organisation' in den Händen einer zentralen Datenver-

arbeitungsabteilung lag, die ihre Aufgabe vorwiegend darin sah, sukzessive weitere Bereiche der maschinellen Verarbeitung zugänglich zu machen. Solange die Textverarbeitung hierzu nicht gehörte, bestand eine Nische, in der arbeitsorganisatorische Lösungen relativ frei von Legitimations- und Durchsetzungsnotwendigkeiten entstehen konnten. In dieser Entstehungsweise liegt jedoch auch die Instabilität solcher 'alternativer' Lösungen begründet: In dem Maß, in dem die Macht der Zentralabteilungen sich ausweitet, in dem Augenblick, in dem die Okkupationsgelüste der zentralen Datenverarbeitungsabteilung sich auch auf das Gebiet des Schreibens ausdehnen, werden auch sie in den Strudel jener Durchsetzungsinteressen gerissen, der den Prozeß 'aktiver' Verwaltungsrationalisierung vorantreibt. Ihre Überlebenschance wird dann wesentlich davon abhängen, welche Gegenkräfte für sie mobilisiert werden können bzw. als wie durchsetzungskräftig diese sich erweisen.

4. Zur Bedeutung des Konzepts der betrieblichen Handlungskonstellation

Mit dem Konzept der innerbetrieblichen Handlungskonstellation haben wir ein analytisches Instrument zur Verfügung, mit dessen Hilfe, so meinen wir, sich ein besseres Verständnis der betrieblichen Besonderheiten der Einführung Organisierter Textverarbeitung erschließt. Die scheinbaren Beliebigkeiten, Zufälle und Irrationalitäten, die diese Einführungsprozesse kennzeichnen, erhalten nun einen bestimmten, sozusagen systematischen Stellenwert. Scheint also der Wert dieses analytischen Ansatzes für die Untersuchung der Einführung Organisierter Textverarbeitung außer Zweifel zu stehen, so kann darüber hinaus die Frage gestellt werden, wie weit die Tragfähigkeit des Konzepts der betrieblichen Handlungskonstellation reicht. Beschränkt sich seine Gültigkeit ausschließlich auf die Organisierte Textverarbeitung? Ist es nur anwendbar auf die besondere historische Phase, auf die sich unsere Untersuchungen bezogen? Dahinter steht dann die Frage nach dem Stellenwert der analysierten Zusammenhänge. Wieweit sind nicht innerbetriebliche Handlungskonstellation und Vermittlungsmechanismen letztlich doch mehr oder minder unmittelbarer Ausfluß allgemeiner betrieblicher Handlungsbedingungen, wie sie durch einen gewissen technologischen und organisatorischen Entwicklungsstand sowie die allgemeinen sozialen und ökonomischen Rahmenbedingungen konstituiert werden?

Wir betonten schon eingangs, daß eine fundierte und systematische Untersuchung dieser Fragen, vor allem des Zusammenhangs von innerbetrieblichen und allgemeinen Handlungsbedingungen, in unserem Projekt nicht möglich war. Wir können hier nur einige Überlegungen anstellen, die sich auf der Basis unserer Befunde anbieten.

Auszugehen ist dabei davon, daß die Einführung und die jeweilige Gestaltung der Organisierten Textverarbeitung durch die innerbetriebliche Handlungskonstellation und den aus ihr abgeleiteten Vermittlungsmechanismus ihre besondere Prägung erhielten und daß dabei von Betrieb zu Betrieb z. T. recht beträchtliche Unterschiede feststellbar waren. Die Dynamik wie auch die Unterschiede lassen auf eine eigenständige Wirksamkeit der innerbetrieblichen Handlungskonstellation schließen. Andererseits spiegeln unsere Befunde aber auch die Gegebenheiten und Anforderungen einer bestimmten historischen Phase im Prozeß der Verwaltungsrationalisierung wider, die wir als Übergang von der reaktiven zur systematischen Rationalisierung beschrieben haben. Sie sind insofern auch Niederschlag der allgemeinen betrieblichen Handlungsbedingungen.

Zwischen beiden Ebenen - betriebliche Handlungskonstellation und Vermittlungsmechanismus einerseits, den allgemeinen Handlungsbedingungen andererseits - hat bei der Einführung Organisierter Textverarbeitung offensichtlich ein sehr komplexer Bezug bestanden, der für das Verständnis der unterschiedlichen Ausprägungen betrieblicher Rationalisierungsprozesse wichtig zu sein scheint. Einerseits darf man innerbetriebliche Handlungskonstellation und Vermittlungsmechanismen nicht losgelöst von den allgemeinen betrieblichen Handlungsbedingungen sehen. Sicher wurden sie im langfristigen Ablauf von diesen wesentlich beeinflußt. Andererseits entschied aber die innerbetriebliche Handlungskonstellation ihrerseits wesentlich darüber, ob und in welcher Form ein bestehender Veränderungsdruck vom Betrieb aufgenommen und umgesetzt wurde. Die besondere Ausprägung der Organisierten Textverarbeitung wie auch der Zeitpunkt ihrer Einführung waren also zugleich Ausdruck der allgemeinen betrieblichen Handlungsbedingungen wie auch der besonderen innerbetrieblichen Handlungskonstellation.

Verallgemeinert ausgedrückt hieße dies, daß einerseits die betriebliche Handlungskonstellation von der anstehenden Rationalisierungsproblematik mitbestimmt wird, jedoch umgekehrt sie ihrerseits bestimmend auf die Dynamik und spezifische Ausprägung der betrieblichen Rationalisierungsprozesse wirkt. Wie sich der allgemeine Veränderungsdruck in einem Unternehmen umsetzt, hängt nicht zuletzt von den in diesem Betrieb herrschenden Interessenkonstellationen und den sich aus ihnen ableitenden Vermittlungsmechanismen ab.

Auf diese Handlungskonstellation mögen unter Umständen ganz personenbezogene oder andere, eher zufällige Gegebenheiten Einfluß haben, sie verweist aber auch auf die institutionalisierte Kompetenz- und Organisationsstruktur des Betriebs. Durch diese werden die innerbetriebliche Interessenkonstellation wie die sich aus ihr ableitenden besonderen Durchsetzungs- und Legitimationsprobleme entscheidend geprägt. Aus diesen können sich Impulse ergeben, die dem Rationalisierungsprozeß eine besondere Radikalität und Dynamik verleihen, aber auch solche, die diesen verlangsamen oder blockieren.

Wir konnten im Rahmen unserer Untersuchungen solche 'negativen' Innovationskonstellationen nicht systematisch untersuchen, dies lag jenseits des Projektauftrags. In einigen Unternehmen konnten wir jedoch Verzögerungen oder Blockierungen von Innovationsvorhaben im Bereich der Textverarbeitung beobachten. Durchweg verwiesen diese auf Durchsetzungs- und Entscheidungsschwierigkeiten, also auf die innerbetriebliche Handlungskonstellation.

Mehr als irgendein anderes Moment dürften bestimmte betriebliche Handlungskonstellationen die Verlangsamung des Einführungsprozesses Organisierter Textverarbeitung bewirkt haben. Die immer wieder diskutierte Unfähigkeit von Unternehmen, das vorhandene Potential angebotener Textverarbeitungsanlagen zu nutzen, die weit unter den Erwartungen bleibenden Absatzzahlen von Textsystemen scheinen sich uns mit hieraus zu erklären. Zögernde Einführung neuer Formen der Textverarbeitung wird ja häufig vorwiegend als ein Motivations- und Qualifikationsproblem gesehen: Weil Qualifikation und Motivation bei Sachbearbeitern und Schreibkräften fehlen, könne bereits bereitstehendes maschinelles und organisatorisches Rationalisierungspotential nicht wirkungsvoll genutzt werden. Nach unseren Erfahrungen trifft dies nicht zu. Nicht die mangelnde Lernfähigkeit der Schreibkräfte, sondern die durch den innerbetrieblichen Interessenpluralismus, durch Macht- und Einflußaspekte behinderte Lernfähigkeit des organisatorischen Systems der Unternehmen stellt den wichtigsten Hinderungsgrund für eine raschere 'Modernisierung' und 'Maschinisierung' dar. Nicht die mangelnde Anpassungsfähigkeit der Beschäftigten, sondern die mangelnde Anpassungsfähigkeit der etablierten Interessenstruktur behindert den 'Fortschritt'.

Auf die Einführung der Organisierten Textverarbeitung in der von uns untersuchten Periode - im wesentlichen die 70er-Jahre - bezogen, scheint uns dieser Interpretationsansatz tragfähig. Ob und in welcher Form das Ineinanderwirken von allgemeinen Handlungsbedingungen und innerbetrieblicher Handlungskonstellation auch bei anderen Rationalisierungsschwerpunkten - etwa der Einführung der Datenverarbeitung oder der Kostenstellenrechnung - und auch für die folgenden Perioden in gleicher Weise wirksam ist, wäre noch zu überprüfen. (110)

Zweifellos haben der spezifische Charakter der Organisierten Textverarbeitung und wohl auch die besonderen Bedingungen der Frühphase ihrer Einführung der innerbetrieblichen Handlungskonstellation besonderes Gewicht verliehen. (111)

Wir haben eingangs darauf hingewiesen, daß es sich bei den untersuchten Fällen der Einführung Organisierter Textverarbeitung um 'große' Innovationen handelte und daß neben diesen dem Prozeß einer 'schleichenden' Rationalisierung der Verwaltungsarbeit große Bedeutung beigemessen werden muß. Dies galt etwa bereits für die sukzessive Überführung einzelner Bearbeitungsschritte sachbearbeitender Tätigkeiten in die EDV, dies wird wohl zunehmend auch für den Bereich der Textverarbeitung gelten. Zweifellos werden solche 'schleichenden' Rationalisierungsprozesse auch in Zukunft gerade im Verwaltungsbereich eine große Rolle spielen. Dafür sprechen nicht zuletzt die 'betriebspolitischen' Vorteile eines solchen Vorgehens. Die damit erreichte Entthematisierung der Rationalisierung bietet sich gerade unter Durchsetzungs- und Legitimationsgesichtspunkten an. Es ist offenkundig, daß bei solchen Prozessen die innerbetriebliche Interessen- und Handlungskonstellation eine andere sein wird als bei 'großen' Umstellungen, und daß sich andere Durchsetzungs- und Legitimationsprobleme stellen. Grundsätzlich aber wird dadurch die Relevanz dieser Aspekte keineswegs aufgehoben - gerade die Tatsache, daß die Wahl 'schleichender' Rationalisierungsstrategien auf Durchsetzungsgesichtspunkte verweist, beweist dies.

Auch ist zu fragen, wo die Grenzen solch 'schleichender' Rationalisierungsprozesse liegen - ob nicht doch immer wieder umfassendere Maßnahmen notwendig werden, durch die bestehende Interessen- und Einflußgefüge explizit verändert werden.

Ähnlich wird sich mit der Etablierung der Durchsetzungsmacht der zentralen Rationalisierungsinstanzen, mit der Schaffung von Interventions- und Rationalisierungsautoma-

310

tismen die betriebliche Handlungskonstellation ändern. Wir haben schon angedeutet, wie sich damit die Durchsetzungsnotwendigkeiten verschieben, tendenziell weg von den zentralen Rationalisierungsabteilungen hin zu den Fachabteilungen. Grundsätzlich aber bleibt 'Rationalisierung' auch unter solchen Bedingungen weiterhin Gegenstand vielfältiger und gegensätzlicher Einzelinteressen, selbst wenn die Austragung innerbetrieblicher Interessenkonflikte sich auf die Handhabung des Rationalisierungsinstrumentariums verschiebt und damit scheinbar entpersönlicht. Zudem dürfte die Wirksamkeit eines Teils der Interventionsautomatismen - wie etwa des Analysevorbehalts bei Planstellenanforderungen - auf eine Situation tendenziellen Personalwachstums beschränkt sein. Versuche aktiver und umfassender Personalreduzierung werden auf andere Instrumente zurückgreifen müssen, die zwangsläufig einer 'praktischen' Durchsetzung bedürfen und damit zu offenen Auseinandersetzungen führen können.

Auch in Zukunft, auch unter veränderten Bedingungen wird, so meinen wir, die Berücksichtigung der innerbetrieblichen Handlungskonstellation für das Verständnis des Rationalisierungsgeschehens in der Verwaltung relevant sein. Der mögliche Beitrag solcher Analysen, die die Auswirkungen der betrieblichen Handlungskonstellation miteinbeziehen, erschöpft sich dabei, so meinen wir, nicht auf die Erklärung der Besonderheit einzelbetrieblicher Vorgehensweise, er kann sich auch auf das Verständnis allgemeiner Phänomene beziehen, etwa die Verbreitungsprozesse neuer organisatorischer und technischer Verfahren. Als zentrales Hemmnis dieser Verbreitung werden häufig unzureichende Qualifikationen bei den Beschäftigten, zu geringe Anpassungsbereitschaft unterstellt. Hier scheint eine Korrektur notwendig: Als zentrales Hindernis für eine raschere 'erfolgreichere' Einführung neuer Technologien und organisatorischer Verfahren müssen die Widerstände und Blockierungen, die aus dem innerbetrieblichen Interessenpluralismus resultieren, angesehen werden. Dies gilt natürlich insbesondere für die Organisierte Textverarbeitung und die neuen Textsysteme, aber auch wohl für den Einführungsprozeß der EDV. (Hier wäre ein Vergleich äußerst interessant: Die relativ starken Machtinteressen, die hinter der Einführung der EDV standen, haben zum Teil zu einer besonders schnellen Computerisierung geführt, zu einer Übermaschinisierung, die den realen Ausführungsmöglichkeiten voraneilte.)

Die Berücksichtigung innerbetrieblicher Interessen- und Durchsetzungsaspekte könnte auch zu einem besseren Verständnis jener 'Irrationalitäten' betrieblichen Geschehens beitragen, das über eine Analyse allgemeiner betrieblicher Handlungsbedingungen und Strategien kaum zugänglich erscheint. Eine der verwirrendsten Erfahrungen, die uns nicht erst bei dieser Untersuchung immer wieder beschäftigte, war das Maß an scheinbarer Irrationalität, das ein Betrieb zu übernehmen imstande ist. Auch wir teilen das Staunen eines Schreibdienstberaters, der in einem Interview sagte: "Ich staune immer wieder auf's Neue, wie aus all dem Irrsinn doch etwas rauskommt!" Dabei ist unverkennbar, daß der Freiraum für solche Irrationalitäten, d.h. schlicht das Maß an fachlicher Inkompetenz, an Eitelkeiten, Unberechenbarkeit etc. umso größer ist, je weiter man in der Hierarchie nach oben geht. Nur zu gut verstanden wir die Klagen vieler Sachbearbeiter, die meinten, besser arbeiten zu können ohne die Interventionen ihrer Vorgesetzten.

Bezogen auf die sachliche Aufgabenstellung mag diese Feststellung richtig sein. Bezogen auf die allgemeine Dynamik innerbetrieblichen Geschehens ist sie jedoch zu kurz gefaßt. Jene 'Irrationalitäten' gewinnen eben unter Umständen durchaus eine 'vernünftige' Qualität, wenn man sie nicht auf die jeweilige sachliche Aufgabenstellung, sondern auf das betriebliche Macht- und Durchsetzungssystem bezieht. Sehr häufig fanden wir sachliche Inkompetenz gepaart mit sehr ausgeprägten 'Qualifikationen' zur Wahrung persönlicher und positionaler Interessen. Der 'Beitrag' solcher Durchsetzungsqualifikationen zum betrieblichen Geschehen ist offenkundig: Sie tragen zu jener konkurrenzorientierten Aggressivität bei, aus der die innerbetrieblichen Vermittlungsmechanismen ihre besondere Dynamik beziehen. Die Folgen dieses 'Wettstreits' - wir haben es bereits festgestellt - können sehr unterschiedlich sein: Er kann zu Patt-Situationen führen, damit zu Blockierungen innerbetrieblicher Handlungs- und Anpassungsfähigkeit, er kann aber diese auch befördern und sich nach außen umsetzen.

Von großer Relevanz dürfte eine derartige Betrachtungsweise auch für die Diskussion um die Möglichkeiten und Notwendigkeit betrieblicher Mitbestimmung sein. Wir haben gezeigt, daß viele Einführungsabläufe geprägt sind durch die Ausrichtung der Konzepte an die gegebenen Macht- und Einflußverhältnisse; demgegenüber bleiben die Erfordernisse der Arbeitswirklichkeit vielfach vernachlässigt. Verwirklicht werden Konzepte, die zwar bestimmten Einzelinteressen entsprechen, die sich aber für die Betroffenen als besonders restriktiv erweisen; bei der Umsetzung dieser Konzepte treten hohe Reibungsverluste auf, ihre Anpassung an die Arbeitswirklichkeit erfolgt zu Lasten der

Effizienz und zu Lasten der Beschäftigten. Aus diesem Zusammenhang läßt sich die funktionale Notwendigkeit von Mitbestimmung begründen: Die Gestaltung des Einführungsprozesses gerät in vielen Fällen gerade durch ihre Perfektion in die Gefahr, die Erfordernisse der Arbeitswirklichkeit zugunsten der Berücksichtigung von Partialinteressen zu vernachlässigen. Dadurch fördert sie die Entstehung von Lösungen, die offensichtlich nur begrenzt 'wirtschaftlich' sind - sofern man Wirtschaftlichkeit in einem umfassenderen Sinn versteht und nicht nur auf die Höhe der Anschlagsleistung bezieht. Insofern könnte die Berücksichtigung der Interessen der betroffenen Arbeitskräfte in Form der Mitbestimmung eine größere Gewähr dafür bieten, daß Gesichtspunkte der Arbeitswirklichkeit einen zentralen Stellenwert für die Konzeptentwicklung erhielten und Probleme und Schwierigkeiten bei der Realisierung des Konzepts vermindert werden könnten.

Auch für die Gestaltung von Mitbestimmungsprozessen ergeben sich aus dem beschriebenen Zusammenhang entscheidende Konsequenzen: Immer wieder wird von Gewerkschaften und Arbeitnehmervertretungen darüber geklagt, daß sie zu spät in den Veränderungsprozeß eingeschaltet werden. Hier zeigt sich nun, welche entscheidende Bedeutung die rechtzeitige Einbeziehung der Arbeitnehmer-Interessenvertretung hat: Indem der Einführungsprozeß das Ergebnis bestimmt, setzt Mitbestimmung bei der Diskussion über die konkrete Einzelgestaltung von Veränderungsmaßnahmen zu spät an, denn durch die Handlungskonstellation werden die entscheidenden Weichen für die Gestaltung bereits an einem sehr frühen Zeitpunkt gestellt. Alternativen der Arbeitsgestaltung, die auf weniger restriktive Arbeitsbedingungen hinausliefen, haben nur dann eine Chance der Realisierung, wenn sie frühzeitig im Rahmen der betrieblichen Handlungskonstellation durch gewichtige durchsetzungsfähige Promotoren ins Spiel gebracht werden können; nur auf diese Weise können vermutlich die Bedürfnisse der Beschäftigten überhaupt zum Tragen kommen.

Schließlich scheint uns die Berücksichtigung der Wirksamkeit betrieblicher Macht- und Interessenkonstellationen für die Diskussion von Ansätzen zur Humanisierung der Arbeit wichtig. Hier kann es dann nicht mehr nur darum gehen, Konzepte menschengerechter Arbeit zu entwerfen, sondern in den Mittelpunkt des Interesses müßten auch die Einführungsbedingungen selbst gestellt werden und Ansatzpunkte für eine Projektorganisation entwickelt werden, die sicherstellen kann, daß menschengerechte Gestaltungskonzepte auch dauerhaften Bestand haben.

Eine eingehendere Auseinandersetzung mit der betrieblichen Handlungskonstellation könnte also, so läßt sich zusammenfassend feststellen, in folgender Hinsicht ergiebig sein:

1. Sie kann zu einem Verständnis der unterschiedlichen zeitlichen und inhältlichen Gestaltung von Rationalisierungsabläufen in den einzelnen Betrieben beitragen.

2. Die Analyse des innerbetrieblichen Interessenpluralismus und seiner Folgen kann zu einer Korrektur der impliziten Heroisierung des Managements gerade durch viele 'kritische' Analysen beitragen, die Managementstrategien durchgängig auf einen übergeordneten Interessenbezug hin interpretieren. Aus einer solchen Entmythologisierung des Managements bzw. betrieblicher Rationalisierungsprozesse können sich Ansatzpunkte für Überlegungen zu einer wirksameren Kontrolle unternehmerischer Machtausübung ergeben.

3. Dies verweist auf die Mitbestimmungsdimension. Aus den Auswirkungen von Machtauseinandersetzungen und Partialinteressen auf einen Innovationsprozeß läßt sich die funktionale Notwendigkeit einer Mitbestimmung durch die betroffenen Arbeitskräfte ableiten, als Gegengewicht zu den Auswüchsen eines Planungsperfektionismus, der die Arbeitswirklichkeit vernachlässigt, wie auch einer einseitigen Ausrichtung auf die positionsbezogenen Einzelinteressen einflußreicher Minderheiten.

4. Offensichtlich ist auch die Bedeutung der Auseinandersetzung mit innerbetrieblichen Handlungskonstellationen und Vermittlungsprozessen für Ansätze der Humanisierung der Arbeit. Konkret heißt dies etwa, daß primärer Ansatzpunkt von Humanisierungsprojekten zunächst nicht Konzepte der Arbeitsorganisation, sondern die Projektorganisation sein muß. Versuche zur menschengerechten Arbeitsgestaltung, die lediglich 'unten' ansetzen, ohne die bestehende Interessen- und Machtstruktur zu berücksichtigen, werden auf Dauer keinen Bestand haben bzw. über kurz oder lang zum 'Beitrag' eben dieser bestehenden betrieblichen Strukturen pervertiert.

5. Die Berücksichtigung der Wirksamkeit innerbetrieblicher Vermittlungsmechanismen bei der Analyse des technisch-organisatorischen Wandels kann zu einer Ausfüllung der Dis-

kussion um Gestaltungsalternativen des technisch-organisatorischen Wandels beitragen, die, wie wir meinen, bislang
relativ blaß geblieben ist.

6. Ein Verständnis der Wirksamkeit betrieblicher Handlungskonstellationen und Vermittlungsprozesse scheint uns relevant für die Interpretation der Diffusionsprozesse neuer
organisatorischer und technologischer Verfahren.

1. Folgerungen für die Durchführung von Humanisierungsprojekten

Betriebliche Rationalisierungsstrategien und Arbeitsgestaltung verweisen auf betriebliche Handlungskonstellationen. Aus
dieser Grundthese ergeben sich Konsequenzen für Versuche,
menschengerechte Arbeitsgestaltung sicherzustellen, insbesondere auch für die Durchführung von Projekten zur Humanisierung der Arbeit.

1. Insgesamt ist bei der Anlage von Projekten stärker und vor
   allem ausdrücklicher auf die spezifische Interessenlage der
   verschiedenen am Einführungsprozeß beteiligten bzw. von
   ihm betroffenen Stellen zu achten; nur wenn bei der Planung
   die Existenz solcher Interessen berücksichtigt wird, kann
   die Ausbildung 'grauer' Mischsysteme, die durch ein Auseinanderklaffen von einer formalen Scheinorganisation und
   faktischer Arbeitswirklichkeit gekennzeichnet sind, mit ihren negativen Folgen vermieden werden;

Das heißt unter anderem:

a) die Einbringung spezifischer Interessen als Gegebenheit an-
   zuerkennen;

b) die besondere Interessenlage der beteiligten und betroffenen
   Bereiche zu analysieren;

c) dort, wo solche Interessenausprägungen mit dem Grundkon-
   zept nicht vereinbar erscheinen, muß deren wirkungsvolle
   Neutralisierung sichergestellt sein - oder eben das Konzept
   angepaßt werden.

2. Bei der Formulierung des Projektauftrags ist auf klare und unzweideutige Zielsetzungen zu achten, die sich mit der Berücksichtigung der Erfordernisse menschengerechter Arbeitsgestaltung vereinbaren lassen.

3. Dabei ist der Legitimationsaspekt besonders wichtig: Es muß vermieden werden, daß die durchführende Instanz zu hohem Legitimationsdruck ausgesetzt wird, aus dem dann zwangsläufig übersteigerte Rationalisierungsansprüche erwachsen.

4. Damit wäre zugleich die Möglichkeit eröffnet, zu sinnvolleren Wirtschaftlichkeitsdefinitionen zu kommen, die nicht allein quantitative Einsparungseffekte in Teilbereichen berücksichtigen, sondern von ganzheitlichen Betrachtungsweisen ausgehen. Dies wiederum erscheint für die menschengerechte Arbeitsgestaltung als wichtige Voraussetzung.

5. Der organisatorischen Anbindung der für die Innovation zuständigen Stelle - etwa der Organisationsabteilung - wie auch der spezifischen Abgrenzung ihrer Kompetenzen bezüglich des Projekts sind besondere Aufmerksamkeit zu widmen. Projektauftrag und Kompetenzabgrenzung müssen miteinander in Einklang stehen.

6. Die Einbringung komplementärer Interessen in das Projekt muß sichergestellt werden; die einseitige Dominanz des zentralen Organisationspromotors - typischerweise die Organisationsabteilung - muß vermieden werden. Dabei reicht es nicht, eine Projektgruppe zu bilden, sondern es muß auch sichergestellt sein, daß diese nicht nur ein erweitertes Durchsetzungsgremium für den Organisationspromotor ist.

7. Versuche zur menschengerechten Arbeitsgestaltung, die lediglich 'unten' ansetzen, ohne die Interessen- und Machtlage realistisch zu berücksichtigen, werden auf Dauer keinen Erfolg haben bzw. über kurz oder lang diesen Interessen und Machtstrukturen angepaßt werden.

8. Humanisierungsprojekte müssen zunächst nicht bei der Arbeitsorganisation, sondern bei der Projektorganisation ansetzen, damit Konzepte menschengerechter Arbeitsgestaltung überhaupt dauerhaft realisiert werden können.

9. Für die Begleitforschung von Humanisierungsprojekten bedeutet dies, daß diese Aspekte bei ihrer Auftragsformulierung
explizit miteinbezogen werden müssen, vor allem aber auch,
daß die Interventionsmöglichkeiten der Begleitforscher zu
einem frühen Zeitpunkt im Projektablauf sichergestellt sein
müssen.

10. Der Berücksichtigung dieser Voraussetzungen für menschengerechte Arbeitsgestaltung ist bei der Ausbildung der Organisatoren und bei der Durchführung von Seminaren, wie denen des VTV und AWV, mehr Beachtung zu schenken.

2. Fragen zur Bedeutung von Innovationsprojekten

Die im folgenden aufgeführten Fragen sind nicht als Checkliste
für die 'richtige' Durchführung eines Innovationsprojekts oder
für die Sicherstellung der Berücksichtigung von Aspekten menschengerechter Arbeitsgestaltung zu verstehen. Sie sind als
Beispiele für Fragen gedacht, die an ein anstehendes Innovationsprojekt zu stellen sind, will man hinter dessen 'offizieller'
Zielsetzung zu einer Einsicht in dessen mögliche Auswirkungen
gelangen. Sie sollen die Überprüfung erleichtern, inwieweit ein
Innovationsprojekt tatsächlich zu einer Verbesserung der Arbeitssituation der Betroffenen führen kann.

Ausgangssituation

- Von wem gingen die ersten Initiativen zu dem Projekt aus?
- Welche Interessen verbindet er mit dem Projekt?
- Haben andere Bereiche diese Initiativen aufgegriffen, um
  sich anzuhängen? Was waren deren Interessen?
- Gab es Widerstände und was stand hinter diesen Widerständen?

Problemdefinition

- Wer hat das Gestaltungsproblem des Projekts definiert?
  Wer war noch daran beteiligt? Wer nicht?
- Welche Interessen sind in die Problemdefinition eingegangen?
- Wie hat sich dies in der Problemdefinition niedergeschlagen?
- Was schließt die Problemdefinition aus?
- Umschließt die Problemdefinition das ganze Problemfeld?
- Faßt die Problemdefinition den zentralen Sachverhalt?
- Werden mit dieser Problemdefinition andere, zentrale Sach-
  verhalte ausgeschlossen?

Der Projektauftrag

- Wer hat den Projektauftrag erteilt?
- Wer wurde beauftragt?
- Wäre ein anderer Projektträger denkbar gewesen?
- Sind die Aufgaben klar definiert und abgegrenzt?
- Wie 'offen' ist der Projektauftrag?
- Wieweit präjudiziert er bereits Ergebnisse?
- Welche Handlungsvoraussetzungen schafft er?
- Welche Legitimationszwänge schafft er?
- Wer hat den Projektauftrag initiiert?
- Welche Interessen verbindet er damit?

Projektorganisation

- Wer ist offiziell mit der Durchführung des Projekts beauftragt?
- Welche Kompetenzen hat der Projektträger (z. B. Projektgruppe)?
- Stehen diese in Einklang mit der Aufgabenstellung?
- Falls Projektgruppe: Wer ist in der Projektgruppe vertreten?
- Welches Gewicht haben die einzelnen Mitglieder in der Projektgruppe? (Stimmrecht, Arbeitsverteilung, verfügbare Arbeitszeit).
- Wie werden Entscheidungen gefällt?
- Wie ist die Machtkonstellation in der Projektgruppe?
- Welche Konsequenzen kann das für deren Arbeit haben?
- Welche Möglichkeiten haben die Betroffenen, ihre Vorstellungen und Interessen einzubringen?
- Welche Konsequenzen ergeben sich aus der Einbeziehung der Betroffenen?
- Hat die Einbeziehung der Betroffenen nur legitimatorischen Charakter?

Ist-Analyse

- Welchen Zielen dient die Ist-Analyse?
- Sind die Ziele der Ist-Analyse klar ausgewiesen?
- Wie ist 'Wirtschaftlichkeit' definiert?
- Ist diese Definition realitätsgerecht?
- Entspricht die methodische Anlage diesen Zielen?
- Werden durch die Anlage der Ist-Analyse bestimmte Ergebnisse vorstrukturiert?
- Sind die Prämissen, die in die Anlage der Ist-Analyse eingegangen sind, ausgewiesen und nachvollziehbar?

- Welche Fragen können anhand der Ergebnisse der Ist-Analyse beantwortet werden? Welche nicht?
- Welche systematischen oder zufallsbedingten Verfälschungen können durch die Anlage und im Laufe der Erhebung der Ist-Analyse auftreten?
- Zu welchen Fehlschlüssen können diese führen?
- Durch wen erfolgt die Auswertung der Ist-Analyse?
- Ist Gewähr für eine interessenneutrale und sachgerechte Auswertung gegeben?
- Werden Standard-Verfahren verwandt (Hersteller/Berater)?
- Welche Interessen können an diese geknüpft werden?
- Sind die einzelnen Schritte der Ist-Analyse nachvollziehbar (Geheimwissenschaft)?
- Sind die Schlußfolgerungen, die gezogen werden, aus den Erhebungsdaten nachvollziehbar?

Planung

- Wer macht die Planung?
- Wer ist sonst noch in die Planung einbezogen?
- Wie ist die Berücksichtigung der Arbeitswirklichkeit sichergestellt?
- Wie werden die Daten der Ist-Analyse in der Planung verwertet?

Das Konzept

- Gibt es ein organisatorisches Konzept?
- Von wem wurde es entwickelt bzw. übernommen?
- Wer wird bei der Realisierung des Konzepts an Einfluß gewinnen?
- Wie wird sich das auswirken?
- Hat das Konzept Realisierungschancen, d.h. sind ausreichende Durchsetzungsvoraussetzungen gegeben?

Betriebsrat/Personalrat

- Sind die Betroffenen im Betriebsrat vertreten?
- Ist der Betriebsrat mit den möglichen Auswirkungen des Projekts auf die Betroffenen vertraut?
- Ist sichergestellt, daß die Interessen betroffener Gruppierungen gleichwertig berücksichtigt werden (z.B. Sachbearbeiter - Schreibkräfte)?

Hersteller und Berater

- Welche Impulse haben Hersteller/Berater dem Projekt gegeben?
- Wie haben sich diese im Projekt niedergeschlagen?
- Welche Interessen verbinden Hersteller/Berater mit dem Projekt?
- Wieweit kommt das Projekt den besonderen Interessen der Hersteller/Berater entgegen?
- Welche Koalitionspartner haben Hersteller/Berater im Betrieb?

Einführung

- Wann ist die Informierung der Betroffenen vorgesehen?
- Durch wen soll sie erfolgen?
- Wer soll informiert werden (nur Vorgesetzte, alle Betroffenen, auch indirekt Betroffene)?
- Sind Rückkopplungsmöglichkeiten vorgesehen?
- Ist Kontinuität der Information sichergestellt?
- Ist Schulung der Betroffenen vorgesehen?
- Ist eine Nachbetreuung vorgesehen?

Nachkontrolle

- Ist eine Nachkontrolle vorgesehen?
- Durch wen?
- Ist sichergestellt, daß es sich nicht um eine Selbstbestätigung der Promotoren der Innovation handelt?
- Welche Aspekte werden in die Nachkontrolle miteinbezogen?
- Sind neben den quantitativen Einsparungseffekten auch Sekundäreffekte, Veränderungen in der Arbeitssituation und andere qualitative Aspekte mitberücksichtigt?
- Kann die Nachkontrolle auch zu Korrekturen führen?

3. Bemerkungen zur Untersuchungsmethode

Das empirische Vorgehen in unserer Untersuchung war zugleich äußerst simpel und komplex, bestimmt durch unseren exemplarischen Ansatz einerseits, durch die vielschichtigen und teilweise schwer erfaßbaren Sachverhalte unseres Untersuchungsgegenstands andererseits.

Kernpunkt der Recherchen waren einmal eine Reihe von Fallstudien, in denen wir den Ablauf und die Zusammenhänge des

Einführungsprozesses der Organisierten Textverarbeitung zu
rekonstruieren suchten. Dabei stützten wir uns vor allem auf
Gespräche mit Beteiligten und, soweit vorhanden, auf schriftliche oder andere Unterlagen. Der Kreis unserer Gesprächspartner war von Betrieb zu Betrieb sehr unterschiedlich. Seine
Größe und Zusammensetzung ergab sich aus den jeweiligen betrieblichen Bedingungen; in der Regel unterhielten wir uns mit
Mitgliedern der Geschäftsleitung, der Organisationsabteilung,
der Personalleitung, der Datenverarbeitung, des Schreibdienstes,
des Betriebs- oder Personalrats, teilweise auch mit Schreibkräften und Sachbearbeitern.

Wichtig für die Ergiebigkeit der Fallstudien erwies sich ein
prozessuales Vorgehen, d.h., daß wir nach einer ersten, intensiven Phase der Recherchen mit einem Teil unserer Gesprächspartner längere Zeit in mehr oder weniger kontinuier-
lichem Kontakt blieben, was einerseits gezielte Nacherkundun-
gen erleichterte, andererseits sicherstellte, daß wir Informationen über die weiteren Entwicklungen bekamen. Dies erwies
sich gerade angesichts der Dynamik des Geschehens im Bereich
der Textverarbeitung als außerordentlich wichtig.

Neben diesen ausgedehnten Fallstudien suchten wir noch durch
kürzere Betriebsbesuche, bei denen wir lediglich eine kleinere
Zahl von Gesprächen führten, einen breiteren Überblick des Rationalisierungsgeschehens im Bereich der Textverarbeitung zu
gewinnen. Diesem Zweck diente auch eine größere Zahl von
meist recht intensiven Gesprächen mit Experten: Bei den Herstellern und Vertriebsfirmen von Büromaschinen, in den Gewerkschaften, mit Schreibdienstberatern, Schreibdienstleiterinnen, Organisatoren, Betriebs- oder Personalräten.

Sowohl in den Fallstudien als auch bei den übrigen Experten-
gesprächen verzichteten wir auf die Ausarbeitung von Frageleit-
fäden; wir beschränkten uns auf Checklisten, in denen die wichtigsten Ermittlungsschwerpunkte aufgelistet waren. Wir wollten
eine Standardisierung oder Formalisierung des empirischen Vorgehens vermeiden, um möglichst sich daraus ergebende 'Systema-
tisierungseffekte' auszuschalten, die unter Umständen die Indi-
vidualität des einzelnen Falles verdeckt hätten. Wir bezahlten
solch 'freies' Vorgehen sicherlich mit einer geringeren Systematik und Vergleichbarkeit unseres Materials, glauben aber dafür einen Gewinn an Informationen erzielt zu haben, die uns
sonst kaum zugänglich geworden wären.

Ein wichtiger Teil unseres Erfahrungshintergrundes waren
die zahlreichen Kongresse, Tagungen, Schulungen, Seminare
von Herstellern, Verbänden oder Gewerkschaften, die wir als
Teilnehmer oder auch als Referenten besuchten. Solche Veran-

staltungen erwiesen sich in mehrfacher Hinsicht als wertvoll:
Der breite Fächer von Kontakten, die wir dort machen konnten,
erleichterte nicht nur den Betriebszugang, sondern ermöglichte
eine gezielte Auswahl von Betrieben für die Fallstudien. Weiter
vermittelten uns solche Veranstaltungen einen Überblick über
den Stand der allgemeinen Diskussion um die Textverarbeitung
oder auch die Bürorationalisierung im allgemeinen. Schließlich
erwiesen sich solche Veranstaltungen als ergiebiger Beobach-
tungsrahmen für die Beziehungen zwischen Herstellern, Beratern, Anwendern und auch Betriebsräten. Insgesamt nahmen
wir an 25 solcher Veranstaltungen teil.

Im einzelnen gliedern sich die Gespräche auf wie folgt:

Organisatoren	38
Schreibdienstleiterinnen und -leiter	26
Andere Managementvertreter (Geschäftsleitung, Personal-Management, EDV etc.)	19
Betriebs- und Personalräte	45
Gewerkschafter	7
Herstellervertreter	19
Schreibdienstberater	17
Wissenschaftler	12
	183

Darüber hinaus stand uns noch eine größere Zahl von Interview-
erprotokollen aus früheren Untersuchungen zur Verfügung.

Insgesamt besuchten wir 46 Betriebe, in 10 führten wir ausge-
dehntere Fallstudien durch. Der Kreis der besuchten Betriebe
umfaßte Unternehmen sehr unterschiedlicher Art: Banken, Versicherungen, Industrieverwaltungen, Dienstleistungsunternehmen, Großhandel etc. Jedoch waren auch einige Verwaltungen
von kleineren oder mittelgroßen Firmen vertreten. Bei der Zusammensetzung der besuchten Betriebe versuchten wir keinesfalls eine Repräsentativität zu erreichen, die verallgemeinern-
de Aussagen erlaubt hätte. Die Auswahl der Betriebe war primär bestimmt von der jeweiligen Eigenart des Einführungsprozesses der Organisierten Textverarbeitung, wobei wir uns zum
Teil auf Informationen stützen konnte, die wir noch aus der
vorangegangenen Untersuchung hatten, zum Teil uns Betriebe
durch den Besuch von Veranstaltungen oder andere Kontakte
zugänglich wurden.

ANMERKUNGEN

1 Weltz, F./Jacobi, U./Lullies, V./Becker, W., Menschengerechte Arbeitsgestaltung in der Textverarbeitung, Forschungsbericht Humanisierung des Arbeitslebens, hrsg. vom Bundesministerium für Forschung und Technologie, Juli 1979; Jacobi/Lullies/Weltz, Textverarbeitung im Büro, Frankfurt/New York 1980.

2 Jacobi u.a., a.a.O., S.47 ff.

3 ebd., S.127 ff.

4 vgl. Weltz, F. u.a., a.a.O., S.671 ff.

5 vgl. ebd., S.690 ff.

6 vgl. ebd., S.531 ff.

7 Steinhilper, U., ABC der Textverarbeitung, Stuttgart 1976, S.9.

8 ebd., S.10.

9 Scheloske, Gisela, Einführung in die Schreibdienstorganisation, vervielfältigtes Manuskript für VTV-Seminare.

10 Straßer, Lorenz, Rationalisierung und Humanisierung am Beispiel der Textverarbeitung, AMV-Fachinformation, Eschborn 1977.

11 Scheloske, G., a.a.O., S.1.

12 Tönningsen, J., Organisieren Sie Ihr Korrespondenzwesen richtig - Sie profitieren davon!, vervielfältigte Seminarunterlage, S.4.

13 Scheloske, G., a.a.O., S.11.

14 Steinhilper, a.a.O., S.19.

15 Raith, G., Weg zum Erfolg - weg vom Mißerfolg? Zentrale oder dezentrale Organisation, in: Zusammenfassung der Referate und Diskussionen der Intertext 1979, hrsg. von IBO-Messe GmbH, Friedrichshafen 1980, S.3.

16 Lubbers, G., Neue Möglichkeiten durch Verbundsysteme, in: Unterlagen zum KTV '80.
   Dieses Zitat steht stellvertretend für die vielen Beiträge des Kongresses, die sich mit 'integrierter Informationsverarbeitung', dem 'integrierten Büroarbeitsplatz', dem 'Verbundsystem' etc. befaßten; vgl. dazu: Textverarbeitung heute - Informationsorganisation morgen, Ergebnisse KTV '80 (hrsg. v. AWV und VTV).

17 Reichwald, R., Die Bewältigung der neuen Kommunikationstechnik (Teletex) durch Organisationsgestaltung, in: Unterlagen zum KTV '80; vgl. auch das ausführliche Referat in: Ergebnisse KTV '80, S.153-178 und Picot/Reichwald, Teletex - Chancen für eine qualitative Verbesserung der Büroorganisation, Forschungsprojekt Bürokommunikation (BMFT), Hannover/München 1980.

18 Vgl. hierzu Picot, A./Reichwald, R., Untersuchung zur Wirtschaft-
    lichkeit der Schreibdienste in Obersten Bundesbehörden, HdA-
    Forschungsbericht, München und Hannover 1979;
    Picot, A., Rationalisierung im Verwaltungsbereich, Zeitschrift
    für Betriebswirtschaft 1979, S.1145-1165; Reichwald, R., Tech-
    nologische Entwicklungen und Wirtschaftlichkeitsbeschränkungen
    für eine humane Arbeitsgestaltung im Verwaltungsbereich, in:
    Humanisierung der Arbeit - vergessene Verpflichtung? Hrsg. von
    Lutz v. Rosenstiel und Max Weinbaum, Stuttgart 1980, S.203-220.
19 Straßer, L., a.a.O., S.3, 4, 6.
20 Lt. Angabe der Bundesanstalt für Arbeit gibt es im September
    1980 97.106 arbeitslose Bürofach- und Bürohilfskräfte (Kennziffer
    78 der Berufsgruppe), davon 78.072 Frauen, von denen weit über
    die Hälfte eine abgeschlossene berufliche Ausbildung haben
    (58.759) und vorher in qualifizierten Tätigkeiten beschäftigt
    waren (52.306) (Quelle: ANBA 2/1981, Tabellen I/69/71/75).
    Diesem Angebot qualifizierter Arbeitskräfte steht eine Nach-
    frage von lediglich 21.564 offenen Stellen (in derselben Berufs-
    gruppe) gegenüber (Quelle: ebd., Tabelle I/97). Den Zusammen-
    hang zwischen möglichen Rekrutierungsschwierigkeiten und den
    bestehenden Arbeitsbedingungen haben wir in unserem Gutachten
    'Menschengerechte Arbeitsgestaltung in der Textverarbeitung'
    ausführlich dargestellt (vgl. Weltz u.a., a.a.O., S.559-592).
21 Gewerkschaft Öffentlicher Dienst, Transport und Verkehr (ÖTV),
    Rationalisierung im Schreibdienst, Beschluß des Hauptvorstan-
    des der Gewerkschaft ÖTV vom 24.4.1978.
22 Vgl. das Gutachten zur Situation in der Textverarbeitung,
    Weltz u.a., a.a.O.
23 Symptomatisch dafür dürfte etwa eine 'Protestversammlung' zur
    Rationalisierung im Schreibdienst sein, die von der ÖTV im
    Oktober 1980 in München einberufen wurde. Die 3000 verschick-
    ten Einladungen lockten insgesamt 40 Teilnehmer an, von denen
    bestenfalls ein Viertel Schreibkräfte oder Schreibdienstleite-
    rinnen waren.
24 Vgl. dazu unsere Auseinandersetzung mit der Tätigkeit des
    Maschineschreibens in: Jacobi u.a., a.a.O., S.12-36.
25 Vgl. Jacobi u.a., a.a.O., S.44-46.
26 Verband für Textverarbeitung e.V., Satzung, gültig ab 23.10.1975,
    § 2/1.
27 Vgl. etwa Bayerischer Oberster Rechnungshof, Bericht über die
    Rechnungsprüfung über das Haushaltsjahr 1974; Bundesrechnungs-
    hof, Bericht über den Einsatz von Schreibkräften bei Bundes-
    behörden, August 1975; Bundesrechnungshof, Empfehlungen für
    die Textverarbeitung, 1975.
28 Wir haben uns in anderem Zusammenhang mit den Ursachen dieser
    zögernden Umsetzung eines bereitstehenden Rationalisierungs-
    potentials auseinandergesetzt (vgl. Weltz u.a., a.a.O., S.611 ff);
    siehe auch die Untersuchung des Ifo-Instituts für Wirtschafts-
    forschung über 'Arbeitswirtschaftliche und soziale Folgewir-
    kungen neuer Technologien im Bereich der Textverarbeitung'

(Forschungsprojekt im Auftrag des RKW, München 1980), in der
als Diffusionshemmnisse für die neue Textverarbeitungstechnik Organisations-, Akzeptanz- und Entscheidungsbarrieren
beschrieben werden (a.a.O., S.143 ff.), die die Autoren zu
der Einschätzung kommen lassen, daß "mit einer raschen Verbreitung der Textverarbeitungstechnik (...) nicht zu rechnen
(ist)" (a.a.O., S.313).

29 Vgl. etwa AWV, Stufenplanmodell - Organisatorische Maßnahmen
der Textverarbeitung, AWV-Merkblatt Textverarbeitung 2, Ausgabe Oktober 1975.

30 Auch in der bereits zitierten Untersuchung des Ifo-Instituts
ergibt die Analyse der Ausgangssituation, "daß der weitaus
überwiegende Teil der Firmen eine Erhöhung der Wirtschaftlichkeit im Schreibbereich anstrebte." (a.a.O., S.123).
Der Frage, weshalb in den untersuchten Firmen ausgerechnet
die 'Wirtschaftlichkeit' des Schreibbereichs zum Problem
wurde, wird dort aber nicht weiter nachgegangen. Auch der
Zusammenhang zwischen den in der Studie genannten "konkreten
Anlässen" für die Einführung neuer Textverarbeitungstechniken,
wie beispielsweise "eine anhaltende Ertragsschwäche oder
ein konjunktureller Absatzrückgang" (S.116), und der Veränderung gerade im Bereich Textverarbeitung bleibt ungeklärt.

31 Wir haben den Eindruck, daß diese Unterscheidung zwischen
problembezogenen und lösungsbezogenen Bedingungsgrößen analy-
tisch fruchtbarer ist als die eigentlich naheliegende Unterscheidung zwischen innerbetrieblichen und außerbetrieblichen
Faktoren. Hier fällt eine Abgrenzung im Regelfall schwer,
was letztlich Ausdruck des komplexen Zusammenwirkens innerbetrieblicher und außerbetrieblicher Bedingungsfaktoren ist.

32 Interessenbezogene Erklärungsfaktoren dürften im besonderen
auch dort wichtig sein, wo an sich bestehende Probleme bislang zu keiner betrieblichen Aktion geführt hatten. Mit solchen Fällen, die ja nicht zum eigentlichen Untersuchungs-
bereich gehörten, konnten wir uns allerdings nur am Rande
befassen.

33 AWV, Stufenmodell, a.a.O., S.12.

34 Insofern verwundert es nicht, daß gerade die Durchführung
von Ist-Analysen häufig das Einstiegsinstrument von externen Beratern war: Nachdem ein Außenstehender größere Durchsetzungschancen hat, kann durch seine Hinzuziehung der interne Widerstand abgebaut werden (vgl. unten den Abschnitt
zur Rolle der Berater).

35 Zur Kritik am Anschlag als einem 'objektiven Maß', das in
der Lage wäre, den tatsächlichen Arbeitsanfall zu ermitteln,
siehe neuerdings Kieser/Klatt/Rost-Schaude/Rukiek, Schreibdienste in Obersten Bundesbehörden, Vergleich von zwei Personalbemessungsverfahren, unveröff. Manuskript, Heidelberg
1981; zur weitergehenden Kritik an den üblichen 'eindimensionalen monetär-quantitativen Bewertungsverfahren' von
Wirtschaftlichkeitsberechnungen siehe auch Koubek/Hinze/

Hundt/Maisch, Einzelwirtschaftliche Investitionsentscheidung und Arbeitssysteme, HdA-Forschungsbericht 1980, S.117; zur Kritik von Wirtschaftlichkeitsberechnungen mit dem Schwerpunkt auf der Produktivitätsorientierung für den Verwaltungsbereich siehe insbesondere die Arbeiten von Reichwald und Picot, a.a.O. "Für die Büroarbeitswelt und die Beurteilung der Büroarbeit ist das reine Produktivitätsdenken ungeeignet. Produktivitätsorientierte Rationalisierungskonzepte vernachlässigen bewußt oder unbewußt die qualitative Dimension der Rationalisierung im Sinne einer Verbesserung der Leistungsfähigkeit von Büroorganisation." Reichwald, Neue Systeme der Bürotechnik und das Problem der Akzeptanz, in: telcom report 2 (1979, Heft 5), S.311; zur Kritik an den Wirtschaftlichkeitsüberlegungen für den Einsatz von Datenverarbeitung in der öffentlichen Verwaltung siehe Brinckmann/ Grimmer/Jungerblut/Karlsen/Rave, Automatisierte Verwaltung, Eine empirische Untersuchung über die Rationalisierung der Steuerverwaltung, Frankfurt-New York 1981, S.12/13.

36   "Welche Richtung und welchen Umfang derartige Veränderungen für die Beschäftigten annehmen, entscheidet sich oft schon bei der Formulierung der Ziele einer Organisations-, Arbeits-, Wirtschaftlichkeitsuntersuchung. Deshalb ist eine frühzeitige Aufmerksamkeit gegenüber diesen Untersuchungen angebracht, um ihre Tendenz erkennen zu können und so bessere Voraussetzungen für die Abwehr negativer Rationalisierungsauswirkungen auf die Beschäftigten zu schaffen." (Gewerkschaft ÖTV, Verfahren und Methoden bei der Vorbereitung von Rationalisierungsmaßnahmen, Stuttgart 1979, S.26). Um die Präjudizierungen zu erkennen, die durch die Ist-Analyse für die spätere Gestaltung gegeben sind, wäre es, so meinen wir, unbedingt erforderlich, die Problematik und die Tragweite eines Verfahrens grundsätzlich aufzuklären, bei dem der Anschlag die zentrale Kategorie darstellt.

37   AWV, Stufenplanmodell, a.a.O., S.3.

38   Die Untersuchung des Sofi Göttingen zur 'Entwicklung routinisierter Angestelltentätigkeiten in den Verwaltungen der Privatwirtschaft' (unveröffentlichter Zwischenbericht, Göttingen 1981) deutet an, daß EDV-Umstellungen sehr viel seltener von Fachabteilungen angeregt und durchgeführt werden als von EDV- und Organisationsabteilungen (ebd., S.150). Für die EDV gibt es offenbar häufig formalisierte Planungsleitlinien, die die Verfahrensweise für Umstellungsprojekte genauestens festlegen (ebd., S.78), was sich auch mit unseren Erfahrungen aus einigen Unternehmen deckt, in denen es in Bezug auf die EDV eine äußerst detaillierte, den gesamten Prozeß von Anfang bis Ende abdeckende 'Orgware' gab - das Projekt Einführung Organisierter Textverarbeitung aber explizit aus dieser Orgware ausgeklammert blieb. "Die Textverarbeitung haben wir da gottlob draußen lassen können. Das hätte uns die Arbeit sehr erschwert, allein schon vom Zeit-

aufwand." (Organisationsleiter).

39 Zur Erweiterung des Wirtschaftlichkeitsbegriffs für die Büroarbeit siehe vor allem die Arbeiten von Picot und Reichwald, a.a.O. Vgl. auch die bereits zitierte Untersuchung
   von Koubek u.a., bei der es darum ging, bei Investitions-
   entscheidungen Möglichkeiten für die Berücksichtigung von
   Arbeitssystemansprüchen aufzuzeigen, was allerdings auch
   eine grundsätzliche Erweiterung der eindimensionalen finanz-
   ökonomischen Wirtschaftlichkeitsrechnungen voraussetzt.
   (Koubek u.a., Einzelwirtschaftliche Investitionsentschei-
   dungen ..., a.a.O.).

40 vgl. AWV-Merkblatt, Stufenmodell, a.a.O., Pkt. 400.

41 vgl. AWV-Merkblatt, Stufenmodell, a.a.O., Pkt. 400.

42 Zur Problematik von Personalbemessungsverfahren auf der
   Grundlage von Anschlägen siehe insbesondere Kieser u.a.,
   a.a.O. Für alternative Verfahren der Personalbemessung
   siehe Reichwald, Arbeitsstruktur und Personalbemessung im
   Schreibdienst der Bundeswehr München, München 1981; Kieser
   u.a., a.a.O.; Sozialwissenschaftliche Projektgruppe München,
   Humanisierung der Arbeitsbedingungen in der Textverarbeitung und beim Dialogverkehr am Datensichtgerät; Sozialwissenschaftliche Begleitforschung im Bereich der zentralen
   Schreibdienste des Kraftfahrt-Bundesamtes, Zwischenbericht, München 1980; dies., Schreibzeit - Schreibleistung -
   Personalbemessung, unveröff. Materialsammlung, München 1980;
   Kraftfahrt-Bundesamt Projektgruppe Humanisierung der Arbeitsbedingungen in der Textverarbeitung, Entwurf einer
   Dienstvereinbarung zur Berechnung des Personalbedarfs und
   der Festlegung eines Arbeitspensums, Flensburg 1981.

43 vgl. unser Gutachten 'Menschengerechte Arbeitsgestaltung in
   der Textverarbeitung', a.a.O., S.394 ff.

44 vgl. dazu die bereits zitierte Untersuchung des Ifo-Instituts, bei der 9 von 10 untersuchten Betrieben mit der Einführung von Textsystemen auch zentrale Schreibdienste eingerichtet hatten (Ifo-Institut, a.a.O., S.140). Die Autoren gewannen in den Gesprächen mit Textverarbeitungsplanern
   häufig den Eindruck, daß "der Einsatz der neuen Technik
   quasi 'automatisch' die Einrichtung eines zentralen Schreibdienstes (bedingte). Alternative Organisationsformen wurden erst gar nicht in Erwägung gezogen und auf ihre (wirtschaftlichen) Konsequenzen hin durchdacht." (ebd., S.125).

45 Vgl. Kap. II/3 "Die Berater" und II/4 "Die Hersteller von
   Büromaschinen".

46 AWV, Stufenmodell ..., a.a.O., Pkt. 402, 403.

47 Weltz, u.a., a.a.O., S.396.

48 ebd., S.406.

49 Bezogen auf die Einführung von EDV in der Steuerverwaltung
   heißt es bei Brinckmann u.a.: "Implementation eines DV-

Systems ist innerhalb der Organisation ein Prozeß des Aus-
handelns, bei dem es nicht nur eine Rationalität gibt,
nämlich die der Anpassung der Organisation an veränderte
Sachmittel, schon gar nicht allein die technisch-ökonomi-
sche Rationalität der Datenverarbeitung, sondern unterschiedliche, ja kontroverse Zielvorstellungen und Strategien all derer, die über eine Position im Einführungsprozeß
verfügen und ihre Interessen zum Teil erstmals, zum Teil
erneut einbringen können. Technologie-, Transfer- und Im-
plementationsprobleme in der Verwaltung sind daher Konsequenzen des Aufeinanderstoßens des neuen technisch-organisatorischen Konzepts und der historisch gewachsenen sozialen Institution: Sie sind Folgen unterschiedlicher Positionen und Zielvorstellungen von Interessenträgern innerhalb
der Organisation und schließlich auch Folgen der Entscheidungen im Planungs- und Entwurfsprozeß." (a.a.O., S.49).

50 "Es deutet vieles darauf hin, daß unter Akzeptanzgesichts-
punkten bis zum gegenwärtigen Zeitpunkt weniger die direkt
betroffenen Sekretärinnen und Schreibkräfte als vielmehr
Führungskräfte und Sachbearbeiter den Einsatz der Textverarbeitungstechnik behindern." (Ifo-Institut, a.a.O.,
S.14 und S.145-147). Vgl. auch Christen, H., Bericht über
die Interview-Aktion im Rahmen des Projekts 'Öffentlichkeitsarbeit', im Auftrag des Arbeitskreises 'Textverarbeitung' im Zentralverband der Elektroindustrie (ZVEI), Hamburg 1977, in dem ebenfalls festgestellt wird, daß die wesentlichen Schwierigkeiten bei der Einführung Organisierter
Textverarbeitung in den Einwendungen und Widerständen der
Führungskräfte liegen (S.27 ff.).

51 vgl. Weltz u.a., a.a.O., S.610-629, wo wir uns ausführlicher
mit den "Hemmnissen und Impulsen des Rationalisierungsprozesses" auseinandersetzen.

52 "Die Zuschreibung von Wissenschaftlichkeit und Objektivität
läßt die Arbeitsbewertung zunächst nur in verfahrenstechni-
scher Hinsicht ... als humanisierungsrelevant erscheinen;
denn was als wissenschaftlich bestimmt ausgewiesen ist, muß
quasi naturgesetzlich akzeptiert werden. Eine solche Interpretation bedeutet für die Arbeitsbewertung als einem Verfahren der Fortschreibung von Normen, daß die Betroffenen
an der Diskussion um die Normen nicht grundsätzlich beteiligt zu werden brauchen, weil ein Gesetz im naturwissen-
schaftlichen Sinn gegen jedermann wirkt und von jedermann
hinzunehmen ist." (Bartölke, K. u.a., Untersuchung der Einführung von Arbeitsbewertung im Hinblick auf eine humane
Arbeitsgestaltung, HdA-Forschungsbericht, Wuppertal 1979,
S.284).

53 vgl. hierzu 3. Kapitel: Die Ist-Analyse.

54 Lerntechnologisches Institut Heppenheim, Informationsprogramm Textverarbeitung, S.156. (Hervorhebungen von den
Verfassern).

55 Gerade dies stellt die konstitutive Schwäche und eigentliche Ursache für die unbefriedigende Situation in vielen
   Schreibdiensten dar. Vergleiche hierzu 'Menschengerechte
   Arbeitsgestaltung in der Textverarbeitung', a.a.O.,
   S.394 ff.
56 Scheloske, G., Einführung in die Schreibdienstorganisation,
   a.a.O.
57 Bundesrechnungshof, Bericht über den Einsatz von Schreibkräften bei Bundesbehörden, a.a.O., S.26.
58 Deutsche Gesellschaft für Arbeitsschutz, Voraussetzungen
   für Zentrale Schreibdienste, Frankfurt ohne Jahresangabe.
59 AWV-Merkblatt, Stufenplanmodell organisatorische Maßnahmen der Textverarbeitung, Ausgabe Oktober 1975.
60 Scharfenberg, H., Referat auf der intertext 1979, in:
   AWV-Informationen 1/2, 1980, S.46.
61 Scheloske, G., Strategien bei der Einführung der Organisierten Textverarbeitung, AWV-Seminarunterlage, S.4.
62 Diebold Management Report, Mai 1979.
63 Vgl. hierzu exemplarisch das Kapitel 'Widerstände und erfolgreiche Überwindung' in dem Informationsprogramm
   'Textverarbeitung' des Lerntechnologischen Instituts
   Heppenheim, S.151-161.
64 ebd., S.155.
65 Vgl. hierzu auch Weltz, F., Mitarbeiterbefürchtungen und
   Managementfehler, in: Akzeptanz neuer Bürotechnologien;
   Hrsg.: Akzente Studiengemeinschaft, Düsseldorf 1981.
66 Scheloske, G., Einführung in die Schreibdienstorganisation,
   a.a.O., S.11.
67 Dieses Ergebnis wird von einer ganzen Reihe von Untersuchungen bestätigt, vgl. u.a. die bereits zitierten Untersuchungen von Koubek u.a., a.a.O.; Brinckmann u.a., a.a.O.;
   Ifo-Institut, a.a.O.; auch das Forschungsprojekt 'Nutzen
   und Schaden der Informationsverarbeitung' von Mertens/An-
   selstetter/Eckart am Betriebswirtschaftlichen Institut der
   Universität Erlangen-Nürnberg, das ausdrücklich zur Versachlichung der Diskussion um die Wirkungen von DV-Anwendungen beitragen soll, kommt bei der Feldstudie zu dem Ergebnis, daß lediglich in einem Drittel der Fälle die von
   DV-Anwendungen betroffenen Mitarbeiter aktiv am Einführungsprozeß beteiligt waren. Zu den Empfehlungen der Autoren
   gehört als "selbstverständliche Leitlinie einer guten Unternehmensführung" die "frühzeitige und realistische Unterrich-
   tung der von der Arbeitsplatzveränderung Betroffenen", in:
   IBM-Nachrichten, Oktober 1981, S.33-37.
68 Zur Beteiligung von Betriebs- und Personalräten an der
   Einführung der Organisierten Textverarbeitung siehe unten
   das Kapitel 'Die betriebliche Arbeitnehmerinteressenvertre-
   tung'.
69 Wir stützen uns auch hier auf die Befragungen, die wir im
   Rahmen des Projekts 'Menschengerechte Arbeitsgestaltung

in der Textverarbeitung' durchgeführt haben, vgl. Weltz
u.a., a.a.O., S.221 ff.
70 Lerntechnologisches Institut Heppenheim, a.a.O., S.67.
71 vgl. 'Menschengerechte Arbeitsgestaltung ...', a.a.O.,
S.227.
72 vgl. oben unter 4.: 'Der Planungsprozeß'.
73 Zur Auseinandersetzung mit dem Konzept des Macht- und
Fachpromotors siehe unten den Exkurs 1: Promotor, Change-
Agent.
74 Wir verzichten hier auf eine genauere Beschreibung der
Auswirkungen solcher Schreibdienstgestaltung. Wir haben
sie in unserem Bericht 'Menschengerechte Arbeitsgesaltung
in der Textverarbeitung' ausführlich beschrieben; vgl.
dort S.237 ff.
75 Vgl. 'Menschengerechte Arbeitsgestaltung ...', S.559 ff.
76 Vgl. hierzu ebd., S.572 ff.
77 Witte, E., Organisation für Innovationsentscheidungen –
Das Promotoren-Modell, Göttingen 1973.
78 Steinhilper, U., a.a.O.
79 Scheloske, G., Einführung in die Schreibdienstorganisation, a.a.O.
80 Döring/Krüger, Realisierung der organisierten Textverarbeitung, Stuttgart 1978, S.69.
81 AWV-Merkblatt, Stufenplanmodell ..., a.a.O.
82 Vgl. Abschnitt I/2: 'Der Projektauftrag'.
83 Scheloske, G., a.a.O., S.12.
84 Die Gegenüberstellung von formaler und informeller Organisation scheint uns dabei den entscheidenden Sachverhalt
dieser doppelten Projektorganisation nicht zu fassen; da
ihre Existenz unter anderem gerade auf Lücken oder Widersprüche in der formalen Kompetenzzuweisung zurückzuführen
sein kann. Wir haben deshalb vorgezogen, von 'offizieller'
und 'faktischer' Projektorganisation zu sprechen.
85 Vgl. die Auseinandersetzungen der Gewerkschaften, insbesondere des DGB, um den Abschluß von Tarifverträgen zur Regelung der Arbeitsbedingungen bei Bildschirmarbeit, bei der
es ja vor allem auch darum geht, durch die Öffnungsklausel
die teilweise auf betrieblicher Ebene vor einigen Jahren
ausgehandelten günstigeren Betriebsvereinbarungen durch den
eher restriktiven Rahmen eines Tarifvertrags nicht ungültig
zu machen.
86 Unsere Erfahrungen decken sich im großen und ganzen mit den
Ergebnissen der Untersuchungen von Altmann/Binkelmann/Düll/
Mendolia/Stück, Bedingungen und Probleme betrieblich initiier-
ter Humanisierungsmaßnahmen, HdA-Forschungsbericht, München
1980, S.75 ff; von Schauer/Dabrowski/Neumann/Sperling, Tarifvertragliche Regelungen zur Verbesserung industrieller Arbeitsbedingungen, HdA-Forschungsbericht, Göttingen 1981, S.102 ff;
von Koubek/Hintze/Hundt/Maisch, Einzelwirtschaftliche Investi-
tionsentscheidungen und Arbeitssysteme, HdA-Forschungsbericht

1980, insbes. S.342 ff. und von Bittner/Funke/Kubicek/Schirner/Seitz/Tepper, Kooperation von Betriebsräten und Wissenschaftlern bei Rationalisierungsmaßnahmen, HdA-Forschungsbericht, Trier 1981.

87 Daß gerade die arbeitsorganisatorischen Aspekte so weitgehend aus den Aktivitäten der Betriebs- und Personalräte ausgeklammert blieben, erklärt sich vermutlich auch aus der Legitimationsproblematik von Betriebs- und Personalräten gegenüber der Belegschaft: Quantifizierbare Ergebnisse bei der Einstufung, der Prämie etc. sind auch hier eher greifbar als mögliche qualitative Erfolge in Bezug auf die Arbeitsorganisation, die ja meist sehr viel schwerer faßbar sind.

88 Eine gute Übersicht über Betriebsvereinbarungen zur Bildschirmarbeit gibt der Aufsatz von G. Trautwein-Kalms, Zur Auseinandersetzung um Bildschirmarbeit am Beispiel betrieblicher Vereinbarungen, in: WSI-Mitteilungen 2/1981; s. auch Sedeno-Andrês, F./Wendt, M./Knetsch, W., Bildschirm-Arbeitsplätze - Vergleich geltender Betriebs- und Dienstvereinbarungen, RAFO-Projektbericht II, Technische Universität Berlin, Berlin 1981.

89 Vgl. unter anderem auch die bereits zitierte Untersuchung des ISF, München: "Durchweg haben die Betriebsräte Art, Umfang und Zeitpunkt der betrieblichen Informationen als generelles Problem in allen Fällen kritisiert." (Altmann u.a., a.a.O., S.76).

90 Vgl. die Untersuchung des ISF, München, in der ein breites Wissensdefizit über die neuen Leistungsinhalte konstatiert wird (Altmann u.a.', a.a.O., S.75 ff.) und Koubek u.a., a.a.O., S.208 ff.und S.342 ff.

91 Von den ca. 50 Betriebs- und Personalräten, mit denen wir uns unterhielten, waren lediglich zwei Frauen; die eine war eine gewerkschaftlich nicht organisierte Schreibdienstleiterin, die andere war ehemalige Schreibkraft in einer Behörde.

92 Vgl. hier die Veröffentlichungen des DGB und der Einzelgewerkschaften, u.a. Gewerkschaft Öffentlicher Dienst, Transport und Verkehr (ÖTV), Überblick über die Möglichkeiten der Personalvertretungen zur Einflußnahme auf Rationalisierungsmaßnahmen nach dem Bundespersonalvertretungsgesetz und den Landespersonalvertretungsgesetzen, Stuttgart 1979; speziell zur Rationalisierung in der Textverarbeitung siehe: ÖTV, Rationalisierungsprozesse in der Textverarbeitung am Beispiel Schreibarbeit, Band II, ein Gutachten von Dr. Hans-Peter Brause, Stuttgart 1979.

93 Vgl. auch die Ausführungen der ÖTV zu den Erfahrungen mit dem Bundespersonalvertretungsgesetz auf dem 9. Gewerkschaftstag der ÖTV im Juni 1980: "Diese Beteiligungsrechte sind umso schwächer ausgestaltet, je grundsätzlicher und einschneidender die jeweils beteiligungsbedürftigen Maßnahmen sind. Das bedeutet, daß die Personalvertretungen bei Rationalisierungsmaßnahmen, die in den letzten Jahren einen immer

größer werdenden Umfang eingenommen haben, auf der Grundlage des bestehenden Rechts die Interessen der Beschäftigten nicht ausreichend wahrnehmen können."

94 Dieser Zusammenhang war zumindest Betriebsräten in Großbetrieben der Metallindustrie bewußt; vgl. hierzu Weltz, F., Innovation, Beschäftigungspolitik und industrielle Beziehungen, München 1978.

95 Vgl. dazu auch die Untersuchung von Schauer u.a., a.a.O., insbesondere die Ausführungen zu dem Typus des "traditional orientierten Betriebsrats", ebd., S.177 f.

96 Vgl. Kapitel 2: Textverarbeitung in den 70er-Jahren in der Einleitung.

97 Vgl. Kapitel 6: Die Anschaffung im I. Teil.

98 Vgl. Kapitel 6 im I. Teil.

99 Vgl. hierzu Weltz u.a., Menschengerechte Textverarbeitung ..., a.a.O., S.610 ff.

100 Vgl. auch Weltz u.a., a.a.O., S.613 ff.

101 "Die rege Aktivität von Rechenzentren in der öffentlichen Verwaltung ist als Reaktion auf die rege Arbeit gerade der Hersteller zu interpretieren, die über einzelne Anwender, z.B. Gemeinden, Krankenkassen, in den Markt einbrechen wollen, also nicht so sehr als Reaktion auf die Unzufriedenheit vieler Anwender mit der überkomplizierten und schwerfälligen DV-Versorgung". Brinckmann, H., Dezentrale Datenverarbeitung für eine dezentrale Verwaltung, Teil I., in: ÖVD, 10/79, S.7. Vgl. auch Hersteller-Kapitel.

102 K. Diecke konstatiert in der Datenverarbeitung "bei Anwendern der öffentlichen Verwaltung überall einen Pflegeaufwand, der oberhalb 70 Prozent des eingesetzten Personals für die gesamte Softwareentwicklung liegt. Damit sind wir praktisch außerstande, neues Grundlegendes zu finden und zu gestalten. Dies nennen andere Leute die Softwarekrise, die ja nicht auf die öffentliche Verwaltung beschränkt ist." Diecke, K., Entwicklungsstadium der Verwaltungsautomation, in: Informatik-Fachberichte, Bd.44: Organisation informations-gestützter öffentlicher Verwaltung, Berlin 1981, S.54.

103 Auch Brinckmann stellt fest, daß "das Mißtrauen gegen 'große Lösungen, gegen verselbständigten Sachverstand, gegen technischen Perfektionismus' wächst" und sich zunehmend die Forderung erhebe, "die in Gang gesetzten technischen Entwicklungen zumindest nochmals zu überdenken". Brinckmann, H., Dezentrale Datenverarbeitung für eine dezentrale Verwaltung, a.a.O., S.3.

104 Vgl. das Kapitel: 'Die Zeit nach der Umstellung'.

105 Weltz, F., Theorie und Praxis in der Schreibdienstorganisation, VTV-Fachtagung, Tagungsunterlage, hrsg. VTV, Esslingen 1981, S.18.

106 Der begrenzte Erkenntniswert direkter Befragungen über die 'Zielsetzungen' betrieblicher Rationalisierungsmaß-

nahmen scheint uns auch in anderen Untersuchungen deutlich zu werden. Die ermittelten Zielkataloge ähneln sich weitgehend und beschränken sich auf die naheliegenden, 'offiziellen' und 'vernünftigen' Ziele. Betriebspolitische, v.a. aber interessenbezogene Überlegungen tauchen dagegen kaum auf.

107 Wir haben diese Argumentation in anderem Zusammenhang widerlegt, vgl. Weltz/Diezinger/Lullies/Marquardt, Junge Frauen zwischen Beruf und Familie, Frankfurt-New York 1979; Lullies, V., Frauen mit Lehrabschluß als Zielgruppe betrieblicher Beschäftigungspolitik, unveröffentlichtes Manuskript, München 1979.

108 Kennzeichnend ist allein schon die Bezeichnung: Im Jargon der Branche heißen Schreibkräfte 'Damen'. Für jeden Insider ist klar, daß damit nicht die weibliche Hälfte der feinen Welt gemeint sein kann, sondern nur das, was man früher flapsig als 'Tippse' bezeichnete. Der Fremdarbeiter wurde zum Gastarbeiter, die Tippse zur Dame. Diese Substitution der Bezeichnung einer Tätigkeit durch den Euphemismus einer Geschlechtsrolle kennzeichnet genau das, was sie verdecken soll: Nicht auf die Tätigkeit kommt es an, sondern auf die weibliche Rolle.

109 Für die Datenverarbeitung hat Brinckmann gleichlautend festgestellt, "daß die Gesichtspunkte der internen Rationalisierung beim Auswahlprozeß von Anwendungsformen der DV-technik eher durchschlagen, weil die weitergehenden Anforderungen gegenüber jenen der Rationalisierung des einzelnen Verwaltungsvorganges - vielleicht auch der Verwaltungseinheit - weniger präzise und weniger quantifizierbar sind." Brinckmann, Hans, Rationalisierung der öffentlichen Verwaltung durch Einsatz der DV, in: Mensch und Computer, hrsg. von H.R. Hausen u.a., München/Wien 1979, S.116 f.

110 Es bietet sich hier ein ganzes Bündel von Fragestellungen an: Wie beständig, 'resistent' sind betriebliche Handlungskonstellationen? Wie schlägt sich außerbetrieblicher Veränderungsdruck in betrieblichen Handlungskonstellationen nieder? Ist die von uns beobachtete Vielfalt und Wirksamkeit betrieblicher Handlungskonstellationen nur ein Übergangsphänomen, das mit zunehmender Systematisierung des betrieblichen Rationalisierungsgeschehens, mit der Erweiterung und Verfeinerung des verfügbaren Rationalisierungsinstrumentariums an Bedeutung verliert? Wird es zu einer Nivellierung betrieblicher Handlungskonstellationen kommen? Solche Fragestellungen können in dem uns hier gesteckten Rahmen nicht behandelt werden, sie müßten Gegenstand zukünftiger Projekte sein.

111 Vgl. hierzu die Ausführungen im Abschnitt 'Zum Stellenwert der Einführung Organisierter Textverarbeitung für unsere Fragestellung'.

LITERATURVERZEICHNIS

Altmann/Binckelmann/Düll/Mendolia/Stück, (ISF - München): Be-
      dingungen und Probleme betrieblich initiierter Humani-
      sierungsmaßnahmen, HdA - Forschungsbericht, München 1980.
Ausschuß für wirtschaftliche Verwaltung (AWV): Stufenplanmodell
      - Organisatorische Maßnahmen der Textverarbeitung, AWV-
      Merkblatt Textverarbeitung 2, Ausg. Oktober 1975
-     Rationalisierung und Humanisierung der Büroarbeit, AWV-
      Papier 20, Eschborn 1977.
-     Textverarbeitung ist Teamarbeit, Ergebnisse KTV 78,
      Eschborn 1978.
-     Textverarbeitung heute - Informations-Organisation mor-
      gen, Ergebnisse KTV 80, Eschborn/Esslingen 1980.
-     AWV - Informationen 1/2, 1980.

Bahrdt, H.P.: Industriebürokratie, Stuttgart 1958.
Bartölke, Klaus u.a.: Untersuchung der Einführung der Arbeits-
      bewertung im Hinblick auf eine humane Arbeitsgestaltung,
      HdA-Forschungsbericht, Karlsruhe August 1980.
-     Konfliktfeld Arbeitsbewertung, HdA-Forschungsbericht,
      Karlsruhe September 1980.
Bayerischer Oberster Rechnungshof: Bericht über die Rechnungs-
      prüfung für das Haushaltsjahr 1974.
Bechtle, G.: Betrieb als Strategie, München 1980.
Bittner/Funke/Kubicek/Schirner/Seitz/Tepper: Kooperation von
      Betriebsräten und Wissenschaftlern bei Rationalisierungs-
      maßnahmen, HdA-Forschungsbericht, Trier 1981.
Brandt/Kündig/Papadimitriou/Thomae,(ISF - Frankfurt): Computer
      und Arbeitsprozeß, Frankfurt 1978.
Briefs, U.: Vom qualifizierten Sachbearbeiter zum Bürohilfs-
      arbeiter? - Zu den Auswirkungen der EDV auf die Arbeits-
      bedingungen der Büroangestellten, in: WSI-Mitteilungen
      2/1978.
Brinckmann, H.: Rationalisierung der öffentlichen Verwaltung
      durch Einsatz von DV, in: Mensch und Computer, Zur Kontro-
      verse über die ökonomischen und gesellschaftlichen Aus-
      wirkungen der EDV, hrsg. v. Hausen u.a., München - Wien
      1979, S.109-122.
-     Fortschritt der Computer- Computer für den Fortschritt,
      Kassel 1980.

-   Dezentrale Datenverarbeitung für eine dezentrale Verwaltung, Teil I, in: CVD, 10/79.

Brinckmann/Grimmer/Jungesblut/Karlsen/Rave: Automatisierte Verwaltung, Eine empirische Untersuchung über die Rationalisierung der Steuerverwaltung, Frankfurt-New York 1981.

Bundesanstalt für Arbeit: Amtliche Nachrichten der Bundesanstalt für Arbeit (ANBA) 2/1981.

Bundesministerium des Innern: Handbuch für Organisationsuntersuchungen in der Bundesverwaltung, 3. Auflage, Bonn 1978.

Bundesrechnungshof: Empfehlungen für die Textverarbeitung 1975.

-   Bericht über den Einsatz von Schreibkräften bei Bundesbehörden, August 1975.

Christen, H.: Bericht über die Interview-Aktion im Rahmen des Projekts 'Öffentlichkeitsarbeit' im Auftrag des Arbeitskreises 'Textverarbeitung' im Zentralverband der Elektroindustrie (ZVEI), Hamburg 1977.

Debusmann/Pworatschek: Bürorationalisierung durch Informationstechnologien, Reihe Arbeiterbildung der Arbeiterkammer Bremen, Bremen 1980.

Deutsche Gesellschaft für Arbeitsschutz: Voraussetzungen für Zentrale Schreibdienste, Frankfurt o.J.

Deutscher Gewerkschaftsbund: Automation und Angestellte (5), Düsseldorf Mai 1977.

Diebold Deutschland: Diebold Management Report, Mai 1979.

Diecke, K.: Entwicklungsstadium der Verwaltungsautomation, in: Informatik - Fachberichte, Bd.44: Organisation informationstechnikgestützter öffentlicher Verwaltungen, hrsg. v. Brauer, W., Berlin - Heidelberg - New York 1981.

Döring, Peter/Krüger, Martin: Realisierung der Organisierten Textverarbeitung, (hrsg. vom Deutschen Sparkassen- und Giroverband e.v.), Stuttgart 1978.

Ehrenberg, U. u.a.: Zum Einsatz Elektronischer Datenverarbeitung im Hinblick auf Arbeitsorganisation, Arbeitsqualifikation und Arbeitsbewertung bei Angestellten, Vervielfältigter Forschungsbericht Osnabrück 1979.

Fischer, Akelei/Kasiske, Rolf: Büroarbeit, Technologische und arbeitsorganisatorische Entwicklungstendenzen und die Qualität der Arbeitsbedingungen, Materialiensammlung für HdA, Bonn - Bad Godesberg 1976.

Gaugler u.a.: Rationalisierung und Humanisierung von Büroarbeiten, Schriftenreihe der Forschungsstelle für Arbeitswirtschaft und Sozialpraxis e.V. (FBS), Mannheim 1979, (Untersuchung im Auftrag d. Bayer. Arbeitsministeriums).

Gewerkschaft öffentlichen Dienst-Transport-Verkehr (ÖTV): Verfahren und Methoden bei der Vorbereitung von Rationalisierungsmaßnahmen, Suttgart 1979.

- Rationalisierungsprozesse in der Textverarbeitung, Band I und II, Stuttgart 1979.
- Überblick über die rechtlichen Möglichkeiten der Personalvertretungen zur Einflußnahme auf Rationalisierungsmaßnahmen nach dem Bundespersonalvertretungsgesetz und den Landespersonalvertretungsgesetzen, Stuttgart 1979.
- Verfahren und Methoden bei der Vorbereitung von Rationalisierungsmaßnahmen, Stuttgart 1979.
- Rationalisierung im Schreibdienst, Beschluß des Hauptvorstandes der Gewerkschaft ÖTV vom 24.4.1978.
- Tendenzen der Veränderung der Arbeit im Büro, Stuttgart 1978.

Gottschall, K./Mickler, O./Neubert, J./Schäfer, G. (Sofi Göttingen): Entwicklung routinisierter Angestelltentätigkeiten in den Verwaltungen der Privatwirtschaft, (im Auftrag des BMFT), unveröffentlichter Zwischenbericht, Göttingen 1981.

Grüning, Marlies: Auf dem Weg zur Verwaltungsfabrik? (hrsg. vom RKW), 1978.

Hattke, W./Staehle, W.H./Sydow, J.: Entwicklungsstufen der Büroautomation, Arbeitspapier 39/81, Institut für Unternehmensführung, Freie Universität Berlin.

IFO - Institut für Wirtschaftsforschung: Technischer Fortschritt, Auswirkungen auf Wirtschaft und Arbeitsmarkt, München 1979.
- Arbeitswirtschaftliche und soziale Folgewirkungen neuer Technologien im Bereich der Textverarbeitung, Forschungsprojekt im Auftrag des RKW, München 1980.

Industriegewerkschaft Metall (Hrsg.): Personalplanung und Betriebsrat, Schriftenreihe der IG Metall, 1. Auflage, März 1976.

Jacobi, U. (Sozialwissenschaftliche Projektgruppe München): Schreibzeit - Schreibleistung - Personalbemessung, unveröffentlichte Materialsammlung, München 1980.

Jacobi, U./Lullies, V./Weltz, F. (Sozialwissenschaftliche Projektgruppe München): Textverarbeitung im Büro, Frankfurt - New York 1980.

Kern, H./Schumann, M.: Der soziale Prozeß bei technischen Umstellungen, Frankfurt a.M. 1972.
- Rationalisierung und Arbeiterverhalten, unveröffentlichtes Manuskript, Göttingen 1981.

Kieser/Klatt/Rost-Schaude/Rukiek: Schreibdienste in Obersten Bundesbehörden, Vergleich von zwei Personalbemessungsverfahren, unveröffentlichtes Manuskript, Heidelberg 1981.

Kirsch, Werner: Entscheidungsprozesse, Bd.3: Entscheidungen in Organisationen, Wiesbaden 1971.

Kirsch, Werner/Esser, Werner-Michael/Gabele, Eduard: Reorganisation, Theoretische Perspektiven des geplanten organisatorischen Wandels, München 1978.

Kongreß Intertext 1979 Friedrichshafen: Zusammenfassung der Referate und Diskussionen, hrsg. v. IBO-Messe GmbH,

Friedrichshafen 1980.

Kongreß für Textverarbeitung - KTV '80 Köln: Textverarbeitung heute - Informationsverarbeitung morgen, Ergebnisse KTV '80, hrsg. von AWV und VTV.

Kotthoff, Hermann: Zur Anwendung des Betriebsverfassungsgesetzes in den Betrieben, Ergebnisse eines am soz. Institut d. Universität Freiburg durchgeführten DFG-Projekts, in: Organisation und Recht, organisatorische Bedingungen des Gesetzesvollzugs, Jahrbuch für Rechtssoziologie & Rechtstheorie, Band 7, Opladen 1980, S.328-349.

Koubek/Hinze/Hundt/Maisch: Einzelwirtschaftliche Investitionsentscheidung und Arbeitssystem, HdA-Forschungsbericht, 1980.

Kraftfahrt - Bundesamt Projektgruppe 'Humanisierung der Arbeitsbedingungen in der Textverarbeitung': Entwurf einer Dienstvereinbarung zur Berechnung des Personalbedarfs und der Festlegung eines Arbeitspensums, Flensburg 1981.

Lenk, K.: Voraussetzungen und Grenzen der Einführung DV-gestützter Verfahren im Bereich der öffentlichen Verwaltung, in: Organisation informationstechnikgestützter öffentlicher Verwaltungen, hrsg. v. Brauer, W., Berlin - Heidelberg - New York 1981.

Lerntechnologisches Institut Heppenheim: Informationsprogramm Textverarbeitung, o.J.

Lubbers, B.: Neue Möglichkeiten durch Verbundsysteme, in: Unterlagen zum KTV '80.

Lullies, V., (Sozialwissenschaftliche Projektgruppe München): Frauen mit Lehrabschluß als Zielgruppe betrieblicher Beschäftigungspolitik, unveröffentlichtes Manuskript, München 1979.

Mertens, P./Anselstetter, R./Eckardt, R.: Wirkungen von DV-Anwendungen, Bericht aus dem Forschungsprojekt 'Nutzen und Schaden der Informationsverarbeitung', in: IBM-Nachrichten, Oktober 1981, S.33-37.

Müller-Lutz, H.L.: Grundbegriffe der Versicherungs-Betriebslehre, Band 3: Automation der Büroarbeit, Karlsruhe 1972.

Picot, A.: Rationalisierung im Verwaltungsbereich, in: Zeitschrift für Betriebswirtschaft 1979, S.1145-1165.

Picot, A./Reichwald, R.: Untersuchung zur Wirtschaftlichkeit der Schreibdienste in Obersten Bundesbehörden, Forschungsbericht Humanisierung des Arbeitslebens, Hannover und München 1979.

-       Teletex - Chancen für eine qualitative Verbesserung der Büroorganisation, Forschungsprojekt Bürokommunikation, Hannover und München 1980.

Pirker, Th.: Büro und Maschine, Zur Geschichte und Soziologie der Mechanisierung der Büroarbeit, Tübingen 1962.

Pirker, Th./Braun, S./Lutz, B./Hammelrath, F.: Arbeiter-Management-Mitbestimmung, Düsseldorf 1955.

Projektgruppe im Wirtschafts- und Sozialwissenschaftlichen Institut des Deutschen Gewerkschaftsbundes (WSI): Betriebliche Beschäftigungspolitik und gewerkschaftliche Interessenvertretung, Rationalisierung und Personalplanung als Konfliktfeld, Köln 1977.

Raitz, G.: Weg zum Erfolg - weg vom Mißerfolg? Zentrale oder dezentrale Organisation, in: Zusammenfassung der Referate und Diskussionen der Intertext 1979, hrsg. v. IBO-Messe GmbH, Friedrichshafen 1980.

Reiboldt, K./Volmer, R.: Der Markt sind wir - Die IBM und ihre Mitbewerber, Stuttgart 1978.

Reichwald, Ralf: Neue Systeme der Bürotechnik und das Problem der Akzeptanz, in: telcom report 2 (1979) Heft 5, S.309-312.

- Technologische Entwicklungen und Wirtschaftlichkeitsbeschränkungen für eine humane Arbeitsgestaltung im Verwaltungsbereich, in: Humanisierung der Arbeit - vergessene Verpflichtung? hrsg. v. Lutz v. Rosenthal und Max Weinbaum, Stuttgart 1980, S.203-220.

- Die Bewältigung der neuen Kommunikationstechnik (Teletex) durch Organisationsgestaltung, in: Unterlagen zum KTV '80.

- Arbeitsstruktur und Personalbemessung im Schreibdienst der Bundeswehr München, Ergebnisbericht, München 1981.

- Überlegungen zur Effektivität neuer Kommunikationstechnologien im Verwaltungsbereich, in: Organisation informationstechnikgestützter öffentlicher Verwaltungen, hrsg. v. Brauer, W., Berlin - Heidelberg - New York 1981.

RKW (Hrsg.): Rationalisierung heute - Veränderungen und Folgerungen, München - Wien 1978, (darin u.a. Lutz/Weltz: Das Ende der Büroidylle).

Rolf, Arno: Zur Veränderung der Arbeit in Büro und Verwaltung durch Informationstechnik, hektographierter Bericht der Universität Hamburg, FB Informatik, Hamburg 1980.

Röpke, J.: Strategie der Innovation, Tübingen 1977.

Scharfenberg, H.: Referat auf der Intertext 1979, in: AWV - Informationen 1/2, 1980.

Schauer/Dabrowski/Neumann/Sperling, (Sofi-Göttingen): Tarifvertragliche Regelungen zur Verbesserung industrieller Arbeitsbedingungen, HdA-Forschungsbericht, Göttingen 1981.

Scheloske, Gisela: Einführung in die Schreibdienstorganisation, Schulungsunterlagen für VTV-Seminare.

- Strategien bei der Einführung der organisierten Textverarbeitung, VTV-Seminarunterlage.

Schirmacher, A.: Organisatorische Bedürfnisse und Voraussetzungen der Nutzung neuer Systeme der Bürokommunikation in der Öffentlichen Verwaltung, in: Reichwald R. (Hrsg.), Neue Systeme der Bürotechnik, Berlin - Bielefeld - München 1981.

Schönecker, H.G.: Akzeptanzforschung als Regulativ bei Entwicklung, Verbreitung und Anwendung technischer Innovationen, in: Reichwald, R. (Hrsg.), Neue Systeme der Bürotechnik, Berlin - Bielefeld - München 1981.

Schaiken, Harley: Die Auswirkungen neuer Technologien für Beschäftigte und deren Organisationen, (IIVG Papers), Wissenschaftszentrum Berlin, Berlin 1980.

Sedeno-Adrés, F./Wendt, M./Knetsch, W.: Bildschirm-Arbeitsplätze - Vergleich geltender Betriebs- und Dienstvereinbarungen, RAFO-Projektbericht II, Technische Universität Berlin, Berlin 1981.

Sorg, St.: Computergestützte Bürokommunikation, Chancen für eine neue Management-Technologie? in: Reichwald, R. (Hrsg.), Neue Systeme der Bürotechnik, Berlin - Bielefeld - München 1981.

Strasser, L.: Organisation der Schreibarbeit, Baden-Baden 1966.

– Rationalisierung und Humanisierung am Beispiel der Textverarbeitung, AWV-Fachinformation, Eschborn 1977.

Steinhilper, Ulrich: ABC der Textverarbeitung, Stuttgart 1976.

Tönningsen, J.: Organisieren Sie ihre Korrespondenz richtig - Sie profitieren davon! Vervielfältigte Seminarunterlage.

Trautwein-Kalms, G.: Zur Auseinandersetzung um Bildschirmarbeit am Beispiel betrieblicher Vereinbarungen, in: WSI-Mitteilungen 2/1981.

Weltz, F.: Innovation, Beschäftigungspolitik und industrielle Beziehungen, München 1978.

– Betriebliche Beschäftigungspolitik und Verhalten der Arbeitskräfte, in: Gewerkschaftliche Monatshefte, 1/1976.

– Mitarbeiterbefürchtungen und Managementfehler, in: Akzeptanz neuer Bürotechnologien, hrsg. v. Akzente Studiengemeinschaft, Düsseldorf 1981.

– Theorie und Praxis in der Schreibdienst-Organisation, in: VTV-Fachtagung für Schreibdienst-Organisation, hrsg. v. VTV-Verband für Textverarbeitung, Esslingen 1981.

Weltz/Diezinger/Lullies/Marquardt: Junge Frauen zwischen Beruf und Familie, Frankfurt - New York 1979.

Weltz, F./Jacobi, U./Lullies, V./Becker, W., (Sozialwissenschaftliche Projektgruppe München): Menschengerechte Arbeitsgestaltung in der Textverarbeitung, Forschungsbericht Humanisierung des Arbeitslebens, hrsg. von Bundesministerium für Forschung und Technologie, München Juli 1979.

Weltz, F./Jacobi, U., (Sozialwissenschaftliche Projektgruppe München): Humanisierung der Arbeitsbedingungen in der Textverarbeitung und beim Dialogverkehr am Datensichtgerät, Sozialwissenschaftliche Begleitforschung im Bereich der Zentralen Schreibdienste des Kraftfahrt-Bundesamtes, Zwischenbericht, München 1980.

Wiedemann, Herbert: Das Unternehmen in der Evolution, Neuwied und Berlin 1971.

Witte E.: Organisation für Innovationsentscheidungen - Das
     Promotorenmodell, Göttingen 1973.
-     Power and Innovation: A Two-Center Theory, in: International
     Studies of Management and Organization, Spring 1977/Vol.
     VII, No.1, S.47-70.